U0686861

中國近代期刊彙刊·第二輯

國風報

四

第一年第十五期——第一年第十九期

中華書局

大清郵政局特准掛號認為新聞紙類
日本明治四十三年二月十三日第三種郵便物認可

每月三期逢壹日發行

年六月初一日

第拾伍期

定價表	項目	報費
費須先惠遇閏照加	全年三十五冊	六元五角
	上半年十七冊	三元五角
	下半年十八冊	三元五角

零售每冊 二角五分
本國郵費 每冊四分
歐美郵費 每冊七分
日本郵費 每冊一分

廣告價目表	
一面	十元
半面	六元

惠登廣告至少以半面起算如登多期面議從減

宣統二年六月初一日出版

編輯兼發行者 何國楨

發行所 上海福州路 國風報館

印刷所 上海福州路 廣智書局

分售處

北京桐梓胡同廣智分局
廣州十八甫國事報館
廣州雙門底聖賢里廣智分局
廣州十八甫廣生印務局
日本東京中國書林

國風報

各省代理處

▲蕪湖 徽州碼頭 科學圖書社

▲四川 成都府學道街 輸文新社

▲四川 成都 正誼書局

▲四川 成都會府東街 華洋冬報總派處

▲四川 成都南紗帽街 安定書屋

▲湖南 長沙 羣益圖書公司

▲湖南 常德府 申報館

▲南京 城夫子廟 啓新書局

▲南京 城淮情橋 莊嚴閣

▲南京 城花牌樓 崇藝書社

▲南京 城花牌樓 圖南書社

▲江西 省城沈馬池 閈智書局

▲江西 廣信府文昌宮 益智官書局

▲江西 南昌萬子祠裱畫巷內 廣益派報社

▲福州 督署後 教科新書館總派報處

▲廈門 關帝廟街 新民書社

▲溫州 府前街 日新協記書莊

▲溫州 瑞安太平石街 廣明書社

▲蘇州 圓妙觀西察院巷口 瑪瑙經房

▲揚州 古旗亭街 經理各報分銷處

▲常熟 常照派報處 朱乾榮君

▲常熟 寺前街 海虞圖書館

▲常熟 孚記書莊

▲星加坡 南洋總滙報

▲澳洲 東華報

▲金山 世界日報

▲紐約 中國維新報

▲香港 中環砵甸乍街 致生印字館

國風報

各省代理處

▲直隸　保定府西大街　萃英山房

▲直隸　保定府　官書局

▲天津　府東署　原創第一家派報處

▲天津　浦東小關大行　公順京報局

▲天津　鄉祠南魯報處　李茂林

▲天津　東馬路　羣益書局

▲奉天　省城交涉司對過　振泰報局

▲奉天　天圖書館

▲盛京　昌圖府北大街　振泰報局

▲吉林　省城板子胡同　文盛報房

▲山東　濟南府芙蓉街　維新書局

▲河南　開封府城北書店街　茹古山房

▲河南　開封府西大街　文會山房

▲河南　開封府西大街　大河書局

▲河南　開封府西大街　教育品社

▲河南　開封北書店街　總派報處

▲河南　武陟三官廟街　永亨利

▲河南　彰德府　茹古山房

▲陝西　省城內竹笆市　公益書局

▲陝西　省城　萃新報社

▲山西　省城翦子巷　文元書局

▲山西　省城　書業昌記

▲貴州　崇學書局

▲雲南　城東院街沙臘巷口　天元京貨店

▲安徽　廬州府神州日報分館　陳福堂

▲漢口　黃陂街　昌明公司

▲安慶　府龍門口　萬卷書樓

國風報第一年第十五號目錄

目錄

杭州文瀾閣

諭旨

五月十八日　上諭希朗阿奏因病懇請開去一切差使一摺鑲黃旗滿洲副都統希朗阿著准其開去一切差使欽此監國攝政王鈐章軍機大臣署名

十九日　旨鑲黃旗護軍統領着卓凌阿調補所遺鑲白旗護軍統領着岳樑補授欽此　旨英信着調鑲黃旗滿洲副都統所遺鑲紅旗滿洲副都統着文泰調補所遺鑲黃旗蒙古副都統着景麟補授欽此　旨善撲營事務着派芬車管理欽此　旨寶臺縣等四處官兵事務着派兕欽管理欽此監國攝政王鈐章軍機大臣署名

二十日　上諭鹿傳霖奏久病請開去軍機大臣要差任續假一個月一摺大學士鹿傳霖久直樞廷勤勞倍著茲因久病未痊朕心實深廑念著再賞假一個月並賞給人葠二兩俾資調攝一俟病痊卽行銷假所請開去軍機大臣差使之處著毋庸議欽此

上諭瑞澂奏湖北勸業道鄒履利才難勝任一摺鄒履和著卽開缺湖北勸業道著高松如試署欽此監國攝政王鈐章軍機大臣署名

二十一日　上諭據都察院奏代遞諮議局議員孫洪伊等並直省旗籍各代表等呈

諭旨 二

請速開國會一摺披覽均悉速開議院一事上年十二月間據直隸各省諮議局議員等聯名呈請已經明白宣諭俟九年預備完全國民程度普及必毅然降旨定期召集朝廷慎重圖維之意無非願我臣民勿騖虛名而鶩實效本年復經憲政編查館奏派妥員分起前赴各省按照籌備清單認眞考核並飭各省將籌備事宜應需之欵詳加預算本日復面詢各衙門行政大臣亦皆奏稱按期次第籌備一切尙未完全等語朕仰承先朝付託之重俯念臣民呼籲之殷夙夜孜孜深以憲政早一日成立即早紓一日憂勞亦何所靳於議院乎惟思國家至重憲政至繁緩急先後之間爲治亂安危所繫壯往則有悔慮始則獲全論議院之地位在憲法中祗爲參預立法之一機關耳其與議院相輔相成之事何一不關重要非盡議院所能參預而謂議院一開即足致全功而臻郅治古今中外亦無此理況以我國幅幀之廣近今財政之艱屢値地方偏災兼以匪徒滋事皆於憲政前途不無阻礙而朝廷按期責效並未嘗稍任鬆懈宵旰急切圖治之心當爲薄海臣民所共諒本年九月卽屆資政院開院之期業已降旨選定議員先期集會如能上下一心勉圖治理不惟立議院之基礎兼以養議院之精神朕

纘述前謨定以仍俟九年籌備完全再行降旨定期召集議院爾等忠愛之忱朕所深悉毋得再行瀆請茲特通行諭令知之欽此　上諭浙江紹興府知府員缺著溥琦補授欽此監國攝政王鈐章軍機大臣署名

二十二日　上諭意普蘇嚕岱奏庫存祭器虧短現將看守經管官役嚴行審訊並自請議處一摺庫存祭器關係最爲重要應如何敬謹看守乃菩陀峪定東陵庫內所存金銀器皿竟致失去六件之多實屬異常疏忽意普蘇嚕岱均著交該衙門議處該管官員一併查取職名分別交部議處並著民政部步軍統領衙門順天府直隸總督嚴飭所屬一體勒限嚴緝務獲懲辦餘著照所議辦理該衙門知道欽此監國攝政王鈐章軍機大臣署名

二十三日　旨理藩部額外侍郎著色凌那木濟勒旺寶補授欽此監國攝政王鈐章軍機大臣署名

二十四日　旨額勒渾著調補伊犂副都統兼塔爾巴哈臺參贊大臣照例馳驛前往所遺察哈爾副都統著盛桂補授欽此　上諭伊犂副都統兼塔爾巴哈臺參贊大臣

額勒渾未到任以前著錫恒馳驛前往署理科布多辦事大臣著錫恒擬保妥員電奏請旨護理欽此監國攝政王鈐章軍機大臣署名

二十五日 上諭增韞奏考察屬員賢否分別舉劾一摺浙江秀水縣知縣秦國鈞署平湖縣嘉興縣知縣張學智署餘姚縣瑞安縣知縣湯贊清署石門縣請補錢塘縣知縣高莊凱署蕭山縣永嘉縣知縣翁長芬署金華縣候補知縣黃羨欽正任麗水縣知縣李瑞年署建德縣試用知縣賀家惠署分水縣候補知縣唐繼勛平陽縣知縣王寶璜候補知縣陶彬既據該撫臚陳政績均著傳旨加獎定海廳同知試用通判史悠揚昏聵糊塗事權旁落署衢州府同知候補同知魯彤曾擅離職守政治多疏正任杭州府通判方駿前在湖州府通判署任縱役濫刑辦事顢頇前署餘杭縣候補知縣侯資森才識平庸馭下寬縱前署諸暨縣另補知縣楊泰階敷衍因循玩視警政署新昌縣試用知縣劉承均積壓訟詞輿論不孚東陽縣知縣廖鳳青玩視禁烟要政任意欺朦前署仁安縣候補知縣蕭攸裕剛愎自用辦理礦案措置乖方署遂安縣候補知縣鍾靈性躭安逸漠視民瘼署麗水縣正任烏程縣知縣顧曾沭嗜好甚深難膺民社前署

瑞安縣候補知縣朱桐遇事畏葸禁種罌粟未能切實奉行前署宣平縣試用知縣陳象紱縱丁滋事於禁烟要政亦多欺朦前署開化縣大挑知縣王嵩年聽斷無才濫押釀命候補知縣王祖恩前充官紙局挪侵公款押追不繳前代理寗海縣知縣試用按照磨張鵬翰身家念重民瘼念輕前代理仙居縣知縣台州府經歷王靄吉禁令廢弛貽誤要政試用縣丞孔昭昂屢滋訟端罔知檢束署塘棲巡檢正任四安巡檢何式琦才識庸闇聲名平常仁和縣典史王鳴福年少氣浮兼有嗜好前署餘杭縣縣丞試用縣丞鄒登瀛罔上營私擅受有據於潛縣典史胡保勳才具平庸長興縣縣丞程炳烈不知遠嫌岑港巡檢吳望雲操守難信紹興府照磨王士楨遇事因循署蕭山縣典史試用從九品何佑臣物議繁滋廟山巡檢余廷夔習染已深正任仙居縣典史湯守銘才欠明通永康縣典史尹功廷性情浮躁開化縣訓導王寶艮才具昏庸難資表率於潛縣教諭孫廷棨規避取巧遂安縣教諭潘琳書抗違禁令分水縣訓導陳準詒戒烟不力均著即行革職試用通判賈厚墉浮薄性成聲名狼籍候補通判陳榮甲行止有虧衣冠敗類雲和縣典史金鼎銘帷薄不修聲名甚穢均着革職永不敘用已革知縣

江文光巧於趨避罔知愧奮著永不叙用該部知道欽此監國攝政王鈐章軍機大臣署名

二十七日　上諭本日憲政編查館奏酌擬宗室覺羅訴訟章程繕單呈覽一摺上年頒布法院編制法因司法獨立爲憲政初基當將審訊宗室覺羅事宜分別劃歸大理院高等審判廳審理並諭令該館另訂細則奏明請旨茲據擬定此項章程六章並附則凡三十七條朕詳加披閱大致原本大淸會典及宗人府則例諸書參以新制承行新舊之間尙屬周密嗣後宗室覺羅案件卽照此次定章辦理其在新章以前未結之案槪由宗人府分別咨交各該衙門審訊至有爵宗室與有爵宗室民事案件仍由該府審理並著該堂官另擬章程奏請施行外其宗室覺羅刑事案件定案時由大理院咨行宗人府法部查核後由大理院具奏餘依議欽此監國攝政王鈐章軍機大臣署名

二十八日　旨塔爾巴哈台領隊大臣著錫恒暫行兼署欽此　上諭廣東高州府知府員缺著鮑振鏞補授欽此監國攝政王鈐章軍機大臣署名

論說

矛盾之政治現象

茶圃

修軍備所以戢亂暴也然正以修軍備之故而舉國乃徧伏亂機興教育所以養人才也然正以興教育之故而舉國乃無復士大夫獎實業所以闢富源也然正以獎實業之故而舉國乃將成餓殍今日中國之政治現象舉皆此類一言蔽之則矛盾之政治現象也

所謂以修軍備之故而舉國徧伏亂機者夫本以國中有亂機乃謀修軍備以弭之有軍備而不能弭亂則其於修軍備之本意既已矛盾矣然此猶消極的矛盾也吾之所謂矛盾者尚不止此年來以練兵之故中央政府及各省之歲入投於此者三而居一夫國中則既已民窮財盡矣而此種經費膨進無已勢不得不厲取之於民民之脂膏竭於養兵並其仰事俯畜之資而不可得乃不得不羣聚而思亂昔晚明悉天下之財以供遼餉卒釀流寇之禍彼之覆轍今則心摹力追之惟恐不肖然此猶得曰間接以

論說 二

召亂云爾而試觀今年自入春以來兵變之警一發於廣東再發於清江浦今金陵又見告矣彼何人斯則皆庚子以還政府所急起直追以練成之新軍也而其他各省之蠢蠢可虞卒皆類是風聲鶴唳萬方同概政府計無所出乃還倚曩昔所唾棄之綠營防勇以為重夫使綠營防勇果足倚又何必更練新軍曩昔倚之以防斬木揭竿之亂民猶虞不足今乃欲倚之以防經練現役之亂軍庸有幸乎昔有說部寓言以警贓吏謂其死後冥王簿籍其生平所攫之金鎔之於釜迫使飲盡昔患此物之少今患其多現政府之練兵蓋類是矣派士官學生以千數督促三十六鎮之成立急於星火設陸軍部設軍諮處設禁衛軍派考察軍政大臣歲歲繹騷日不暇給究其所得結果則何如將編成之軍隊解散之而已將經練之士卒屠殺之而已隨編隨解隨解隨編隨練隨殺隨殺隨練狐埋狐掘所為何來夫能解散能屠殺之猶可曰吾固樂以此為戲也馴至欲解散屠戮而不能而政府乃始旰食矣

所謂以興教育之故而舉國無復士大夫者夫本以國中民智幼稚民德澆薄不足以生存於今日萬國競爭之世界乃謀興教育以振之有教育而不能進民智民德則其

於興教育之本意既已矛盾矣然此猶消極的矛盾也吾之所謂矛盾者尚不止此疇昔未有學校則中人以下之產乃至農商之自食其力者皆得撙節薄儲以遣子弟就學其子弟稍敏慧則能有所成以厠於士君子之林今以興學校故一子弟入小學最撙節亦歲費百金中學以上則遞加蓋欲其子弟卒業大學或留學外國歸而弋一第者非萬金莫辦自是人民始以就學爲大累矣然前此之學究則皆已濫竽於學校教習故舍學校外更無復可以就學之途人民有子弟者不知安所置而可則任其飽食以嬉故他國以興教育而識字之民日增我國以興教育而識字之民日減然使雖減其一大部分而所餘一小部分確能學焉而有成猶可言也乃以教科書惡劣教習非人子弟之卒業於學校者其於普通新科學則固鹵莽滅裂毫無所獲若夫中國數千年所恃以爲教者今乃以有學校故一舉而斁彝倫之紀堙學術之途不甯惟是其號稱受國民教育期滿者而不能以國文作一明順之書簡什而八九也以故教育愈興而愈以陷全國人民於聾瞽循此遷流殆不至舉國民悉夷爲苗蠻而不止也

所謂以獎實業之故而舉國將成餓殍者夫本以國中民窮財盡乃謀獎實業以營養

之有實業而不能殖富則其於奬實業之本意既已矛盾矣然此亦消極的矛盾也吾之所謂矛盾者又不止此夫國之貧富果何自來乎一國之財用之以爲資本者多斯國富矣反是而所消費者常蝕其資本斯國貧矣此其故何也蓋資本之財號曰母財母能生子今年以百金爲母其子得二十金消費其十金以所餘十金復編爲母明年則其子又當增殖如是展轉相引母財愈厚殖子愈豐致富之源罔不由是反是有百金於此不以爲母而坐食之今年消費十金來歲僅餘九十不十稔而盡矣此實至淺之理不問私人生計與國民生計而舉莫能外此原則者也今之奬實業則豈非欲導一國之財以注於資本之途耶然而設農工商部設勸業道設種種試驗場模範場習藝所乃至種種官辦之實業而所需經費責之於民者無藝民之所出者則其資本之一部分也問投此資本果何所殖則以供無量數冗員之消費而已又不惟官爲然也廣東鐵路資本二千七百餘萬築路不及二百里而消費殆盡矣四川鐵路資本六百餘萬尙未動工而消費殆盡矣其他所謂實業公司者大半類是大率以舞弊而消費其資本者什而五六以辦理不善而消費其資本者什而二三其能用母殖子者不過

二而已蓋自光緒三十年至三十四年凡五年間實業公司之報部注冊者其總資本爲一萬萬三千餘萬兩及至今日而所存尚能得半與否吾不敢言也夫一國中能有幾個一萬萬三千萬今若此安得不窮且匱也疇昔未獎實業吾民持五金十金之資本以作餅賣漿或打鼓爲貨郎雖爲業至觳然終歲猶可殖千數百錢之子息人人如是而全國之富量猶得緣此而薄進今以獎實業故人民競舉此五金十金以爲鐵路股本或其他實業公司股本問其結果乃適以供督辦總辦會辦坐辦經理監理董事議事各員之消費閱一年而十金僅餘八九再閱一年而僅餘六七矣資本日蝕則其日即於貧亦何足怪循是以往則實業廣興之日斯即全國人盡爲餓殍之時也

此不過舉其最顯著者其他凡百庶政類此者不知凡幾嗚呼橘在江南爲橘過江北則爲枳凡東西各國最善良之法度彼中所緣以致富強者一入我國乃無一不足以爲召亡之媒使論者致疑於法敝果法敝耶凡法不能獨存必有他法與之相緣取一法而棄其與此法相緣之法此其所以致敝者一也商君有言國之所患在有法而無使法必行之法今即萬法咸具而缺此後盾全體遂隳其所以致敝者二也法死物也

活用之者全在人以現在人心風俗無論何法一入焉而卽鏽蝕腐壞其所以致歛者三也此其咎政府尸之者半人民尸之者亦半嗚呼我政府其念之哉我人民其念之哉

粵督滇督請立責任內閣摺書後

長輿

旬月以來。兩廣總督袁樹勛。雲貴總督李經羲。相繼奏請設立責任內閣。是誠可謂深通治本之至言。而今日救時之先務也。夫袁李二督。深慨今日國是之紛紜。政令之錯雜。一切措施。動皆責成於督撫。而督撫之權。日見削奪。動多掣肘。不足以舉職而圖功。乃謀建立統一之機關。以期中外之協洽。袁督之奏。於中央地方之權限。尤反覆三致意焉。彼其用意之所在。固欲爭中央地方之權限。則責任內閣之義。言之或不能詳備。且奏議之體。言婉而簡。其所懷抱。或且含意而未敢盡申也。不揣愚陋。輒引申其義。以備當事者之採擇焉。

且夫責任內閣云者。職在輔弼君主。副署詔敕。執行國務。對於國民而負責任之謂也。夫君主神聖。不可侵犯。凡君主立憲國之憲法。無不著有明條。然君主者。固非徒擁虛器。實攬統治之大權。而爲一國權力之源泉者也。夫既攬統治之大權。而挾有莫大之權力。幸而明聖敷政。固可優優然堯舜之主。曠世而未易一遇也。脫有專制暴君濫用權力以自恣據最高之機關行無責之政治而復有神聖不可侵犯之憲文以擁護之獨裁專斷爲所欲爲雖有立法機關勢必等於虛設而國民福利且被蹂躪而無餘若是非國家之福也然苟懲執政之專橫則不可不使負責任旣負責任則一切舉措必當有他種之權力以監督其旁舉措失宜指斥立隨其後夫使至尊之元首受一國之責望當一國之指斥已褻君主之威嚴而違反神聖不可侵犯之大憲矣况所貴乎監督者謂能使被監督之執政者必盡其責也執政者不盡其責必不許復尸其位若是則君民衝突必至演革命之慘劇而國本遂因以動搖是尤非國家之福也夫君主旣必不可親負責任而執行政務又必不可無負責任之人也則莫如移其責於國務大臣而君主超然於內閣之上是故立憲之國君主苟有國務上之行爲非得國務大臣之參與不能生國法上之效力一切敕詔雖出君主之親裁必須大臣之副署君主舉動苟有牴戾憲法而足以病國蠹民者大臣可拒不署名雖君主不能强使奉詔故朝廷苟有過舉舉國人民皆得糾斥大臣之弼輔無狀而大臣必不能藉口於君主之命令以自逃其責責任明確此政務所以克修也我國各部尙書何嘗不參與政務軍機

大臣何嘗不署名勅尾然所謂尙書者不過於職權之內奉行　朝命而已所謂署名者不過於黃紙畫處押一姓名而已善固不尸其功過亦不執其咎　皇上仍當政治之衝大臣絕無輔弼之責以是而求憲政之完善是猶南行而北其轍也此責任內閣之亟宜設立者一我國政務紛亂散漫而絕無統一蓋至今日而已極矣一國之中此疆彼界行省分立劃若鴻溝疆吏各私所治不相聞問舉凡財政軍事教育生計乃至一切庶政罔不省自爲治各私其私故行一幣制有禁他省銅圓進口者矣築一鐵道有拒他省越境招股者矣乃至甲省告警乙省可以坐視乙省告饑甲省可以遏糴同任一國之政事乃如秦人之視越人中央政府之於各省其隔膜亦復如是即以財政一事言之政府責疆吏之協濟疆吏不肯奉命也疆吏求政府之籌撥政府亦不援手也其他庶政亦復類是調一軍艦政府與疆吏紛爭矣議一鹽務疆吏與政府大鬨矣至於中央各部宜若可以協力共濟矣然任舉一事無不互相侵越互相抵制度支部專司財政而各部紛紛自設銀行度支部不能隸轄也學部專司教育各部紛紛自設學堂學部不能過問也尤可駭者各部同任國務則各部之政費必當通籌分撥以劑

其平乃政府任各部之自爲搜求曾不爲之兼籌而統計部之富者政費綽有餘裕糜巨費以養冗員部之貧者無術羅掘則任部務之弛廢要政之萎墮束手坐視而莫可如何淩雜無章莫可紀極蓋無總攬政治之機關以統挈一國之政務故紛擾錯亂而無一事之能舉也夫立憲國之國務大臣類皆以各部行政長官組織而成而實與各部行政長官性質迥異蓋各部則獨裁機關也內閣則合議機關也彼各部長官之列爲閣員實以一人而兼此二職故其爲各部長官而專司行政也則竭力於其主任之事自勤所職而無取侵官其爲內閣閣員而執行國務也則必總籌全國之政務審其先後緩急之宜全局之籌畫井然然後循序進行不至舉一端而遺全體故苟有重要之問題發生則必開內閣會議合閣員之討論以定大政之方針既議決而執行必通力而合作政略苟有失敗則閣員連帶以負責任蓋必如是然後足爲總攬政治之機關也此責任內閣之亟當設立者二執行一國之政務非敏不足以圖功況今日時局之艱危非急起直追以赴之尤恐緩不及事乃者　朝廷預備立憲固亦雷厲風行以期百廢之具舉矣然未見一事之成立卒無成效之可言者何哉我國制度務相牽掣

任舉一事必無專任之人權限既不分明責成復不專一故雖有强敏之人奮發任事然卒見掣肘不能有所設施至於夸毗闒冗之徒則互相推諉高臥而不事事其黠者則更以空文相搪塞奏報紛馳於道路冊表備上於朝廷而國家所欲興舉者實無一能見之實行舉國家之大事悉墮壞於冥冥之中責之樞臣樞臣不任受也責之部臣部臣不任受也責之疆吏疆吏更不任受也政務之滋滯紀綱之弛墜觀於兩年來籌備憲政之事其成績大畧可覩矣苟非有責任之內閣以爲嚴厲之進行憲政必無成立之一日此責任內閣之亟當設立者三

由是觀之責任內閣者誠今日救時之先務而立憲國必不可缺之良制也夫專制之國何嘗不設立內閣專制國之大臣亦何嘗絕無責任而必以責任內閣專屬之立憲國之制度者何哉專制國之大臣承君主之命令受君主之督責對於君主而負責任者也立憲國之內閣監督之權專在國會對於國民而負責任者也責任維何一曰法律上之責任凡人有不法之舉動必當受法律之制裁刑法民法之責任雖在國務大臣與常人無以或異至於官吏不職則有官律以糾治之此普通官吏之所以有懲戒

法也然國務大臣總最高之機關有特殊之地位任免之權操之君主非官吏懲戒法之所及施也大臣特殊之責任則曰憲法上之責任而已夫大臣副署詔勅執行國務其職至高其權至重苟有過舉誤國殃民國法之中勢不得不明定糾正之法律以爲之坊是以各國憲法無不以彈劾執政之權委之議會然議會彈劾之即由議院科斷之是非事理之平也故必移其案於特設之政治裁判所審查其罪而科以相當之罰其制濫觴於英國迨立憲制度之傳播各國仿而行之雖裁判之地科罰之條國異其制然歐洲諸國無不以大臣訴訟之制勒之憲法之中夫憲法完善之國議會挾莫大之勢力執政有失則以不信任之決議即可奏請罷免而無待裁判之紛煩故大臣訴訟之制今日歐洲各國久已成爲具文若夫憲政幼稚之國議院之力未張則訴訟制度實對抗政府之武器正未可以先進之國廢而不用而遂亦缺焉不具也一日政治上之責任法律上之責任者法律勒爲明條牴而違之即有强力之制裁以從其後也若夫政治上之責任則初非有法律上之制裁而惟視監督者之評判故執政者非必有違犯憲文牴觸法令之失德也但使其主持之政策迂遠不應於時勢施行之政略

緩急或失其權衡措置不愜於輿情議會得起而質詰執政者既當其衝不能不負辨答之義務也辨答不足以自解其政策為衆論所不容議會遂得為豫算之拒絕罷免之奏請則執政者必不能久尸其位蓋不待法律之制裁而執政已不能逃其責矣雖然政治上之責任亦惟議院政治之國其發達乃可完全蓋議院政治之國一內閣之更迭也君主所命以組織內閣者必在能制下院議員多數之政黨內閣苟失議會之信任則其位必不可保君主祖護大臣雖可解散議會訴之輿論然議員改選而後其不信任內閣如故也則政府無所逃責不能不全體辭職而別求議會信任之人君主雖有任免大臣之大權實不能不視議會之從違以為進退是固非法律上之義務而在議院政治之國則已成為事實之習慣矣若是者謂之議院內閣制度若非議院政治之國則大臣政治上之責任不能有如是重大之效果也國務大臣之任免全出君主之特權更無他力足以左右之故國務大臣之政策雖為議會所非難然君主之信用苟深固得實行其政見議院雖有所挾持足與政府相對抗然國務大臣之進退實非專視議院之從違者也若是者謂之非議院內閣制度且夫議院之能進退執政也

必其國之憲政完善議院之權力至大而政治之習慣又足張其勢而爲之援然後其力乃足及此是非新進之立憲國所能遽望我國今日之不能採用議院內閣制度無俟論矣至於非議院內閣則我國固可採用也然亦必當先有監督機關以與執行機關相對峙使政府有所嚴憚然後其責任乃完否則君主既端拱無爲不復能實施其督責輿論雖力持正議亦無力以奪其政權政府逍遙其間反得恣睢以自便其名雖曰責任竊恐與今日之軍機各部無異而專橫且益加甚也夫議院與內閣之相輔爲用也猶車之有輪鳥之有翼烏有析車之一輪而能行鎩鳥之一翼而能飛者哉此則今日言責任內閣者之當先措意者也

若夫中央地方之權限則固袁李二督之所深慨爲我國今後最重要之問題而不易解決者也我國今日省自爲界各不相謀同在一國之中相視直如異國省界謬說深入人心有無不可相通緩急不相援救乃至法制互異政令各殊政府下一令於督撫督撫可閣置不行也中央有干涉於各省各省可拒絕勿受也政府憤疆吏之此界彼疆梗不奉命疆吏亦苦政府之政令錯出無所適從其害我國之統一阻政務之進行

誠有識之所同慨矣欲爲長治久安之計則必當行英斷之改革別劃行政區域廢省存道縮狹督撫之職權隸之國務大臣之下然後可收指臂之效而奏統一之功然我國幅員遼闊風俗互異利害不同沿邊諸省交通未便遽言集權誠恐鞭長莫及即欲改劃行政區域亦非歲月之間所能奏績也然而責任內閣之設固將統籌全國之政務審其輕重緩急以定行政之方針者也若仍今日之制則政府權力止能行之京師一出國門即非其政令所能及如是則何以統籌全局而執行大政哉今日救時之急務則當明定政務之統系清劃中央地方之權限而已矣乃者中央各部亦增置提學司度支司交涉司巡警道勸業道於各省矣其意固亦謂此爲有統系之制度也然而梗澁如故紛亂如故者何也司道之職本以督撫爲長官既以督撫爲長官卽當服從其命令勢不能超越長官勢力之外而直達中央梗澁紛亂亦固其所蓋中央地方之權限不明其所謂統系者非統系也惟取一國之政務先察其執者當屬於中央官廳執者當屬於地方官廳劃而分之不相雜厠如司法行政權也財政行政權也軍事行政權也外交行政權也嚮之分隸於督撫者宜皆劃而集之中央凡屬於中央行政統

系之官吏分置各省之中者皆直達於其部不隸屬於地方長官而無服從其命令之義務其他地方政務則劃而歸之督撫權限之中任督撫之自為經營俾與國務大臣立於同一之地位一切措施皆督撫負其責任凡屬於地方行政統系之官吏皆隸屬於督撫而受其指揮統系既定責任分明如是則疆吏不苦政府之侵權政府亦不患疆吏之梗命夫我國督撫其職權至廣漠而無垠舉凡司法財政軍事外交與夫一切大政之宜掌之中央者無不分隸於其下權力素大久成積重之勢一旦割其實權之一部還而集之中央督撫驟減事權固不能無所感憤然中央地方之權限苟不分明則互相侵犯互相推諉權分事雜動相牽掣內閣必不能實行其政略又孰從而負此責任耶況夫地方政務千端萬緒無不待治於督撫地方官吏星羅棊布無不受成於督撫督撫權力亦至偉大且權限既淸無復中央之掣肘事雜稍殺權且較專何遽如袁督所云威信皆無所施已成贅旒之勢耶政務之統系不明中外之權限不定督撫雖日請設立責任內閣竊恐今日督撫之制卽首為責任內閣之梗也此亦今日言責任內閣者之先當措意者也

時評

讀幣制則例及度支部籌辦諸摺書後

滄江

（參觀本報第十二號文牘門所載原件）

宣統二年四月十六日。度支部奏釐定幣制。酌擬則例十一條。附則十三條。得旨裁可。其內容畧如下。

一　國幣單位之名稱（第一條）

二　國幣之種類及計算法（第二第三條）

三　國幣之重量成色及形式（第四條第六條）

四　輔幣之行用限制及鑄造限制（第五條第十一條）

五　國幣之公差（第七條第八條）

六　國幣通用最輕量（第九條）

七　毀損國幣及紊亂幣制之處分（第十條第二十三條）

八　**新舊幣交換機關及辦法**（第十二條至第十九條）

九　**國幣之鑄造**（第二十條第二十一條）

十　**國幣行用之權力範圍**（第二十二條）

度支部既上此則例。畧加案語。復有說明理由之摺。有籌擬舊鑄銀銅各幣辦法摺。有鑄造國幣應一事權摺。吾黨對於幣制之意見。本報前後所論列已十餘萬言。即對於此次新幣制。當　明詔甫頒。亦已循誦恭跋。今讀則例及諸摺。竊喜草茅邇言。爲當軸所已籌措實行者甚多。不勝欽佩。惟覺其中尚有一二闕誤之處。及施行方法所當熟計者。謹再貢其愚以備采擇焉。

第一　**國幣與價格單位**

貨幣最要之職務有二。一曰爲交易之媒介。二曰爲價格之標準。吾國前此所謂貨幣。僅能完交易媒介之職務。而不能完價格標準之職務。今須定新幣制。其所最急者。則定價格之標準也。夫必先有價格。然後能懸之以爲標準。譬諸定度量衡者。我國古代本於黃鐘之宮。今世界通制。本於米突。必先定若干爲一尺。然後尺之倍數爲丈。尺之小數爲寸。乃可得言也。故各國幣制。其第一條皆云「以某種金屬純重量若干爲價格之單位。名之曰某」。此通則也。故則例第一條之文。當改爲『大清國幣以庫平六錢四分八釐純銀爲價格之單位。名之曰圓』。今原文但云「大清國幣單位定名曰圓」。而一圓本有之價格若干。未嘗規定。此最缺點也。或曰。原文第四條則既有之矣。見於彼與見於此則何擇。應之曰不然。第四條所規定者。成色重量也。隨各種貨幣而差別者也。第一條所應規定者。價格單位也。貫各種貨幣而同一者也。夫我國人之用銀。其溺於秤量之習也久矣。今頒新幣制。務須設法令此種思想。剗除淨盡。是故當使全國人知國幣乃以六錢四分八釐爲一圓。而並非以七錢二分爲一圓。由是遞推之。五角之銀幣。則其所代表之價格爲三錢二分四釐也。一角之銀幣。則其所代表之價格。爲六分四釐八毛也。一分則代表六釐四毛八絲也。今也不然。據四月十六日 上諭及則例第四條所規定。則中國之價格單位七錢二分也。故對開之則爲三錢六分之五角銀幣。四開之則爲一錢八分之二角半銀幣。五開之則爲一錢四分四釐之二角銀幣。然則各種輔幣。徒以秤之而其總重量得一圓幾分之幾。而乃命以五角二角等之名也豈非仍導之以秤量之心理乎且既以七錢二分爲價格之單位而實則所含純銀僅有六錢四分八釐是名價與實價異也名價與實價異惟輔幣宜然今以施諸主幣不幾治絲而棼乎竊見此次所頒國幣則例其形式則摹仿日本貨幣法略能逼似而重要之精神往往失之此亦其一端也

（附言）近唐蔚之侍郞上度支部條陳幣制書論成色一條云惟用兩乃有足成與否之可言今所謂七錢二分乃畧數而非的數又云各國以塊金鼓鑄成幣必就其中收回工費苟或反之國家將以鑄幣爲甚大之漏巵何所取義而爲此乎（原書見本報第十二號文牘門）此語實代表現在一般言幣制者之心理其蔽皆坐於價格單位之觀念見之不瑩故不言於單位純量之外加若干雜質而惟言於每枚總量中折若干成色是本末倒置也於是乎乃有略數之說夫貨幣者一國之量價器也量價器而乃用畧數然則量長短之尺亦可云畧以若干米突爲一單位乎至云國家鑄幣必收回工費否則將成漏巵何所取義以吾所聞則今世諸國其鼓鑄主幣不收回工費者居大多數即有收者其數亦甚微（德國每一千三百九十五馬克收三馬克法國每三千一百佛郎收七佛

郎有奇殊不足以彌漏卮然則彼果何所取義而爲之殊不知貨幣也者一國公私生計機關之所攸託命也而鑄幣以前民用則國家固有之職務也國家以履行職務故雖時有漏卮亦安可得避夫漏卮之大則孰有過於練海陸軍者（實則除官辦營利事業外凡國家一切政務何一不可云漏卮）敢問侍郎又何所取義而爲此也竊觀此次所頒國幣則例既不著自由鑄造之一條而於價格單位又曖昧其辭得毋欲揭此七錢二分之名號而令民持足銀七錢二分者政府乃以一圓以與之易耶毋惑乎其於交換舊幣政策有許多轇轕也（下文詳辨）果爾則吾敢斷言此則例決無絲毫效力也

第二　輔幣行用制限之除外例及其鑄造制限

輔幣之行用以有制限爲原則惟對於政府而行用者不在此例此各國之所同也所謂行用之於政府不在此例者其法有二一曰納租稅者雖全用輔幣不能拒而不受二曰持輔幣向中央銀行或造幣局易取主幣者當如數兌交此其理由本報既屢言之矣今則例第五條云『銀輔幣用數每次不得過五圓之値鎳銅輔幣用數每次不得過半圓之値過此限制受者可以不收惟向大清銀行及其分行分號代理店兌換

之時。不在此限。』是第二法既已采用矣。雖然僅用第二法而不用第一法。遂足以維持幣制於不敝乎。據此條文。則凡有大清銀行分號或代理店之地。其市面固可以免輔幣過多之患。然試問全國中類此之地有幾。大清銀行又豈能徧山陬海澨而悉置分號或代理店乎。微特無此辦法（日本之「日本銀行」惟一本店在東京一支店在大阪耳我大清銀行紛紛開分號已失中央銀行性質）藉曰辦之。恐期以百年。猶未能普及也。而凡在無分號無代理店之地。則雖輔幣充溢。而終無道以使之返於國庫。如是則輔幣之價必落。一如今日現象。而幣制系統全亂矣。此非理論上之問題。而事實上之問題也。願當局者一思之。

當局者之意。豈不曰吾既定鑄造限制。則輔幣過多之患。其可以免也。故則例第十一條云。『各種輔幣鑄造之數。由度支部酌量情形嚴定限制。』斯固然矣。雖然一國中輔幣供求之劑。果得由度支部酌量以定之乎。夫以歐美各國交通之利便。統計調查之精確。其司會官吏。及銀行員之熟練敏慎。猶且以此事為難。我國幅員如彼其廣。各地金融機關之挹注。如彼其窒。官民之隔閡。如彼其遼遠。官吏之玩愒職務。闇昧事理。如彼其甚。乃於他人所難能者。而我曰能之。夫將誰欺。或曰度支部不過欲託於酌量情形一語以爲濫鑄輔幣地步。其所謂嚴定制限者。不過以飾天下之耳目。其制限之程度若何而始爲適於情形。誰能糾之。吾以爲度支部誠深有見於今日幣制紊亂之害。乃勵精以編此則例。亦何至自始即預爲舞文之地。雖然國家立法將以垂諸久遠。今部臣雖自知公忠。豈能謂繼此者必公忠。今部臣雖自命明察。豈能謂繼此者必明察。萬一將來有如論者所云云。託於酌量以行濫鑄。則此次部臣旰食規畫之大業。不其隳乎。是故欲幣制之確定。必須使此則例第十一條確生效力。然此則例第十一條如何而始能確生效力。則非采輔幣納稅無制限之法焉不可也。誠如是也則政府苟非濫鑄輔幣。民間決無持輔幣以納稅之人。政府一旦濫鑄輔幣。則其濫鑄之額自能取途租稅以復返於國庫。是故公忠者可免調查酌量之勞。而狡黠者不得行託名舞弊之智。商君所謂使法必行之法。此類是也。

至所定民間行用輔幣之制限。銀補幣限五圓。鎳銅輔幣限半圓。似未免過低。日本則銀輔幣限十圓。銅輔幣限一圓。似較我爲得中也。

第三　舊幣暫照市價行用問題

則例第十四條云『新幣發行地方所有從前鑄造之大小銀圓暫准各照市價行用』此吾之所最惑也夫既曰市價則不惟甲種舊幣對於乙種舊幣而有市價也卽舊幣對於新幣亦有市價舊幣既對於新幣而有市價卽無異新幣對於舊幣而生出無量複雜之市價也今茲施行新幣制其所最患者則人民以之與前此諸幣同視不用之爲價格之標準而別持其向所習用之標準以臨之（如上海之九八規銀卽一種無形之價格單位而現在一切市價之標準也萬一新幣發行後人民仍以此法馭之前此以龍圓若干或墨洋若干或小銀角若干或錠銀若干而當九八規銀一百兩日日異其市價者今新幣發行後復加入一種云新幣若干或新輔幣若干而當九八規銀一百兩亦日日異其市價如此則新幣制將從根柢破壞矣日本人根岸佶氏前屢昌言謂中國幣制施行後此種現象萬不能免其言非無據也吾日日憂幣制改革之成爲空言者實在於此今當自始卽設法以破此積習今不惟不破之而反以法律許其暫照市價行用須知所謂市價者不能無一標準而獨自成立而我民所習用之標準卽此種無形之價格單位也則例第十四條所定豈非助其燄乎）如是則新幣制非惟不能收整齊嚴肅之效徒於千差萬別之舊幣中復益以一種新幣增其複雜棼亂而已而則例中准照市價行用一語是恐猱之不升木而從而教之也

然則當現在舊幣充塞市場而新幣鑄數未足之時當何道以處此曰日本之改革臺灣幣制也凡外國貨幣則分析其所含純銀若干與新幣定一確實不易之比價其日

本之一圓舊銀幣。則暫認爲法幣。皆限至某年廢止。竊以爲今者處置舊鑄大銀元之法。宜師其意。取國中現在通用之諸內外舊幣。一一鑑定其重量成色。取其每枚所含純銀。與新幣每枚所含純銀比較而列爲一定之比價。限暫用若干年。在此期限中。照其比價而暫認爲有法幣之資格。政府則隨收受隨改鑄。則滿期以後。舊幣可漸絕跡而在期限中亦無撓亂幣制之虞矣。

似此辦法。雖若甚繁瑣。然分析比較實不過一技師之事耳。況前此已有先我而行之者。日本當改革臺灣幣制時。曾由臺灣銀行將我國通用各種銀圓。調查其重量成色。列爲一表。今特錄之如下。據日本人所編清國商業總覽第五編第八十八八十九葉

名稱	重量	成色	摘要
廣東龍圓	四二〇•八八格連	九〇〇	光緒十五年以後廣東銀元局所鑄
美國銀圓	四一二•五	九〇〇	一八七八年在布蘭得比爾所鑄
美國貿易銀圓	四二〇	九〇〇	一八七三年以後專鑄以供東方貿易之用
本洋（西班牙銀圓）	四一六•五	八九八	一七七二年至一八四八年西班牙政府所鑄今絕

乙種本洋	四一四・九八	八九六	同上
丙種本洋	四一四	八九四	現今頗通行於各通商口岸成色雖低中國人喜之
舊香港銀圓	四一九・〇五二	九〇〇	鑄造年月未詳現今殆無
甲種香港銀圓	四一六	九〇〇	一八六六至六八年在香港鑄造
乙種香港銀圓	四一六	九〇〇	現今在印度鑄造
日本銀圓	四一六	九〇〇	一八九七年以後停鑄
日本貿易銀圓	四二〇	九〇〇	一八七五年開鑄一八九七年停
甲種墨西哥銀	四一七	九〇二或九〇三	在香港鑄
乙種墨銀	四一七・七四	九〇二・七	墨西哥本國所鑄現通用於其國中
丙種墨銀	四一六・五	八九八・	墨國重要輸出品今在我國最通行者也
甲種新墨銀	四一六・一六	不明	現廣東香港上海間有行用但極少
乙種新墨銀	四一六	九〇〇	今在安南及麻六甲爲法幣中國亦間用之

右表所列重量。以格迮起算。格迮者。英語Grain之譯音。英美金衡之單位也。一格迮等於法國衡數格蘭姆Gramme一萬分之六百四十八。本則例第四條案語云『所稱庫平。係指農工商部會同本部奏定

割一度量衡章程內稱庫平一兩合法國衡數三十七格蘭姆又千分之三百零一。』故一格連等於庫平一釐七毛二絲弱。而國幣總重量七錢二分等於二十六・九格蘭姆強。即等於四百一十六格連強也。與右表所列丙種墨銀之總重量略相等。惟彼之成色則合純銀千分之八百九十八。我國幣則含千分之九百。是彼之成色低於我千分之二也。他以此類推。

今日處置舊幣之問題。各省舊鑄之幣其一也。外國輸入之幣其二也。據部摺稱各省舊鑄大銀元約四十餘兆。以吾度之。現存者決不及此數十分之一。（其理由詳下）而外幣之數。必多於各省舊鑄之幣數倍。此可以事理推揣而得者也。而此次所頒則例及部中諸摺。於處置外幣之法。未嘗一提及。此亦其漏畧之點也。吾以爲處置外幣之問題。當乘此時解決之。失今不圖。後益難爲理矣。而處置外幣之法。實可與處置國中舊幣一律辦理。問者曰、如此則內外無別。豈不適以獎外幣乎。且新幣制行後。外幣無法幣之資格。即此以拒杜之。不已足乎。應之曰、不然。外幣固應拒杜。而人民之資財。尤當保護。今外幣之流通於國中者。其數不下一二十兆。皆散在吾民之手。而共恃以爲生者也。使持外幣者蒙損害。則損害非在外人。而在我民也。吾故曰外幣宜與各省所鑄之舊

幣同一方法以處置之便

其法維何則將國中現存諸幣擇其通行尤廣者衡其重量析其成色與國幣定一比價汹爲一表而於一定之期限內暫認爲有法幣之資格是已前表所列經日本著名之技師所分析當無大忒即可據爲藍本惟其表於各省舊幣惟有廣東所鑄者而他省闕焉但他省所鑄實與廣東不甚相出入卽據廣東以例其餘亦無所不可若猶慮不確則據此法而取各省所舊鑄者一一分析一次爲事抑亦非難耳至於外幣前表所列雖有十五種其現在最通行者惟丙種本洋乙種香港銀元丙種墨西哥銀元之三者而已故卽可鑑定此三種之重量成色定其比價而於比價之範圍內認爲法幣（其餘十二種則不認之）其乙種香港銀圓重量成色殆全與我國幣同故在期限中可以無折扣而暫認爲法幣丙種墨西哥銀圓其成色低於國幣千分之二丙種本洋其重量既輕於國幣二百分之一其成色復低於國幣千分之六故此兩種雖在期限內亦暫認爲法幣而用兩種墨西哥銀圓者每百圓而須補水兩角有奇用丙種本洋者每百圓而須補水六角有奇此其大較也其各省舊鑄之銀圓亦皆照此法按其重量成色而差定

其率俟期限滿後卽悉廢不列於法幣吾之此法所以與則例精神大異者則例尊市價是儕一切舊幣於國幣也吾尊法定之比價是持國幣以臨一切舊幣也儕一切舊幣於國幣則價格之標準不立民必仍用其所慣用之無形標準以建市價各地標準不同各業標準不同是卒等於無標準而幣制全墮矣持國幣以臨一切舊幣則全國之價格標準定於一尊夫然後幣制之根乃植固而不拔也。

問者曰如子所言。於收換改鑄。得毋妨害乎、曰無傷也。是蓋與自由鑄造法相輔而始完其用。吾更於次節別論之。

然則處置小銀元之法當如何。曰、小銀元之名價大於其實價故外國鑄造者決不能認爲法幣認之則國家之虧耗重矣幸而我國市面上外國之小銀元不甚多其通行者皆各省所鑄造耳輔幣之行用既立有制限倘更能輔以納稅無制限之法則酌盈劑虛之妙用已具雖竟認爲法幣亦無所不可固不必汲汲於改鑄也日本自明治初元以迄今。其幣制已更三次。其本位由單而複。由複而再返於單。由銀而金。由金而金銀並用。而復返於金。以彼變遷之多如此。而至今市面上。猶有明治四五年之銀輔幣充斥焉。斯可證改鑄輔幣之無庸汲汲矣。

（未完）

譯　著

中國國會制度私議（續第十四號）

滄江

第二章　國會之組織

第三節　右院之組織

第三款　選舉方法（承前）

第四項　選舉手續

選舉手續者。選舉辦理之次第也。手續爲日本名詞頗難得相當之譯語故襲用之無甚深學理之可比較。故今但畧述日本之制。而按諸我國情形。取其可行者。

第一目　選舉人名簿

選舉人名簿者。將一選舉區內有選舉權之人名。登之於册。必册中有名者。乃許投票也。日本選舉法所規定如下。

著譯 二

(一)選舉人名簿。將選舉人之姓名、官位、職業、身分、住所、生年月日、納稅額、納稅地、皆記載之。

(二)調製名簿之人。在郡部爲郡長。在市部爲市長。郡長調製名簿。以町村長爲補助機關。町村長以每年十月一日起。著手調查。至十五日調查藏事。將所調查選舉人。訂爲正副二本。送之郡長。郡長覆勘無誤。則留其正本。返其副本。以十月三十日調製完成。市長之調查手續限期與郡長同。

(三)調製完成之後。從十月三十一日起。至十一月十五日止。將選舉人名簿置諸市役所或郡役所。許人民縱覽。倘有遺漏錯誤。得請於市長郡長求其更正。惟決定當在二十日以內。市郡長認爲有誤。則更正之而告諸本人。若認爲無誤。則不更正。亦告諸本人。本人不服。得訴諸地方裁判所。以市郡長爲被告。

(四)名簿以每年十二月二十日爲成立之期。一經成立。不得再改。改之必待翌年十月。此其大概也。欲知其詳細。可觀日本衆議院議員選舉法第十八條至第二十七條。

日本因行制限選舉。故調製人名簿。極爲繁難。我國若廢財產制限。則簡易且將十倍。蓋調查之最難而屢起爭議者莫若納稅額也。故我國欲國會之蚤成立。非廢財產制限不可。

行間接選舉制。其選舉雖分二次。然人名簿則調製一次而已足。蓋第二級選舉人。乃由原選舉人選出者。其名簿不勞調製。且無從先期調製也。

我國調製人名簿之職。可以知縣掌之。而以市鄉村長爲補助機關。其手續可畧仿日本。

第二目　投票

投票方法。有連記投票與單記投票之別。又有記名投票與匿名投票之別。連記單記之得失。前已論之。今論記名與匿名之得失。

記名投票者。選舉人自書其名也。匿名投票者。不自書其名也。以理論之。選舉爲光明正大之事。無所容其隱諱。當以記名爲正。然現今各國大率采匿名制者。則以當選舉時。各候選人及其黨人。必出種種手段運動以求當選。而選舉人或碍於情面。或脅於勢力恒不免舉其所不欲舉之人故必取秘密主義使不至緣此買怨然後得完其自由而在歐美各國大公司甚多選舉人之最大部分實爲公司中傭工之人易爲傭主之所挾制尤不可無以匡救之此匿名制之所以廣行也

吾既主張間接選舉其投票分兩次執行故記名匿名之利害亦不可不分別論之其在第一次選舉既不立財產制限而以能讀書寫字者爲及格則當以采記名制爲宜蓋第一次選舉有選舉權者太多不易運動即運動得之亦非能直收其効故舞弊當不至太甚且我國大公司未興傭主挾制傭人之患不甚烈雖記名不足爲病也至於第二次選舉爲最後勝負所由決競爭必劇且投票之人數甚少運動易施非有以防之爲弊無窮故不可以不采匿名制也倘他日者雖第一次選舉亦感匿名制之必要屆時而改正之良未爲晚

此外投票雜規（一）必須用一定之投票用紙（二）必須於指定之投票所行之（三）於一定之時刻外不許投票此皆各國通例自當采之

第三目　選舉機關

選舉機關。頗爲複雜。今但舉日本法制以供參考。

第一 投票管理者

以市町村長任之。其職務如下。

(一)若不能確認選舉人果爲本人與否。則使之立誓於投票參會人之前。

(二)届一定之時刻。命閉鎖投票所。投票完結。命閉鎖投票箱。

(三)作投票錄。

(四)其在町村。於投票之翌日。將投票箱投票錄及選舉人名簿。送致諸開票管理者。

(五)維持投票所之秩序。認爲必要時。得求警察官吏之處分。

第二 投票參會人

投票參會人者。參列於投票所以監督投票事務者也。市郡長於各投票區內之選舉人中。選任三人乃至五人以充之。參會人非有正當之事故。不得辭任。

第三 開票管理者

開票所大率設於郡市役所。故以郡長市長爲開票管理人。而市長則兼投票管理開票管理之兩職者也。其職務如下。

(一)其在郡部。則於投票箱送到之翌日。其在市部。則於投票之翌日。當開票參會人之前。開投票箱而計算投票之總數。與投票人之總數。

(二)凡投票皆與開票參會人共檢點之。

(三)采開票參會人之意見。以決定投票之効力。　其選舉法上無効之票如左。

(1)不用成規之用紙者。

(2)一票中記二名者。(案日本用單記制。故有此條。)

(3)其所書被選人之名不能確認爲何人者。

(4)記載無被選權之人之名者。

(5)於被選人姓名外更記載他事者。(但記其官位職業身分住所及加以敬稱者不在此限。)

(四)作開票錄。

(五)將開票之結果報告於選舉長。

第四 開票參會人

其數三人以上七人以下地方長官於選舉人中選任之。

第五 選舉會

選舉會每道廳及各府縣設之。以地方長官爲選舉長。於各選舉區內之選舉人中。選任會員。名曰選舉參會人。與選舉長共執行事務。調查開票之結果。

第六 選舉長

各地方長官任之。統轄選舉事務。其職如左。

(一)監督開票投票。

(二)指定選舉會之場所及日時而告示之。

(三)選任選舉參會人。

(四)司選舉會之開閉。

(五)調查各報告書。

（六）決定中選之人。且告知之。而給以中選證書。
（七）將中選人之名。報告且告示之。
（八）取締選舉會。
（九）若無中選人。或中選人不足額之時。命行再選舉。
（十）有中選無効者。則爲適當之處置。

第七 選舉參會人

其數三名乃至七名。由地方長官自各選舉區內之選舉人中選任之。

以上各項。我國可隨時隨地斟酌採用。不細論。

第四目 選舉權利之保障

右所述關於選舉種種之法制。既嚴且密矣。然尙慮有侵害及選舉權利者。故更爲之保障。其法有三。

（第一）開票公開 管理開票之職。勢不得不委諸地方官吏。然使官吏或有舞弊。以多報少。以僞亂眞。則終難收公平之効。故一面既有三種之參會人。一面於開票時。

采公開之法。凡投票者。皆得往觀。斯十目十手。無所逃匿。

(第二)不法行爲之處分　行選舉時有二大患。一曰賄誘。二曰勢脅。以野心家運動之手段。而失選舉人之自由意志。故各國無不嚴定法律以防之。如日本選舉法第十一章。自第八十六條至第百三條。規定綦詳。不能枚舉。要之凡以金錢物品酒食及利用其他之利益。或利害關係。以煽誘選舉人者。分別科以輕重之罰。各國之制大畧相同。

(第三)選舉訴訟及中選訴訟　選舉人關於選舉之効力。有異議時。得以選舉長爲被告而起訴訟。自選舉日起算三十日以內。訴諸控訴院。若判決不服。得上控於大審院。落選人關於中選之効力有異議時。得以中選人爲被告而起訴訟。自中選人姓名揭示之日起算三十日以內。訴諸控訴院。若判決不服。亦得上控於大審院。此日本之制也。各國多有以此種訴訟。屬諸行政裁判所者。但其立法之意。畧同。凡所以保護正當之權利。務求公平而已。

以上制度。皆我國所當采者也。

第四款　强制選舉

選舉權爲國民公權中之最可貴者所以行使國家之作用而組成國家最重要之機關各國先民大率不知費幾許之淚幾許之血然後易得之宜若人人永寶莫肯拋棄矣而按諸實際乃有大不然者棄權之人往往而有其在英國則百分之二十二其在德國則百分之二十三其在法國則百分之三十七其在日本則百分之十四其在比利時一八九二年百分之十六一八九四年百分之五夫選舉代議之制將以使全國人民之意思得反映於國會也棄權者多則此精神殆難貫徹此各國愛國君子之所爲隱憂也

推原人民所以棄權之由蓋緣智識不開不知國家與己身之關係切密漠然置國事於度外是以及此欲治其本惟有廣興教育使國家觀念普及而深中於人心則人民不待勸而自能自尊其公權斯固然矣雖然其受法制之影響者抑亦不尠焉各國法制人民之行使此選舉權與否聽其自由實予人以可以棄權之途故近世之立法家思所以補救之而强制選舉之學說大盛

强制選舉果衷於法理乎此第一當研究之問題也欲解此問題則當先論選舉之爲權利乎抑爲義務乎甲說曰選舉權者天賦人權之一也天之所以與我者雖不可以棄然此乃道德上之義務非法律上之義務故强制選舉爲不當也乙說曰選舉者非爲個人自己之利益而行之實爲國家之利益而行之國家一重要機關非循此手續不能成立故國家以此公職務課諸人民實與納租稅服兵役之義務無異故强制選舉非不當也此二說者各有其理由今折衷以斷之則選舉者爲人民之權利同時又爲人民之義務者也凡政治上之權利即並爲政治上之義務此原則既爲一般學者所公認即選舉權亦何莫不然故比利時憲法第四十八條特宣言選舉爲國民之義務良非無故然則强制選舉之論揆諸法理無以爲難也

其第二問題則强制能否有効之問題是也既認爲公義務而强制之則不履行此義務者必當有罰質而言之則入於刑事範圍矣然科罰之程度當若何太輕則不足以示懲太重則萬無此治體故近今各國强制選舉之學說雖甚發達然罕能見諸實行

法國國會於一八四八、四九、五〇年。連年有倡此議者和者倘希。一八七〇年復提議之。亦不成。最近一九〇三年。議員俾流伯爵擬草案十五條並附詳細之理由書。提出於國會。雖未通過。而表同情者甚多。

德意志帝國於一八九五年。有議員桑能比爾氏。提案於國會。和者不多。日本則於前二年之議會有提出者。惟瑞士聯邦中行之最早。（一八三〇年瑞士聯邦中之一邦已行之其後踵起者日多）近則比利時實行之。（比利時當一八五八年此問題已列於國會之議案一八六五年再有倡之者一八八七年進步黨標爲政綱和者漸多一八九〇年以後成爲一般之輿論一八九三年遂泐爲成法）布耶梭維繼行之。（德國聯邦中之一邦也一八九九年實行）今舉比布兩國法制之大概。

比利時之强制選舉法。

選舉時無故而不到選舉場者。若屬初犯。則罰鍰一佛郎至二佛郎。

六年以內屢犯者。罰鍰三佛郎乃至二十五佛郎。

十年以內屢犯者。除罰鍰外。仍將該犯人之名揭諸市村公署之大門一月。

十五年以內屢犯者。除科前兩項罰則之外。仍將選舉人名簿中該犯人之姓名抹去。十年不得有選舉權。且於此期內。不得任官職及受榮譽之賞。

布耶梭維之强制選舉法。

選舉時無故而不到選舉場者。罰鍰十馬克。惟有以下所列之事由者得免罰。

(一)患病而有醫生之證明者。

(二)爲國家或地方及教會之公務。不能延遲。又不能使人代理者。須有上級官廳之證明。

(三)選舉之日旅行於四十啓羅邁當以外者須有地方警察之證明。

(四)緣天災或其他不可避之事變不能到場者須有證明。

此其大概也但科罰之法除罰鍰以外勢不能施以體刑而罰鍰過重貧者力不能堪罰鍰過輕富者不以爲意至揭其名以恥之亦僅可以懲一部停其選舉權則彼固不愛此權者所謂民不畏死奈何以死懼之也故此等制度實不足爲完全之制然遠優於此者亦苦難得之故至今尚以爲一未定之問題然比國於一八九二年棄權者百分之十六及施行此法以後翌年選舉棄權者僅百之五則其明効固已甚著矣此各國所以紛紛思効之也。

我國立憲思想未普及人民多不知選舉爲何事若驟行此徒增騷擾暫可勿采固無俟言特既有此學說姑介紹之以待將來之采擇云爾若夫第二級選舉人所負者爲特別之職務若臨時規避是無異有意破壞選舉機關苟不加以裁制國法何由得行考德意志聯邦中行間接選舉之國對於此事皆渺有專條而法國選舉左院議員時

其選舉會會員有不到場者亦科五十佛郎之罰。今擬其罰則如下。

(一)凡被選爲第二級選舉人者。由知州或知縣具文通告本人。本人若不願就選。須於文到後三日內。具呈申辭。不申辭者則認爲承諾。

(二)凡已承諾爲第二級選舉人者。屆選舉議員時。若無故而不到場。科罰鍰五十元。

(三)其再犯者。除罰鍰外。仍將所有一切公權。停止十年。

(四)若有不得已之事故不能到場者。得免罰。但須有確實之證明其不得已事故之項目。別以細章訂之。

第五款　雜論

第一項　右院議員任期

右院議員任期。各國不同。今述其比較。

一年者　美國聯邦中之十六邦。

二年者　美合衆國。及其聯邦中之二十四邦。

三年者　德帝國、普魯士、瓦敦堡、丹麥、瑞典、那威、瑞士等。
四年者　日本、比利時、巴丁、法蘭西、葡萄牙、墨西哥、等。
四年(但每二年改選其半)者。荷蘭、亞根廷。
五年者　意大利、西班牙、英屬加拿大、等。
六年者　巴威倫。
六年(但每三年改選其半)者。盧森堡。
七年者　英吉利。
八年(但每四年改選其半)者。羅馬尼亞。
九年(但每三年改選其三之二)者。索遜。

右院議員之任期若太短則選舉屢行不惟徒增勞費而已且使國民生厭倦心而怠於執行故惟如美國國民政治思想極發達者可以行之然猶不勝其擾若太長則慮數年前之議員不適於數年後國民之輿望而無以舉代表之實如英國之七年論者或以爲病故任期稍長之國往往於中途改選其一部亦折衷之意也雖然在任期中

往往遇解散則全部改選除英國外彼長任期之國能滿任者蓋稀也我國地廣人衆每選舉一次勞費極浩故萬不可過於煩數然亦正惟以地廣人衆之故國民思想變遷之形態至複雜若代表人久而不遷恐無以應時勢之進步故竊謂宜采盧森堡之制以六年爲任期而每三年改選其半斯兩弊俱免矣至其改選之缺則以抽籤行之此各國成例可循者也。

第二項　無選舉區之地

凡劃分選舉區之國。苟其地無選舉區者即住居於其地之人民無選舉權也。考諸各國其例有二。

(其一)如美國其選舉區分屬於聯邦中之各邦。苟其地不爲各邦之領地者。則其地之民即無選舉權。故現在菲律賓人無選舉權。八年前之夏威夷邦人無選舉權。十五年前之華盛頓邦(非其都城)人無選舉權。而尤奇者則華盛頓都城及其附近平方十英里以内之住民。自建國至今無選舉權。(其人欲選舉者須歸原籍)蓋美國以各邦之公民爲合衆國之公民。除各邦公民資格以外。更無從有合衆國之公民資格。其國法之性質則然也。

（其二）新附之殖民地。無選舉區。其地之住民無選舉權。如英國之多數直隸殖民地。（英國殖民地分兩種一曰直隸者一曰自治者其自治殖民地雖不出代議士於母國然自有國會其民皆有選舉權）日本之臺灣是也。緣此等殖民地。其固有之土民。爲數恒遠過新殖來之民。故不予以平等之權利。而憲法亦不適用於彼也。（日本憲法適用於臺灣與否至今尙爲彼中學者論爭未決之問題）

於是而我國之內外蒙古、青海及西藏。應編爲選舉區與否。其地之住民。應有選舉權與否。實爲我國開設國會前當先決之問題。我國爲單一國。而非聯合會。凡占籍於帝國領土內者。即爲帝國之臣民。美國之法理。非我國所宜適用。無俟言者。而蒙藏之民回首面內已數百年。若猶以他國待殖民地之例。待之。豈惟非法理之所可通。抑亦非政策之所宜出。故無論就何方面觀之。皆無斬蒙藏人以選舉權之理由。顧吾於本節第三款第二項。置蒙藏於不論分配選舉區及議員額數。皆不之及者。無他故焉。全出於事實上之不得已而已。蓋蒙古大半尙未脫游牧之俗。且其人民絕對的服從於僧長。而西藏人又絕對的服從於僧侶。即予以選舉權。亦不能以自由意志行之。而其地。

廣人稀無從執行選舉又無論也要之如吾所計畫之私案以有一定之住屋而能讀書寫字者爲得有選舉權之資格條件而又以有五千住民之地爲一原選舉區夫所謂讀書寫字者必以國語國文爲標準自無待言倘他日蒙藏之地日以發達其地爲合於原選舉區條件之地其民爲合於有選舉權條件之民則隨時施行選舉法何嫌何疑此固吾黨所日夜禱祀願須臾毋死以親覩之者也不幸而現今事實上尙不許爾爾故吾於左院之組織以蒙藏議員爲一重要之分子凡欲以彌此憾而已而淺識者乃或致疑於將來之憲法不得適用於本部以外是無異輾裂帝國之生命雖謂之對於帝國而謀叛逆可也

（未完）

調查

世界海軍調查記（續第十號）

明水

各國軍事界之新現象（五）

歐美列强傾其全力以擴張海軍固若彼矣雖然自氣球飛機發明改良後更欲銳意建設空中艦隊是誠歐美軍事界最新之現象不可不大書特書者也英國有瑪若祿公爵者曾昌言於衆曰吾英四面環海得天獨厚然不數年其盡失所恃之險乎今空中飛行之局既開則空中之戰爭實未來之戰爭也俄國半官報亦嘗著論曰編制空中艦隊較諸編制海軍艦隊爲尤急何以故以海軍艦隊常受空中艦隊攻擊而易破壞故今縱苦思對待空中艦隊之法何如盡力籌畫編成之術且以經費論空中艦隊所費常少又需時甚短不似海軍之動輒數十年始得完整也故編制空中艦隊爲今日當務之急不知有空中艦隊者與夫知之而不能迅奮以實行者皆國家滅亡之徵也所言雖不免過誇然亦可知歐人之重視氣球飛機而於軍事上之價值尤足以揣

測得之也。今者列國爲飛行船故。所投經費。歲有增加。請比較一九〇八年各國所支總額。條列於左。

一 德意志 總額 三十九萬八千七百三十一鎊、

此經費總額內、由政府支出者、十三萬三千七百三十鎊、蓋補助澤百靈伯爵所造氣球費十萬七千五百鎊、氣球隊經費三萬六千二百三十鎊也、其餘之二十六萬五千鎊、則由國民捐助澤百靈者、

二 法蘭西 總額 四萬七千七百鎊、

此經費總額內、有一萬九千二百鎊、爲新購氣球材料所用、有二萬八千五百鎊、爲保存現有材料所用、

三 奥大利 總額 五千五百鎊、

此經費總額內、經常費三千鎊、購置新材料臨時費二千五百鎊、

四 英吉利 總額 五千二百七十鎊、

此經費總額內氣球所用千九百八十鎊、飛機所用三千二百九十鎊、

一九〇九年各國經費雖不詳知。然如英國。則由陸軍大臣提出議會。謂氣球所費。總額七萬八千鎊。比之前年。已爲十倍。美國陸軍部亦擬要求次期議會支百萬打拉。爲飛機試驗之需。更於大西洋岸之紐約、科特門羅兩處。特立試驗所。又購法國政府所製最新式氣球二具。以資考證。俄國則於一九〇九年提出軍會議。需費二十萬五百盧布。爲建立氣球保管材料之用。由是觀之。各國之於氣球飛機。其不惜重費以經營之者。固已昭然無疑矣。

現今各國陸軍中所採用之氣球。則皆定向氣球也。（參觀本報第一號氣球與飛機沿革畧）然亦有多式。如德爲澤百靈式、格羅斯式、巴爾些巴式三種。澤百靈式氣球一名硬骨式。內容一萬五千、五百立方米突。長百三十米突。中徑十三米突。一秒間速力十五米突。能乘坐十二人。載爆藥二千五百啓羅格蘭姆。格羅斯式氣球一名半硬骨式。內容四千八百立方米突。長六十六米突。中徑十一米突。一秒間速力十三米突。能乘坐八人。巴爾些巴式氣球。一名軟骨式。內容三千二百立方米突。長五十八米突。中徑十米突。一秒間速力十二米突。能乘坐五人。載爆藥三百啓羅格蘭姆。法國則有盧博德式。列巴布里克式兩種。盧博德式氣球。亦最有盛名者。其拔特力號內容三千七百立方米突。長六十一米突。中徑十米突八十。一秒間速力十四米突。能乘坐六人。載爆藥五百啓羅格蘭姆。列巴布里克式氣球。內容未詳。英用卡巴式。俄用科溫克式。美用巴爾來因式。此其大歷也。至於飛機則有來特兄弟所造者。希林克所造者。花門所造者。布列里阿所造者。丟拔克所造者。搆造雖殊。而成功則一。此亦各國陸軍所採用也。試比較列國空中勢力。其形勢可得言焉。

法國　定向氣球既製者五具。製造中者五具。飛行機七具。將校下士卒四百五十六人。

德國　定向氣球既製者六具。將校下士卒四百八十五人。

美國　定向氣球既製者一具。飛行機兩具。將校下士卒十三人。

英國　定向氣球既製者一具。飛行機一具。將校下士卒四十五人。

意國　定向氣球既製者兩具。將校下士卒八十五人

俄國　定向氣球既製者一具。將校下士卒三千三百三十四人。

奧國 定向氣球既製者一具。將校下士卒二百零一人。

右所述者。爲一九〇九年六月所調查。其後列國飛行界日趨盛大。新造者續出。不免小有更動。英國陸軍大臣巴顛氏言德國於既製氣球六具外。更有六具。頃在製造中。英國現亦造能乘坐二十人之硬骨式氣球一具。又有軟骨式三具。尙在試驗。日擬購飛機兩具云。俄國亦向法蘭西購得盧博德式氣球一具。命名俄羅斯。此外有大飛行船。聞在秘密製造中。不知信否。要之前表所揭。按之最近情形。或有不合。然畧窺一斑。亦足以察世變也。

進觀列國對於氣球之設備。抑更有可驚者。夫軍用氣球之始。實創自法蘭西。其進步之驟。爲羣雄望塵莫及。一九〇七年拔特力號。由巴黎至德之卑爾丹。約費七小時。而行百七十五英哩之遠。猶以爲未足。客歲陸軍部更懸賞五千佛郞。以爲獎勵法國航空俱樂部。亦準備十萬佛郞之獎勵金。以待魁傑。德意志亦然。彼既有澤百靈、格羅斯、巴爾些巴諸式。更立獎勵及研究之機關。特開德國氣球公會。飛行技術協會等。以與前此所有之航空船研究公司。澤百靈公司。後先輝映。而國民亦組織空中艦隊協會。

上下合力以爭雄於飛行界故至近日幾欲壓倒先輩之法蘭西而震聳英人之觀聽英之識者亦大聲疾呼於氣球飛機之不可以已且唱爲空中艦隊亦當取兩國標準主義故英國近亦着着進步昨年五月特組織一空中防禦委員會蓋對於國民以鼓吹此事之當急也而陸軍大臣巴顛氏復開官民合同委員會研究當採何策以禦空中侵略者其製造飛船飛機公司及飛行術專門學校亦漸次設立而英國航空協會復竭力提倡以期前途之大成故英雖後起而能與德法頡頏者正其上下兢兢不敢奮處之效也若夫俄國則有科溫克將軍者以其多年研究之結果發明一特種之定向氣球又由陸軍部所立調查會模仿法國拔特力號自行製造政府更舉國會議員腓爾摩祿伯爵爲氣球俱樂部會長又於一九〇九年正月陸軍部發令凡爲製造空中飛船以供國防之用者許其廣募捐金同時發布全俄國氣球俱樂部特別資金條例從種種方面以獎勵斯業而民間亦能銳意研索如最近之尹哲夫以少壯之年發明一種定向氣球其原動機之妙爲各國所無又如聖彼得堡大學之倬慈洛夫亦發明一新式飛機聞極精巧特以不輕示外人故無從知其究竟也意大利之氣球飛機

亦頗發達。聞由一九〇九年起。至一九一九年。擬造軍用氣球四十具。即此可知意國飛行界之趨勢也。奧大利最近狀況。無從詳悉。然以大勢卜之。其必步武隣邦。而不甘居人後者。可斷然矣。美國飛行界。比之歐洲諸國。發達稍遲。近日陸軍有要求議會支國帑百萬打拉。為定向氣球之用。則其規模亦自可觀。又如來特飛機。實為大地之冠。比復有氣象學者格列敦氏。擬造大氣球。四日而橫絕大西洋。雖未告成功。其抱負已自不小。則美國飛行界之前途。眞宜矚目者也。日本頃亦有軍用氣球研究會之設。然人民對於此事。意興未濃。雖有二三發明家。尙不足比較於歐美。彼國政府。比亦極力提倡。意者奇偉之士。終有崛起之一日乎。

觀上所記。則空中飛行之競爭。風靡列强。軍事界。已可概見。然猶有一事。不可不紀者。則軍用煤氣車也。此項車輛。向用為戰時通信。及輸送應急軍需品。與夫搬運死傷兵士者。今有裝甲煤氣車。出而强行偵察。而攻擊敵兵。悉皆用之。故今日之陸軍。飛機與煤車。並重。無此二物。不可以言戰。戰亦必不能克。甚矣。世變之不可究詰也。非善應變者。何以立於今之世哉。

英國陸軍所用之煤氣車。約有六萬輛。客歲舉行煤車轉輸大試驗。既能武裝備戰。復能護送大小行李。每一小時行二十英哩。成績卓著。兵家謂爲得未曾有。而德國目下陸軍煤車隊輛數。除將官乘用與專爲攻擊航空船之裝甲煤車外。約爲二百輛。戰時可徵調民間者。約四萬一千七百餘輛。時時操演。成效亦不亞英國云。若夫俄國。則以國土過廣。鐵路未能徧設。故賴煤車以爲運輸者。更覺其要。是以輸入煤車。年年加增。一九〇六年輸入總價額。約九十二萬盧布。一九〇七年。驟增爲百九十萬盧布。其莫斯科煤車工場。政府年給補助金。冀其大盛。以供本國之用也。又奧國煤車。亦歲歲擴張。昨年發布煤車隊條例。確定其軍制上之地位。又凡陸軍演習之際。必行煤車種種試驗。而法意諸國。亦鑑於列國之趨勢。設備不遺餘力。法國煤車總數。有四萬三千五百餘輛。亦一時之盛也。

最近軍事新現象。要不外此兩者。鑑往知來。則不及十年。飛機滿天。煤車徧地。而今日海上之鐵甲。陸上之騎兵。非久遂爲歷史上之陳迹。亦未可知也。煤車之用。猶不甚奇。至於飛機。將來地球大變。必在斯物矣。

文牘

滇督李經羲請設責任內閣摺

奏為籌備憲政宜謀統一。懇請設立責任內閣以專責成而徵實效。恭摺仰祈 聖鑒事。竊維立憲為因時變法之大計。預備立憲即實行變法之初基。各國立憲求進之意同。而變法改良之事理則不同。其中輕重緩急端緒紛繁。非政策統一無以免治絲而棼之弊。非責任分明無以收若網在綱之效。考之歷史驗之往跡。治亂之源靡不由此。中國議行憲政。凡數年矣。自光緒三十四年八月初一日。 先朝特頒明諭分為九年籌備。逐漸實行。海內喁喁。翹足望治。顧至今已歷年餘。所謂籌備之成績足予人以共見者。不過督催之文告交馳於道途。奏報之疏章紛傳於內外已耳。至其實際收效如何。則微臣之愚竊恐有難於深究者。即以邊瘠之滇省而論。財力人力事事不能強同。而奉 諭以來。勉為籌備。三次陳奏。未敢因循。然而叩其內容。除參酌邊情特別注重之數端而外將來能否確著成效實有未敢自信者。臣在滇言滇。原不敢以一隅例天下。第默察各省情形。恐亦不甚相遠。此非必盡由於籌備者之不力。實因無責任內閣制度。俾廷臣合謀於內。疆臣實施於外。以故政策紛歧。莫衷一是。兼營并騖。遂至於此。謹將此中利弊。敬為我 皇上剴切陳之。查各國內閣制度。凡各部之行政長官。皆為內閣之國務大臣。國家政事。每年由閣臣先期規畫。若者宜因。若者宜革。若者宜全力經營。若者宜先立基礎。一一參酌國勢。權量財力。擔任利害。熟計通籌。預為宣示。宣示以後。即須按途循轍。計日程功。若或中止變更。凡屬閣臣。均受其咎。責任內閣之名。取義即由於此。今中國之各部尚書。未嘗不同為參預政務大臣也。各部每屆年終。未嘗不將下年籌備事宜先行奏陳也。然而對於本部之職守。雖有一定之責成。對於全局之經營。並無牽連之責任。以故彼此之籌畫。各不相謀。惟於其任務所屬之端。為極力擴張之計。內以籌款之事委諸計臣。外以奏限所關嚴責疆吏。至於國家之經濟如何。各省之情形如何。究未能中外通籌。精神畢貫。各省督撫。以一人之力。當各部之銜。惟有縮短部限。責成司道。司道責成州縣。飛書嚴促。雷厲風行。州縣復以一人之力。當督撫司道之衙。迫於考成。疲於應命。才雖不逮。不能不百務兼籌。款雖艱難。不能不多方斂怨。凡庸者固有召亂之憂。有志者亦不免叢脞之慮。不得已祇有裝飾外表。聊以塞責。推原其故。蓋由頒布法令之始。無統一大政之機關。有以致之。夫一國之財力有限。應行之要政繁多。固不能偏重於一端。亦豈能同時而悉舉。 先朝洞燭幾微。故有分年籌備之 諭。細繹籌備事宜清單。不惟應辦各端。逐年列舉。即每年之中亦自有比較緩急之不同。 廟謨周詳。莫名欽佩。而臣猶鰓鰓過慮者。誠以全國二十餘行省。幅幀甚廣。情勢各殊。腹地邊陲。尤難一律。此中酌劑盈虛之道。不有一同負責成之機關。以統籌之。臣恐彼此之政策。日愈參商。國務之前程。日愈阻滯。即如試辦預算。度支部奏准以量入爲出爲宗旨。而各部奏定籌備事項。則又年有增益。均有 欽限日期。無一不需籌款。將來預算總數。入不敷出。若如度支部所奏。設屆時無措。必開延擱要政之風。若如各部所奏。則期限難違。終蹈粉飾具文之過。推其流極所至。勢必部與部爭執。內與外爭執。爭執不已。歸於延宕。徒使天下責望咸集於 朝廷。而部臣疆臣。均得以事權不一。互相諉卸。長此以往。所謂籌備憲政云者。既不能停止不辦。復不能核實。

漸行更不能變通務當是直將墮壞於冥冥罔覺之中迷惘於枝節叢生之際款已糜者不可復返事已誤者改作殊難閭閻以苛取而無效果怨望之極奸宄乃乘士紳見積弱而長亂機要挾有詞囂陵更甚　朝廷當此之際未嘗不可強爲歸罪而實則罪無可歸即幸而大局粗安各省故智如期奏報表冊紛陳臣決其必爲循例之文徒足以塗飾耳目九年以後情狀可知上何以奠　國家磐石之安下何以慰薄海民生之望無責任內閣之弊其極至於如此臣爲憲政前途隱切憂危用敢不避嫌怨剴切敷陳伏祈我　皇上乾綱獨斷　親簡大臣組織責任內閣使各部尙書同爲內閣之大臣即以新設之內閣爲全國行政之總匯幷責其逐年將應行事件通盤籌慮量出入之歲額準各省之事情分別辦法預定方針昭示天下若執行不善各主管衙門固屬咎有專歸若主義背馳則全閣大臣皆當同負其責庶幾政策統一責任分明一切無所隔閡內不至徒以畛域之政見爲抵觸之吹求外不至違乎本省之所宜耗精力於應付進行有序綱領不紛監督機關立於對待之地位亦得因時成立憲政完全或可期望臣亦知責任內閣其事至重其才甚難非　朝廷所不願爲實　朝廷所必當慎

且成立之初。萬目所注。集矢更多。亦未必遽能就理。然當其衝者。僅在一二大臣。而享其利者。實在萬年　皇室。臣默審時勢所趨。政策以相繼而進。人才以交激而成。有責任內閣以取決輿論。尙可漸趨於有益之競爭。無責任內閣以總挈政綱。勢必終歸於無形之潰裂。竊恐異日國事之難。將有數倍於組織內閣者。而悔已無及矣。臣待罪邊疆。籌備無狀。一身咎戾。何敢諉卸。惟有在任一日。即竭一日之駑駘。仰遵　欽頒事項。俯察滇省民情。擇其尤宜注重之端。參以特別經營之意。冀獲勉保治安。略圖補救。所以贊助憲政於萬一者。力止於是。披瀝言之。不敢欺飾。所有懇請設立責任內閣緣由。是否有當。理合恭摺具奏。伏乞　皇上聖鑒訓示。謹　奏。

兩江總督張人駿奏查明廣東新軍滋事情形摺

奏爲查明廣東新軍滋事情形。據實覆陳。恭摺仰祈　聖鑒事。竊臣於宣統二年二月初四日。承准軍機大臣字寄宣統二年正月二十二日。奉　上諭。有人奏廣東新軍滋事。傳聞異詞。恐有寃濫情事。請派員查辦一摺。著張人駿按照所奏。澈底查究。該軍果有蓄意圖逆憑據。自應分別嚴汰。如係官吏不善撫馭有妄剿情弊。亦應按律懲辦。毋稍徇隱。據實覆奏。原摺著抄給閱看。欽此。遵

旨寄信前來等因。臣當卽遴委江安督糧道吳對。江蘇候補道汪嘉棠二員赴粵。按照原奏各節確查去後。茲據該委員等查明稟復前來。臣復加確核。並詳細察訪。謹將查明情節。敬爲我

皇上陳之。

查上年十一月間。廣東督練公所參議道員吳錫永。曾以新軍統領在營房內拾得票紙一方。刊有同盟會及天運年號等字樣。面稟署督臣袁樹勛。將形迹可疑之兵。陸續汰除。至十二月。營縣捕獲匪犯李洪盧子卿二名。訊認拜盟結黨。牽涉新軍。卽將該二匪正法。復經統帶在營起出同盟會票紙數張。並訪聞二標正兵劉茂昌有勾結會黨情事。送交督練公所發縣訊究。此督臣袁樹勛等告示所謂逆黨潛布軍界。乘機煽亂。事前起獲逆票等件之所由來也。迨十二月三十日。步隊二標二營兵士吳英元。託同營兵士華宸衷。至城內刻字店。代取訂刻之名戳名片。因爭價口角。老城巡警第一分局警兵上前干涉不服。適假出之兵王冠文等經過該處。幫同理論。時各兵有未穿軍服者。警兵遂鳴哨集衆。將數人拘入警局。加以鎖鍊。間有扭毆致傷者。餘兵或回營報

告。或仍集警局前喧嚷。經該標統帶。派員前往彈壓。卽將被拘各兵帶回。餘兵亦歸。互相傳說。咸憤警兵之强橫。經統帶告知該公所參議吳錫永轉告巡警道。許以撤換巡官。懲治警兵息事。次日元旦。各營照例放假。二標兵復集多人進城。聲稱向巡警報復。旋至老城巡警第一分局。衝毀門窗。毆傷警兵二名。復至東門第五分局打毀房屋。毆傷警官。並斃警兵一名。經水師提臣李準。與督練公所參議吳錫永。署巡警道高覲昌。聞信馳往彈壓。各兵始散。吳錫永旋偕教練處總辦吳晉。協統張哲培。同至二標。傳集各兵演說。一面密派數員將二標及三標一營槍機拆卸。收取子彈。送赴督練公所存放。其一標及砲工輜各營。經吳晉商令張哲培親往。照二標辦理。張哲培因時已入夜。未經前往。遂回協司。令部傳知營官照辦。砲隊兩營。業已遵行。其餘各營。未及照辦而止。吳錫永吳晉旋稟商袁樹勛。諭令各營暫勿放假。卽放假亦須由官長率領。以免滋事。此當日兵警交鬨之原因也。比至初二日早。張哲培復至二標。傳諭各營。再申不放假之令。一標三營聞而大譁。謂滋事係屬二標。與一標何干。遂不聽命。鬨然而出。各營兵士亦多隨之。標統劉雨沛彈壓弗止。逃匿出外。有已撤砲營排長倪映典者。輒起異

文牘

謀。乘各兵擾攘之際。厠身其間。藉口爲二標兵士。向巡警復仇。鼓動衆兵。於是一標各兵。赴砲工輜營。糾約同行。兵中復有人倡議。謂須携槍自衛。各兵復入一標取槍砲工輜兵亦各携械出營。齊赴協司令部衙。毀屋宇劫取講武堂槍械。協統張哲培在二標。聞變倉皇離營。入城各兵隨向二三標逼脅。該兩標兵因槍械先被拆運。無人同去。署督臣袁樹勛聞信。商請將軍臣增祺等。下令閉城。派旗兵登陴守護。維時各兵散處於沙河牛王廟東明寺一帶。適有陸軍小學監督黄士龍因事入城。督練公所各員因其曾統新軍。邀與計議。黄士龍自任出城解散。旋見標營衆兵絡繹於途。均諭令回營。且勸且進。行至瘋癲院附近處。所遇兵隊數十人。持槍而上。向空施放。其聲隆隆。遥望遠處。亦多槍煙。黄士龍沿途開導。衆漸帖服。時因一標之兵。尚有在東門及小北門外等處者。士龍擬招令同回。甫至東門。城闉爲城上旗兵。喝止。士龍告以來意。旗兵不知黄士龍奉命出城。疑爲亂兵。登即放槍。士龍中傷小腹。同行之兵亦傷數人。由是軍情益憤。固結愈甚。督臣袁樹勛旋命協統張哲培。携繳械免死之示。出城招撫。張哲培行至小北門。徘徊不敢出。乘間潛避。乃另遣巡防隊十餘人。分道前往。嗣據回報。則言衆兵

入

不肯就撫。水師、提臣、李準。參議、吳錫永。始與、督臣、袁樹勛、決議、主剿。而是夜各兵。尚多回營者。初三日晨。砲隊第一營管帶齊汝漢。方集衆解勸舊排長倪映典。率黨突入。自出短槍。從後擊之。齊汝漢驚撲。復連擊數槍。遂斃。全軍大駭。倪映典等。當即走出。該處數營環列。是時一標步隊第一營管帶胡兆瓊。砲隊第二營管帶林金鏡。亦正同向衆兵演說。復被倪映典舉槍轟擊胡兆瓊。不中。彈傷隊官胡思深之脅。並傷林金鏡之手。向步隊第二營管帶于如周逼交隊伍。于如周紿以隨後接應。乘機奔逃。各管帶亦同時走散。倪映典遂大煽各兵。謂巡防隊與巡警聯合來攻。速須備戰。一時營中大亂。紛紛四出。督臣袁樹勛。與提臣李準。旋派親軍統領吳宗禹等。帶隊出城。協統張哲培隨行。比至牛王廟。與新軍遇。倪映典偕其黨數人。馳馬在前。吳宗禹先遣防營管帶童常標等。諭令繳械投誠。倪映典因與童常標舊識。反勸其歸附伊黨。並昌言於衆。謂今日乃獨立機會。正革命軍出世之日。語極悖逆。各員知難理喻而退。少頃亂兵開槍。防營用機關槍擊之。亂兵死者二十八人。倪映典亦在其內。又軍前被執正法者十一名。復先後拿獲黃洪昆等四十餘人。時有一標二營隊官宋殿魁。勸諭各兵不從。自戕而死。

文牘 十

路人誤斃者二名。而提督親軍中營正兵唐子清亦中槍殞命。親兵傷者十七人。防兵傷者十六人。亂兵登即逃散。防營亦未窮追。是夜一標第一第二兩營先後被焚。或謂亂兵遺火。或謂防營縱火。訪查並無確證。迨後拿獲新軍司務長王占魁江運春目兵尤龍標等。均與先獲之黃洪昆訊認曾入革黨。約同倪映典藉端煽惑各兵。希圖起事不諱。督臣袁樹勛業將各犯分別懲辦。其陸續繳械來歸者。一千二百餘人。亦已遣散。此當日新軍滋事之情形也。臣查此案要領。厥有三端。去冬之獲辦會黨起出票據爲一事。除日之細故口角。兵警交閧爲一事。初二三日標兵因不放假。釀成變亂。又爲一事。前一事本不相合。後二事乃相因。謂會黨事涉懸虛。新軍全受寃陷者。固不免失之過激。謂新軍預定逆謀。約期起事者。亦非實在情形。粵省毗連港澳。會黨出沒無常。潛誘軍隊。蓄謀甚狡。督臣袁樹勛陸續開除標兵。本爲思患預防之計。良多蒡少。儘可消弭於無形。乃因兵警齟齬之微。警官不善排解。以致新軍受辱。逞忿尋仇。迨衅隙已成。而協統標統等官。又不善爲撫馭。始則一味操切。嚴申不准放假之令。繼則相率畏避。棄營而逃。人心一搖。軍情遂渙。兵士既誤於報復之說。更受倪映典等之煽惑。以致一旦橫決。釀成慘烈之現象。查當時一標與砲工輜營之兵。人數雖衆。尚非全軍思變。祇以心懷疑懼。散處郊外。迨黃士龍沿途勸諭。多已情願回營。不意士龍誤爲守城旗兵所傷。衆憤遂覺難平。禍端因而愈烈。斯乃本案肇衅之實情。原奏謂逆黨果思煽亂。則事發時便據城戕官。刼庫掠城。不應祇與警兵尋仇。亦不應漫無布置。束手待剿。揆諸事理。洵屬中肯之論。然營房槍械。既已毀搶。管帶隊官。同時被戕。軍紀蕩然。不得謂全無變亂形迹。倪映典之口出逆語。黃洪昆等之親書逆供。事蹟昭彰。亦不能謂無煽亂實據。特以標兵本未思亂。因激成憤。奸徒乘機搆煽。事起倉卒。初無預謀。自無暇爲據城刼庫計。一擊遂平。其事亦可概見。當日防營出勤。不免邀功。故初報殲斃叛兵百餘。奪回槍枝千餘。且間有剽竊新軍衣裝。事後變賣情事。而新軍平日尚能安分。此次逃往鄉落。亦絕無騷擾。是以粵士痛新軍之傷殘。馳論紛紜。致有新軍逃亡餓斃防營未傷一人之語。今據委員查覆。亂兵僅斃二十八名。營兵亦傷三十餘名。曾經調驗。數名傷痕猶在。且驗城樓木柱。確有城外槍彈飛至打損痕迹。尤足爲亂兵放槍之證。是營中之報告。與士民之論說。按諸事實。均未盡符合也。惟當時新軍畏避出外者。多在

文牘 十二

場滋事者少事後未歸悉被遣散以數年訓練尅期成鎮之兵一旦決裂敗壞至於如此。論者咸深惜之。茲査先後資遣回籍者。共正副兵目一千二百五十八名。雜兵一百零四名。又送赴陸軍警察講習所二十六名。其事變之後自回鄉里者。共一千二百二十七名。所有第一標及礮工輜七營已無留營之正副目兵。僅餘各項雜兵。一百二十名。至二標三營現存各兵。共一千一百九十八名。三標一營現存各兵。共三百七十名。現尚能守軍律。似可無須嚴行裁汰。善後事宜。亦經署督臣袁樹勛。酌擬辦法。專摺具奏。應候軍諮處陸軍部核明議覆。咨行遵照辦理。惟前協統張哲培平日撫馭無方。臨事棄營逃避。迨奉令往撫。又復觀望不前。一標統帶劉雨沛。當標兵初次喧嘩之時。即已避匿。迨次日營中大亂。又復私逃。律以守禦之官因軍叛棄城而逃者。厥罪綦重。當此整飭軍紀之際。似未便稍事姑容。相應請 旨飭下署督臣袁樹勛將張哲培劉雨沛二員。拿解法部。訊明治罪。一標一營管帶胡兆瓊。一標二營管帶于如周。一標三營管帶楊長卿。礮隊二營管帶林金鏡。工程管帶陳宏萼。輜重營管帶許嘉澍。先事既失於防範。臨時又未能彈壓。于如周並有遺失關防情事。均屬咎無可辭。以上六員。

業經袁樹勛奏請　交部。分別從嚴議處。應候部議遵辦。至下級以下各員。除已遣已辦外。其餘應由袁樹勛分別革懲發落。在逃者仍勒緝務獲訊究。前充廣東老城巡警第一局巡官試用巡檢陳慶纛縱容警兵。鎖毆新軍兵士。釀成鉅案。實爲厲階。應請即行革職。其滋事警兵。仍應由袁樹勛飭令現任巡警道查究嚴懲。廣東督練公所參議道員吳錫永。疏於籌畫。臨事張皇。統領水師親軍保升道員候補知府吳宗禹。任事尚勇。惟紀律不嚴。失察兵丁剽竊。均請一併　交部議處。仍飭將搜竊軍裝之營兵。從嚴革究。前署廣東巡警道高觀昌。於警兵鎖毆新軍之後。已許撤官革兵。次日聞報滋鬧。亦即馳往彈壓。尙無縱容情事。教練處總辦吳晉。本非統兵之員。亦無守護之責。均請免予置議。其標兵傷斃警兵一案。另行緝兇究辦。在城上放鎗誤傷黃士龍及隨行兵士之旗兵。未得主名。應由將軍臣增祺等查明懲處。署兩廣督臣袁樹勛。廣東水師提臣李準。當日因新軍七營同時鼓譟。不服勸諭。變生意外。恐致不可收拾。權宜主剿。事本出於不得已。惟措置未盡合宜。報告亦有不實。以致輿情未洽。究難辭辦理不善之愆。應否量予處分。抑應寬免之處。伏候　聖裁。其當日殉難之礮隊一營管帶齊汝漢。一標一營隊官胡思深。一標二營隊官宋殿魁三員。均應由袁樹勛另行 奏郵。合併陳明。所有遵 旨查明廣東新軍滋事緣由。謹恭摺覆陳。伏乞 皇上聖鑒訓示謹 奏。

給事中陳慶桂奏廣東新軍滋事請 派員查辦摺

奏為廣東新軍滋事。傳聞異辭。恐有冤濫情事。請 派員查辦。以維軍政而弭釁端。恭摺仰祈 聖鑒事。竊本月初三日。粵省新軍為防營剿殺一事。迭據鄉人函電稱此次兵變。實由去年除日新軍與巡警口角肇釁。新軍受辱。今年元日。一標兵進城與巡警尋釁。幸經彈壓解散。初二日二標及砲工輜重等營復鼓譟鬧事。挾械四出。舊統帶黃士龍親往曉諭。招領回營。各兵初亦聽命。迨黃士龍入城。城守兵誤開鎗迎擊。至傷該統帶及新軍數人。衆乃大譁。始紛紛竄踞。提臣李準聞信。翌日派隊往剿。砲斃多人。其餘擒獲及繳械來歸者無算。以為事出誤會。官吏不善消弭。遂至釀成巨變。惟據督臣袁樹勛等告示。則謂逆黨潛布軍界。乘機煽亂。事前並起獲逆票等件。似係有意圖變。據此情形。兩歧。出入頗為重要。以臣臆見。逆黨。果思。煽亂。則事。發時。便。據。城。戕。官。

刼庫。掠械。不應。祇與。警兵。尋仇。且事。延數日。亦不。應漫。無布。置。束手。待剿。謂爲。有意。肇亂。疑竇。實多。然督臣統理全省軍政。於新軍有何歧視。自非搜出叛逆確據。必不貿然派兵剿戮。臣竊維國家創練新軍。本欲收腹心干城之寄。若皆爲亂黨所煽。潛伏暗滋。釁之養虎自衛。爲患何可勝言。往歲安慶之變。懲毖未忘。今又復見於吾粵。苗衆莠生。固宜防備。即此口角細故。動輒離營滋事。號令不遵。紀律不守。該軍統領平日訓練者何事。督撫具有軍寄。於此等事。誠宜力任責成。即軍諮處總司全國軍政。亦宜亟予整飭。乃能提綱挈領。建威銷萌。擬請簡派重臣。澈底查究。果有蓄意圖逆。憑據。應分別嚴汰。辦理善後。以肅戎綱。如係官吏不善撫御。有妄剿情弊。宜按律懲辦。此後不得藉黨人名目。恣意株陷。以爲生事邀功者戒。是否有當。伏乞皇上聖鑒。謹奏。

廣州將軍增祺署理兩廣總督袁樹勛奏粵省新軍藉端釀變摺

奏爲查明粵省新軍。藉端鬨營。繼復昌言叛變。遵旨剿撫。擒獲首要。地方平定。各情形。恭摺具陳。仰祈　聖鑒事。竊宣統二年正月初二初四等日。臣等先後將新軍滋事。分別剿撫各情。電請軍機處代奏。初七日准軍機處電。奉　旨增祺等兩電均悉。此次標兵叛變。剿辦尚屬迅速。其餘各營。亦難保無勾結匪黨情事。著該署督等將所獲各匪。嚴切根究。實力查拏懲辦。以絕根株。毋留餘孽。欽此。欽遵。竊查近年新軍滋事。不僅一省。就粤論粤。有總因焉。有遠因焉。有近因焉。教育既未普及。則軍人之資格。難語完全。上年八月間。憲政編查館會奏。覆核陸軍部籌備事宜單開。城市游惰之民。則不宜徵。廣西等省。匪黨夾雜可慮。則不便徵各等語。實爲洞見癥結之語。粤省從前倉卒徵兵。所謂游惰而夾雜匪黨者。誠不敢謂其必無。即無矣。其未受教育者。仍居多數。此總因也。既有游惰及夾雜匪黨之慮。故投營之時。軍心即不甚固。逃亡之報告。既月有所聞。而港澳密邇。匪徒乘間煽惑。防不勝防。粤省徵兵之難。前督臣張人駿已剴切奏陳於前。臣樹勛與陸軍部。亦縷析商榷於後。朽索明知難馭。滋蔓更不易圖。此遠因也。積此二因。於是有觸卽發。或因口角微嫌。或因放假細故。横決離奇。幾自忘其軍人之資格。而不逞之徒。乘機裹脅。昌言叛逆。釀爲亂萌。則已非爭論微嫌細故時所及料。亦非爭論微嫌細故者之本心。此近因也。綜此三因。而後粵省新軍釀事之始末。可得言焉。方事之未起也上年十一月間臣樹勛曾據督練公所參議道員吳錫永面稱。該管統領於營房內拾得票紙一方內刊有同盟會及天運年號等字樣。徧詰各級官長及兵士。均諉不知。當以事無左証。嚴切誡諭。如有誤收此項票紙者。塗繳免究。亦無應者。而陰將形迹可疑者。陸續開除多名。為先事豫防之計。為此事直接之遠因。又臣等訪聞匪徒昌言革命勾結港澳三點會黨。希圖起事。密飭營縣捕獲匪首李洪盧子卿即黃子卿二名。訊明據供拜盟結黨購運軍火約期舉事不諱。且與新軍有涉。十二月二十八日。提李洪盧子卿正法。為此事間接之遠因。二十九日。新軍統帶復在營內。起出票據數張。亦有同盟會字樣。並查二標一營後隊二排三棚正兵劉茂昌有勾結會黨情事。當送督練公所。發縣審訊。而該兵等之蓄謀愈露。為此事直接之近因。然該營在事人員。防之益密。因慮及新軍放假。而各營所存槍彈甚多。隨以營庫潮溼。恐損藥力為辭。飭將各標營所存槍彈。運送城內軍械局收存。正擬陸續搬運。而三十日兵警交鬨之事作。是日步隊二標二營兵士吳英元在城內刻字舖定刻名戳名片。託同營兵士華宸衷代取。爭論價値。彼此齟齬。老城第一分局警兵。上前干涉不服。適假出目兵王冠文等經過。幫同理論。警兵遂鳴哨集衆。而是時各兵。有未穿軍服者。遂一併拘入警局。撐持之際。間有揪毆受傷者。該標統帶聞信。率員馳往彈壓。維時文武員弁亦至。秉公查理。將各兵釋回。該警局辦事。不無孟浪。亦飭巡警道分別查處。事已寢息。

本年正月初一日。該標統帶。就全標官兵團拜。甫將前夕情事。懇切演說。而該兵已有突出進城。聲稱向警局復仇。維時該公所參議及巡警道。聞信馳往彈壓。行至巡警第一分局。見有毆傷警兵兩名。門窗略有衝毀。正查勘間。復聞東門第五分局。亦被新兵衝毀。馳往查勘。已毆斃警兵一名。並毆傷警官。衝毀房屋。而各兵星散回營。復擬搶取槍枝子彈。該標統管帶等。竭力彈壓。一面剴切演說。密派數員將該標及三標一營槍機。拆卸子碼收檢。暗運城內。其餘各營。亦擬照辦。而時已昏暮。城將上鑰。且相距較遠。不及而罷。綜三十及初一日情形。純乎兵警交鬨。爲無意識之舉動。此爲直接近因中之近因。然自初一日新兵出營尋衅。後多有離營不歸者。臣樹勛當卽示諭歸伍。候秉公查處。一面傳諭該營。初二。以後暫勿放假。卽假。亦須由官長率領。不准穿著便衣。以重名譽。二三標各兵無異詞。而一標及礮工輜各營。抗違不服。內有前充排長倪映典。及正目黃洪昆。爲革黨主動。藉口爲二標兵士向巡警復仇。遽奪械出營。衝毀協司令部。刦講武堂槍械器物。並迫脅二三標。因槍械先期拆運。幸未同變。礮營管帶齊汝漢。向衆兵勸導。倪映典突出短槍。自後擊之。洞穿胸脅。齊汝漢猶大聲呼衆兵不可作亂。氣遂絕。維時臣增祺與都統等聞信。派旗兵登城守護。臣樹勛與水師提臣李準。遴派多員。前往持諭繳械免死。而各兵已佔據東明寺牛王廟各要隘。派員往撫。各兵等遂昌言今日非止向巡警復仇。乃革命軍出世之日。其語言狂悖至此。蓋至是而情形爲之一變。叛迹顯然。非復無意識之舉動矣。就事論事。該兵等既奪械戕官。衝毀協司令部。佔據要隘。諭之不聽。撫之不從。且口出悖逆之言。是無論其爲革命黨與否。而叛迹昭著。斷不容養癰成患。上貽 宵旰之憂。況省城沙面地方。洋商駢集。西關一帶。尤爲商務菁華所萃。兼以密邇港澳。萬一黨羽接濟。更恐枝節叢生。詢謀僉同。莫如速剿。初三日水師提臣李準。督率親軍統領保升道員候補知府吳宗禹等。帶隊出城。相機剿辦。新軍協統張哲培。亦隨往鄉導。行至牛王廟附近。倪映典等帶領叛兵。列隊來迎。

始仍派員往諭繳械投誠免死。倪映典等。反勸我軍歸附。共圖大事。語至悖逆。繼而分三路來撲。勢極兇悍。並先開槍傷防軍數人。吳宗禹等。乃揮隊迎戰。用退管礮還擊。轟斃數十人。陣斬騎馬頭目五人。有逆首倪映典在內。先後擒獲黃洪昆等四十餘人。蓋巨魁已就殲矣。於時各兵棄械紛紛逃竄。復遺火延燒第一標營房。登時奪回槍械甚夥。並有另股新兵屯集石牌村廣九鐵路一帶。遣員往撫不從。見大隊已創始逃散。復跟踪搜緝。次日於白雲山瘦狗嶺等處。拿獲革黨頭目。新軍司務長王占魁江運春。目兵尤龍標等。及餘黨二百餘人。奪回快槍二百餘枝。指揮刀雨衣各器械。是役也。防軍各路躡剿。計共受傷三十餘人。死者二人。提訊王占魁等。供與黃洪昆相符。確係倪映典等爲革黨主動。並有運動章程十條。內有時時作大舉之豫備等語。其運動各界。尤以各省軍界爲最多。並有新軍爲革命出力。非爲 國家等語。蓋勾結煽誘。已非一日。原擬俟軍械運齊。約期起事。適值二標與警兵衝突。謂有機可乘。迫不及待。而叛情乃驟露。故得迅速剿辦。豫遏禍萌。此皆上秉 宸謨。文武員弁相機用命。得以至此。又同時西關地方。亦有焚燒警局。及警兵擎槍抵禦。誤傷人命之事。當即彈壓解散。連日

復由臣樹勛遵　旨辦理善後一切事宜。另案奏陳。恭請　聖裁。綜此案始末言之。其總因由於無教育。或自以爲受軍國民之教育而自由獨立之說。深中乎其心。如病者然。腠理不密。外感乃得而乘之。此不惟粵省爲然。各省軍人滋事比比。非無意識之衝突。即受外來之誘脅。不從根本上改絃而更張之。難未已也。其遠因近因。無不相乘而至。此次釀事之前。雖在事各員。或先期搜獲票據。開除形迹可疑之員兵。並搬運槍彈入城。致若輩陰謀敗露。故禍速發而不甚大。及釀事以後。各該員等竭力奔救。得轉危爲安。並一面嚴飭防營保護洋人。使無所藉口。不致別生枝節。功似足以補過。惟究未能弭患未萌。釀此巨變。損失已多。難辭溺職之咎。除砲一營管帶齊汝漢業已身殉。應另案　奏䘏外。所有卸任廣東新軍協統張哲培。一標統帶劉雨沛。一標一營管帶胡兆瓊。一標二營管帶于如周。一標三營管帶楊長卿。於該標叛兵倡先起事。既未能先事鎮壓。臨時又未能守護營房。致遭焚燬。比照軍人反叛舊律。守禦官處分綦嚴。惟新軍甫在訓練。究與敵軍對壘情形不同。自難援照擬議。而新軍定制。祇有懲罰輕罪專條。於此項罪名。尚未另定。又砲隊二營管帶林金鏡。工程營管帶陳宏蕚。輜重營管帶許嘉澍。或學術尚好。或辦事頗勤。此次該兵譁變。實係一標主動。而砲工輜各營。受其逼脅。目前辦理善後。不能不多資熟手。俾恢復之有期。惟究應如何處分。臣等未敢擅擬。應請 旨將張哲培劉雨沛胡兆瓊楊長卿林金鏡陳宏蓴許嘉澍七員。又于如周一員。於叛兵倉卒起事之際。遺失關防。情節較重。一併交部。分別從嚴議處。其下級以下各員在逃者。俟緝獲訊供。再行懲辦。臣樹勛未能弭患無形。亦有應得之咎。請併交部議處。至於巡警違背警章。有負職務。其原因亦在無教育。各省兵警交鬨。皆自忘其尊嚴之資格。厥咎惟均。自應分別整頓。並將不職各員兵秉公撤辦。以儆將來。其槍斃警兵一案。當時人多嘈雜。難得主名。已另案嚴行緝究。並分別撫卹各該家屬。以昭平允。除將善後事宜。由臣樹勛切實辦理。分別奏咨外。所有廣東新軍藉端譁變。及剿撫平定各緣由。理合恭摺具陳。伏乞 皇上聖鑒訓示。再此摺係臣樹勛主稿。合併陳明。謹 奏。

廣東諮議局維持徵兵大局呈袁督文稿

竊照去月新軍潰變。惹起輿論。紛來敝局陳請建議。查憲政編查館覆考察憲政大臣于式枚奏陳諮議局章程權限摺。軍事外交裁判等事。斷非議員所能干涉。但以人民各具國家思想。苟實有所見。不妨上書陳請。其必以諮議局爲陳請建議者。因表示衆意所在。以備督撫採擇。又諮議局章程第十二條。常駐議員於二十一條第九至十二各款所列事件。若不在開會期中。得由議長委任協議辦理各等因。當經迭開協會。編閱陳請來文。咸謂事起細微。釀成禍變。以少數之煽惑。累全體之危疑。若不設法維持。新軍前途。不堪設想。幸督部堂仰體　朝廷仁愛。凡百矜全。遇有紳商團體進言。靡不虛心采納。現在公論已定。前事不必重提。但練兵問題。關係國家大計。人民陳請。亦屬無背館章。謹彙集各條。以備採擇。一徵兵官宜連帶負責任也。外國徵兵。凡歷三階級。一曰募徵。卽志願兵。一曰記徵。以記國民名數。其優於學問。富於納稅。及僱人頂名者。均可獲免。一曰普徵。舉國皆兵。中國不能遽行普徵之制。尚在募徵時期。吾粵五次舉行徵兵。均由督練公所分路派定徵兵官。限徵名額。各路徵兵官爲顧全考成起見。遂不惜附會部章。到營三月。照生監例准免差徭。准遣抱告之條。故爲張大。許以領花紅。許以收學租。許以頒祠胙。許以快捷陞官。許以隨時告假。無非侈陳軍人權利。而於軍

文牘 二十四

人之義務。如何勞苦。絕不一言。但求所徵足額。便可卸責。及至徵兵入伍。概由各營官長任之。查陸軍目兵逃亡懲勸官長章程。凡有目兵逃亡者。管帶隊官排長分別罰薪記過有差。無犯逃亡者。則記功有差。各營官長亦如徵兵官。爲顧全考成起見。或失之寬。寬則兵驕。或失之嚴。嚴則兵怨。故徵兵前後。計有七千餘人之數。而逃亡恒踰十分之一。此中原因雖甚複雜。而其最初之失。著則在使徵兵官與帶兵官離而爲二。欲救其失。莫如令自徵自帶。開徵時。既不敢謊言。誘人入伍。後自易於認眞管理。證以防營募勇。其人格斷不及徵兵之高。而逃亡反少者。其故亦可想見矣。一軍官宜多用本省也。軍制組合。如人身之指臂。若以甲省之人。治乙省之兵。言語不通。習慣不同。於精神教育難以貫注。無異血脉已窒。豈能指臂相聯。況粤省方言種種不一。去年督練公所稟陳軍政困難情形。亦謂外省官長因語言隔閡。與兵士絕少感情。顧委任仍注重外省者。鑑其私心。殆慮運動軍界革命。欲多寄耳目於素不接洽之軍官。暗行防制。不知會黨出產地。以長江一帶爲最。前次破獲之葛謙、羅澍滄、嚴國豐、譚馥等。此次之散票巴澤憲。擊斃之倪映典。及生擒之王占魁、江運春等。其供出主動四人。皆外省軍官。是其明証當道。如爲防制革命計。更當多用本省軍官。蓋外省軍官僅憑文憑履歷。本省軍官。既有家室之可査。復有鄉鄰之可証。故向日未聞廣東在籍軍官倡行革命者。正以此耳。至目兵革命。多屬口頭。但能善用本省軍官。時時演說利害。痛陳時勢。曉以愛國之大義。導以防外之思潮。自然潛移默化。況當大局危急。特練新軍。爲國防之保障。正宜推誠相與。固結軍心。豈可以市虎杯蛇。自相疑忌乎。乃操軍政者計不出此。日以壓抑粵人爲能。統計廣東新軍軍官。合督練公所講武堂陸軍警察隊陸軍警察學習所及已練成之十一營。除公所一二三等委員無定額并陸軍小學堂陸軍測繪學堂不計外。上等官長六員。廣東無一人。中等官長四十六員。廣東僅占十四人。下等官長二百四十七員。廣東僅占八十六人。更舉一二事以證明之。如廣東送考遊學畢業生黃承恩、藍任大、世銘、彭琪、四人。去年十月二十七日報到。經軍諮處咨文聲明遇有相當缺出。儘先委用。二十九日出有攷功科提調缺。適是日外省報効學生陳釗報到。竟舍先到之廣東學生。而用後到之外省學生。又如督練公所見習官。月薪十二兩。公膳。標營見習官。月薪八兩。自膳。歷年速成陸軍學堂畢業生。送入見習。外省學生多派公所。廣東學生多派標營。至軍佐如林。粵人幾至絕迹。以上所舉。謂非歧視。其誰信之。雖然。軍政但求得人。原無省界。設使廣東軍人程度較遜。夫又何言。顧嘗於現在軍界詳確調查。日本士官學校第六期畢業生。中國留學生一百七十餘名。最優等五名。廣東學生占三名。此廣東學生之優勝也。去年由廣東各營選送營員十八人。赴保定陸軍學考試。取錄十名。較各省爲特多。此廣東營員之優勝也。及至任用。恒處於失敗。抑又何耶。一補官宜恪守定章也。外國軍官。無不由學堂出身。而練兵處奏定補官制畧。亦謂成軍以後。遇有官弁出缺。仍先儘用學堂畢業之人選充。其初儘用曾習武備曾帶新軍人員者。特慮創辦時人才缺乏耳。粵省練兵有年。各陸軍學生先後畢業者已達七百餘人。錄用者僅約百人。又查粵省遣派遊學士官學校畢業生。去年回粵。服務者二十八人。已派官長者僅十一人。其餘未有位置。多萌去志。徒育才而不知用才。殊爲可惜。乃督練公所恒藉口於廣東陸軍學生閱歷未深。形諸公牘。夫閱歷莫要於軍隊。本屆之陸軍留日學生。先在振武畢業。後入聯隊充士官候補生。一年期滿。再入士官學校畢業。復充見習士官六個月。其閱歷。不特舊日將弁所無。且爲前屆學生所無。今反謂其閱歷未深。其不可解者一。陸軍部考試授職後。即擬留用七名。未幾桂撫咨調。今軍諮處又咨調。均不以爲閱歷未深。兩廣督練公所。獨以爲閱歷未深。其不可解者二。同屬陸軍學生。何獨指摘廣東學生閱歷未深。其不可解者三。計現在標營用人。多以不諳新軍戰術之人充數。致爲目兵所輕。新軍不能發達。寔由於此。操軍政者。反疑廣東軍人資格之不及。豈不寃哉。盍亦反其本矣。一軍隊用人宜分權責也。查練兵處原定入伍制畧。副兵升正兵。由隊官主之。正兵升副目。副目升正目。由管帶主之。目兵以上。雖未有法定明文。然因此遞推。黜陟之權。軍隊宜有專屬。乃調查兩廣督練公所任職定則所列軍隊人員委任。除協標統巡由督憲札委各項目兵由協統標統管帶命委外。其餘官長曰稟請札委。曰詳請札委。曰申報轉呈。無一非公所集權。夫公所。爲軍政總匯之處。其性質係屬司法機關。若侵及軍隊行政之權。主持進退。各級官軍將操何術以爲懲勸。最爲危險。卽如此次倡亂之正目黃洪昆。去年怒謗示諭。違抗校閱。迭經管帶隊官稟揭。不能斥退。致成前月之禍。可爲寒心。嗣後懲前。應將委任軍隊章程。引申練兵處入伍制畧。規定下等官長某級歸統制官主政。某級歸統帶官主政。某級歸管帶官主政。然後軍隊之命令。乃能整肅。右列四項。皆督練公所辦理未能完善。所亟應改良者也。至輿論注重。尤在將遣散者。分別招回。蓋事因倪映典等煽動搶械威迫。至累及一標及砲工輜重各營。雖督部堂事後原情資遣回籍。但念廣東新軍教練數年。耗費鉅欵。始成此十一營。今一旦遣散至七營。玉石不分。名爲待作平民。寔則視同叛逆。將來舉行徵補。必將聞風卻走。父語其子。兄語其弟。妻語其夫。爭以此事爲車鑒。永無成鎭之期。比閱報章。藉聞督部堂語陸軍小學堂總辦黃士龍云。平心而論。兵之中。良者十之八九。不良者十之一二。而此一二。亦有愚而脅從者。書曰。脅從罔治。既資遣矣。夫復何求。惟此十中八九之良兵。未免無辜受累。似宜推廣 皇仁。分別辦理。查明事前告假及確不知情之人。或由官長具結。或由紳商具結。一律招令歸伍。在清白者固感恩圖報。即失誤者亦革面洗心。而外間輿情。且以當道愛護軍人。互相稱頌。人人皆以當兵爲榮。所關寔非細故也。所有收受陳請條件。畧具於是。合行呈請

督部堂採擇施行。

度支部奏釐定兌換紙幣則例摺 并單

奏爲釐定兌換紙幣則例。繕單具陳。恭摺仰祈。聖鑒事。竊臣部釐訂幣制酌擬則例一摺。於本年四月十五日具奏欽奉。諭旨。中國國幣單位。著即定名曰圓。暫就銀爲本位。以一圓爲主幣。重庫平七錢二分。另以五角二角五分一角三種銀幣及五分鎳幣。二分一分五釐一釐四種銅幣爲輔幣。圓角分釐各以十進。永爲定價。不得任意低昂。著度支部一面責成造幣廠。迅卽按照所擬各項重量成色花紋鑄造新幣。積有成數。次第推行。所有賦稅課釐。必用制幣交納。放款亦然。並責成大淸銀行會同造幣廠。將新舊交換機關。籌備完密等因。欽此。仰見我　皇上聖慮周詳。愼重幣制之至意。欽服莫名。竊維推行幣制。當以紙幣相輔而行。旣便人民之取攜。復省國家之鑄本。利益殊非淺鮮。惟是紙幣一項。學理旣極精深。事實尤爲繁賾。倘辦理不善。將利未見而害先形。唐代之飛錢。宋季之交會。元明之寶鈔。其用意未嘗不善。徒以法制未密。流弊遂滋。可爲前車之鑒。現在新幣業經開鑄。此項紙幣。卽應次第發出。非博考各國之制度。恐未由採用其長。非參酌中國之情形。恐無以推行盡利。反覆詳求。期於有利無弊。謹撮舉要義。爲我　皇上縷晰陳之。發行紙幣。固屬國家特權。而政府要不可自爲經理。近世東西各國。大都委之中央銀行獨司其事。誠以紙幣關繫重要。倘發行之機關不一。勢必漫無限制。充斥市廛。物價因之奇昂。商務遂以不振。貽害於國計民生。何堪設想。現擬將此項紙幣。一切兌換發行之事。統歸大淸銀行管理。無論何項官商行號。概不准擅自發行。必使紙票於紛紜雜出之時。而立收集權中央之效。此其要義一也。紙幣發行總數。查東西各國。除法美二國外。大率無法律明文。預定發行數目。誠恐事變無常。需要之範圍。亦有所伸縮。中國事同一律。其在平時。自應以準備數目爲發行數目。一遇銀根吃緊。需要較多。卽由銀行體察市情。酌量增發。其應如何明示限制之處。屆時由部核定。以資遵守。必使銀行任接濟市面之責。而仍不准有任意濫發之弊。此其要義二也。紙幣之流通。全恃兌換。以維信用。倘聽其肆意發行。毫無準備。萬一變生不測。市面恐慌。兌現者紛至沓來。危險殊難言狀。查各國紙幣條例。規定綦詳。而於準備金尤爲最嚴之監察。中國發行紙幣。事屬創圖。萬不可稍涉空虛。致失國家信用。現擬於現款準備以外。概以有價證券作爲擔保。必使銀行於孳生利息之中。而仍不失保全信用之道。此其要義三也。發行機關既已委之銀行。則酌收稅銀。亦屬國家應得之利益。惟收稅之法。考諸各國不外發行稅餘利稅二種。揆之中國情勢民力既瘠。利率復昂。倘更按發行成數以徵稅銀。則銀行必以借貸爲難。恐不免於工農商業多所阻礙。應請於紙幣發行之次年起。視銀行所得餘利。按年徵收若干。並以稅率分作三期遞進。必使銀行於稅額增長之時。而仍不覺義務負擔之重。此其要義四也。茲經臣等督率幣制調查局各員。悉心研討。本此要義釐訂兌換紙幣則例十九條。並加註案語。繕具清單。恭呈　御覽。伏候　欽定施行。俾昭法守。此次奏頒則例後。凡新幣業經發行省分。所有賦稅課釐廉俸薪餉。及商民交易。此項紙幣應與制幣幷用。不准有所折扣。無論何地大清銀行應一律兌換。尤不得强分畛域。致礙流通。其僞造紙幣或變造紙幣者。應由京外各衙門督飭所屬隨時緝獲。按律從嚴治罪。不容稍有寬貸。至各省官商行號所發銀錢各票。形式既殊。價值復異。於推行紙幣前途大有妨礙。除商號所發各票流行尚隘。仍令遵照臣部上年奏定通用銀錢票暫行章程。按年收回二成。期以五年收盡外。其官銀錢號所發各票。爲數較鉅。似不能不變通辦法。以收速效。應

文牘 三十二

俟 命下。由臣等咨各將軍都統大臣各省督撫妥籌收換方法。再行奏明辦理。前此大清銀行所發通用銀票。亦應陸續收回。以昭劃一。如蒙 俞允。即由臣部行知京外各衙門。一體欽遵辦理。所有釐定兌換紙幣則例緣由。謹恭摺具陳。伏乞皇上聖鑒訓示。謹 奏。

謹擬兌換紙幣則例繕具淸單恭呈 御覽

第一條 兌換紙幣。照大淸銀行則例第五條。由大淸銀行發行。名爲大淸銀行兌換券。可在大淸銀行照數兌換國幣。 謹按紙幣代表國幣。大淸銀行旣任發行之事。即有兌換之責。 第二條 紙幣之種類。爲一圓五圓十圓百圓四種。其各種發行數目。及以後添加種類。應由大淸銀行呈請度支部核准。 第三條 大淸銀行應照發行紙幣數目。常時存儲五成現欵。以備兌換。其餘亦須有確實之有價證券爲準備。 謹按有價證券。係指公債票股票等項而言。能隨時於市面出售。換成現欵。故銀行發行紙幣。旣不能盡儲現欵。自應準備此項證券。以維信用。 前項所稱現欵。除國幣外。得存儲生金銀與現時通用之別項金銀錢。以作準備。惟總値不得過現欵準備之半。當公債票與各項有價證券尚未發達之時。大清銀行照發行紙幣數目存儲五成現欵外。其餘五成準備。得合有價證券及資本公積併算。　謹按有價證券尚未發達以前。以資本與公積合算作爲準備。尚不至傷銀行信用。　大清銀行除紙幣準備金外。應按照來往存欵。與二月以下之短期存欵數目另存二成半現銀。以爲支付準備。　第四條　大清銀行應在總分行內另行分科專辦紙幣準備金與幣制事宜。　謹按銀行營業。宜計盈虧。推行幣制。不宜計盈虧。自應分別辦理。　第五條　凡官欵出入。及一切商民交易。紙幣應與國幣一律行使。不得有貼水折減情事。違者按國幣則例第二十三條從嚴處治。　第六條　凡遇市面緊迫。大清銀行得於第三條發行額以外。添發紙幣。惟必須呈明度支部核准。並照額外發行數目按年納稅百分之六。或由度支部臨時酌定稅率。　謹按市面緊迫之時。許銀行額外添發紙幣。係爲便於周轉起見。一面畧收稅銀。藉示限制。　如遇市面紙幣過於需要之時。應飭大清銀行酌量收回。　第七條　凡持有紙幣者。得向大清銀行總行或分行。於營業時刻內隨時兌換。但在分行分號兌換大宗紙幣。其準備金須由總行或附近之大分行運到者。得計程酌展兌換之期。大清銀行總行在北京。大分行一在天津。一在上海。一在漢口。一在廣州。一在成都。一在奉天。　新幣尚未鑄造足用時。或在新幣未經流通之處。有以紙幣向大清銀行兌換現銀者。該行按照國幣則例第十三條以國幣一圓五角合庫平足銀一兩。再合該處通用銀圓銀兩付給。　第八條　新幣發行之際。凡持通行銀圓銀兩兌換紙幣者。應照國幣則例第十三條折合國幣。即照國幣數付給紙幣。　謹按以上二條辦法。已具於國幣則例。　第九條　大清銀行應每日將收發存留流通各項紙幣數目。及準備金數目。製爲簡表。並於每星期每月每季每年編製各種平均總表。呈報度支部查核。並將每星期六日流通紙幣總數及準備金數目刊登官報。　第十條　大清銀行監理官得監察銀行發行紙幣事項。應隨時檢查各項出入賬簿表冊。及準備現金等項。開單呈報度支部查核。　第十一條　紙幣行用雖小有破裂。或破裂數片。合成尚可辨認。或泥污水淫字畫號碼數目花紋尚可辨認。而其正中圓數字樣全存。四角圓數字樣。損去一個。及左右圖章左右號碼。四個中損去一個者。由大清銀行驗明。即照全數兌換。又正中圓數字樣損去一半。而四角圓數字樣。左右圖章左右號碼全存者。亦應照全數兌換。　第十二條　紙幣行用。或縱或横或斜損去半幅。而正中圓數字樣尙存一半。四角圓數字樣仍存兩個。左右圖章左右號碼俱各存一個者。應照半數兌換。　第十三條　紙幣行用。如四角圓數左右圖章左右號碼全存。而正中之圓數字樣不可認者。或正中圓數字樣全存。而四角圓數字樣左右圖章左右號碼不可認者。應不予兌換。　謹按此項紙幣。不予兌換者。因損壞太甚。不易辨認。恐有僞造之弊。　第十四條　僞造變造紙幣或仿造紙幣所用特別紙張者。俱以僞造國幣論。依刑律從嚴懲治。　凡紙幣行僞案情。俱以故意論。如欲辯白須由被告人取具確實證據。　謹案尋常案件。由檢察官起訴者。須由檢查官備具証據。惟紙幣行僞之案。則檢察官不負備具証據之責。而被告須負呈出反面人証確據之責。蓋紙幣行僞案情必甚祕密。未易得正面之証據。故當令被告呈出反面人証確據。如不能呈出反面人證確據。即爲情罪坐實之証。　第十五條　凡行用紙幣者。不准故意汚損紙幣。及註寫各種文字符號於上。　第十六條　紙幣因行使以致汚染毀損。難以通用。特向大淸銀行交換者。不取印刷紙料費。　第十七條　大淸銀行既有管理發行紙幣事項。應於發行後從次年正月始。每年將總餘利除去常年官利六釐外。按成數分三期納稅。以發行年分之後五年爲第一期。每年繳納七釐。第六年起爲第二期。每年繳納二成。至公積與資本相等時。爲第三期。每年繳納三成。第十八條　凡紙幣之收發交換及銷號等項。另訂詳細章程辦理。第十九條　本則例俟發行紙幣後。如有應行增改之處。當由度支部隨時斟酌情形。奏明辦理。

中國紀事

●通咨本年籌備憲政事宜●　憲政編查館通咨各省。略謂本年爲籌備憲政第三年之期。計應行籌備之事共十四條。請查照各節督飭所屬依限舉辦。一召集資政院議員。舉行開院。由資政院辦。一續辦城鎮鄉地方自治。民政部及各省督撫同辦。一籌辦廳州縣地方自治。民政部及各省督撫同辦。一彙報各省人戶總數。民政部及各省督撫同辦。一編訂戶籍法。憲政編查館民政部同辦。一覆查各省出入總數。度支部及各省督撫同辦。一釐訂地方稅章程。度支部各省督撫憲政編查館同辦。一試辦各省預算決算。度支部各省督撫同辦。一釐定各直省官制。憲政編查館會議政務處同辦。一頒布文官考試章程任用章程官俸章程。憲政編查館會議政務處同辦。一頒布新刑律。憲政編查館修訂法律大臣同辦。一各省城及商埠等處各級審判廳限年內一律成立。法部及各省督撫同辦。一推廣廳州縣簡易識字學塾。學部各省督撫同辦。一廳州縣巡警限年內一律完備。民政部及各省督撫同辦。

嚴催各省確定行政經費　內閣典籍廳行文在京各衙門。令其咨催各直省將軍督撫。按依年限將籌欵辦法。併預算決算表冊。按年按項。造具送部。轉交憲政編查館存案。以備資政院開院時爲交議之件。各部院接咨後。即與會議政務處議定。巡警與地方自治經費。由民政部督催。審判檢察經費。由法部督催。學堂經費。由學部督催。

外部派員調查蒙古　外部因俄人在蒙古經營各事。均屬有礙主權。擬即派員前往調查。所調查之事。計分四項。一俄人在蒙地私借之債務。二蒙民入俄國籍之確數。三俄國在蒙地消行之紙幣。四俄人在蒙邊及蒙地之商業。

限制官商行號發行鈔票　度支部奏定限制官商行號發行鈔票辦法。凡大清銀行及各省銀號。並各埠商辦銀行。嗣後不得再發鈔票。其從前已經發行者。限令各該行號。分年收回。每年將收回之票。由監理財政官會同該管長官。監視銷燬。以五年爲度。逾期不得行用。將來所有一切紙幣。統由度支部印造。歸大清銀行經理。

整頓釐卡辦法　度支部決意整頓釐卡積弊。已擬定切實稽查積弊辦法。會同稅務大臣。奏請嚴飭各省督撫。將各省局卡一切應行抽收釐稅貨物數目。詳細開列清單。

刊刻告示。徧貼局卡。俾共聞見。以免含混私收各弊。其應行罰辦款項。亦應按照貨價數目。頒示一定章程。不得私行增減。如有違章舞弊。即行嚴懲。

全國出入預算表大綱

度支部現辦預决算表。其大綱分十八類。入款則分洋稅常稅鹽欵釐金貨捐膏捐鐵路餘利礦產餘利等十項。出款則係出使經費海陸軍警務學務行政各經費。以及衛生醫學賑撫各雜支等八項。共十八項。彙成一冊。

奏派各省造幣廠總帮辦

署造幣廠正監督瑞豐以鑄造新幣事務重要。每廠僅派總辦一員。難於周顧。擬請添派帮總辦等情。具呈度支部。當經該部核定。奏稱現在歸併各廠。一律鑄造國幣。自應遴員派充總帮辦。以專責成。請將在任候補道廣東廉州府知府李經野開去底缺。充當湖北分廠總辦。其帮總辦請以分部員外郎張德薰派充。四川副監理官度支部主事蔡鎮藩。請兼充成都分廠總辦。其帮總辦請以度支部主事王宗元派充。吏部主事陳度請充雲南分廠總辦。其帮總辦請以度支部郎中李佛肩派充。東三省正監理官熊希齡請兼充奉天分廠總辦。其帮總辦請以補用道榮厚派充。造幣廠副監督錫廉請暫兼廣州分廠總廠。並隨時稽查各分廠。其帮總辦請以廣東副監理官胡大崇兼充。又度支部主事周宏業請充總廠正坐辦。郵傳部員外郎單寶德請充總廠副坐辦。奉　旨依議。

通飭造幣各廠報告歷年出入欵項　度支部通電各督撫。署謂現擬將各省所設銀銅各廠。分別裁留。所留之廠。則槩行改歸總廠管理。查各廠四季及年終。應行造報表冊。其有未經報全者。希飭迅速按年按季。塡至停辦日止。並將考查銅幣大臣考查後起。至停辦日止。所有各該分廠歷年出入欵項。希飭趕緊彙總核結。另造簡明四柱清冊。一併報部。並飭會同監理官將廠內實存銀欵銅元機器材料查明。另造專冊。候總廠派員點收云。

動撥鹽務欵項辦法　鹽政處以各省籌解京協各欵。動支鹽務欵項。特電致各省督撫云。前經奏咨核准有案者。應照舊撥解。其係新籌之案。應先行電咨核准。方可照撥。既經核准照撥之後。如何批解。即歸本省辦理。或係藩運道局合解。或專由運司鹽道批解。均由本省督撫自行奏咨。仍由運司鹽道及經管鹽務各局。將鹽務項下動撥數目。批解日期。詳報本處查核云。

●全國鐵道之盈虧●●●●●● 郵傳部計算全國鐵道。其虧損者。一爲滬寧。虧損一百萬兩。二爲正太。虧損六十萬兩。三爲道清。虧損十萬兩。四爲汴洛。虧損十五萬兩。六爲廣西。虧損十五萬兩。總計虧損二百六十萬兩。至獲利者則以京奉鐵道與京漢鐵路爲最鉅。京奉收入之數。則一千一百萬兩。京漢則九百六十萬兩。共二千零六萬兩。除兩鐵路之經費一千一百六十萬兩。尙獲利九百萬兩。統計全國鐵道虧損之額不過二百六十萬兩。則尙獲利六百餘萬兩。

●高等審判廳管轄之範圍●●●●●● 法部爲高等審判廳管轄區域一事。通咨各省。略謂省城高等審判廳。原係管轄全省訴訟。但各府廳州縣地方審判廳。及各鄉鎭初級審判廳未遍設之時。自應擬定訴訟管轄之權限。凡省城商埠審判廳之轄境。不必但以城垣商場爲限。應酌量形勢戶口。如附近之地。實爲該審判廳力所能及。且勢宜兼及者。卽劃定爲該廳管轄之界。如界內訴訟事件。原被告有一爲界內人。或皆非界內人。而案情發生在界內者。地方官皆不得受理。倘有投告錯誤。或發現犯罪之時。當指令自赴該廳。或移送該檢察廳起訴。其界外詞訟案件。仍暫歸府廳州縣官照常收受審理。以淸界恨。

漢口大火　本月十二夕襄河南岸嘴柏木船。不愼於火。致被引燃。適南風正猛。延燒民船百數十號。被焚之船。漂流至漢口打扣篷。將江漢關棉花卡船燒燬。延及大小船隻。旋復流至流通巷。將某店吊樓引燃。火遂上岸。延燒數碼頭。火勢愈熾。上自集稼嘴上首。下至龍王廟。共焚去商店二百餘家。損失財物。不下百餘萬。誠浩刼也。

常德水災　湖南常郡洪水陡漲。又連日大雨。至五月初八日南岸善卷村隄先潰。夜半則西門外花苗隄潰。同時東門外皇經閣隄亦潰。近城數十里隄垸。凡十餘。僅一連八障尚存。餘則盡成澤國。漂沒人畜廬墓無算。闔戶口報絕者。西門外河洑一帶。已有二百餘家。桃源陬溪口濱河爲市。富室姚姓碾米放賑。饑民麕集約四千人。水至勢促。多隨流漂溺。木塘坪地畝甚廣。隄堅且厚。亦被衝決。溺死極多。所收豆麥。以數萬計。盡付洪濤。顆粒不保。郡城六門。閉者凡五。附城居民避水入城。露宿城上。幾無隙地。城內又爲積潦所浸。深者滅頂。淺亦沒膝。水蒸之氣。積爲癘疫。死亡枕籍。日百數十起云。

湘變日商賠款案　長沙亂事。關於日本損失之賠款。經外務部與日使議結該約內容。一賠欵須俟湘撫與長沙日領事就地核查。妥定額數。二中國政府俟額欵妥定。由度支部撥欵交清。三由中國政府特備公文。對日本政府示道歉意。四中國政府須飭令地方官嗣後認眞撫綏。無使再致滋擾。

甘省財政之一斑　甘省財政局淸查庫局各欵。及辦理光緒三十四年宣統元年季報。已經甘督專摺奏報。統計該省歲入僅四宗。曰丁糧稅課。曰各省協餉。則管於藩司。新餉所曰茶課茶釐。曰百貨統捐。則筦於道庫。統捐局出納機關四處。實爲總匯。而以商礦局附屬焉。光緒三十四年司庫歲入銀一百四十八萬餘兩。歲出銀一百五十六萬餘兩。新餉所歲入銀一百一十二萬餘兩。歲出銀一百一十萬餘兩。道庫歲入銀二十一萬餘兩。歲出銀一十五萬餘兩。統捐局歲入銀七十八萬餘兩。歲出銀八十四萬餘兩。商礦局歲入金四百五十二兩有奇。歲入銀一萬餘兩。歲出金三百二十五兩有奇。歲出銀九百餘兩。宣統元年司庫歲入銀一百三十四萬餘兩。歲出銀一百五十九萬餘兩。新餉所歲入銀一十四萬餘兩。歲出銀一百一十九萬餘兩。道庫歲入銀一十四萬餘兩。歲出銀四萬餘兩。統捐局歲入銀九十二萬餘兩。歲出銀一百一十萬餘兩。

商礦局歲入金三百二兩有奇。歲入銀五百兩有奇。歲出銀二萬餘兩。通權五處出入。光緒三十四年盈金一百二十六兩有奇。虧銀五萬二千九十餘兩。宣統元年盈金三百二兩有奇。虧銀則至七十萬八千二百二十餘兩。

俄人與蒙古　內外蒙古。多未墾地。頗適於殖民。現俄人絡繹而來。其數已達二萬。計烏里雅蘇台一千四十七人。葛順七百餘人。科布多千五百八十餘人。庫倫所屬。合計二千八百餘人。貝加爾州一帶二千五百餘人。買賣城地方四千人上下。伊犁一處合計七千餘人。以上俄人數目。皆在各處有產業者。至於兵官及游歷者。尚不在此數。

保蒙政策　蒙古親王喀喇沁邸。以蒙古危亡事權迭出。遍說蒙古王公。謂若不趁此時。籌劃保存蒙古之策。將來日俄野心一動。則噬臍無及。其所劃之策。一聯絡在京蒙古各王公貝勒研究保蒙政策。一由理藩部咨行各蒙旗及各辦事大臣報告蒙古最近情形。一請政府速改蒙古為行省。一籌措改建行省之經費。一籌款先練陸軍一鎮。分駐要險。一請政府速選外交人材赴蒙。一於殖邊學堂及滿蒙高等學堂內選擇最優之學生。赴蒙游歷。一請理藩部派員游說各蒙旗。勿為外人所搖動云。

世界紀事

協議會與輿論 英國自由保守兩黨之領袖。關於上院問題。開正式協議會。兩黨中之溫和派皆表同情。國中人民。多數歡迎。

婦人要求選舉權 英國政府於婦人選舉權問題之決議。婦人黨大不滿意。首相愛斯歆士雖允將擴張選舉權議案。再在議院宣讀。然此僅屬討論範圍。定爲法制之期。仍屬無着。現要求選舉權之婦人黨。擬再會商戰術。務達其目的。

大金礦發見 英領哥倫比亞州。發見一大金礦。其礦脈之大。未見倫比。

德國軍隊之技能 德國政府報告。謂其國軍隊。邇來益能發揮其專門的技能。如鐵道隊。電信隊。及輕氣球隊。成績皆極良好。

飛船之營業 德國諸忽柏林伯之飛船。以營業之目的。搭載旅客航行。其速力。以九時間。飛行二百四十哩。誠於德國飛行界開一新紀元。

德國之暴風雨 德國各處。皆有暴風雨。人命財產損失不少。

政府黨之勝利　法國下院以大多數贊成政府黨之政策。首相伯利安之地位。得以鞏固。此爲歷任首相所不及云。

匈國議會開會　墺地利皇帝佛蘭詩士臨匈牙利議會開院式。宣言政府黨之勝利。則匈牙利之國力。當日益鞏固。且促兩國平和之發展。政府更於本議會提出普通選舉及守備兵增加法案。

西班牙之敎爭。　西班牙自由黨之新內閣。其宗敎政策。欲改易從來西班牙與羅馬法王之宗敎的關係。與非加特力敎徒以寬典。惟此問題。惹起全國大爭議。僧侶派及反對僧侶派。皆奔走集會。互相痛詆。羅馬法王之答書。則執强硬主義。不少退讓。西班牙政府亦極力抵抗。現國中之宗敎學校。多已停閉。

俄國之殖民策　俄國首相稟極東殖民會長斯德伊賓議定極東殖民數事。一將接近吉林黑龍江一帶俄境。概作殖民地。一於黑龍江地方。禁止中國勞働者之入境。一建設黑龍江鐵道。以圖東淸西伯利亞鐵道之聯絡。一於鐵道沿線地。編制稽查隊。一保護移民之方法。一對於殖民事業財源之研究。

萬國鐵路會 萬國鐵路會。定於西七月四號於瑞士都城開會。

占領克島之被拒 俄國曾提一議。請保護克列特之列強。合同占領該島。惟列強謂目下形勢。只以艦隊示威運動勢力已足。遂拒其請。

俄國霍亂病流行 俄國南部魯斯達市。霍亂病異常猖獗。死者日百數十起。該市住民甚爲恐慌。紛紛徙避。

土相之宣言 土耳其國會現已閉會。至西十一月一號乃再開。土國首相於未閉會之前。聲言保護克列特之列強。對於克列特問題。均承認保護土耳其在該島之主權。

羅斯福之歸國 美國前大統領羅斯福返紐育時。市民出而歡迎者約百餘萬。當其乘船入港。陸上之要塞放二十一發之禮砲。此舉乃最尊崇之軍禮。爲一市民發此。美國建國以來。未之有也。

美俄訂約消息 美國政府曩時竭力抵制俄人在滿洲之一切權利。今忽與俄親睦。頗解人疑。論者皆謂其因錦愛問題起見。聞駐俄美使勞基勒在華盛頓。力勸政府承認俄國在遠東之權利。並認繳哈爾賓俄政府之稅。聞美政府爲哈爾賓稅務與俄另訂一約。俄人許以錦愛鐵道。如於俄人之東方鐵道。其利益無所侵害。則即允其開築。斷不抗阻云。

墨西哥選舉總統　墨西哥總統的亞士。第七次被選爲總統。任期再展六年。惟反對的亞士之黨派。不滿於的亞士之專斷政治。大倡革命。要求自由平等之投票。多數之革命黨員。已被捕縛。所沒收之武器彈藥。爲數不少。

高麗之警察權　高麗之警察權。已全歸日本人掌握。舊日所須之警察費。均由日本籌付。此後警政。即屬於日本駐韓憲兵隊之下。

日俄協約之內容　日俄協約。數日內當可畫押。該協約既使兩國親善。將締結正式之同盟。亦在意中。今回之協商。專爲滿洲而發。蓋謂滿洲之平和。若可維持。則於極東其他部分之平和。亦即可保云。

萬國飛船會展期　巴黎萬國飛船會。現已展期至西十一月開會。

萬國匯兑會開會　萬國劃一匯兑法公會。已在海牙開會。英國之匯兑法。大約有適用於歐洲大陸各國之望。

叢錄

春冰室野乘

春冰

景皇外交之大度

光緒乙未。朝鮮既稱帝號改元。明年遣使來聘。用敵國禮。廷議朝鮮吾舊藩。今夜郎自大如此。不如絕之。 上曰。我不能有而附於日。日既左右之。立國建元稱帝號矣。固儼然鄰國也。此與東西諸國。甯有少殊乎。我不能拒絕東西諸國之使。奈何獨拒朝使。遂令其覲見。而報以國書。如常禮。 上之豁達大度。黜虛文而崇實際類此。戊戌夏。聯日議起。始命黃京卿遵憲為出使大臣。故事實缺道員出使。皆以四品京堂候補。黃時官長寶道。獨以三品卿用。蓋重其事也。先期令總署恭撰國書。依故事擬草上。 上閱之。殊不愜意。因於大日本國皇帝之上。 御筆親加同洲同種同文最親愛九字。中間詞意。亦多所改定。書成。命王文勤及張樵野侍郎奉詣日使館。與日使矢野文雄商搉。而密 詔不令李文忠與知。蓋文忠仇日甚。不願聯日。而忌者又為蜚語以中之故。 上

叢錄　二

怒遂不解也。未旬日而文忠出總署之命下矣。文雄漢學最深、其覲見頌詞、自稱獨用外臣兩字、文字畧仿春秋、辭命頗淵雅、

浙案異聞

浙江葛畢氏一案爲光緒初四大案之一。自經部審平反。久成信讞矣。乃以蒙所聞。則頗有與當時案牘異者。蓋葛品連雖未被謀害。要非良死。葛畢氏亦實非良家婦也。畢故餘杭土妓。楊乃武與縣令劉錫彤之子皆昵之。楊以諸生武斷鄉曲。常恃劉爲護符。劉亦藉楊爲爪牙。故二人相得甚歡。而以畢氏爲之媒介。楊旣捷秋試。家計頓裕。畢氏遂議委身事之。謀旣定。爲劉所偵知。乃大憤。於是謀所以陷楊者。而適有品連死事。品連者畢之夫。魯而懦。畢平時故庸奴畜之。品連不能堪。因乘間服阿芙蓉膏以死。劉詗知之。則大喜。卽召品連之出母某氏者至。餌以厚賄。俾投狀訴寃。稱子被二人者謀死。縣令逮楊及畢氏至。脅以嚴刑。五毒備施。不勝楚。皆引服。浙之士大夫則起而大憤。謂楊雖非端人。而品連實非所謀害。縣令疾其把持公事。藉事鉏之耳。乃合詞控諸都察院。然葛品連之服毒果實。則楊之寃終無由雪。故堅稱品連實病死而非毒斃。後事下學使者覆訊。仍以原讞上。浙京官益恚。再疏爭之。而刑部提訊之。旨下部檄至浙。令

縣令親解屍棺入都。浙紳聞之大懼。亟謀乘夜啓品連棺以它屍易之。劉令故貪鄙。署中吏役莫不恨之次骨。故無一人洩其事者。劉令行時。尚陽陽自得。語人曰。品連服毒固確。楊乃武終無由卸罪。吾行騎欵段出都門矣。既抵部。部臣奏請開棺烝驗。先照例詢劉令是否眞苦主屍棺。劉答以無訛。且循例具親供甘結。棺既開。劉乃大愕曰。此似非眞屍矣。問官叱之曰。爾已具結于先。今尚何狡辨。爲劉遂俛首無一辭。案既結。楊及畢氏皆釋放。巡撫學使臬司及歷次承審道府州縣皆革職降調有差。劉令發黑龍江遇赦不赦。時年已七十矣。

朱文正之迷信

大興朱文正公晚年。棲心道教。迷信最篤。居恆閉目養靜。與客談。亦不開眸。翰林院土地神相傳爲韓退之。公一日忽語人云。文公已受代去。代之者吳雲巖殿撰鴻也。一歲丁祭。畢公乘輿過祠門外。自輿中拱首曰。老前輩請了。又自謂前身爲文昌宮之盤陀石。故字曰石君。別號盤陀老人。有扶乩者。因言公乃文昌二世儲君。於是有奏請加梓潼帝號升中祀之舉。卒以嘉慶六年行之。公嘗直誕辰。諸門弟子稱觴爲祝。洪稚存太史與焉。酒半。忽袖出一文上壽。公因夙喜洪文。亟命讀之。洪抗聲朗誦。洋洋千言。多譏公迷信事。座客皆驚。洪獨大笑叫絕。公遂大怒。洪坐是淪謫。卒不振。然弗悔也。

張船山侍御之直節

遂甯張船山先生書畫妙一時。性伉爽。無城府。由檢討遷御史。上官日連上三疏。一劾六部九卿。一劾天下各督撫。一劾河漕鹽政。或謂之曰。子不慮結怨中外乎。先生笑曰。我所責難者。皆大臣名臣事業。其思爲大臣名臣者。方且感我爲達其意。若無意於此者。吾將其身分擡高至於如此。慚媿之不暇。又何暇怨我乎。先生嘗畫一鷹。題一斷句云。奇鷹瞥然來攫身。在高樹風動乍低頭。沈思擊何處。讀此詩可想見其風采矣。

洪大全遺事

洪秀全之黨。才畧以洪大全爲最。楊秀清號善用兵。然遠遜大全。秀全未出粵西。而大全遽就禽伏誅。天也。大全籍湖南衡州。與洪逆本非同族。幼絕慧。九齡能背誦十三經。兼工詩詞。長益自負。屢應童子試。輒被黜。遂落拓懷異志。自趙金龍平後。粵湘間盜賊並起。大小數十股。大全徧謁其魁。陰察無可與言者。聞秀全起金田。所爲與羣盜殊。因往謁之。與聯宗誼。秀全亟加倚任。且大全乃爲之定營制。整軍律。陷永安而守之。而楊秀清忌其才。積不相能。會官兵攻永安急。大全一日微服出城。遽被禽。大帥張其事以奇捷奏。令隨營主事丁守存獻俘于京師。城賊出悍卒千人謀奪之。廣西撫臣鄒鳴鶴飛書促守存兼程前進。行七日抵全州。丁以大全衡產。必有賊黨謀篡取者。乃陽稱將舍舟登陸。檄諸州縣驛站撥兵護送。而陰由水路晝夜兼行。置大全內艙。塞其窗無少隙。又八日而抵長沙。大全不知船行之速。日語兵役曰。某日當抵衡。便可遵陸矣。兵役漫應之。至是乃紿之曰。已到衡矣。大全欣然出艙。四顧駭然曰。此長沙也。不謂汝輩竟能紿我至此。吾其休矣。雖然、秀清豎子不從吾言。終亦成禽耳。

雲南銅廠

國家二百餘年。用銅專仰雲南。而銅廠之弊。亦遂不可勝言。咸同間有錢唐吳仲雲者。宦滇久。有廠述詩四首。言之最詳。足備掌故。其詩云。華楹具百戲。雕俎羅八珍。指使諸童僕。佩服麗且新。問官所職掌。曰銅鐵錫銀。朝上一紙書。暮領十萬緡。會計足課額。可以娛嘉賓。勿謂官豪華。視昔官已貧。頗聞有某某。憑陵居要津。積金北斗高。歌舞難具

論。歌舞豈不歡。世事如轉輪。朝廷固寬大。國法亦以伸。事過三十年。殘魄含酸辛。官今
當黽勉。富貴天所親。鳩厄與漏脯。智者終逡巡。哀哉銅山下。乃有餓死人。一 滇廠四十
八。寶路區瘠肥。媪神豈愛寶。苗脉有盛衰。攻采矧云久。造物亦告疲。甯台與湯丹。二廠名最
大 今亦非曩時。小廠益衰竭。徵課檄若馳。何從獲硬碳。硐謂之礳礴石堅者謂之硬碳硬則可久獲大礦 間或得草
皮。浮淺而少者謂之草皮礦 雞窩不滿萬。雞窩廠名出銅最少 餓鞘亦何爲。餓鞘無礦苗 長荄入龍窟。水洩費不貲。硐有積水百計
始能涸之謂之拉龍 年年告缺額。呵斥安敢辭。我聞古銅官。坊冶各有司。方令吏事繁。難理如亂絲。
況復畀廠政。殿最較銖錙。既咈復使織。誰能劑盈虧。上贍九府供。下給家室私。官私兩
不病。治術其庶幾。二 受事平其爭。厥長凡有七。有客長課長及爐鍋鑲硐炭諸長 錘手與砂丁。是皆長所
帥。有犯則抶之。晝夜戒無逸。帕首縛口登。行若緣縫虱。仰攻亦俛鑽。但懼引線失。風穴
竅谽谺。入深苦悶鑿竅以洩 廂木駕疏密。硐虛下陷每二尺餘支木四是爲一廂硐之遠近以廂計 龍驚地軸裂。一入不復出。悲哉乾
蠟子。硐陷死者爲地氣所養尸不腐名曰乾蠟子 更聞扯火勤。爐罩難畢述。爭尖與奪礌。刀劍鬥狂
獝。一朝鳥獸散。探胠入民室。索之籍無名。山箐費窮詰。持此問長官。鎮撫用何術。三 廠
主半客籍。逐利來入邊。入官報試采。自竭私家錢。欣然大堂獲。繼以半火煎。礦旺曰大堂晚煎曉成爲

半火抽課得羨餘。陶朱不足賢。百貨日麕集。優倡肆嬌妍。荒荒蠻瘴中。聚若都市闐。聞者饞涎垂。擾擾蟻集羶。叩囊出黃金。一擲虛牝塡。所願倘不償。家室成蕭然。妻孥難存活。伴侶空相憐。不如扶犂好。猶得畊薄田。四

叢錄

日夜痛自點檢且不暇
豈有工夫點檢他人
責人密　自治疏矣
可不戒哉　吳康齋語

文苑

宋徵君事畧

野民

宋平子徵君衡。原名恕。後慕張平子之爲人。易名衡。浙江平陽人也。家世寒素。幼而敏慧。耽書。篤志。博學。多通。其父奇之。嘗歎曰。寒門有千里駒。亦復誰識。同郡瑞安孫蕖田學士鏘鳴。琴西太僕介弟也。時以言事罷官。家居講學。自號止菴。聞而造其廬。挹其言論。飫其文采。歎爲逸才。妻以季女思訓。君于是從止菴先生受學于經史百家之編。多所發明。不爲古人所蔽。尤篤嗜顏習齋、黃梨洲二氏之說。曰顏近子夏。黃近子游孟子。世苟有以黃學爲體顏學爲用者。則治平可基。年既壯。著卑議四篇。懇懇篤摯。有似王符仲長統之言。備述經世救弊所宜。崇尚仁義。純乎王道。不忍一世之傷。而揭千聖之蘊。顧言與時違。世卒莫能用。君居恒輒憮然曰。寂寂此生。如巖花澗草。苑瘁人外。於世奚所裨哉。光緒二十九年癸卯。 詔開經濟特科。歸安朱少宗伯祖謀疏薦于 朝。以母喪不赴。旋游日本。覘風土。諮學術。越歲乃還。乙巳泗州楊文敬公士驤撫山左。宏開

文苑 二

稷下之館。介鄉人禮聘君贊畫學校制度。君雅愛濟南山水明秀。留居三年。勤劬論議。病中風歸。既愈不復出。宣統二年春。疾終于家。年四十有九。臨沒謂女昭曰。吾之著述今畀若。願若敬伏生女也。無子。以弟子佩璁嗣。君性耿介不同于俗。而雅有謙癖。生平不肯淩駕人。篤于故舊。貴賤一視。久敬未嘗怠。少遭家難。游心釋典。嘗曰。理可頓悟。事必漸至。疏頓漸二義。較然有序。朱疆邨先生嘗稱之曰。燕生可謂平實矣。燕生君原字也。爲文和雅。類東漢人。不矜華藻而雅有典則。歌詩靜穆。多似宋人。著述已刊者曰六齋卑議。未刊者曰六齋有韻文集。六齋無韻文集。山左陳言錄三種。

與寶覺居士書　寄禪

貧道去月自長沙歸結夏青岑翻經碧岫松蘿交蔽山氣恒寒溪溜潺湲非絃成韻室有餘清庭無熱翠危石孤坐中夜禪梵山魈木魅環繞呈露一念圓脫萬慮消隕方期之子把臂幽林禪悅堪味法喜能同豈知美玉難韞明珠易眩而吾子振策天衢矣金鈫繡楊犀甲朱輪昔之戲言今成芳讖寂寥蓮社復何人哉人生如寄眞賞罕遇猶冀十年調鼎早賦歸歟毋忘白衣之風應踐赤松之約

追致徐酡仙　前人

徐君歿世八閱寒暑余亦歸衡六更草木愴念平生百憂攢聚蘭蕙早殞恨也如何今一開篋見君舊製楮墨尙新墓木已拱悲來神滅事往情存聞君老母飢寒八旬猶活愛子貧病三十未婚故人厚祿誰恤其孤余亦何人徒傷胸臆無劍懸隴有淚落雲

與曾公孫廣鎔書　前人

去歲載詣高齋妙飫香積法味方永歸期頓促背彼雲麓面我烟衡谷籟驚寒溪雲釀雪萬木欲折孤芳獨妍既而晴曦吐耀玄陰解駁雲膚麗骨霞氣醉人賞逐時新道與

文苑 四

神。會。恨無。幽。人。同此。懸。解。公孫智種靈苗。曠刼斯植。沖襟。若。谷。湛氣。同。蘭。朱門。雖。貴。不拒。白。足。玉樹。雖。珍不棄。菅。葭。蓋妙契玄根。窮極理窟。非凡情所能測也。蓮花峯者。嶽中蘊奇之區。猿鳥絕蹟。蛇虎所都。幽花。細。草。四時。恒馥。冬溫。夏。涼。諸天。共。美。其下方廣寺。適居巖隩。密蘿繡幌。古井瑩神。老僧三四。禪誦不輟。信遺世玩道、遊心玄漠者已。貧道見德思齊。茸宇其側。公孫如能乘彩鸞。飛寶蓋。暫來。隨。喜。則松桂。之。貞。水石。之。麗。可目。寓。而。理。存。非文。言。能。盡。其。妙。也。

大同同學錄題辭四十韻

滄江

大道久陵夷禮闕求諸野司成失其職學統斯在下麗澤盍朋簪巹風闢帷舍往往私
閑中閒出千里馬況自海禁開域外梯航跨學軍不自張萬古將長夜蓬萊水清淺彼
岸搆廣廈其名曰大同孔法通郵借肇始丁戌間作人擬兎罝其時學途湮舉國若聾
啞故見嚴自封新知駴相詫豈聞乘輶勸動遭按劍罵海外一靈光幸被斤斧赦歸然
十稔餘西儔遡焉寡前後所養士來去相銜射千金寶驊騮百年樹梧檟駿足已絕塵
駑者亦十駕小草猶遠志大器漸拱把文或摹退之詩或躡白也商或慕程倮工或顓
弓冶師擬申伏倫政矢管蕭亞從軍志裹革聘辯思炙輠或航西海西而養連城價或
與彼都士競此牛耳霸或旋父母邦觀禮預賓蜡或留作都講廣我時雨化更有女嬋
媛含淑以揚雅德容託紘佩慧質發蘭麝織文鮫幅抽摛藻銀雲瀉濟濟既多才翩翩
方來御信能葆厥美亮足光諸夏吾聞士求學有若農力稼越以懼起衰齊以矜失伯
德欲進無疆功在鍥不捨所以古哲人罔敢或自暇緝熙日光明才竭敢云罷盈科達
滄溟覆蕢作泰華興亡匹夫與斯責疇能謝尼父畏後生魏后思來者三復老生談敢

文苑　五

以告司社。

戊申除夕　　瘿公

三十七年隨例去光陰留得一分殘莽驚急鼓凋英氣尙借幽花殿歲寒氀毼一官孤注盡艱難八口腐儒酸餘生幸託風波外莫怨仙山路折盤

和瘿公除夕　　昀谷

迢迢空刼幾時盡草草一年今夜殘與子張鐙照虛耗閉門撚句足清寒情知造化心尤苦聽說功名鼻欲酸終竟迂頑得安睡夢中省却路千盤

瘿公以戊申除夕詩索和次韻　　石遺

看君蹭蹬眞昭諫老我淒清一嬾殘京洛素衣雖黯淡西秦携手未飢寒少沽美酒十千貴好蓄黃齏百甕酸移得遠梅已晴昊雪花無復大如盤

次瘿莽除夕韻　　鬫高

廿載緇塵京袂皺一龕風雪佛燈殘（壬午秋試僑米市胡同棗樹菴至今廿七年矣）重尋棗樹巢痕渺愛說梅花詩格寒歎老嗟卑甯作達思來惜往總淒酸癡獃未合彈章掛濁酒三升薦菜盤

次韻瘦公戊申除夕感懷一首　堯琴

鳳城鐙燭看看燼光緒年時漸漸殘歲月擲人拚此夕春風隔夜試新寒當筵野鶴常羞舞入甕醯雞自喜酸莫向神山輕躡海須知下有毒龍盤

次韻瘦公除夕書懷之作　弱海

冰雪峥嵘年欲盡雨雲翻覆夢都殘雞馴龍性應如故舊結鷗盟幸未寒忤俗剛腸同鐵勁哀時老淚似梅酸紛紛漸覺羣蜚盡賸看霜空一鶻盤

庚戌雜感　茝父

空谷荒寒事已非盛年未嫁坐歔欷月裁圓樣新團扇蝶化餘香舊舞衣歲暮蒼葭心上死秋深苜蓿夢中肥莫持彤管爭相詰子夜歌聲併淚飛

示病維摩儘散花秋風退院洗鉛華半生功罪看朱碧萬劫因緣種豆瓜挈較更應輸一蟹扶持終恨少羣麻霸才泥飲閒評論莫遂輕談薏苡車

寂寥衰蕙與平蕪開到酴醾興已孤日致束芻供仗馬坐看金彈注飛鼯頹流換骨求狂狷季世平心論士大終竟義之不妍媚換鵝猶寶數行書

文苑 八

舞劍公孫尙盛名石榴紅退酒痕輕伯勞迷雨何曾怨鷓旦禁寒未緩聲一掬珠盛干
斛淚三條燭換七絃箏從君寃魄成頑石對面疑峯不易平

瑞鶴仙 園庭晚秋臥雨有憶

大鶴

桂叢香到枕漸透簾蟲語涼烟催暝林容早霜近正江天過雁庭堦紅冷行雲去迥鑠
秋陰重門夜靜鎖無聊滿地歌塵拍遍畫闌誰譍 還記空園暗雨亂葉昏燈替人幽
哽愁魂未醒奈猶是去年病歎人間有限淒涼風物偏與多情管領莫吟殘鏡裡花枝
夢來照影

燭影搖紅 江春殘雪試鐙初夜有憶吳市舊遊和夢窗韻

前人

雪暗江城岫眉一抹詩痕淺晚陰催赴試鐙期簫鼓誰家院密苣闉春正暖夜蛾愁行
雲濕漏舊情無奈踏月歌沈淩波塵濺 轉燭年端雨聲空切吳孃怨小梅落歷又東
風偏趁天涯看憶別皐橋酒散寄橫枝江南夢遠暗聞笛語早晚歸舟花來蓬捲

光照耀。殊炫人目。誠一麗都也。梅見之不禁踊躍歡呼曰。氈路亞已到矣。女默然不答。而憂心如擣。謂距戰事近也。未幾船已下椗中流。小艇爭棹來渡客。梅僱一艇。携姚與女偕登。斯時正值浪湧風狂之際。海濤怒擊。石岸有聲。致石步盡溼。泥濘滑達。行旅視爲畏途。小舟竭力撑搖。半晌始得抵埠。梅命舟子先扶姚珍娜登岸。已則自來扶掖衣士梯梨。無奈衣士梯梨膽怯。堅不肯行。梅再三喻之。女仍植立不動。梅熟思無策。只得輕輕將女抱起。步過石級而登岸。乃謂女曰。衣士梯梨。今脚踏實地。可無懼矣。汝可在前緩緩行。女方欲舉步。忽見梅付舟資。舟子堅不肯受。且脫帽鞠躬曰。帕高利士回國。我輩正當歡迎。見賜賃金。死不敢受。女見梅到處得人敬愛。心中竊喜。未幾梅僱脚夫搬運行李上岸。三人乃隨之行。行未甚遠。忽見步兵一隊。整旅而過。器械甚屬鮮明。一時途路梗塞。方知此處與人已大修軍備。預備不虞。閱五分鐘時。行至一附近之旅館。擇定廂房一所。內有三間臥房。并另一廳事。地頗幽靜。兩少女各自歸房修飾。少頃御晚粧而出。會於廳事。晚膳。膳畢。梅善那取鏢閱視曰。吾本欲今晚卽乘驛車往美倫。但今夕之車。祇有七句鐘一次。吾恐姑娘與衣士梯梨海舟勞頓。未得少休。復馳驅十八點鐘之驛車。未免過于勞瘁。故不即行耳。姚珍娜遂附會其說曰。稍事休息。明日行亦甚佳。遂託言訪友。獨自出門去。剩下梅師徒二人。靜坐無聊。亦相携出門步月。行未甚遠。已至金銀器製造所。此爲氈路亞著名工作。各物雕鏤。極其精奇。梅携女入一店。量其纖腰。購一嵌金帶贈女。既出。復趨過對街店中。購一鑽石金指環。親套於其指上。曰佩此物。當知吾心堅如金石也。不意言甫畢。女已將指環脫去。一吻之。即放入懷裡。梅不知其意何屬。詫甚。女曰。吾方爲汝徒。不應飾此奇珍。授人以隙。君豈自忘之耶。梅聞言深佩女之心細。女曰。吾一向囊空如洗。不名一錢。今欲得少許之貲。爲購物之用。不審可乎。梅曰。汝欲索貲買何物耶。女曰。吾欲買些須首飾。轉贈一娘子。梅曰。嘻。非卽前兩夕汝因彼而哭之人乎。女曰。然。姚姑娘與吾甚相得。吾今不嫉之。且引爲良友矣。梅曰。如此甚善。汝欲買何物贈之。可任意選擇。但汝囊中不宜多貯金圓。祇貯數佛郎可矣。因此雖細事。然關係甚大也。兩人乃同入一珠寶店。買一珠串。爲餽姚之物。購物既畢。兩人乃携手徐行。流覽風景。偶經本港之大劇院。覩其門內燈火輝煌。門前車馬紛紜不絕于路。梅鼓掌笑曰。歌劇之足以動人如此。因顧女曰。我等何不入內一觀。女曰。

固所願也。但吾所穿乃常服。不雅觀。奈何。梅曰無礙。小兒女家。衣此衣便可矣。兩人於是走近門前。梅本著名之樂師。向來出入各大劇場。有如戶庭。劇院中人無不相識。且極尊敬之。今見梅來。急急入告。院主聞梅至。急趨出相迓。執手為禮。梅略與敘寒暄。諄囑切勿聲張。謂其到此。旋喚女前。為之介紹。曰此小娘子。乃吾之得意門生也。時一賣花女郎。手携各種鮮花。立於其傍。梅遂擇各種佳花盈握。購以授女。女甚喜悅。院中執事。遂導彼師徒二人登樓。至院主招待席處坐下。女坐於梅之肩後。縱目矚觀。見劇臺雕金鏤彩。結構極工。場中寬綽有餘地。座位陳設有序。氍路亞為全歐第一麗都。而此劇場尤為氍路亞之冠。時方管絃雜沓。舞袖翩躚。梅則向女細說意人風俗。且云將來各人少憩。用茶點時。更可見此邦人應酧徵逐之工夫矣。時女雖聽之。而其全神則傾注於台上。蓋此時正值馬利澳名角登場。所歌者又為新譜愛國之曲。格外動人。聞者莫不鼓掌稱妙。衣士梯梨亦從中和之。梅善那自負知音。故較他人尤為喜躍。不覺起立凭欄擊掌歡呼。方纔偶一現身。已為樓下之人瞥見。旋聞一片歡呼聲曰。帕高利士在此。帕高利士萬歲。斯時場中觀劇者聞此一呼。萬目睽睽。驟集於帕高利士一身。方繾之爲觀劇而鼓掌者。今且轉爲帕高利士鼓掌矣。場中諸人。素聞梅之名。今見梅之面。舉皆歡然。鄰座婦女有手執鮮花者。爭投於梅之座前。堆積幾如小阜。以表其愛歡之意。於時一片喧譁。絲竹無聲。忽一人作漁父裝。走至梅前。梅視之。乃馬利澳也。兩大樂師相見。握手傾談。久之不釋。兩人爲同道。且同志。其一片契濶深衷。分外篤摯。自不待言而喩矣。馬利澳既去。梅因頃間談及愛國之歌。頓觸鴒原之痛。忽然倒身椅上。啜泣不已。衣士梯梨見梅忽而歡呼。忽而痛哭。如怒濤起落。幻不可測。而已亦爲之驚喜悲懼。一時交集。忽見院主踉蹌而至。向梅哀懇曰。大樂師。吾所最愛慕之大樂師。今爲君故。諸人如此喧譁。至秩序紊亂。眼見今夕不能終幕。有君在此。諸人不肯聽劇。且阻止不令開演。聲言若違之。定將場內椅桌燈火搗毁。今可否請君先出。使衆知國士已去。復寧靜如初。得畢今夕之劇。則造福於僕。殊不淺矣。梅從之。院主遂引其師徒從傍門出。既至劇場門前。梅急喚馬車。偕女同乘而歸。梅于車中悄謂女曰。今夕爲我故。令汝受此虛驚。吾心深爲不安。然恐將來尤有甚焉者。吾欲于此處覓一親朋之家。將汝寄頓。免受驚恐。汝意云何。且觀適間情形。縱吾有一學徒相隨。亦不能掩人耳目。何忍相携更令汝蹈於危機耶。女聞言驚惶欲涕。執手而矢曰。妾誓從君。無相暌離。別居之說。不能從命。此後憂慮苦樂。相與共之。妾之素志也。梅曰。汝志趣能如是堅定。吾復何憂。即偕行可也。女聞言方轉憂爲喜。是時車已抵旅店門外。遂相携下車入室。方梅與女同往觀劇時。姚珍娜潛自往訪與國駐此之偵探。此偵探名杜律桃。係奉保沙偵探長之命駐此。專探黨人之消息者。姚既往見杜。將沿途探得梅善那與女之舉動一一稟報。杜律桃聽畢。怒叱之曰。汝太不解事。似此無關緊要之瑣事。來報何爲。保沙探長。所注意梅善那者。乃慮其謀亂。若探得確證。將藉此而捕其人入獄。抑或探得其私運軍械情形。亦可因此而破獲之。所以需偵探也。今汝所云。不過兒女愛情。師徒恩義。縱偵得之。何濟於事。觀汝心迹。非玩視法律。即有通同蒙蔽之處。豈汝猶不知汝之性命。繫於帕高利士之身乎。汝若不能得其實據。汝之生命。行將代之矣。速速回去。再用心窺探。期于必得要領。若再因循。保沙君執法素嚴。吾恐其不能再爲汝宥也。如有密報。可照前所書之住址。郵寄與我。吾在此處再留四天。即須返美倫。汝切記無悞。言訖揮之使出。姚珍娜憂憤滿腔。回至寓中。獨坐納悶。梅與女從外歸。見姚獨坐守候。衣士梯梨急將所購之奩飾品贈之。姚驚爲厚禮。堅辭不受。女再三強之。乃受。若他人當此憤恚之餘。驟得好我之人。必將保沙秘計宣洩。而姚珍娜則自保持生命。不敢變計也。翌日姚聞梅善那定於午後七時乘驛車往美倫。更自念曰。爲時無多矣。計將安出耶。蓋每日由毡路亞開往美倫之驛車。有兩期。首期由午後二時發。明日淩晨到。次期由午後七時發。明日午刻到。若就梅此行而論。本以首期爲最宜。以夜間經越奧境。耳目不甚衆多也。今梅乃趁次期。日雖言尚有要事未畢。而姚靜察之。竟日未見其有事外出。只有彼等慕梅之名者。與其黨中同志。來與話別。絡繹不絕。故姚測度以爲梅之此行必蓄隱謀。或欲乘人日中操作。直入林拔地境。抑故爲坦白。如兵家聲東擊西之策歟。左右思維。覺其畫策。總不出此兩途。然無論如何。彼至林拔地各關津。必有殊常之形迹難逃余目者。且卞路佐與杜律桃兩君。曾切囑探其輸運軍械之密徑。而其最難踰越之處。自然是林拔地邊境。吾當於此處留心伺察。或可得之。亦未可知。迨客既去。梅閒暇無事。卽攜二女同往公園散步。姚珍娜無心玩賞。然亦不得不怏怏隨行。來至園裏。游覽一周。信步至噴水池邊。各擇湖山石上坐下。池內起一鼎。鼎上有龍昂首噴水。

滔滔不絕。四濺若飛瀑。相距畧遠。有軍樂一隊。嗚嗚而奏。梅身欹怪石。傾耳而聽。不覺雄心勃發。乃探懷出煙卷吸之。喟然而歎曰。明日吾將失吾之良友矣。女瞪目熟視曰。汝之良友爲誰。姚笑曰。梅君之言殆指煙卷也。梅曰然。此雖非必不可無之物。但吾久已嗜之。一旦捨去。亦如久處之朋忽然離別。殊係懷思耳。衣士梯梨尙不甚解。亟問曰。此究何以故。梅曰因奧人於美倫設有煙草專賣局。所得之稅課。爲其歲入一大宗。即以供其練軍之用。吾人若吸其煙。是不啻歛財以資敵。自制已命耳。故我黨倡議。凡青年志士務須戒絕。以盡國民義務。噫嘻。吾今若在美倫城中持煙而吸。必有奪而擲棄于地者。吾曩固亦曾奪他人之烟而棄之矣。衣士梯梨曰。然則汝之不肯吸煙。但恐以烟稅資敵乎。旋又笑曰。吾恐汝將來至無烟吸時。性情將愈益暴戾。吾又須受無窮之責矣。姚珍娜汝其記之。將來到美倫時。吾或受責。須知非吾應得之咎。乃因吾師缺煙之故而遷怒及吾耳。梅嗔之曰。誕妄哉。衣士梯梨也。吾豈因一煙卷便易却吾之性情耶。衣士梯梨畢竟心思敏慧。忽然思得一策。乃問梅曰。妾思漏稅之煙吸之。當或無傷。梅曰。此何須問。我國青年黨惟與奧人之稅款爲難耳。非仇視此煙也。汝不見吾於鞋路亞時常吸不輟。煙氣噴薄。如火山之吐燄耶。女於欣喜中。不覺失聲呼曰。梅耶吾得之矣。女忽見梅蹙額。有不悅之色。似恨其疏於言者。又見姚珍娜若訝其言近輕狎。而有詫異之態者。乃急斂容起謝。謂妾一時失言。幸勿見罪。梅曰汝太穉氣。吾亦不忍苛責汝。但觀汝之形貌。吾恐暴厲如保沙。一見汝面。怒氣亦爲之平矣。姚珍娜驟聞保沙之名。忽如迅雷起空。顏色爲之頓變。而梅與女則俱他顧。未之覺。未幾。姚散步他適。衣士梯梨乘間告梅曰。師乎。吾今日欲得些須錢鈔購物。師能許我乎。梅曰汝欲買何物。女曰吾欲購些須妝飾品。梅曰今日星期。亦貿易乎。女曰然。吾今早與姚珍娜同散步於山羅蘭素街。見之品物殊夥。且有極愜意者。師能予我少許之鈔乎。梅曰若無礙我事。有何不可。遂探衣袋出其銀篋授之曰。汝需若干。可自取之。女接過自取金圓六枚。遂將篋還梅。且小語曰。恕妾今日之浪費。梅曰汝自用己財。於吾何涉。吾不過爲汝代存貯耳。女既得此金圓。樂甚。卽邀姚共歸。一路回寓時。女猶將此數金圓拋擲嬉戲。且顧姚珍娜曰。姑娘曾允伴吾往購物也。姚珍娜見此多金。詫絕。暗思曰。何物教師。濶綽乃爾。莫非此兒爲富家女。其師事梅。非爲貧也。殆其父母以彼生而善歌。故使之就帕

謹贈書目提要

函索卽寄不取分文

上海商務印書館印行

中外政法書

欽定大清會典 十冊 每部一元二角

欽定大清會典及事例 百六十冊 每部廿五元

謹按新修會典一百卷事例一千二百二十卷係光緒十二年所續修二十五年告竣進呈會典僅舉大綱而一切沿革之故施行之方則全載於事例中爲研究本國政法者不可不讀之書

原板大字 **欽定大清** 會典 會典事例 會典圖 八十三函 定價四百兩 預約二百八十兩

謹遵原板印行板式大小與進呈本不爽累黍前售預約劵二百五十兩現已期滿因續定者尙多故暫爲展限每部加價三十兩

大清光緒新法令 二十冊 每部六元

此書專載光緒辛丑以後之新政令分十四類備列各項奏案章程首冠以　諭旨末附法典草案

大清宣統新法令 陸續出板 每冊二角五分

此書自宣統元年起凡新頒之法令無不廣爲搜羅積成一帙卽行出版其爲前書所缺者作爲補遺附於冊末每冊定價二角五分預定十冊二元外埠郵費每冊五分

大清教育新法令 八冊 一元五角

癸卯奏定學堂章程距今已涉八年屢經學部改革變通不可勝數而新頒之各項章程較之原章又幾倍之惟散見各報檢查甚難是書採集庚子以來至庚戌二月止關於教育之章程奏議等分門別類最便尋檢

日本教育法令 四冊 八角

我國學堂章程多仿日本而尙未完備本館既印行大清教育新法令復譯此書資辦學者之參考採至明治四十二年止最近改訂各章無一不備

漢譯 **日本法規大全** 每部二十五元

八十冊附解字一冊連木箱或布套十函

此書於日本全國各種法律命令規則薈萃無遺

日本 **法規大全解字** 每冊四角

是書將法規大全內之法律名詞詳加解釋於讀日本政法書者甚有裨益

漢譯 **日本六法全書** 每部一元五角

是書係譯日本憲法裁判所構成法　民法　商法　民事訴訟法　刑法　刑事訴訟法而成

商務印書館發行

教育雜誌 第二年第五期 目錄

月出一冊售洋一角
全年十二冊一元
郵費每冊二分

本社爲研究教育改良學務起見特設雜誌一種自去年出版後未及一載銷數業已逾萬南至叻埠北抵蒙古東經日韓以逹西半球西由陜甘而及新疆此固同人始願所不料足徵我國教育進步之速也玆將第二年第五期目錄列左

▲附告○本雜誌每月初十日發行月出一冊洋裝八十頁乃至百頁約五六萬字挿畫四幅以上每年首尾兩期各增加四十頁挿畫十幅以上

剏辦合肥惠政學堂王君揖周讚証自來血有自服自效之神功

五洲大藥房主人鑒僕體素健任事不畏煩難不辭勞苦丁未之冬創辦私立惠政學堂距今已歷四學期去歲秋因伏暑致病月餘始起覺精神遠不如前四肢酸軟私心深慮不能勝任後常至鉅康隆周君斗青處聚談遇友人李君德三來購　尊製自來血大瓶一打并稱道其靈效不可比喻復見北鄉高塘集務本學堂壽春孫琴舫君致斗青書託其轉謝　尊處函中盛稱自來血功效之神且速無異仙芝僕遂深信即於鉅康隆購取小瓶半打每日照服果然未及旬日强健如初樂甚噫海內古今補品其於斯爲盛矣特肅蕪箋以鳴謝忱手此順頌　利祺　合肥王揖周頓正月念六日

小瓶一元二角　每打十二元
大瓶二　元　每打二十元　託局函購原班回件諸君光顧請認明商標全球爲記每瓶內附有精工五彩認眞劵一張方不致誤

總發行所上海四馬路老巡捕房對門五洲大藥房抄登

人造自來血乃人身之活寶

人生百體所賴以生長者血也如血多則百體強壯血少則百體衰弱設遇血盡則百體自枯是故凡人不能無血**血者誠乃人身之活寶也**然吾人欲究身壯力健之術者必以多血爲適宜若近今之衛生家雖常服各種補品而未得十分健壯者何也其故因我國理化未精藥物一道素鮮研究故自古迄今絕未發明不知以多血爲要義噫**此即吾身不強之由來也邇者神州睡獅抖擻初醒努力鼓盪我同胞之熱血奮振我同胞之精神**無庸疑義速請嘗試**能壯民力強國勢之人造自來血已經及時出現**故再行謹告同胞凡有心虧血虛破金吐血面黃肌瘦頭暈眼花耳聾腎虧陽萎精枯四肢無力手足酸軟身虛脚腫胃弱脾薄以及婦女經水不調白帶赤帶頭痛腰酸五勞七傷諸虛百損之症者服之自然**壯心經多血液**請將下列服法試驗之自能奇功立見幸勿輕視蓋其中實有絕大之能力也我同胞凡購服自來血**須先試驗究有功效若何**可用小針刺破皮膚出血一滴塗在白紙上待服過七日之後再用前法將前者滴血之紙與七日後滴血之紙兩相比較後者之色必紅於前此則**最易最明之確証也**倘能多服**則血愈紅而人之體力愈健**又如腎虧耳鳴眼花者連服數日眼目自覺清爽耳鳴耳聾自可並除此即顯明有補腎之功效又如年老血衰或壯年勞傷過度體質虛弱面無血色者自必畏寒驟遇冷風即發寒噤者服之半月之後**血氣漸充體質自固**雖遇箭風**亦不覺寒冷矣**又有明見之確証如久患爛瘡而不易收口者自服自來血之後則瘡內之**肉刺日漸增紅**如能常服收口亦易如婦女之經淡白者服到一月經水當即增紅**如患冷經痛經亦能並除**凡患破金吐血者服之補血則可以之止血則不可然患吐血之人血愈虧少若不培補則體質愈弱病勢日重尤宜常服以補之當時雖無止血之功然久服之心經壯**而吐血之患可以除根也**如脚氣水腫者步履蹇滯亦血虛不充之故須連服旬日則腫自消而步自健矣又**如患瘧疾者**服之旬日**立可除根**不發以上一切功效皆最易試驗者也

●小瓶一元二角大瓶二元**每打**小瓶十二元大瓶二十元託局函購原班回件海內諸公如蒙惠購請認明全球商標爲記內附五彩認眞券一張値洋一角方不致悞

●總發行所上海四馬路老巡捕房對門靑花石三層大洋房五洲大藥房并南北兩京以及各埠大藥房均有經售

全身骨痛

福州商人患風溼骨痛咳嗽以及他症服韋廉士大醫生紅色補丸而獲全愈

天下惟有親嘗風溼骨痛及腦筋失調身體頓弱之苦者方能實知謝慶椿君因賴韋廉士大醫生紅色補丸故其脫此風溼骨痛之慘而極誠致謝之感函也謝君居於福州南台后洋裡大街爲仁壽堂藥房副經理其函曰○五年前僕曾爲風溼骨痛之犧牲情形甚慘遍身疼痛手彎手腕足膝足踝其痛更甚全體頑硬脊骨節節作痛腰腎虧損消化部輭弱食後嘔吐胸亦受病咳嗽不己氣悶欲絕夜睡不寐咳嗽更甚如臨死期受此慘苦匪伊朝夕以致身甚輭弱血甚衰枯雖服中西各藥毫無裨益乃决意試服韋廉士大醫生紅色補丸三瓶既罄疼痛減少咳嗽亦止連服至數瓶後風溼骨痛居然斷根咳嗽全消胃口復原夜寐有序矣○今天下各處患風溼骨痛胸中飽悶等症亦如謝君之十分感激韋廉士大醫生紅色補丸治愈之功者不下數千萬人矣是丸固爲醫學家所素知醫治最劇之風溼骨痛一藥也其治疾之功一在使血潔淨一在使血有力以驅除其血中致風溼之毒酸是以無論何疾一服是丸莫不靈驗如神無其使血潔淨稠紅之能已曾醫治無數所患　血薄氣衰　諸虛百損　陽萎不舉　肝胃各病　背骨疼痛

福州謝慶椿君玉照

治愈謝慶椿君之病者韋

DR. WILLIAMS' PINK PILLS FOR PALE PEOPLE

廉士大醫生紅色補丸也

謹防隱戤假冒勿被所悞

頭暈目眩　皮膚炸裂　瘡疥疔疹　左癱右瘓　跳舞瘋病　脚氣衝心　臀尻痠痛　山林瘴氣等症至於醫治婦科各症則更爲天下所馳名男子操勞過度或因吸烟或因他故致傷身體者是丸有速使復原之功焉韋廉士大醫生紅色補丸中國各處藥局凡經售西藥者皆有出售如內地無從購買可直向上海四川路八十四號韋廉士醫生藥局中國總發行或向重慶白象街分行函購亦可○價銀每瓶大洋一元五角　每六瓶大洋八元　無論遠近郵費在內

上海四川路第八十四號韋廉士大醫生藥局啟

大清郵政局特準掛號認爲新聞紙類
日本明治四十三年二月十三日第三種郵便物認可

每月三期逢壹日發行

年六月十一日

年第拾六期

定價表

費須先惠逢閏照加

項目	報資
全年三十五冊	六元五角
上半年十七冊	三元五角
下半年十八冊	三元五角

零售每冊	二角五分
本國郵費	每冊四分
歐美郵費	每冊七分
日本郵費	每冊一分

廣告價目表

一面	十元
半面	六元

惠登廣告至少以半面起算如登多期面議從減

宣統二年六月十一日出版

編輯兼發行者 何國楨

發行所 上海福州路 國風報館

印刷所 上海福州路 廣智書局

分售處

北京桐梓胡同 廣智分局

廣州十八甫國事報館

廣州雙門底聖賢里 廣智分局

廣州十八甫廣生印務局

日本東京中國書林

國風報

各省代理處

▲直隸 保定府西大街 萃英山房
▲直隸 保定府 官書局
▲天津 府署東 原創第一家派報處
▲天津 浦東小關大行 公順京報局
▲天津 鄉祠南售報處 李茂林
▲天津 東馬路 羣益書局
▲奉天 省城交涉司對過 振泰報局
▲奉天 天圖書館
▲盛京 昌圖府北大街 振泰報局
▲吉林 省城板子胡同 文盛報房
▲山東 濟南府芙蓉街 維新書局
▲河南 開封府城北書店街 茹古山房
▲河南 開封府西大街 文會山房
▲河南 開封府西大街 大河書局

▲河南 開封府西大街 教育品社
▲河南 開封北書店街 總派報處
▲河南 武陟三官廟街 永亨利
▲河南 彰德府 茹古山房
▲陝西 省城內竹笆市 公益書局
▲陝西 省城 萃新報社
▲山西 省城窮子巷 文元書局
▲山西 省城 書業昌記
▲貴州 崇學書局
▲雲南 城東院街沙牖巷口 天元京貨店
▲安徽 廬州府神州日報分館 陳福堂
▲漢口 黃陂街 昌明公司
▲安慶 府龍門口 萬卷書樓

國風報

各省代理處

- ▲蕪湖 徽州碼頭 科學圖書社
- ▲四川 成都府學道街 輸文新社
- ▲四川 成都 正誼書局
- ▲四川 成都會府東街 華洋冬報總派處
- ▲四川 成都南紗帽街 安定書屋
- ▲湖南 長沙 羣益圖書公司
- ▲湖南 常德府 申報館
- ▲南京 城夫子廟 啓新書局
- ▲南京 城淮淸橋 莊嚴閣
- ▲南京 城花牌樓 崇藝書社
- ▲南京 城花牌樓 圖南書社
- ▲江西 省城洗馬池 開智書局
- ▲江西 廣信府文昌宮 益智官書局
- ▲江西 南昌萬子祠袚盡巷內 廣益派報社

- ▲福州 督署後 教科新書館總派報處
- ▲廈門 關帝廟街 新民書社
- ▲溫州 府前街 日新協記書莊
- ▲溫州 瑞安太平石街 廣明書社
- ▲蘇州 圓妙觀西察院巷口 瑪瑙經房
- ▲揚州 古旗亭街 經理各報分銷處
- ▲常熟 常照派報處 朱乾榮君
- ▲常熟 寺前街 海虞圖書館
- ▲常熟 孚記書莊
- ▲星加坡 南洋總滙報
- ▲澳洲 東華報
- ▲金山 世界日報
- ▲紐約 中國維新報
- ▲香港 中環砵甸乍街 致生印字館

國風報第一年第十六號目錄

苏州虎邱

諭旨

五月二十九日　上諭吉林民政使著鄧邦述試署所遺交涉使著施肇基試署欽此

監國攝政王鈐章軍機大臣署名

六月初五日　上諭總稽司察守衛事宜阿穆爾靈圭等奏守衛官兵當差疏懈據實糾參一摺禁門重地守衛宜嚴屢經誥誡不啻三令五申乃本月初三日竟有侍衛處筆帖式海祲海祥擅入蒼震門該班官兵毫無覺察實屬異常玩忽護軍統領恒春著交部嚴加議處景運門司鑰長恩隆着一併交部議處值班大臣正紅旗護軍統領誠全督率無方亦難辭咎著交部議處餘依議該衙門知道欽此　上諭吉林西南路道員缺著顏世清補授欽此　旨正紅旗蒙古副都統王英楷因病奏請開缺一摺王英楷着准其開缺欽此監國攝政王鈐章軍機大臣署名

初六日　上諭前因宮禁守衛日漸疏懈疊經嚴申誥誡並諭令稽察守衛大臣詳定專章切實整頓該值班官兵應如何恪守定章始終罔懈乃奉行未久又復視爲具文竟至有人擅入內廷重地殊屬不成事體昨已有旨將失察之官兵分別懲處嗣後着

責成前鋒護軍各統領總管內務府大臣嚴飭該班官兵懍遵前次諭旨及奏定章程認眞巡查不准秋毫疎懈自此次申諭後倘再仍前玩忽定當從重懲處決不姑寬並著稽察守衞王大臣加意稽察遇有官兵曠誤情事破除情面隨時據實糾參勿稍瞻徇以昭嚴肅欽此　旨正白旗蒙古副都統着靈熙補授欽此監國攝政王鈐章軍機大臣署名

初七日　上諭七月初一日孟秋時享太廟遣懋林恭代行禮後殿派魁斌行禮東廡西廡派希璋榮墩各分獻欽此　上諭伊犂將軍廣福奏藩王營私藐法請旨懲辦一摺據稱臧土爾扈特東部落郡王帕勒塔函致署伊犂府知府賀寄棟欲以官權壓買羊隻又稱擬將貝子德恩沁阿拉什劣蹟糾參指稱交伊犂將軍查辦革去此人之爵將來覆奏能否辦到若由將軍自行嚴劾更佳等語帕勒塔身列藩封在京當差應如何謹愼奉公深知自愛乃敢致函挾私請托實屬不安本分帕勒塔著交理藩部議處以示懲儆欽此監國攝政王鈐章軍機大臣署名

初八日　上諭廂藍旗滿洲副都統塔克什訥由繙譯生員總理衙門八品官隨使各

國會著勞績擢升副都統歷充各差均能稱職茲聞溘逝軫惜殊深加恩着照副都統例賜卹任內一切處分悉予開復應得卹典該衙門察例具奏欽此　旨文璞著充補廂藍旗滿洲副都統所遺廂藍旗漢軍副都統着奎煥補授欽此　旨著派那彥圖管理圓明園八旗包衣三旗官兵並鳥槍營事務欽此監國攝政王鈐章軍機大臣署名

初九日　上諭本日軍諮處陸軍部帶領引見之軍官學堂第二班速成科考列上中等畢業學員張安邦姚任支吳中英趙瑞龍余鵬舉張培勳奚宗唐賈文祥畢化東吳德振楊紹曾杜持王承斌楚埗郭連峯均著授爲步隊正軍校方本仁張仲鼎王冠勳均著授爲馬隊正軍校孫岳謝紹安均著授爲砲隊正軍校吳兆鰲文藻蘭芳均著授爲工程隊正軍校程爕着授爲輜重隊正軍校金鴻恩徐鎭坤竇恒李正溶唐國謨王永清胡驤龍李景泌雙斌馬鳳亭斌啓均着授爲步隊副軍校王金山瑞印均著授爲馬隊副軍校陳寶琮徐森劉廷森均著授爲砲隊副軍校其已補步隊副軍校之納欽泰王獻廷胡雲程王都慶李濟臣胡國棟成居敬馬隊副軍校程文善馬興邦孟廣潤砲隊副軍校董玉銘桂成輜重隊副軍校欒汝霖均著賞加五品銜欽此監國攝政王

鈐章軍機大臣署名

初十日　上諭周樹模電奏江省本年入夏以來陰雨過多至五月下旬連日大雨各處江河暴漲汛濫爲災璦琿坤河水發屯居被淹雨雹寸餘禾苗傷損嫩江龍江地畝亦多淹漫秋收失望大賚廳屬塔子城地方積雨生蟲食禾殆盡等語江省連年歉收茲復被水被蟲田廬浸沒蕩析堪虞覽奏殊深憫惻加恩著賞給帑銀二萬兩由度支部發給該撫派委妥員前往災區切實散放毋任失所用副朝廷軫念災黎之至意餘著照所請該部知道欽此監國攝政王鈐章軍機大臣署名

十三日　旨正白旗護軍統領印鑰著英信暫行佩帶欽此監國攝政王鈐章軍機大臣署名

十四日　上諭所有新定宗室覺羅訴訟章程着俟新定法律實行及將來皇室大典並民刑訴訟法頒布後再行會同奏明實行現在宗室覺羅訴訟一切事宜著暫行仍照向章辦理毋庸指照新章更改該衙門知道欽此　旨正黃旗滿洲帶領引見之記名三等侍衞三等侍衞松年着賞給二等侍衞陸軍部補用郎中松耆着仍以郎中儘先補用欽此監國攝政王鈐章軍機大臣署名

論說

國會與人民

長輿

立憲政治何以良於專制曰以政權不私於一之人之手而公之於多數之國民也政權公之國民政治何以能即於良曰國民既有參預政治之權與國家有密切之關係則其圖治也切其謀國也周政府立於嚴重監督之下雖欲施行秕政有所嚴憚而不敢有所禁格而不能雖欲政治之不改進於良而不可得也故國家欲求治安則使人民接近政治而已矣人民欲謀福利則亦自求接近政治而已矣我國迫於世界之大勢非立憲不足以圖存　德宗景皇帝深察時勢特以政權公之人民而使之接近政治又慮人民之未能運用政權則以九年爲之預備　德至渥慮至周也數年以來政府不職百事廢墮籌備之事有名無實我人民怵世變之日急懼禍至之無日非亟改良政府則終慮　先皇之大惠也非亟設監督機關則政府無從改良也則籲請縮短期限早開國會去年請願既見拒矣其志愈固其求愈誠以三十萬之大衆爲第二次

論說　二

之請願頃奉　諭旨復見拒絕夫以參預政治之特權　先皇曾無所靳惜特舉而公之國民以我　皇上之善繼善述　監國之明達治體豈於此區區之年限反有所靳而不予畀無亦執政者罷軟不職恣睢自便不樂有監督機關以糾繩其責任故假君主之命令以沮國民之熱誠耶彼政府之弼輔無狀阻撓國會本報別著論以糾之矣（參觀次號時評門）吾請更進一義以廣我國民之意

凡人之於物也其獲得之也愈艱則其護持之也愈力飛鳥之將離其遺棄也若不甚惜若人類之殷勤育子則出入顧復雖毛髮亦必珍護矣浪子之博進其揮霍也視若儻來若小人之勤儉治生則尺積寸累雖錙銖亦必計較矣其得之有難易故其視之有輕重人民之於憲政亦若是而已故夫東西諸國之立憲也其動機發之自上者雖有憲法其人民擁護之也必不堅雖有國會其監督政府也必無力其動機發之自下者則憲政必能完全其國會必為強固有力之機關而能舉監督政府之實英國之憲政固漸次發達者矣然自十二世紀以來其人民搏激抗爭屢仆屢起而巴力門之基礎乃固英國之國會實成立於不斷競爭之中故其勢力之強盛確乎而不可搖動百

餘年來諸國無不建設國會若美利堅若法蘭西若西班牙若葡萄牙若意大利若墺大利匈牙利若荷蘭比利時若德意志及其聯邦近者乃至俄羅斯乃至土爾其國會皆次第成立而無一不出於人民之要求日本憲政日人所自詡爲無血革命者也然自後藤坂垣諸人建議設立議會以來其人民之請願國會者趾踵相錯雖有政府之干涉壓抑卒能倔強不撓遂有明治二十三年之成效則其動機固亦發之在下者也然各國人民之要求國會其難易各有不同故各國國會之勢力其強弱亦各相殊異且夫立憲之國民自覺之國民也必其人民深知自身之與國家有密切不可離之關係政治之良楛卽吾身榮悴之所關則不肯任政府之肆意妄行必求奮起而執監督之任故其渴望求國會也如飢者之求食暍者之求陰雖有阻艱百折千迴而期於必獲故能監督政府而政治得以改良若人民未知與國家之關係其視政治之良楛如秦人視越人之肥瘠漠然不加欣戚於心雖君主獨大惠而與以國會然不勞而獲之物得之不足喜失之不足憂則監督之機關亦虛設而絕無實用我國之立憲也德宗景皇帝斷自聖心不待人民之要求卽下九年召集國會之詔視日本無血革命

之憲政其幸福誠過之矣然吾方竊竊憂之以爲吾民初無渴望憲政之熱心而遽獲參預政治之權利得之也太易則用之也不勤膜視政治而不求自當其衝竊恐憲政之必無效果也乃者速開國會之請願舉國響應雖屢遭拒絕而進行彌厲蓋國家之思想日盛而能力求與政治相接近吾乃釋然於曩者之憂慮而知我國之憲政其動機仍發之自下而不背謬於各國憲政發達之歷史者也

雖然吾猶不能不鰓鰓過慮也夫國會者機關也而運用此機關者人也苟得其人則足舉監督之實而政治日進於良不得其人則機關不啻虛置甚者或且爲梗故各國之設立國會也同而國會之成效則大異意大利之立憲數十年矣一切制度皆以英國爲模範議會內閣之制與英殆無異也然國會之對內閣恒濫用其權力內閣之對國會恒操縱以權術二者互相齟齬衝突遂至頻煩內閣之更迭太多國務悉至於澁滯俄羅斯專制之國國會亦已成立矣然虛無社會帝政諸黨皆挾極端之偏見不擇手段徒爭意氣藉國會爲角逐之場國會初開卽屢解散而俄國之憲政未有成效之可觀夫國會者將以監督政府促良政治之發生者也然運用不適其宜則爭一時之

意氣忘國家之大計徒益紛紜無補國是滯政務之進行阻國家之進步將以捄弊者反以滋弊證意俄之歷史固足爲後進者之前車也此吾之不能無顧慮者一國會者所以監督政府也必其議員不爲威怵不爲利誘然後能代表正當之輿論使政府嚴憚而不敢爲非苟其政治道德之缺乏則一刼之以威權一餂之以利祿即盡枉其挾持之政見屈從政敵而不以爲羞國會而爲政府所利用矣則傅虎以翼彼更偃然自肆無所忌憚而爲所欲爲如是則國事寧可問矣此在先進國之國會尚或未能盡免此弊而新進之立憲國民所尤當兢兢自持者也此吾之不能不過慮者二國會之監督政府也非徒恃憲法之條文而即有此强力也更非徒恃百十之議員而卽有此重權也國會者代表國民意思之機關必有多數國民之勢力爲之援而盾其後然後國會之效力乃强若其人民膜然於國家之關係視政治之良惡如秦越之絕不相關彼既不熱心於政治則選舉何從而得人即得人矣而人民之智識蒙昧輿論之勢力脆弱國會何所藉以爲後援以行其監督之權力也此吾之不能無過慮者三善夫穆勒約翰之論議院政治也曰「立憲國民之能力有三一曰智力國家經國遠圖非有遠

議者不能及智力苟缺則機敏之外交政策遠大之國家至計每窒於議院而不能行一曰德力立憲政體所恃以立國者道德也德力苟缺則國會之內以投票爲納賄之具以議事爲意氣之爭忌心一起隱相排擠則無以謀人民之公益一曰活動力凡內治之振興外界之競爭皆在下者自爲主動而無待於政府之指導必三者具然後憲政之運動靈』夫如穆勒之言雖先進之立憲國民程度尙有未逮然三者苟皆缺而不具則國會者直一鬨之市烏足以福國而利民耶嗚呼今日政府日藉口於國民程度之不足以阻撓國會其持說之謬論者辨之詳矣然吾人聞其言而反省誠不能不赧然內愧也國事日亟來日大難我國民欲開國會以救亡耶其亟儲能力以備他日之用無令國會成立而運用不靈措置失當反令阻撓國會者得以反唇相稽也

時評

讀幣制則例及度支部籌辦諸摺書後 續第十三號

滄江

第四　收換改鑄與自由鑄造法之關係

凡本位貨幣未有不許人民以自由鑄造者（自由鑄造者直譯英文之Eree cuinngc其義已屢見前非放民私鑄也切勿誤解）此萬國之通義也（惟輔幣決不許自由鑄造行跛行本位制及虛金本位制之國其銀本位幣亦禁自由鑄造）而則例中竟缺此一條此又吾所大惑也循誦部摺以收換舊幣改鑄新幣爲最繁難之業吾以爲此業誠繁難也然惟用自由鑄造法爲能執簡以馭繁而不然者吾恐其業之終末由就也部摺有云『銀元一項自光緒十六年開鑄至光緒三十四年止各省局廠報告鑄數大銀元約共四十餘兆小銀元約共一千四百餘兆爲數甚鉅今欲收回改鑄以色耗收換轉運提鍊利息五者所費約計虧耗需銀二千萬元當此庫儲支絀籌措維艱故論者有擬壓抑舊元使與生銀等價而後收回改鑄者照此辦法官家所耗較少而民間受虧則鉅尚非兩全之策』吾以爲言收換舊幣萬不能以小銀元與大銀元併爲一談盖主幣與輔

時評 二

幣之性質本絕異也以吾所主張則小銀元不必汲汲改鑄但用國庫收受無限制之法使其衍溢之部分得有所歸而不爲厲其餘一部分雖認爲法幣使通行市面閱十年二十年而不病（詳說前號）然則今所最急者惟大銀元改鑄問題而已部摺云有四十餘兆其數不得爲不鉅雖然以吾度之現今市面所存大銀元恐不及此數十之一二也何以故蓋此數不過據歷年各省局員報告以吾國官方之壞其鑄出實數固已決不能逮矣即曰相去不甚遠然尤當知貨幣之爲物爲格里森原則所支配兩種異成色之貨幣以同一之比價而並行於社會者則良幣必爲惡幣所驅逐大銀元含銀九成小銀元含銀八成或不滿八成而定價以小元十當大元一小元之行使復無限制故自有小元以後而大元已被逐而逃匿矣及銅元出則並小銀元而逐之而大銀元兼受逐於二憾益復無容足之地疇昔所鑄久已十不存一矣謂余不信試觀各省市面其舊鑄龍圓之觸接人目者曾有幾何腹地慣用錢盤並生銀亦所罕見靡論龍圓北部沿海諸省所習見者爲銀塊及銀票南部沿江沿海則恃墨銀及新發之鈔幣以爲流通終日適市而不覩一龍圓者比比然也使龍圓而有四十餘兆則除是人民悉以

扃鐍諸篋中耳然此必無之事也故吾敢斷言國中現存之舊龍圓斷不能出四五兆以外也夫小銀元既不必急於改鑄而大銀元復只有此數則部摺所云須虧耗銀二千萬元者其爲計算之誤明矣

至部摺所謂壓抑舊元使與生銀等價則官家所耗較少而民間受虧則鉅者吾繹誦數四而不能得其解夫所謂使與生銀等價者豈非專計其每枚中所含純銀之量耶如廣東龍圓重量四二〇·八八格連而含純銀百分之九十故其銀爲六錢四分八釐強即認之爲有六錢四分八釐強之價而不認之爲有七錢二分強之價是殆即所謂與生銀等價也而今者新定國幣亦恰以六錢四分八釐爲價格單位則以一圓易一圓其率適相脗合民間何受虧之有噫嘻吾知之矣部臣之意殆欲於今茲所鑄新幣則並其一成之銅而計之算足七錢二分而於舊幣則將一成之銅除去僅算六錢四分八釐也　**信如是也則吾恐其終不能得生銀以爲鑄新幣之用也藉曰能得之而即此鑄幣之一事已足以亡**

國也今且勿論舊銀圓卽以生銀論部臣得毋欲持新幣一圓以兌換人民七錢二分之生銀乎一圓中祇有銀六錢四分八釐則例所明言也今欲號稱七錢二分誰則應之彼部臣唯一之政策必曰照市價收買自謂吾固未嘗用强壓手段不得爲厲民也夫照市價收買必如何然後國庫始能有利是必新幣鑄出者極少供不逮求遠甚而民勢不能不得新幣雖蒙大損失猶且忍痛以求之如此則新幣之市價騰而國庫利矣而民之受病則何如矣民將冒死而用他物以爲交易媒介雖日殺一人猶不能禁也且部摺所謂舊鑄銀元暫准照市價行用者則必不惟民間交易得行用而已雖納租稅亦應得行用如是則此種舊銀元具完全法幣之資格（原摺又云豫定以某年月日爲限舊時銀元爲該處不合法律之幣然則期限內必爲完全之法幣無疑矣）旣具完全法幣之資格則其市價必昂騰政府欲以廉價收回改鑄決不可得也何也貨幣爲民間一日不可缺之物自奉 明詔以後非法幣則不準行用而所謂法幣者則惟新幣與此種期限內之銀元而已初時新幣鑄出者旣甚少民求新幣不可得則惟有轉求此種銀圓而此種銀圓據吾所計

算其現存者決非多決不足以供全國交易之用求過於供價安得而不騰**故吾所敢豫言者則此種舊鑄銀圓當其在暫准通用期限中必常與新幣同價而對於外幣及生銀則日見其騰**例如新幣能以一圓易生銀七錢者則此種合法之舊銀圓亦能易七錢新幣能易七錢五分者彼亦能易七錢五分何也彼得與新幣等故其聲價亦等也部摺云照此辦法則舊銀元市面之流行以漸而減少價値之變動以漸而低廉驟視之雖若甚有理而按諸實際必至適得其反非惟不低廉也而反日以昂騰**如是則收回改鑄之目的安能達耶**不能達此目的猶可言也**而首受其荼毒者乃在持有生銀及外幣之人**何也法幣既求過於供而價日騰其所謂騰者卽對於生銀及外幣而見爲騰也質言之則以本値六錢四分八釐之物而騰至六錢四分八釐以上也騰一分則國庫得一分之利騰一錢則國庫得一錢之利而人民持有生銀或外幣者其所損失亦如之**嗚呼部臣乎公等當思**

現在舉國中未有一枚新幣而各省舊鑄銀圓其現存者亦甚希全國人民財產皆以生銀及外幣積算公等若用此策無異紾吾民之臂而奪之食其不至釀大亂焉而不止也部臣既知壓抑舊銀元則民間之受虧鉅而豈知壓抑生銀及外幣則民間之受虧更鉅乎何也以民間持有舊銀元之人少而持有生銀及外幣之人多也

且用部臣之法在舊銀元暫准通用之期限內持有生銀及外幣者既受大虧矣而彼持有各省舊銀元者其受虧又終無能免也部摺云「豫定以某年日月爲限停止通用祇準照內含實值兌換國幣」不知所謂照實值兌換國幣者爲兌換國幣之實值乎抑兌換國幣之名值乎如曰兌換實值也則國幣實值六錢四分八釐彼舊銀元之實值亦大率從同即今日立刻兌換於民間亦毫無所損部臣前此既恐民受虧故出此策則後此所謂兌換者必非以實值相兌明矣質言之則一俟期滿停用以後則令

凡持有舊銀元者須每元找補七分二釐乃兌以總重量七錢二分之國幣也苟使其時國幣對於生銀之市價能以一圓而購彼七錢二分舊銀圓對於生銀市價僅能以一圓而購彼六錢四分八釐則似此兌換法在持有舊銀圓者固絲毫無損 **然此必無之事也** 蓋此通用期限中舊銀元與國幣有同一之效力國幣價騰舊銀元之價必隨以俱騰舊銀元價落則國幣之價必隨與俱落也吾請不憚詞費以詳言其理蓋欲使舊銀元價落必須多鑄國幣何也國幣少則人民不得不以舊銀元爲代用品國幣多隨處可得則不必恃舊銀圓爲代則舊銀元之需求者減而價落矣然國幣何以能多鑄必須多收買生銀生銀被收買者多一兩則在市面少一兩而市面之國幣同時亦增一兩一方則生銀以供給減而價騰他方則國幣以供給多而價落矣然其下落之程度必至與舊銀元適相等何也舊銀元既可爲國幣之代用品苟國幣之價而高於舊銀元民必競舍國幣而取舊銀元則舊銀元以需求多而價轉騰國幣以需求少而價轉落必至於適相等而後已也 **然則屆通用期滿之時**

使舊銀元之市價而恰如其實値者則國幣之市價亦必恰如其實値以實値六錢四分八釐之國幣而強擡其價爲七錢二分以與舊銀元兌換爲病民耶否耶若通用期滿時而國幣市價騰於其實價以上則舊銀元市價亦必騰於其實値以上其理亦與前同國幣價何以騰必以少鑄之故少鑄則不敷市面流通之用人民雖持有多數生銀因其缺法幣之資格不得不貶其價以易取難得之國幣而舊銀元者則可以爲國幣之代用品者也使其時舊銀元之價而賤於國幣耶民必競易舊銀元以爲代則舊銀元以需求者多而價立騰必騰至與國幣適相等而後已也 然則屆通用期滿之時使國幣之市價而恰如其總重量者則舊銀元之市價亦必恰如其總重量以市價七錢二分之舊銀元而強貶其値爲六錢四分八釐以與國幣兌換

爲病民耶否耶此實本於供求相劑之理至淺而不可易稍治生計學者當能知之吾甚不解度支部中畢業於外國大學受博士學士之學位者如鯽何以並此理而無人能省乃造爲舊銀元於暫用期限內市面流行以漸減少價值變動以漸低廉之邪說以自欺而欺天下也（即如彼原文亦不通已甚果使市面流行漸減少則價值只有緣此而趨昂耳安有反漸低之理如彼言豈非物之供給多者價反騰而供給少者價反落耶此眞中國度支部獨創之生計學說矣）嗚呼部臣乎公等而欲借鑄幣以籌欵乎則吾更有一妙法於此盍用公等之伎倆一面以市價收得些少生銀鑄爲國幣一面以市價收回舊銀元收得卽銷燬之而國幣亦不復鑄務使一國中法幣之供給不及其需求者十之一二則雖使國幣之價常騰至一兩以上可也但不知公等鑄幣之本意爲將以便民抑將以厲民耳此非吾好爲輕薄之言**蓋公等所持市價政策其結果所趨實如是也**

是故欲收換改鑄舊銀元而不病民惟有以實值兌換實值之一法而不然者不病之於先必病之於後蓋於暫用期限中而從市價

則非俟期滿後必無收回之望而期滿收回時其病民如故或且更甚也夫始焉既病夫持有生銀及外幣者繼焉復病夫持有舊銀元者則是以鑄幣之故而使舉國人無一不受其病也民果何樂有此幣制爲也**推原部臣之大蔽在不明價格單位之本義不知主幣與輔幣之性質根本差別見夫輔幣之名價恆大於其實價也乃欲以此原則適用於主幣故種種轇轕緣茲而起** 質而言之則始終欲以六錢四分八釐之實銀冒七錢二分之名值而已矣 信如是也則 破壞幣制者 非人民而政府也

曏昔一兩與七錢二分分爭幾成聚訟七錢二分黨笑罵一兩黨謂爲不脫秤量之心理而不知七錢二分黨亦未嘗脫秤量心理也苟不雜以秤量心理則明明六錢四分八釐之本位幣何由而得命以七錢二分乎曰本以金二分爲一圓豈嘗聞以金二分二釐二毛二爲一圓乎夫輔幣之名値所以高於其實値者凡以防輔幣之鎔燬喪失非有他也又以主幣既有一定價格標準輔幣不過從而佐之且行使有限制故雖名實不相應無病也若主幣則爲價格標準之所從出舍此以外更無他標準若名實不相應豈非滑稽要之我國人之視貨幣僅知其有爲交易媒介之職務而不知其有爲價格標準之職務今通觀度支部諸摺及則例其病根皆坐不解此理

夫一般人民則不足責以度支部之主稿者 而昧於此吾實憐之吾實憤之

然則欲使新幣制圓滿成就。其道何由。亦曰一圓之主幣許人民以自由鑄造而已。質言之。則以實值兌換實值是也。其法則使人民凡持純銀六錢五分交納於造幣廠者。廠則立給予以一圓之國幣。內六錢四分八釐則國幣所含實值也。其二釐則所攙銅價及鑄費也。（萬不可過於此數。蓋自由鑄造之原則。本應並鑄費而不收。即或收之。亦僅適如其實費而止。國幣一圓所攙銅爲七分二釐。以現在銅之市價。每百斤約値銀三十兩。故七分二釐之銅。約値銀一釐四毛。其餘六毛。以充鑄費。有多無少矣。）如是則以生銀與國幣兌換者。其標準既有定矣。然後將各省舊鑄銀元及各種外幣。一一鑑定其重量成色。列爲一表。倘其每枚所含純銀恰爲六錢五分者。則以一枚兌換國幣一圓。其有不足者。則令照數找補。如丙種墨銀。則令其每百圓找補二角有奇。丙種本洋。則令其每百圓找補六角有奇是也。如是則人民之持有生銀或舊幣外幣者。亦孰不奔走蠭致於造幣廠。以所至便易。其所至不便耶。行此三數年。則全國市面上之生銀舊幣外幣。可以絕跡。而一一變爲國幣。幣制之基礎。可以永鞏固而無復搖動矣。

由此言之。則自由鑄造法之必當采用。洞若觀火矣。雖然。猶或有致疑於吾言者。請更設主客以辯解之。

問者曰、全國之大。造幣廠只有數所。民之持生銀等者。豈能不遠千里而輦致諸廠以求易。是自由鑄造亦託空言而已。

答曰。自由鑄造之法。無論何國。今皆現行。而無論何國。其造幣廠皆僅一二所。所謂自由鑄造者。豈必人民一一躬自輦金以致諸廠哉。實則皆由銀行間接耳。但非定出此例。則銀行斷不肯收受。故泛言曰自由。其直接與間接不必問也。

問者曰、如此則銀行居奇。將奈之何。且如我國今當施行幣制經始之際。國幣之鑄出者有限。而舍此之外無法幣。民之需用必多。而求之必急。則銀號錢莊乃至小兌換店皆得以持其短長。民之持生銀以求兌換者。硬索高價。否則不應。法律固無從一一禁之。而彼持以致諸造幣廠。廠則如數兌換也。如是則自由鑄造法徒爲奸商罔利之資。於民何利焉。

答曰、防之之法。首當多鑄國幣。毋令市場渴乏。初時。未能遽多鑄。也。則先以兌換券。

代之此其一也（此事當別著論）然即此猶未足也必須令大清銀行及國民銀行負平價兌換之義務（國民銀行者美國現行之一特種銀行其性質與普通商業銀行異吾素來所主張謂中國必須采此制即爲推行幣制計已非此不可矣行當著論以詳言其辦法）凡民持生銀或舊幣外幣往該銀行兌換者必須照六錢五分換一圓之價給之不許多索如此則自餘之普通銀行及銀號錢莊等無從居奇苟其居奇則民將往大清銀行分店或國民銀行以兌換非彼所能脅制也（若其居奇不甚每圓僅索數釐償其奔走運輸之勞者則聽之可耳）語至此則非推廣大清銀行分店且速獎厲國民銀行不可矣此實推行幣制之先決問題也

問者曰、大清銀行及國民銀行以六錢五分兌換一圓於人民而其交納於造幣廠也亦以此數受兌則該銀行毫無所得利彼能甘乎

答曰、大清銀行及國民銀行皆有特別之權利受國家特種之保護者也則爲國家效此勞而不受報酬亦義所宜爾歐洲日本之中央銀行及美國之國民銀行未有不負此義務者也惟欲使該銀行勿太吃虧則可許其約扣鑄造日數收回利息英國之英倫銀行許以生金一安士兌換金幣三磅十七喜林九辨士德國之德意志帝國銀行許以生金一磅兌換一千三百九十二馬克是其例也今若定制則或令

時評　十四

大清銀行及國民銀行以六錢五分一釐或二釐兌換一圓則於自由鑄造之精神尙不悖過此以往決非可許也

問者曰雖有銀行以爲之間接然由各地之銀行運至造幣廠其轉運之費亦不貲當由誰出之

答曰、此必當由造幣廠出自無待言抑豈惟行自由鑄造法不能免此費卽如部摺所言照市價收買銀塊其在邊遠之地買得者又豈能不出運費而自致於造幣廠耶且用吾之政策此費實可省去泰半蓋大清銀行及國民銀行皆有發行兌換券之權而發行兌換券例須有準備金所收生銀等卽可存諸該行以充準備金之用也此更於他日詳論之

問者曰、吾子所言雖屬正辦然卽如部摺原議暫時采用照市價收買之法似亦無甚大害何則子之所慮者謂造幣廠有意少鑄新幣務使其供不逮求因以擡高其市價則民之持生銀者乃吃虧耳然現在大部方刻意整頓幣制何至出此惡劣手段且子亦何必逆詐億不信乎倘使大部果循正軌以行則初時新鑄之

國幣較少可以稍廉之價收得生銀旋收旋鑄則國幣日增而其對於生銀之市價自日落馴至兩者同價其時然後行自由鑄造之法則人民不甚受其害而造幣廠緣此可以得多少之利益當此國幣奇絀之時得此亦不無少補子何必斷斷然靳之

答曰、此決不然吾請更從種種方面以極言其弊我國官吏之無廉恥也久矣而監督機關復不立若法律許照市價收買則官吏舞弊之範圍極廣市價之爲物刻刻不同漫無稽察就使能以至廉之價收得生銀只以供經手官吏之中飽耳國庫決不能有所得**其不當行一也**市價之爲物視供求相劑之率以爲低昂就令度支部及造幣廠未嘗靳鑄新幣而當發出新幣由官吏經手收買生銀時市價低昂實握於其手稍一操縱情實頓異**其不當行二也**奸商因緣居奇或囤積國幣或囤積生銀皆可以制市價之死命使惟所欲於是國幣遂成爲投機之目的物外商必有營此者弊益不可言**其不當行三也**且政府所以不主張自由鑄造而主張市價收買者徒以市價收買政府可以獲利耳而政府緣市價所得之利即人民緣市價所受之損也此猶父闔門而與其子市取贏於子則以爲喜豈得曰智夫眞能取贏焉猶且不可而况乎其歸於婢僕之中飽也 **其不當行四也** 且民非盡愚也生計界之原則非以威力所能左右也政府欲從市價取贏所取而少於此府何補不如省此經手收買官吏之俸給爲尤得計耳所取而多則民甯窖藏其生銀已耳決不肯忍大損失以售諸官吏則政府且將無術以得幣材 **其不當行五也** 政府無術以得幣材則國幣之鑄出者愈少愈無以給市場之需民於其時只有舍國幣不用而仍返於銀塊錢盤之舊則此次所頒幣制遂成空文 **其不當行六也** 且國幣而日日異其市價則價格標準之一職務全然不舉豈得復名貨幣 **其不當行七也** 况部臣之爲此策非欲以改鑄舊銀元耶然惟用吾之策則舊銀元自能漸返於國庫用部臣之策則舊銀元之市價必與國幣之市價同一斷無收回之望若誠欲改鑄舊銀元則無論遲早終須以實值兌換實值

則何不早行之而何必爲此僕僕以買民怨其不當行八也

要之本位貨幣(即主幣)之自由鑄造已成各國通制彼他國之政府嗜利貪獨不如我然必出於此者理勢不可不爾也 蓋貨幣筦國民生計之樞機其數量須恆與全國所需要者適相脗合過多過少則皆爲病 然欲使貨幣數量適合於全國所需要此決非恃智術所能測祘也而當因而利導之聽其自己其在輔幣則中央銀行兌換不補水國庫納稅收受無限制之法是已如是則輔幣供求之率不期平而自平也其在主幣則自由鑄造之法是也行自由鑄造苟國中主幣太多民自能鎔之以爲生銀若主幣太少民自能納生銀以託鑄故其供求之率亦不期平而自平也先哲有言法有可以與民變革者有不可以與民變革者吾亦謂法有可以因國而異者有不可以因國而異者 有法於此無論何國皆凛守之而莫敢易是必其立法之意有根本於人

情事勢之所不得不然者也。主幣之必須自由鑄造。正此類也。嗚呼。度支部中豈無一人曾治生計學乎。豈無一人曾讀貨幣書乎。何夢夢若此也。況今頒幣制。事屬創始。將以革千年來銀塊錢盤之錮習。雖務極便民。猶慮民以不習而莫之從。**而今也政府乃與民相市而欲罔其利。吾竊深爲幣制前途危之。**

（附言）部摺所謂舊鑄銀元暫准照市價行用者。其行用範圍。不知僅限於民間之私相授受乎。抑並准用以納租稅乎。摺文殊不明瞭。若不准納租稅。則其效力大減。吾所謂舊銀元在期限中必與國幣同市價之說不立矣。顧吾猶有欲質諸部臣者。若曰行用之範圍惟在民間交易也。則何待法律之許可。雖無此法律。民獨不可以行用乎。夫部摺惟舉各省舊鑄銀元。然則生銀與外幣。當不准其照市價行用矣。而試問人民有樂於行用者。政府果據何理由而能禁之。豈惟生銀外幣。即人民樂以實物交易。或任擇一物爲交易媒介。苟授者與受者兩皆愜意。政府固無從禁也故使部摺所謂暫准行用者而僅限於民間私相授受**則所規定者全爲無用之條文直拉雜摧燒之可也** 抑部摺下文又云「豫定以某年月日爲限舊時銀元爲不合法律之幣」據此文則舊銀元在期限內爲合法律之幣明矣旣爲合法律之幣自應可以納租稅旣以納租稅而又云照市價行用**然則政府之收受租稅亦可論市價耶** 然則各州縣衙門各釐局各鹽局各關皆須日日刻刻調查舊銀元之市價以應人民之交納者而人民與官吏且將常以爭論市價之故起行政訴訟而各州縣衙門各釐局各鹽局各關將所收租稅解於藩庫道庫藩庫道庫將所收解於度支部皆須每款每項注明爲某日某刻所收其日其刻之舊銀元市價幾何試問天下古今有此行政法乎是故部摺所謂暫准照市價行用者其行用之範圍於前舉兩項究何屬不可不明白宣示於吾民否則吾民將無所適從也**然無論屬於何項而兩皆不可行則旣若此矣然則**

時評　二十

所謂暫准照市價行用者。微論其於新頒幣制種種爲梗也。即置此勿論。而先已不能自完其說。

吾誠不解度支部中濟濟多才。復設立幣制調查局。萃一國之英髦。積經年之研究。何以忽發此天外奇想。定出此種鹵莽滅裂之政策。以貽天下笑也。嗚呼。度支部諸公乎。幣制調查局諸公乎。苟公等而能有說以自解者。則請速宣示之以釋羣疑。如其不能。則請虛心一審吾言。采擇之以自斡其蠱。其毋假改革幣制之名。以荼毒我人民。而顛覆我國家也。

第五　舊鑄小銀元暫照市價行用問題

以上所論。皆極言舊鑄大銀元以市價行用之不可也。若夫小銀元。則更有甚焉。度支部籌辦摺中。以此二者併爲一談。未嘗示別。（原摺云所有舊鑄大小銀元暫准照市價行用）吾不知所謂小銀元照市價行用者。其行用爲有限制耶。爲無限制耶。持舊鑄小銀元向大清銀行兌換大清銀行。須應之否耶。繹原摺之意。其行用法殆一如其前。則必行用無限制。而大清銀行不肖濫應兌換明矣。果爾。則其影響所及當如何。

（甲）影響於舊鑄小銀元之自身者　部摺所謂暫准照市價行用。係兼指納租稅言與否。蓋未可知。夫大銀元照市價納租稅。其不可行。吾既言之矣。若小銀元則市價之變動更大。其愈益不可行。蓋章章也。既不能同以納租稅。則已成爲不合法律之幣。而復有合法律之新鑄銀輔幣出而與競。則其價勢必驟落。且將落至與其所含實值等。此在政府收回改鑄爲道誠便。然據部摺所云。此項小銀元在市面者約共一千四百餘兆。其中五角者一角者當不少。就令悉以一角起算。已值一百四十餘兆元。而此種小銀元。其名值皆過於實值十之二。（各省所鑄銀角成色實大半不足八成然則名值所溢又不止此數矣）而持有此種小銀元之民。皆積算之以爲財產者也。使小銀元之市價而落至與其實值等。則人民坐此損其財產二千八百萬元矣。政府何心而忍出此。

（乙）影響於新鑄銀輔幣者　舊鑄之小銀元。本已過多。觀其與大銀元兌換必須補水。斯可知矣。今緣頒定幣制。而復有新鑄之銀輔幣出現。則市面之擠壅愈甚新輔幣雖爲合法律之幣然以其行用有制限故（則例第五條）不如舊小銀元之便新與舊競決不能勝而新者持向大清銀行兌換既不得拒及其爲舊者所迫窮無復之則惟有假途於大清銀行以歸還國庫而已如是則新輔幣等於不能發行則例所規定同於無效

（丙）影響於新鑄一圓主幣者　舊小銀元之市價若落至與其實值等則雖病民然於新主幣蓋無甚影響也雖然此必不能驟也其落蓋以漸而當其未落至實值時與新鑄一圓主幣並行於市面而用之復無限制則格里森原則之作用必起而新主幣將以次爲所驅逐

由此觀之則舊小銀元准照市價行用其弊更甚於大銀元明矣故吾所主張者今惟有暫時少鑄銀輔幣而以舊小銀元爲代而舊小銀元行用之法一遵則例第五條辦理而更加以交納租稅收受無限之條則幣制不受其牽動一利也人民不蒙損失二利也政府暫免收回改鑄之勞費三利也

結論

平心論之此次所頒則例及度支部籌辦諸摺其得失蓋參半吾所深佩者（一）系統之整齊明晰（二）最低級輔幣爲一釐當主幣千分之一與昔日制錢同等極適於吾民生活程度（三）公差之限謹嚴（四）一分銅幣暫擬緩鑄實爲整頓銅元下手要著（五）舊銅元分年酌定限制實爲銅元善後不激不隨之良法（六）推行新幣先由折算稅率下手深得其本此皆部臣苦心孤詣所經畫吾民同深感謝者也其小有異同者（一）價格單位定用六錢四分八釐以一圓半折合一兩所差至三分八釐之多恐人民不樂從不如吾所主六錢六分六釐之便（二）既用十進法而復鑄二角五分之銀輔幣甚爲無謂（三）五角銀幣重三錢六分二角銀幣重一錢四分四釐嫌其太與主幣之總重量脗合導人民以秤量之心理然此皆末節無關宏旨不足爲則例全體之病其所亟應商榷者乃在前列數項而最大缺點則輔幣不著納稅無限之法主幣不著自由鑄造之法而辦理舊幣准暫照市價行用則是破壞幣制而事實上亦萬不能行者也吾故不憚苦口忠告如右當局者其一垂聽乎

（附言）本文尙有數問題應論者其一則本位問題吾所主張爲虛金本位制前

時評 二十四

已著論極言之。但暫用銀本位以爲過渡。則吾所亟贊也。故此不復贅。其二、則處置舊銅元問題。本報第十三號明水君所著讀貨幣調查局調查問題書後一文。言之綦詳。吾所主張。蓋亦從同。故不更論。其三、則新幣制與兌換券。吾以爲欲推行新幣制。非藉銀行兌換券之力不爲功。而根本之根本。尤在施行吾所主張之國民銀行政策。方將論之。而從報中見京電。知兌換券則例。經已　奏准。擬俟見原文乃再著論。其四、則新幣制與稅率。此事關係不僅在幣制一方面。亦擬別著論。故本文所論者。僅前列之五項而止。

(又)本報所載拙著幣制條議。尚未完篇。而　明詔及則例已頒。故專就實地以下批評。不復作空論。以避複之故。前稿便此中止不復續。讀者諒焉。

(又)本報於最近諸號連篇累牘。皆言貨幣。或令讀者生厭。且多徵引專門學理。或非盡人能解。雖然。幣制之完善與否。實爲全國人生命財產所關。今　朝廷旣銳意整頓。吾民烏可以淡漠視之。故願國人勿嫌煩瀆。終一精讀也。鄙人雖無似。然於茲事頗積研究。自謂所主張者。一一可以見諸施行。而所箴砭者。一一中當局之病。當局若能一垂覽而采擇之。固榮幸也。然此事安可冀者。但當局苟怙非不悛。則此次新幣制。恐將不惟無益而反有害。竊望有言責之君子。或采鄙言以入告。資政院議員各省諮議局議員諸君。尚望一加省覽。苟以爲芻蕘可采。望提出議案以要求政府之改正則例。我同業諸君。尤望惠教之以匡其不逮。若意見相同。尚乞廣著論說。助我張目。或轉載本報中關於幣制之諸文。皆所願也。

宣統二年五月十八日成

樓頭缺月夜向曉
騎馬與君相送行
前路殘春亦可惜
柳條藤蔓有啼鶯

時事雜評 二則

滄江

美國歡迎前大統領

美國前大統領盧斯福氏。自亞非利加獵象歸。取道歐羅巴。歐羅巴諸國。禮之如王者。布衣之尊。振古以來未之聞也。陽歷六月二十日。歸及紐約。美人歡迎於海濱者十餘萬人。四十五州各出代表以集。典禮之盛。爲美國開國以來所未有。方諸拿破侖凱旋於巴黎。蔑如也。於是塔虎特方任大統領。美人視之若無覩。而盧氏以眇眇一市民。非有一階之籍於朝也。此行作爲汗漫游而歸。非有賢勞於國也。然而扶携郊勞。舉國若狂。論者謂其頗有類於羅馬共和末葉之綳標愷撒。蓋天道百年而一變。美自華盛頓建國。迄今周星已十。其或將返於帝制。顧茲勿深論。處今日弱肉强食之世。非厚集全國國力以競於外。則將無以自存。而非得人以指導之。則內無以爲集。而外無以爲競。是故國力不充之國。不足道矣。雖充矣。而勝敗之數。恒視乎指導之之人物何如。指導者得人矣。又視乎其國民所以服其指導者何如。盧氏者。指導今日之美國最適材者。

時評 二

也而今茲之歡迎則美國人能服其指導之表徵也君子以是知美之興未有艾已

日韓合併問題

日韓合併之議今垂成矣是議也始倡之者實爲韓人而日人若不甚以爲意者殆所謂將軍欲以巧勝人盤馬彎弓故不發耶今則日本朝野上下汲汲研究合併善後之策蓋已認此爲決定義今所擬議者非利害可否問題而進行方法問題而已韓之亡蓋亡於日俄宣戰之日匪自今始區區虛名有之與無於韓人則何擇最可憐者赫赫韓皇行將爲歸命侯而巖巖之兩班（朝鮮貴族號曰兩班擅國權者數百年於茲矣）自此永夷爲皂隸耳嗚呼彼爲民上而偸旦夕之安謂國亡而吾之富貴自在者斯可鑒也

著譯

嗚呼波斯之立憲（附圖）

明水

此文見於日本外交時報題曰波斯之形勢爲文學士平沼淑郎所著余讀之而驚其與中國太相類也爰亟紬其大意畧附鄙說改題今名不識有心人讀之亦生同病相憐之感否　述者識

波王摩哈麥亞利之被廢也忽忽將及一年爾來國民黨專握政權頗欲整飭綱紀發憤有爲然以貴族爭鬬黨派糾紛內亂乃益甚外憂乃益迫今之波斯所謂病入膏肓扁鵲束手者也推原厥始實由政府暴戾恣睢不恤民怨繼乃欲假立憲之虛名塗飾天下耳目至今日而蜩唐沸羹雖有善者莫可如何孟子曰禍福無不自己求之者嗟乎國於天地而有與波斯同病者可以鑒矣

波斯危迫之情不一而足舉其犖犖大端則曰內治之紊亂也曰財政之匱竭也曰外侮之日劇也夫三者有一於是皆足以亡國今不幸而咸萃於波斯豈天之故阨之耶

抑彼有以自取而至於此極也。請先徵其內治。夫警察者所以保衛人民而維持一國之安甯秩序也。今波斯之警察不惟不能盡保衛維持之責且專以私害公以邪亂正暴慢狂悖無所不爲而司法之府亦往往藉口權宜蔑視法令待異己之黨尤極峻酷又復脅迫無辜强奪金錢誅求追討急於星火。憶十年前波王有名模沙飛祿者以暴虐著然以今較之殆無所擇。無惑乎新政之效未覩而怨毒之氣先結也。且也民間亂源所在潛伏而政府無力以澄清之。如烏爾米亞湖沿岸居民侵入信基督教徒之家擄掠姦淫以强人遵奉回教而文武官吏熟視無可如何。故俄人曾昌言謂欲維持波斯之秩序非得英俄兩國毅然自任則永無靜謐之一日。夫內亂之足以召外侮也久矣。果如俄人之言則波斯尙得爲波斯人所有邪。而游鼎之魚無所怵於糜爛巢幕之燕猶自適以翱翔。嗚呼國家將亡必有妖孽何波斯妖孽之夥頤也。

波斯內治之紊亂既已若彼而財政之紊亂尤達極點幾於不可救治。以是之故縱令波斯政府有整頓內治之能力而財源既竭事事束縛（我國之財政則又何如）他且勿論即官俸一項已久不發身列朝籍者且多怨咨不平之聲更何望其能忠於職務以挽國勢於既頽而庶務蒸蒸日起也我國官俸亦以若干成給發雖不如波斯之甚然相去不遠矣近日各差薪水亦往往拖欠夫半亡之國所恃以撐殘局者惟有仰面求人以偷一日之安此讀史者所數見不鮮也而今之波斯亦捨募集外債無他術苟各國而聽其舉債也波斯政府必大喜望外何者貧弱之餘信用不立欲募內國之債民間莫或肯應與中國何其相肖若得外資以爲挹注則渴鮒或不致即死也雖然外債亦豈易言哉彼波斯政府一旦而獲有巨金必以投諸不生產之兵費即不然亦將爲彼不肖官吏私肥口腹而銷蝕於無影無形之中是益增其財政之紊亂而已中國則何如外國資本家固非如波人之冥頑不靈也豈肯輕擲其資財以供他國官吏之揮霍故波斯之舉外債雖彼所甚欲可斷其無成也然則爲波斯計豈無有確實之擔保以爲舉債之資耶語至此事正波斯財政信用所以掃地盡淨之故也何以言之波斯關稅收入歲得五十五萬鎊然前已供擔保不可再用豈惟不可再用其年年比對尙短四萬九千鎊也至地租一項年約得百萬鎊惟盡爲地方官吏所消費達於中央政府者幾無一焉則其決不能得信用不辨自明然除此兩項外適於擔保之性質其財源一無所有此波斯雖欲負債而無從也吾國雖不至若是之甚然終必有此一日故波斯而欲恢復其內

外之信用確立財政之基礎必當先取種種積弊根柢掃除然後有幾希之望其改革之點大略有三一賄賂之風宜痛加蕩滌（吾國官吏聽者）二宜遵憲法所規定實行整理稅制（吾國稅制則何如）三宜借低利公債以償昔日之高利公債（吾國公債又何如）非斷行此三事則波斯外債永不成立外債不能成立則波斯財政亦永無充裕之時然以今日之波斯人心腐敗至此其難毅然決然以自振奮者又可斷言也則波斯終亦必亡而已矣（吾國人聽者）夫一國之中內治既已紊亂財政又復窘迫則所以召強隣之干涉者如影之隨形無可逃避也且亦半亡國之通例（吾國人聽者）而今之波斯亦猶是耳今得進述其外患

欲論外人干涉波斯之事不可不先語干涉之歷史自來在波斯競爭最劇者厥為英俄蓋其發端遠在百年前俄欲經由波斯高原突出波斯灣於印度洋方面獲得海口也而英則為保全印度故不能任波斯為他國所蠶食自壞其藩籬也於是英俄兩國遂與波斯生特別之關係直至今日抗爭未已一九〇七年之英俄協商乃劃定兩國勢力範圍俄得北半部英得東南部由傑爾曼至波斯灣又沿岸至亞拔士港而阿富汗俾路芝屬焉其中部波斯與波斯灣沿岸及由亞拔士港至幼發拉底河口則為中

嗚呼波斯之立憲

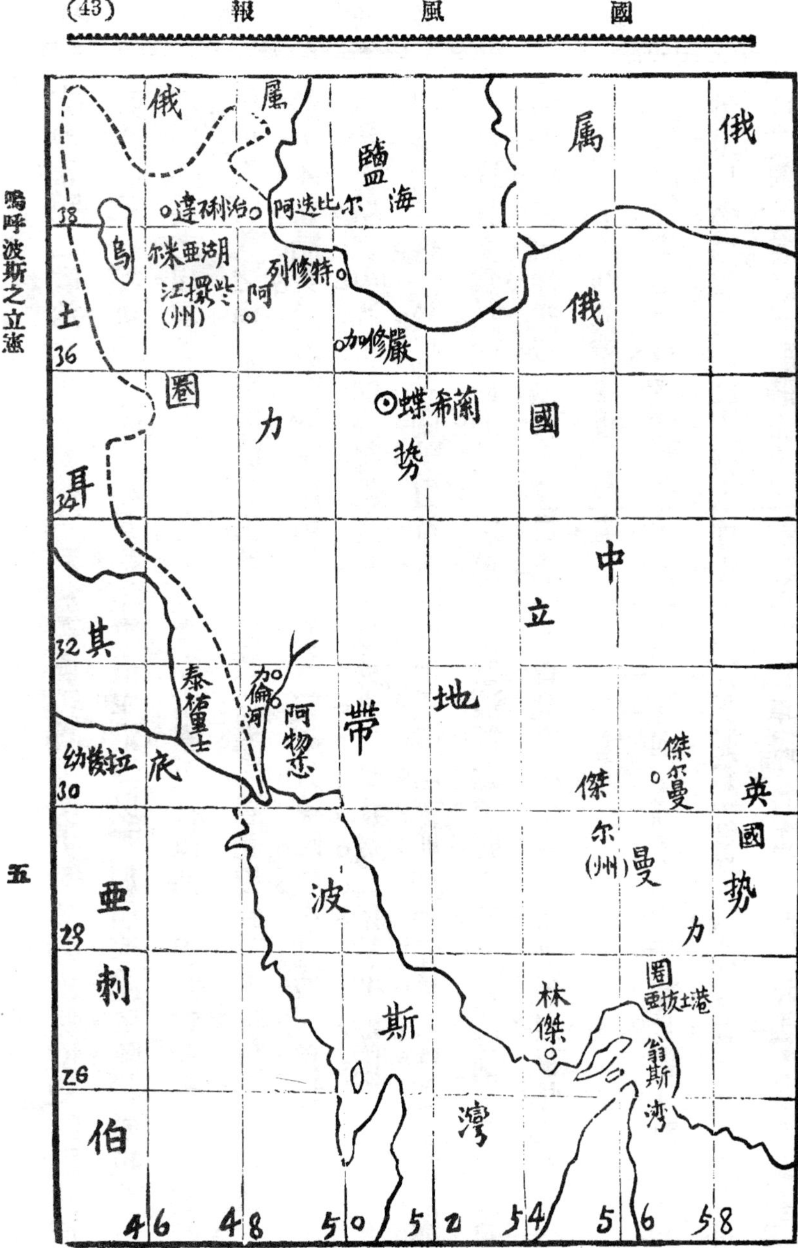
俄屬
俄屬
鹽海
阿迭比尔
列修特
加修嚴
蝶希蘭
俄國勢力圈
中立地帶
英國勢力圈
土耳其
亞剌伯
波斯灣
翁斯湾
林傑
傑尔曼
傑尔曼(州)
阿物慈
加倫河
泰格里士
幼發拉底
38
36
34
32
30
28
26
46
48
50
52
54
56
58

五

立地帶。英之政治家。多謂此約不利於英國。蓋英之勢力範圍。雖由傑爾曼起點。然波斯灣上之疆域。非以亞拔士港爲終極。實直至沿灣以西加倫河濱之阿物慈也。英縱不能盡得之。以置於勢力範圍之下。至少亦當畫至林傑。始能保護翁斯灣之奇興貯煤所及軒羌之海底電線局云云。蓋英國政治家之意見。以爲英在波斯政治經濟之勢力。不當局束於波斯灣東岸。由是以西。皆當劃入英國線也。且波斯首都蝶希蘭者政治金融之中心也。而亦歸俄之掌握。故英人之切齒於此約。誠非無由。

此協商成後。俄於蝶希蘭勢力。益日膨脹。前王摩哈麥亞利。實爲俄之傀儡。以是俄亦陰與國民黨爲敵。而欲助前王以摧滅之。當波斯政變時。俄百方保護前王。其禁軍可薩克兵之統領。聞爲俄人。又國民黨肉薄首都之際。王軍與戰於城外。而指揮此軍者。亦俄一中佐。則其隱謀可想見矣。

王軍既潰。俄猶藉口於鎮亂。派兵分駐波斯各地。當前王黨之被圍於達不利治市也。俄軍以極殘忍之行。凌虐波人。而俄猶自辯曰。是爲保衛歐人之生命。不得已而出此也。英國論者。頗爲所惑而諒之。然亂事平後。軍隊之駐屯如故。且增派新兵於阿些擺江州諸處雖招物議而俄不恤也又客歲七月國民黨進軍蝶希蘭之際俄急派兵二千駐加修嚴其所假之口實亦曰保護波京之歐人而使蝶希蘭與列修特之交通商路不致杜塞也其後國民黨制勝所謂歐人之危險既已無復可慮商路亦漸平靜而俄猶無意撤兵其駐屯達不利治阿迭比爾加修嚴列修特及鹽海諸地之軍隊固猶鼓角連營也

波斯有那京汗者前王之寵臣也王被廢汗舉兵爲恢復計不勝遁俄屬高加索波斯新聞紙揚言曰汗之亂非汗意也俄實嗾之故汗兵之背猶有一大軍焉非汗力所能召募也又曰汗之軍士爲俄屬諸地之兵者居過半數不啻惟是汗之叛於阿迭比爾也由俄領事與汗會見後發其端汗陷阿迭比爾俄副領事某目中無波斯政府而私與汗結約且係恢復秩序之名以爲增派軍隊之實云云汗之遁於高加索也波政府請於俄使放逐汗俄以國事犯故拒其請而汗得與其徒黨安住隣封於是國民黨以汗虐殺無辜行同强暴必欲徹底究治俄既不從其請則歸罪於外部之無能而極左黨（波斯政黨名）議員復以俄國遷延撤兵之故與政府所以對待之法質聞外部時外部大

臣爲沙爾達奈。其答辯之詞。寥寥數語。議員憤甚。以外部爲瀆職。沙氏遂罷。此今年二月間事也。

初國民黨之進軍蝶希蘭也。有阿爾咩利亞人伊布林者在軍中。俄欲捕之。照會波政府。而藉口於伊布林爲俄屬臣民。不應躬任他國軍官。且前此與英有協商。恐緣是而害及國交云。夫俄之蔑視英俄協商條約也久矣。而獨斤斤於此事者。非有所狼顧於英。實欲解散國民軍。而保護其傀儡之前王也。然伊布林身爲將帥。一軍具瞻。如從俄請。是國民黨之事業。墮於垂成也。波斯新政府討論再四。乃以伊布林爲土耳其人。拒絕俄使。縝此乃得無事。而俄之計亦險矣。

綜觀諸事。則俄之包藏禍心。幾於路人皆見。然則波斯國民與其政府將以何法對待之乎。此又波斯一極危險之現象也。何以故。波人知俄之將圖不利於其國。遇事輒與俄反對。甚或激爲憤怒之言詞。蠻野之行動。是惟恐俄人之干涉未甚。而更授之以口實也。卽如外部大臣沙爾達奈之辭職。俄以波斯議會之舉動言論。爲侮辱俄國。不啻宣言與俄爲敵。遂藉端不肯撤兵。此其一端也。近日俄兵集中之地。實爲加修嚴達不利治兩處。而三月間達不利治有薩達祿汗者。與高加索之黨人。暗通聲氣。脅迫商賈。勒令罷市。以禁其貨物於俄兵。而絕其糧食。使俄兵不得不自退。其後俄人更欲派兵於阿些擺江。歐人聞之甚喜。而波斯之憤怨益不可遏。然欲抑止之。復無此力。故政府之威嚴殆將墜地。其時署理外部大臣者。爲沙瑪祿慕爾克氏。恐被議會嚴譴。先提辭表。於是新聞紙及演說會筆禿唇焦。痛論此事。謂俄將蹂躪伊蘭靈地。當俄兵駐屯時。波人宜暫廢祭禮。而節其種種費用。以投於國民銀行云。初俄屬高加索總督及其他有責任之官吏。皆以撤兵爲得策。祇以少許之兵。駐守達不利治。餘皆召還。此議將決。而忽有波人激昂之事。形勢一變。而撤兵之期。亦緣是遲延矣。據四月二十四日倫敦所發電報。則謂得俄都確信。凡因達不利治紛擾之故。所派入波斯之俄軍。已奉命班師於俄屬之特蘭士等地云。又二十六日聖彼得堡得英京來電。言據蝶希蘭電傳。駐屯加修嚴俄兵。將以次撤還。信如是也。則波斯心腹之疾。或可暫愈。不禁爲波人額手稱慶。然恐未必然耳。

此時英人在波斯所施之方畧。則又何如。此吾儕所急欲知之者也。綜合前後各報以推測之。則在國民黨政府成立之時。英頗阻害俄國之舉動。其後宗旨一變。絕對的不干涉波斯內政。故英之政治家咸謂政府所採之政策過於柔弱。然英政府所謂不干涉內政者。亦自有界線。凡關於整理波斯財政之事。則英政府固未嘗一日忘之也。

波斯財政之紊亂。前既略言之矣。有英人哈彌敦者。最通波斯國情。嘗言曰。欲使波斯財政建立於堅實科學基礎之上。非得英俄兩國合借千萬鎊則整理之實必不克舉。蓋波斯今猶在干戈擾攘中。非掃除亂萌無以為下手之資也。雖然此項公債不能照普通契約宜與土耳其埃及借欵同一辦法。且凡波斯之行政或當整理或當改革而為其國人所不能勝任者。必宜斷然代彼處置。故設立外國顧問官為成立外債附帶之最要條件也云云。夫波斯既無適於為借債擔保之物。又政府不能樹立威信。則外人之宜監督其財政。誠如哈彌敦所言吾國人聽者然此又非哈氏一人之私論已耳。行將見諸實事。觀三月間英俄所訂之借欵條件。其一即欲聘法國人為波斯財政之監督是也。然波斯富商極力反對。擬自集巨欵應募國債。聞其聯名署印者已達二百人。政府亦恐議會反對。不敢畫諾。又慮本國人之富力不能勝此重負也。乃於議會聲言曰。

今也、反對外債之聲四起其理由如何雖未明示然反對之主動力實起於富商大賈之間其愛國熱忱雖所深佩第恐富家所醵之款實不足以救今日財政之燃眉耳今日中國不惟財政現狀與波斯同即國民經濟現狀亦與波斯同矣一歎 夫內之既無實力外之慮喪國權徘徊歧路不可自主嗚呼為亡國之民者不亦慯乎

英俄因借款故而欲以法人為財政監督於是與波斯議會意見不能相容然波之議員固非絕對的不主張用外人也其意蓋欲以歐人為財政之顧問而不以之當財政整理之任英俄兩國則非以財政權委託歐人使其所投之資安全無恙則斷不能副波斯之望二說相持事遂不諧然波斯果能以己力當此難局否乎是一疑問也數年前波斯曾以本國股東創設國民銀行終不能就而已交股者今日追取股本尚自無着則波人財力之厚薄辦事之信偽己可想見矣而國民黨又多方以圖內債之成立甚且出於脅迫謂凡為波人皆應以其家資之半獻諸國家即寺院傳教亦大半勸人應募國債舉國張皇類於兒戲傳聞波斯商人中有慮終不免於強制者以其金錢悉匯之君士但丁埃及等處又率其家人遷居伯林或逃竄於俄國領事館者所在皆有

夫如是則豈徒內債無可指望恐更因緣以生他變耳

以今日波斯之情勢察之其政府之危殆有非言語所可擬議者萬一不幸政府相繼顛仆則秩序愈益紊亂非舉國爲俄人所蠶食即終不免於瓜分其結局要不出此兩途雖然使波斯政府而能達外債之目的又有能者以運用之則亦未爲絕望也今波斯所最忌者則外人之監督財政耳至於鐵路及其他種種特權苟於獨立之團體無傷又可以爲外債募集之條件者波人必樂於畫諾故能窺破此中隱曲以行操縱之術者必可以博奇利而今之德意志即純用此種手段者也

昔年德意志既以巧妙之策懷柔土耳其無端而獲得巴克達特之鐵路權於是德之勢力緣此鐵路而蜿蜒以至於波斯灣更經中東部以伸展於印度雖鐵路之成非旦夕可待而德之威權固已瀰漫於東土耳其矣英人之苦心焦慮實在於此今也德人復欲徑由迷梭坡打米亞以向其隣國之波斯爲經濟的發展蓋得隴望蜀人情則然而其與英俄兩國之利益相衝突者亦理勢之所易覩也果也三月二十四日德報載有德意志帝國銀行代理人篩特路德有所調查將旅行於波斯越兩旬而倫敦來電

言德國有一公司已得波政府許以烏爾米亞湖航路權又倫敦電曰德有資本家已暗示願助波斯政府之意而德報亦自言今日波斯之形勢正吾德獲取特權之好時機云且謂英俄兩國以波斯政府將鐵路權讓與他國人爲與英俄兩國之利益衝突者其言頗覺失當云云

由是觀之德人之意蓋欲先助波斯之財政緣是而攫取其鐵路航路以爲漸進之階雖德政府自言與波斯了無關係然其勢力之在蝶希蘭者已有虎生三日氣吞全牛之概而今之波斯則所以協而謀之者又不僅英俄已也居今日以測將來所謂伊蘭靈地其終爲列强所蹂躪波斯亦不免於爲埃及之續追懷疇昔之盛吾儕雖異邦人又安能不爲灑一掬之淚也

譯者曰凡國之亡非人能亡之也而恒由自亡若波斯眞上下協力惟日不足以求自亡者哉其直接取亡者由於財政固也雖然孟子不云乎無政事則財用不足內治之紊亂若彼而欲財政之克理事勢所必不可致矣故此後波斯之存亡亦於內治之能否改革斷之而已夫改革內治不惟其名而惟其實彼波斯非逐

著譯

十四

今世列强之後而靦然以立憲政體自命者耶其籌備憲政非已亘四五年耶而結果乃僅以速亡名之不可以假也如是夫嗚呼中國之政府中國之國民可以鑑矣

日本治臺成績（原名我殖民政策之成績）

明水

此文登載日本中央公論第七號於治臺先後次第之方述之歷然意在紀實不涉誇大故撮取其意譯爲斯篇中間頗附鄙說以媿曾爲臺之主人公者　譯者識

（一）

我日本統治臺灣。其成效爛然。此非吾私其國以自矜。實世界諸國所同贊賞於不置者也。昔者日本初頒憲政。舉世之人咸致疑焉。以爲憲法或不適於東洋人種。故自明治二十三年以來。人皆注目日本之政局。（案日本以彼明治廿三年開帝國議會故云）幸而我國憲政著著進步。其成績之優。幾令歐美先進國瞠目而不敢逼視。蓋立憲之試驗。我已以優等及第。爲盡人所同認者矣。

自甲午戰後。我國割取臺灣。是爲有殖民地之始。於是世人又竊竊焉疑我之殖民政治。不審何若。論者以謂日本人之特色。酷類法蘭西。於個人則溫良。於羣居則激越。好奇耽理。勇不顧身。激於愛國之情。發爲戀鄉之感。在彼法人於統治殖民地。曾無尺寸功因以例我日本必不克於臺灣措施適宜斯義也其比較之當否姑置勿論徒以我從政者之急於事功不能去華崇實且事事皆取畫一主義以理勢言或終於失墜誠未可必此則不煩外人爲之代慮即吾儕亦最懷疑之人也

然幸也吾儕所懷疑者幾同杞人之憂天我國殖民政治之材能其秀拔乃賴此而有據是不特憲政之試驗以優等及第而已卽第二度之殖民試驗亦屬合格且博歐美人之嘆美焉夫安得不令人感謝皇天之恩於靡旣也

譯者曰歐美人以立憲政治爲不適於東洋人種使無日本崛起其間此恥將不可灑矣而日人之所以克舉憲政之實且獲靑出於藍之譽者豈有他哉其君臣上下洞知時勢之推遷深察禍變之始卒知非立憲不可以圖存也於是上下合力開誠布公出萬死不顧一生之計以爲國是謀故其興也沛然莫之能禦準此以談非必憲法之足以强人國正賴其在位之人先有至誠惻怛先公後私之精神以推行立憲制度夫而後可幾於治不然彼波斯土耳其非所謂立憲國耶而何以日本之立憲則郅治也如此波斯土耳其之立憲則反緣是而增其擾攘也

如彼今吾國亦已籌備立憲矣然肉食者流舍營私罔利外無學術舍全軀保妻子外無事業虎狼其心禽獸其行而猶傲然自憙曰吾國中之最尊貴者也程度之最高等者也藉口新政專務自肥而懵於奇禍大變之逐於其後也民之有識者怵於國之將亡奔走號呼欲奮起以相助一再陳請速開國會而彼悍然不顧以人民程度未足爲口實必有待於九年夫程度之不足則上下之通病矣民固無知識試問官之知識何在民固無道德試問官之道德何在民固有不識字者試問貴官中亦有不解文義而須以所謂簡易識字法敎之者否凡此支離狡獪要不過爲國會開後不便於其專欲恣睢而已夫以如是之人當國家重任高乃爲波斯土耳其下則不免於高麗印度更何憲政之足云則歐美人謂立憲爲不適於東洋種族者正未可以有一日本而遂謂其言爲盡謬也然吾民則何寃矣嗚呼吾民而欲一雪此言也其不可不思所以自處之道也因感時事偶有所觸聊述其意於此非文中正義也讀者諒之

（二）

著譯　四

臺灣之支那人。於我國治臺後。往往以法令如雨目為煩苛。然通論大體。則歡迎我新政。謳歌我皇德者。亦自無限。所以致此者。以我能尊重彼輩之舊習。不強使之同化於日本也。為保護彼輩之生命財產。故然後施行新法律。為教育彼輩之子弟。故然後設學校。教以日本之語言文字。雖然彼輩所習用之閩語粵語。亦隨其所好。不輕與革易。卽與彼輩朝夕密邇之警察。亦通曉方言。使便於告訴。靡寗惟是。自彼輩之辮髮以及衣服飲食居家習尚。咸因時制宜。不相侵犯。且賡續彼輩舊行之保甲制度。以謀自治自安之道。而我所最力行者。則務便居民。使之富。使之安。使之愉快。而又盡力以啓發其智識而已。夫殖民政治之要。在於隨俗。使受治者於不知不識之間。潛移默化。如最初之時。卽欲於法政教育之大。下至衣服飲食習俗之末。強之以同於我。此卽畫一主義。正非所以統治新地。羈縻異族。抑更非王道蕩蕩之義也。彼英國之治殖民地。常收奇效。而法則無往不敗者。胥是故也。

幸我國不取法於法蘭西。而為英吉利是傚。雖由當局者之得其人乎。抑亦一般國民。及我議會諸君。深明殖民政策之根本要義。故能致此也。

（二）

治臺成績所以卓著者。其第一因。即地饒民衆。有金鑛。有良材。樟腦冠大地。稻二熟。蔗千林。地利無限。非高麗滿洲所可同日語也。雖然有此天府之國。使無人力焉以濬發之。整理之。保護之。亦何足貴。而此濬發整理保護之功。一皆賴於政治。日本所以克舉統治之績者。實在於此。

譯者曰。臺之金鑛良材樟腦等。自昔已然。非割地後天特生之以厚於日人也。然何以在人則爲天府。在我則爲荒島。豈非政治之效有善有不善耶。今饒如臺灣或倍蓰於臺灣者。其地何限。而舉國上下乃至無術以自活。然後深信有人此有土之說爲不我欺也。然後深信無政治則財用不足之說爲不我欺也。

治臺之初。有所謂土匪者。與良民雜處。爲害甚烈。前此劉銘傳實苦之。凡良民完納國課外。必於土匪頭目。別有贈獻。抗拒者、匪卽傷其稼穡。掠其財物。令不敢不納而後已。是良民負擔兩重租稅。於養官吏外。更不能不養土匪也。則良民之疾苦爲何如矣。況官吏屢興師勦匪。以干戈之亂。而燒家喪財。或遭橫死者。其慘楚尤不忍言乎。故劉銘傳、之、政、策。則厚、路、匪、目。以偸、一、日、之、安。雖官匪之間。暫得無事。然良民之痛苦。則與昔無絲毫之擇也。

我日本統治臺灣後。良民尙不親附。時與土匪混合。所在叛亂。當是之時。舍用兵外無他術。故隨叛隨伐。幾無寧處。乃木、將、軍、之、爲、總、督、也。凡險、要、之、地。皆置、軍、隊。城市、之、間。則用、警、察。位此、間、者。則以、軍、隊、警、察。協力、以、當、之。而土、匪、依、然、不、服。蓋我、精、銳、之、軍、隊。足以、當、堂、堂、正、正、之、敵。而不、足、以、當、出、沒、無、常。不可、端、倪、之、土、匪、也。且蹤、跡、土、匪。皆恃、通、譯。此輩、挾、持、私、意。其所、好、者。雖土、匪、亦、號、之、爲、良、民。其所、不、好、者。雖良、民、亦、誣、之、爲、土、匪。故我、之、威、力。往往、加、於、無、辜。而招、良、民、之、怨。甚者、驅、而、爲、匪。匪乃、益、猖。乃木既罷。繼其任者爲將軍兒玉。兒玉受事之初。即以。分。別。良。莠。爲。急。務。立保。甲。之。制。致良。民。之。力。於。自。治。警。察。建病。院。立學。校。以示。招。徠。之。仁。意。其本。有。科。舉。者。禮貌。有。加。又表。彰。耆。宿。父。老。蓋此。爲。支。那。人。之。習。尙。也。復命。民。政。局。直。接。與。匪。目。交。涉。以絕。通。譯。挾。私。之。弊。於是。良。民。漸。知。我。之。誠。意。土匪。亦。恐。在宜。蘭。臺。北。者。先。降。次則。雲。林。嘉。義。鹽。水。鳳。山。阿。緱。之。土。匪。亦相。率。歸。附。而全。島。土。匪。所。在。之。地。與。其。姓。氏。至是。始。詳。晰。焉。然黠。鷙。者。仍。

據險自恃動輙疑及新政且猶欲如昔之索租於民也故反抗朝命者往往而有於是捕大頭目林火旺簡大獅等戮之而北部澄清殲嘉義以南林少猫一股而全臺絕迹臺之民始得高枕安臥酣嬉太平謳歌我德政者乃洋洋盈耳矣

蓋土匪既殲良民始解倒懸之苦而禾稼財物皆無傷害掠奪之虞我政府始得銳意講求興產以富民也

譯者案今吾國伏莽遍地羣盜滿山桴鼓胥驚民不安枕以此而欲興實業致富強其猶南轅而北其轍耳

（四）

臺灣產業之興大抵皆能應用最新之科學試以其植物試驗場言之苟某種果木適於某地則根據學術以爲栽培如種蔗則徧考爪哇夏威夷德國等處之法而加以改良其精製法亦參用焉又如紅茶向以手執業者今皆改用機器其種種新模大有凌駕母國之勢即新人材素多亦令母國有慚色云

其整理之新法當以調查土地戶口爲一大事調查土地始於明治三十一年其時土

匪尙多。辦理不易。然當事者銳意進行。至明治三十七年末藏事。而使大租權消滅。大租權者臺灣土豪之勢力素盛細民有田土者非託庇於土豪宇下則不能安享故舉全臺之土皆指名於少數土豪而此土豪則例徵其租若干殆等於國家之收租稅此習蓋傳之數百年矣雖非正當之權利然已由一種占有權經過時代而生效力故亦不易驟撤之而爲租稅制度之梗則甚矣日本經調査土地之後以八百萬圓之公 債向土豪買收此權措置可云得當 至三十八年而戶口調査成。治化所及者戶口四十八萬七千三百五十三。所帶數五十八萬五千百九十五。現在人口三百三萬九千七百五十一人。二者調査既悉。於統治上有莫大之便宜焉。

譯者案調査土地戶口。各國皆以爲至難之業。而日本得臺後三年即首辦此事。可謂知治道之本矣。臺灣所以有今日之盛。不亦宜哉。

至於鐵道則劉銘傳時已有之。然由基隆至新竹。不過六十二哩耳。明治三十二年。乃以二千八百八十萬之經費。豫算十年縱貫全島。至明治四十一年。果如所期。全部告竣。由基隆至臺北。復由臺北貫臺中。經臺南以至打狗。是爲幹線。由臺北至淡水者爲支線。總計二百七十一哩餘。每年坐客貨物所收入約在二百八十萬圓以上也。其他工事則基隆與打狗之築港也。基隆築港。以明治三十六年七月第一期工事告竣。復進立第二期計畫。第一期經費不過二百萬圓。然第二期則豫算五百四十七萬餘圓矣打狗築港豫算四百七十三萬餘圓今亦未竣工兩港皆可容二三千噸至六千噸之船舶出入雖不足稱爲大工程然基隆港則以茶穀輸出及由本國輸入爲大宗打狗港則以砂糖輸出爲大宗其間路徑自有脈絡而兩港成後呼吸尤靈固未可以其小而忽之也

臺灣施設之最完備者其爲首都臺北市乎自改正市區以來昔之隘巷今爲康衢矣且水道溝渠皆能精潔衛生之效緣是大成疾疫幾全絕焉雖母國大都如東京大阪諸市猶若瞠乎其後苟非親履其地有語以日本殖民政策美備若是者吾亦決不信也

欲觀臺灣產業之發達以米蔗茶三者累年出產額比較之而可得其梗概矣今列表於左

	米（石）	茶（斤）	甘蔗（斤）
明治三十二年	四、一〇五、九三九		三四二、三四三、九四〇
同　三十三年	四、三〇〇、〇五四	一七三、八五四、五三九	二七〇、八七五、〇九五

著譯 十

同三十四年	六、一三一、六七七	三〇、一六九、三三六	
同三十五年	五、六四二、八四六	四七、一一一、四三五	一、二六七、〇二五、二九六
同三十六年	七、三五四、四一四	四四、八九六、一一四	六八三、一五七、九〇二
同三十七年	八、三一九、七二四	五〇、九六七、六五四	一、〇七四、九七四、九二九
同三十八年	八、七〇七、六九〇	五一、四八〇、三九二	一、一五五、九四四、四三八
同三十九年	七、九三七、一五五	四七、一〇六、五〇九	一、六九〇、二〇六、七九四
同四十年	九、〇二四、二八四	四五、七〇三、七二〇	一、三八三、六四八、〇八一
同四十一年	九、三二三、二五四	七七、四五七、〇四二	一、四一九、八六〇、七九九

以金額計之。米年約四千百萬圓。茶葉一項。僅計輸出者。一千六百萬斤。約六百萬圓強。甘蔗僅計輸出母國者。九千五百萬斤。約百萬圓強。今產額驟增。即供給母國者。已有生產過剩之趨勢云。

輸出入表如左

輸出入品價額（圓）

年份	輸出	輸入	計

明治二十九年	一一、三九五、六八〇	八、六三一、〇〇二	二〇、〇二六、六八二
同　三十年	一二、七五二、二〇〇	一二、六五九、二九八	二五、四一一、四九八
同　三十一年	一二、八一九、七六〇	一六、八七五、四〇五	二九、六九五、一六五
同　三十二年	一一、〇七二、六二三	一四、二七三、〇九二	二五、三六五、七一五
同　三十三年	一〇、五三二、一六五	一三、五七〇、六六四	二四、一〇二、八二九
同　三十四年	八、二三四、〇九七	一二、八〇九、七九五	二一、〇四三、八九二
同　三十五年	一三、七二四、二七一	一〇、一〇〇、五三二	二三、八二四、八〇三
同　三十六年	一〇、九八六、九六六	一一、〇〇九、四六四	二一、九九六、四三〇
同　三十七年	一二、二八七、三六六	一二、五九〇、〇一〇	二四、八七七、三七六
同　三十八年	一〇、六二九、五〇七	一〇、九六三、八七七	二一、五九三、四八四
同　三十九年	九、七七九、〇八四	一二、七三七、四六〇	二二、五一六、五四四
同　四十年	九、七四一、四二九	一一、二二〇、六八五	二〇、九六二、一一四
同　四十一年	九、二九七、八九八	一七、〇七四、七六六	二九、三七二、六六四

以日本之面積。及人口之數相比照。則臺灣之富實遠過母國。也。請進觀其財政。實如下表。

著譯

十二

臺灣總督府歲入（圓）

年份	經常部	臨時部	計	指數	百分比例 經常部	百分比例 臨時部
明治二十九年	二、六一二、二〇二	四、四五八	二、六一六、六六〇	一〇〇	九九・八	〇・二
同　三十年	五、三一五、九〇五	五、九六七、三八六	一一、二八三、二九一	四三一	四七・一	五二・九
同　三十一年	七、四九三、六五五	四、一三五、三八四	一一、六一〇、〇三八	四四四	六四・五	三五・五
同　三十二年	一〇、一五八、六五二	七、二六七、九六六	一七、四二六、六一八	六六六	五八・三	四一・七
同　三十三年	一三、〇六二、五二一	九、二〇七、一七四	二二、二六九、六九五	八五一	五八・七	四一・三
同　三十四年	一一、七一四、九四八	八、〇五一、六八六	一九、七六六、六三四	七五五	五九・三	四〇・七
同　三十五年	一一、八七六、八五四	七、六二〇、七二五	一九、四九七、五七九	七四五	六〇・九	三九・二
同　三十六年	一二、三九六、〇〇七	七、六四一、五二六	二〇、〇三七、五三三	七六六	六一・九	三八・一
同　三十七年	一六、一七〇、三三五	六、一六二、七八〇	二二、三三三、一一五	八五三	七二・四	二七・六
同　三十八年	二一、六九九、九二九	三、七一四、二一七	二五、四一四、一四六	九七一	八五・四	一四・六
同　三十九年	二五、六五六、六七二	五、〇三五、五〇一	三〇、六九二、一七三	一、一七三	八三・六	一六・四
同　四十年	二八、八五〇、一一七	六、四四五、六五五	三五、二九五、七七二	一、三四九	八一・七	一八・三
同　四十一年	二六、八三二、四三八	一〇、一七三、三二六	三七、〇〇五、七六四	一、四一四	七二・五	二七・五

同 四十二年	二六、一〇一、二二三	三、八五〇、二二六	二九、九五一、四四九	一、一四五	八七・一	一二・九

地方稅收入（圓）

年份	經常部	臨時部	計	指數	百分比例 經常部	百分比例 臨時部
明治三十一年	七四七、八五一	四一〇	七四八、二六一	一〇〇	九九・九	〇・一
同 三十二年	一、五九〇、七〇〇	一、五〇、〇八一	一、七四〇、七八一	二三三	九一・四	八・六
同 三十三年	一、八二六、四五七	一、四八八、五二七	三、三一四、九八四	四四三	五五・一	四四・九
同 三十四年	二、〇七二、七四六	一、五四九、四七三	三、六二二、二一九	四八四	五七・二	四二・八
同 三十五年	二、一三九、二九一	一、九六一、三三四	四、一〇〇、六二五	五四八	五二・二	四七・八
同 三十六年	二、四二七、〇六九	二、〇〇一、二一二	四、四二八、二八一	五九二	五四・八	四五・二
同 三十七年	二、五八六、八六七	二、〇四九、八九六	四、六三六、七六一	六二〇	五五・八	四四・二
同 三十八年	二、五七四、三八九	二、九五二、五三六	五、五二六、九二五	七三九	四六・六	五三・四
同 三十九年	二、九九四、五〇四	二、四〇八、四五九	五、四〇二、九六三	七二三	五五・四	四四・六
同 四十年	三、六二四、三二四	二、九三五、〇二〇	六、一五九、三四四	八七七	五五・三	四四・七
同 四十一年	三、四四一、〇二一	四、三三八、四四七	七、七七〇、二六八	一、〇三八	四四・三	五五・七
同 四十二年	三、〇〇二、四六八	二、八二四、二五七	五、八二六、七一五	七七九	五一・五	四八・五

著譯　十四

關稅收入（圓）

年份	輸出稅	輸入稅	噸稅	諸收入	計	指數
明治二十九年	二八九、〇三三	四六九、三七四	……	二七、八〇九	七八六、二一六	一〇〇
同　三十年	二六三、九二五	四二一、七三〇	……	二九、七五四	七一五、四〇九	九一
同　三十一年	二八二、三三六	五一九、九八八	……	三〇、一五四	八三二、三六八	一〇六
同　三十二年	三〇六、六八一	一、一七八、四六八	……	二九、八四〇	一、五一四、九八九	一九三
同　三十三年	三七六、二八一	一、一三三、五三三	一四、八九一	一八、五二〇	一、五三二、二二四	一九五
同　三十四年	三四二、五〇八	一、二三五、七〇〇	一二、四七五	二六、一三九	一、六一六、八二三	二〇九
同　三十五年	四〇九、四八九	一、〇三四、九〇八	一三、一八八	一五、六二三	一、五三三、二〇八	一九五
同　三十六年	三六四、二二六	一、〇五八、九一二	一一、九一七	一五、七三三	一、四五〇、七八七	一八五
同　三十七年	三二六、五六〇	一、〇九四、九五一	一六、六五九	一〇、九二七	一、四四九、〇九七	一八四
同　三十八年	三三七、四〇八	一、三三四、〇三九	一四、六一一	一五、二三一	一、七〇一、二八九	二一六
同　三十九年	三二四、六五〇	一、三五七、八三一	一七、五九三	一一、五三〇	一、七二一、六〇四	二一八
同　四十年	三〇二、一九八	一、四八五、五〇二	一七、八五三	九、九一六	一、八一五、五一七	二三一
同　四十一年	三三三、一三三	一、四六二、三〇三	一八、一九七	一三、〇一〇	二、八〇四、六四二	三五七

初政府每年由國庫補助臺灣之財政至明治四十二年始罷觀前表所列其諸稅收入之增加既已若彼故自明治三十八年臺灣會計已離母國而獨立不特此也國庫反徵收若干焉關稅則有以統一之名舉而移諸母國之議由此觀之臺灣富力之增已可明證而統治之成績亦瞭若指掌矣人猶有疑我殖民政策之不成功者則是疑太陽之體實無熱力之類耳

譯者案臺灣財政增加之率實可驚駭今合三表所入已爲三千八百餘萬幾四千萬矣考臺灣隸我版圖時歲入不過數十萬自歸日本後由數十萬一躍而爲數百萬再躍而爲數千萬當我全國總歲入三之一夫臺之幅員非能大於疇昔也地味之沃非能與我腹地諸省並駕齊驅也而多寡之數相去若此者何也法度不修而蠹國者衆也君子觀此而知盛衰存亡之數矣

（五）

治臺之效既已若彼故總督兒玉由男爵晉封子爵民政長官後藤特封男爵（後藤新平今爲遞信大臣）而聲名亦揚溢中外賢者固宜有此厚報也然今之臺灣遂更無可經營者乎抑

著譯　十六

紹述前烈。而爲蕭規曹隨乎。是又不可以不論。

今也臺灣總督府。除阿里山木材。改歸官營外。尚有理蕃策焉。計畫五年。投經費二千萬。又有開通埤圳之策焉。計畫十六年。投經費三千萬。是亦臺之大事也。

全臺面積。約十之六爲生蕃所盤據。田野山林。多未開闢。其富源何可思議。今欲濬發此富源。故或殲滅生蕃。或先威後撫。二者必居一。於是自頃所經營之隘勇線。即此二策之前提也。若理蕃告成。則山林。原野之利。良木佳鑛之資。較今之臺。何啻倍蓰。此吾儕所以日夜祀禱其成功也。

埤圳者。人造之水路也。凡水路不便之區。作以溜池。通以水道。以供灌溉之用。其事業之偉。幾與天然河川無擇。一埤圳可溉二萬甲。開通以後。水田及蔗地之可耕者益多。而尤以南部蔗地爲尤要。且緣是可從事改良。夫臺灣糖。以生產費不廉。故終不能與爪哇糖。夏威夷糖。以及德國之甜菜糖競爭。以課稅關係。故僅能於母國勉强支持。一出帝國領土外。未有不爲外國糖所壓倒者。故欲增加臺灣之蔗地。使其產額益豐。尤當使其生產費低廉。足以與外糖相競。是無他法焉。惟栽植最良之蔗種。講求地力。使於同一面積。出產獨多。然欲行此策。亦非有埤圳不可。故埤圳者。臺灣之大事業。與開闢富源有密切之關係也。二功若成。則於臺灣殖民之成績。益添光彩。而帝國之名譽。益當發揚耳。

至於高麗滿洲。我殖民政策之成否。吾儕猶未敢晝諾。蓋彼二國之貧寒。不可與臺灣相提並論也。

莫過烏衣巷

是別姓人家新畫梁

法令

法部會奏詳訂檢察廳調度司法警察章程摺 併單

奏爲詳訂檢察廳調度司法警察章程謹繕清單恭摺會陳仰祈 聖鑒事光緒三十三年十二月二十四日臣等會奏酌擬司法警察及營翼地方辦事章程並聲明嗣後如有變通之處隨時修改奏明辦理各等因奉 旨依議欽此上年法部奏陳九年籌備辦法此項章程應歸第二年奏請頒行當經臣等節次派員編纂早經具稿嗣以會同籌議尙需時日擬歸入今年具奏業於上年十二月二十三日附片陳明在案竊維司法警察爲補助司法之機關無論何等官廳但執行此項事務時即得稱爲司法警察而指揮調度之責則在檢察廳誠以檢察廳者代表國家保護公益事務至爲繁賾職任至爲重要是以此項章程就司法警察言之有職務上之規定就檢察廳言之有權限上之規定兩方並舉規畫宜周原章名稱稍嫌掛漏臣等正擬改定適上年十二月憲政編查館奏定法院課制法清單內係稱爲檢察廳調度司法警察章程名義較

爲賅括自應遵照改易今名以符名實查原章奏准奉行業屆兩年惟事屬草創於事實上庸有未盡愜合之處是以此次修改大致特就原章體察地方之情形參酌各員之經驗斟酌損益以期可行其有爲原章所未備者補苴罅漏其有原章辦法尚多窒礙者改絃而更張總期脈絡貫通化除畛域於司法得呼應靈便之機關於行政收相助爲理之效力計分八節都凡八十條臣等覆加詳核尚屬周妥可行謹分繕清單恭呈 御覽如蒙 俞允即由臣等通飭各該廳官一律遵照至營翼地方辦事章程係專爲步軍統領衙門而設自應仍照原章辦理其各省營汛有關於司法警察事務者均照此項章程一律辦理以杜侵越而免推諉所有詳訂檢察廳調度司法警察章程各緣由合恭摺會陳伏乞 皇上聖鑒訓示再此摺係法部主稿會同民政部辦理合併聲明謹 奏宣統二年四月初四日奉 旨依議欽此

檢察廳調度司法警察章程

第一節 總綱 第一條 凡司法警察職務左列各項人員皆得執行之 一 區長 二 區員 三 警務長 四 巡官 五 巡長 六 巡警 第二條 凡

司法警察人員有於該管檢察廳區域內執行檢察事務之責　第三條　凡司法警察人員當執行檢察事務時對於檢察廳長官應受其調度與對於巡警長官同　第四條　凡巡警長官於執行檢察事務時與檢察廳長官有同一之職權但其事如係檢察廳所及辦者務必聽任檢察官辦理　第五條　凡檢察廳須調度司法警察人員時應先行文知照該管巡警官轉飭遵照若臨時調度不及行文知照者得以電話或專函代之其在道路倉猝調度得用法部執照指示辦理但事後仍由本廳行文知照存案　第六條　豫審推事於豫審時遇有須調度司法警察執行事件時亦得知照該管巡警官辦理與檢察官有同一之職權　第七條　司法警察人員執行職務若不穿制服時須攜帶所奉公文或廳票有請求閱視者舉以示之　第八條　司法警察人員如與被告人或被害者係親屬故舊當呈請另派以避嫌疑　第九條　司法警察人員執行職務時須守秘密以免犯人逃走罪證湮滅尤不宜毀損被告人及案內人之名譽　第十條　司法警察人員執行職務除本章所特定者外不得有强制之舉動及濫訐人之陰私　第十一條　司法警察人員遇有他區事件由該區司

法警察人員請求協助時應受該管長官之許可協同辦理若事關緊急迫不及待者可先行協同辦理仍報告該管長官　第十二條　司法警察承檢察官或豫審推事之調度執行廳票時不得有需索虐待情弊執行既畢即須呈繳其票內所署之限期若不能如限執行須將實情報告呈請展限　第十三條　檢察廳因調度之便得移請該管巡警官於司法警察人員內派撥若干名常川駐廳以供差遣其名額由檢察廳臨時酌定　第十四條　前條駐廳之司法警察人員其薪餉及執行事務應需各費由檢察廳支給至其功過賞罰應由檢察廳核定彙送該管巡警官照警章一律辦理　第十五條　司法警察職務除警章普通規定外凡應受檢察官調度者悉遵本章程之規定　第十六條　凡京外各衙門有執行司法警察事務之責者均照本章程辦理

第二節　逮捕人犯　第十七條　凡逮捕人犯除現行犯外應以檢察廳印票爲憑其業經起訴案件應以審判廳印票爲憑　第十八條　凡現行犯得由司法警察逕行逮捕帶交該管長官先行訊問除違警及犯各官署所定各項罰則屬於行政處分

者應即決或送該管官署辦理外其餘由警署備文錄供派警送交檢察廳辦理但左列各項人等之現行犯罪須分別辦理　一　宗室覺羅　送交該管檢察廳　二　職官　由警署送交該管檢察廳　三　外國人　除係警署逮捕者由警署解送所屬國該管官署外係檢察廳調度逮捕者均由檢察廳自行辦理但仍交司法警察解送　四　軍人　由警署送交檢察廳並知照該管官　第十九條　凡現行犯在警署訊問時供出之案內要犯及巡警偵知確實之要犯若逮捕稍遲恐人犯逃匿或罪犯湮滅者經該管長官之許可得先行逮捕並將訊問口供錄送檢察廳　第二十條

檢察廳或豫審推事遇有案情涉於嫌疑之人及人犯所在地有不明確者可隨時摘錄事由移知警署轉飭偵知拘捕　第二十一條　凡逮捕人犯遇有持械拒捕者得由軍械格捕但以不越自行防衛之範圍爲限事後仍須報明該管長官　第二十二條　凡竊案由警署獲得贓證應先行估贓分別罪名仍將贓物隨案送交該管檢察廳辦理　第二十三條　遇有刑事重要案件不論發生之地是否在本管地方但經檢察廳調度逮捕司法警察應即遵照辦理　第二十四條　奉拘票後如查得刑

事被告人不在本管地方而仍在同一審判縣轄內者可請該處之司法警察協助若在他審判廳轄內則一面請該處司法警察協助仍一面卽報本廳檢察官　刑事被告人住址不明時應卽繳票報告其因先犯他案被逮或死亡者亦同　第二十五條　凡逮捕關於交涉之人犯除本章程所定外應依現行約章辦理如各通商口岸之慣例或有異同者應照其他之慣例參酌辦理　第二十六條　應拘傳之本國人如住居或營業在租界內及在外國人船舶內者應由檢察官調度司法警察將印票請該國領事或公署簽字後卽往拘傳　第二十七條　凡本國人犯罪逃匿外國公使館領事館及軍艦內者應由檢察廳請外交官知照外國官長請其備文交出俟該犯出至館外或軍艦外乃行傳提　其無外交官或有外交官而相距太遠之處卽逕由檢察廳辦理但應迅將辦理情形一面速告該管外交官　第二十八條　凡外國人在中國內地犯罪應由司法警察搜集證據偕同證人報告檢察廳將該人犯拘送最近口岸之該國領事訊辦　拘送犯罪之外國人以不致脫逃爲限不得無故辱待

第二十九條　凡外國人在租界內對中國人有犯罪情事應速報告檢察廳請該國

領事照約辦理並一面稟知本管長官　第三十條　凡未訂有條約之外國人在中國犯罪除有他國約定代理保護著照保護約章辦理外所有逮捕等事照中國人一律辦理

第三節　搜索證據　第三十一條　凡審判檢察廳應行查取證據時應知照該管警署轉飭司法警察人員會同前往　第三十二條　凡司法警察人員遇左列各項經本管長官之許可得巡行搜查　一　現行犯在警署訊問時發覺之證據　二　在警署告訴告發或自首應行查取之證據　三　巡警偵探所得之證據　第三十三條　司法警察發見現行犯時得就其身體及犯罪地即時搜索之若發見之物件有足爲本案証據者得暫行封禁但非重要案件不在此限　第三十四條　司法警察受告發告訴時當察其是否出於誣罔揑造詳加搜查如有其他證據之可供參攷者一併查明報告　第三十五條　司法警察於犯罪自首者當審查其是否實係悔悟或希望減刑有因求免他人之罪以自誣及避重就輕等情弊不得就所投告卽認爲完全證據　第三十六條　凡犯罪事件記載於報紙或風說者司法警察均宜密

查其原因以爲報告　第三十七條　凡搜查證據之際發見死屍殘骸及隱匿埋藏之物當查明是否與本案有關或牽涉於他事　第三十八條　司法警察搜查證據不得用强制手段須聽檢察官之調度但現行犯及事關緊急者不在此限　第三十九條　凡犯罪地方及證憑物件所在地方必須搜查者得搜查之但在家宅及船舶等處須得戶主或管守者之許諾　前項搜查行之於官署局所時須得其官吏之許諾　第四十條　凡搜查人家宅以確有窩藏之情形者爲限日出前日入後非得戶主之許諾不得爲之　於搜索家宅時須戶主或同居之親屬在場或令地保鄰右見證其搜查報告須在場見證人簽字畫押　第四十一條〔一〕司法警察搜查後應將犯罪之原由性質方法情狀時日地方及被害之形狀被告之名姓年齡職業籍貫住址及證人暨其他一切可爲證憑之事物詳報檢察廳若關於違警罪以下則逕送警署　第四十二條　被告人關係事項與本案無涉但可藉以供檢察官之參攷者均可封緘發送於搜查事件之宜秘密者亦同　第四十三條　遇命盜重案除逮捕外其一切可爲證據之物件應設法保存勿使湮沒或移動位置以待檢察官蒞勘如必須

將屍身及各物移動時應先拍照仍繪具圖說俟檢察官詣勘時報告　第四十四條　因犯罪事項所封存之證據物件當加印記以防毀失一面詳開物品件數送檢察廳分別核辦其應保管之不動產暨難以挪移之物品仍由該管警署派人看守或即令所有者及保管者保存之但須取其人領收字據　第四十五條　本國人犯罪事件有在外國公使館領事館及軍艦商船內者於不得不搜查時應由檢察廳請外交官照會外國官長後得其承諾始可從事搜查　於本條情事查照第二節第二十七條第二項之規定　第四十六條　凡發見外國人犯罪事件司法警察搜查有據應即報告犯罪地之檢察廳請外交官照會該國領事查辦　前條第二項之規定亦適用之

第四節　護送人犯　第四十七條　司法警察於左列人犯有護送之職務　一　檢察廳或豫審推事委令逮捕之人犯　二　查獲送案之人犯　三　取保聽傳之人犯　四　由檢察廳發送監獄候決之人犯　五　由檢察廳發交習藝所工作之人犯　六　監候待質送至監獄之人犯　七　上控提審之人犯除係同城近地者

外應由各警署節次遞傳　八　實發及解配之人犯　九　遞解之人犯　十　處決之人犯　第四十八條　護送人犯應遵官廳所定發送之期限不得違誤　第四十九條　共犯人犯應分別護送若必須同時並送者應嚴加戒護以防通謀　第五十條　凡由警署送交檢察廳之人犯經庭訊後須聽候再訊者應由檢察廳派人送交就近警署取保聽傳　第五十一條　凡護送人犯印有一定時刻春冬以上午九鐘起至下午四鐘止夏秋以上午十鐘起至下午六鐘止但關於重要人犯不在此限

第五十二條　凡護送人犯除第四十七條第三第十兩項人犯外於送到時應即候取收據繳呈原派之官署　第五十三條　凡護送人犯於檢察廳未經收受以前如有脫逃情事應由原解巡警擔其責任　第五十四條　被護送之人犯中途有逃走者司法警察立即通報於該處警署以便協捕一面報告原派之官署　如遇有爭脫或刼犯等情事須依第一節第二十一條之規定　第五十五條　被護送之人犯中途有疾病者司法警察應速報該處之警署飭醫診治若有死亡應報告該處警署飭驗仍一面報告原派之官署

第五節　取保傳人　第五十六條　凡審判廳應行傳集人證質訊者應由檢察廳知照取保之警署辦理　第五十七條　凡刑事輕微案件之被告應行候訊者由司法警察帶令取具舖戶章印保結如無保可取者應仍送交原審判衙門管收　第五十八條　凡不能依前條規定取保者司法警察亦得將實情報明檢察廳商由審判官酌令呈繳相當保證金在外候訊　第五十九條　凡案內干連人證例須取保者由司法警察按其住址所在帶同就近取保令保人出具保狀不拘何時聽傳到案如本人並無親識得令地保保管聽候審理　第六十條　凡婦人雜犯應取保者由司法警察官責付本夫保管如無夫者責付有服親屬或鄰里保管聽候審理　第六十一條　徒罪以下人犯患病審判官准其取保者由司法警察取具的保　第六十二條　凡傳取保之人及證人到案應於二十四小時前通知本人若被傳不到並無不得已之事由者應即報明檢察官處分　第六十三條　司法警察接奉廳票傳訊原被告及其他訴訟關係人時當即按照票內所開辦理如其人不在本管地方時準用第二節第二十四條之規定

第六節　檢驗屍傷　第六十四條　凡檢驗屍傷司法警察各員應俟檢察官場會同辦理如有重傷幾死迫不及待者得先行錄取生供並取具保辜限狀　第六十五條　凡斃於道路者是否有刑事情形應由發見之巡警一面保守一切證據一面報告該管長官電告檢察廳從速派員前往檢驗　第六十六條　凡非命死於家宅者其檢驗等事照上條辦理　第六十七條　凡應相驗各案未經檢察官相驗以前其屍身應由警署派人看守一面傳集屍親人證預備一切事宜以便檢察官定時前往從速勘檢　第六十八條　經檢驗後檢察廳發有抬埋票者由司法警察飭人抬埋以重衛生所有抬埋票發交屍親無屍親者概由警署代爲處理

第七節　接收呈詞　第六十九條　凡關於命盜殺傷案件警署得接收呈詞移送檢察廳辦理其民事訴訟概不受理　第七十條　凡接收呈詞時對於訴訟人須問明來歷情由記於日記簿以備存查但不得有恐嚇勒詐等情　第七十一條　接收之呈詞呈送該本管官閱看後須即移送不得積壓擱延　第七十二條　呈詞格式如查有與法定刑事訴訟狀所列各項不合可即指示更正然後接收　第七十三條

凡民事訴訟有誤投警署者須指示訴訟人前往該管審判廳投訴

第八節　附則　第七十四條　凡案件如係由行政衙門送交者其搜查逮捕護送取保等事應由各該原送衙門自行辦理　第七十五條　前條各衙門送交之案如逮捕地係各該衙門管轄之地而犯罪地係警署所轄則搜查等事或逮捕其他逸犯仍應知照警署辦理　第七十六條　凡處決罪囚警署除派巡警護送彈壓外其向例有護決兵者暫照舊例辦理　第七十七條　司法警察執行職務有不盡力或處分不當之際檢察官可戒飭之或予記過其所爲有犯懲戒處分者則詳查事實報告警署長官以資督勵　第七十八條　本章程暫行試辦俟奏准頒行後以文到日爲施行之期　本章程如有關於刑事訴訟律各條俟該律頒行後即行作廢　第七十九條　本章程如有未盡事宜應由法部隨時會同民政部商酌分別修改奏明辦理

第八十條　本章程施行細則由各該檢察廳長擬訂試辦在京交由總檢察廳在外交由提法使申報法部核定立案

度支部奏定造幣廠章程

第一條　造幣廠歸度支部管轄掌鑄造國幣一切事宜　第二條　造幣廠設總廠於天津設分廠於武昌成都雲南廣州四處並暫設奉天分廠一處其分廠統歸總廠直轄　第三條　總廠設正副監督各一員由度支部開單請　簡管理總分各廠一切事宜各分廠各設總辦一員幫總辦一員總廠設正坐辦一員副坐辦一員均由正副監督遴選妥員呈部核准奏派秉承正副監督分理各該廠一切事宜　第四條　總分各廠應設工務長一員由正副監督遴選妥員呈部核准派充其餘藝師藝士及各員司由各廠酌定員數呈部核定　第五條　度支部籌備鑄幣專款發給總廠分派各廠應用所有各省舊設銀銅圓廠機器廠房材料准總廠選擇提用　第六條　部庫所有各種銀兩准總廠隨時呈領鑄成銀幣照國幣則例第十三條解交部庫　第七條　各省藩運關庫等處所存銀兩與別項銀圓應次第交大清銀行轉交造幣廠代鑄鑄成國幣後由各省照章行用　第八條　前條銀兩銀圓由大清銀行運交就近總分各廠化驗內含純銀在九八五以上准照國幣則例第十三條換給各種

新幣所有由廠運往該省費用准其作正開銷至由該省運往總分各廠運費由大清銀行核實計算仍歸該省擔任 第九條 總分各廠於鑄出之幣運往各省該地方官均應切實保護其經由火車輪船運道應請 飭下郵傳部通飭鐵路招商各局一律減收半價以重國幣而利推行 第十條 總分各廠應鑄輔幣數目由大清銀行斟酌市面情形隨時擬定數目呈由度支部核准飭廠照鑄開鑄之始暫定為主幣八成輔幣二成飭廠照鑄 第十一條 總分各廠鑄成國幣數目每十日一次呈報度支部查核 第十二條 總分各廠鑄造新幣重量成色公差之類必須遵照奏定則例辦理並遴派精通化學人員隨時化驗如有不符即回爐重鑄以免參差 第十三條 總分各廠所鑄各幣由總廠呈送度支部化驗度支部亦得隨時任抽各廠所鑄各幣化驗查核 第十四條 造幣廠出入款項由總廠按季詳造表冊呈報度支部按年總結除表冊外並應呈報預算決算清冊各分廠應將該廠收支數目與銀銅等幣出入情形每月一次呈報總廠仍每日將帳簿結算清楚以備總廠隨時查核

第十五條 各分廠如雇聘外國人員應先呈由正副監督核准方可派充其餘藝師

藝士及各員司由各分廠總辦幫總辦遴派妥員呈報正副監督核准加劄派充仍六個月一次開列名單並履歷到差年月呈報總廠總廠按年一次彙報度支部查核 第十六條 造幣廠所有在事各員由度支部照前財政處原定章程每居三年將實在出力各員擇尤酌保其在廠不及二年者不得列入在事各員倘有舞弊營私情事由度支部隨時查明據實糾參 第十七條 各廠有緝訪私鑄防衞廠料等事應請各省督撫協助者隨時呈請督撫施行 第十八條 總分各廠辦事細則由總廠擬訂呈由度支部核准遵行

文牘

憲政編查館會奏遵議變通府廳州縣地方審判廳辦法摺

奏爲遵 旨酌議變通府廳州縣地方審判廳辦法。恭摺仰祈 聖鑒事。上年六月初十日。山東巡撫袁樹勛奏籌辦審判廳。並變通府縣審判廳辦法一摺。奉 硃批該衙門議奏欽此。十月初一日。四川總督趙爾巽奏請改地方審判廳管轄區域一摺。奉 硃批該衙門妥議具奏欽此。查袁樹勛原奏內稱。九年期限清單。第四年籌辦府廳州縣城治各級審判廳。第五年籌辦鄉鎮初級審判廳。是每府廳州縣。至少必設地方審判廳一所。初級審判廳一所。鄉鎮平均計算每處必在四所以上。以此例推。則每一州縣。必有地方審判廳一所。初級審判廳五所。又初級審判廳。須置一員或二員以上之推事。初級檢察廳。須置一員或二員以上之檢察官。是每一廳州縣之初級審判廳。須設官二十員左右。地方審判廳。既分民刑兩庭。又兼用合議制。合計推事長庭長推事檢察長檢察官。總在十員以上。俸給太少。則不足以養人之廉。即不能責人以事。若平均計算。每員歲以六百兩計。則俸薪一項。每一廳州縣。歲費已在二萬兩左右。加之典簿錄事書記承發吏庭丁檢驗吏各項俸薪。與其他辦公費用。至少亦須萬金。是一廳州縣。當歲費三萬兩左右。合吾國二十二行省各府廳州縣計之。歲費約以五千萬兩計。而建築等費。尚不在內。既慮 國家無此人才。抑亦斷無此財力。變通之法。宜於府直隸州。設立地方審判廳一所。而於有轄地之府及廳州縣。設立初級審判廳一所或二所。似此轉移。於事實既無窒礙。而全國經費。可銳減十分之九。又稱初級審判廳。祇能審判二百兩以下之民事。監禁一年。罰金百元以下之刑事。今既於有轄地之府及廳州縣。但設初級審判廳。則案情稍大者。勢必遠涉該管府直隸州。拖累遲延。民情必不甚便。而府直隸州之地方廳判。轉有日不暇給之虞。宜將初級審判廳權限。畧與擴張。民事以五千兩以下爲限。刑事以十年以下監禁爲限。趙爾巽原奏內稱。准法部咨行。外省省城商埠各級審判廳籌辦事宜第四欵內開。省城商埠初級審判廳之轄境。應酌量形勢。劃定該廳管轄之界。凡界內訴訟事件。地方官不得管理。其界外詞訟案件。仍暫歸府廳州縣官照常收受審理。地方審判廳轄境內之鄉鎭。其詞訟雖歸府廳州縣官管理。有不服時。仍可依照試辦章程。就該地方審判廳上訴。其應以本廳為第二審者。卽照章歸本廳審判。應以高等審判廳為第二審者。民事令自赴該廳起訴。刑事移交高等檢察廳辦理。又查編制大綱第三條內開。凡省城商埠之地方審判廳。設推事長一人。暫設民科一庭。刑科一庭。每庭各設合議推事三人。第六條內開。地方檢察廳。設檢察長一人。檢察官一人。各等語。是地方審判檢察兩廳。各設五六品官九人。而於一縣轄境之內。又僅能審判已設初級審判廳區域。民刑重大事件之第一審。及鄉鎭民刑輕微事件之第二審。其鄉鎭第一審大小詞訟事件。仍歸地方官管理。不獨一縣內有治理兩歧之嫌。且事少員多。 朝廷亦何必虛糜此廩祿。至於初級審判廳。現雖不能設及鄉鎭。然其管轄區域。不妨及於鄉鎭。擬以城治初級審判廳。酌增推事員額。轄及縣治全境。於人民向來訴訟必至城治習慣。亦不相妨。又稱事經升任山東巡撫袁樹勛所奏陳。該督亦夙與同意各等語。臣等查該督撫等所奏。皆因審判廳設官既多。所費至鉅。請變通辦理。袁樹勛則請於府直隸州設立地方審判廳一所。而於有轄地之府。及廳州縣。設立初級審判廳一所或二所。將初級審判廳權限。畧與擴張。民事以五千兩上下爲限。刑事以十年以下監禁爲限。趙爾巽則請以城治初級審判廳。酌增推事員額。轄及縣治全境。當此財力艱難之際。誠不能不撙節辦理。但向來各州縣命盜重情。皆歸州縣官審辦。民間遇有命盜案件。皆赴本州縣城治控告聽審。從未有遠赴郡治者。若州縣城治。僅設初級審判廳。卽將其權限擴至以十年以下監禁爲限。命盜案件。亦不能管理。命盜案件爲民間所常有。若皆令赴郡城控審。貧窶小民。斷無此力量。案證人等。亦皆拖累無窮。殊非恤民之道。是以臣館上年奏進司法區域分割暫行章程。特將各府廳州縣附設及共設地方審判分廳辦法。分別詳悉規定。早於因地制宜之中。寓有省節財力之意。嗣後省城暨各府直隸州之有同城州縣者。應照章共設一地方審判廳。或一分廳。其各廳州縣之詞訟簡少者。照章又得合鄰近州縣。共設一分廳。是已與袁樹勛所謂每一州縣必有地方審判廳一所者不同。至鄉鎭應設初級審判廳一節。定章僅酌擇各該省繁盛鄉鎭。依限成立。各該廳州縣。如無繁盛鄉鎭。儘可照章設初級一廳。是每處並不必在四所以上。則歲費自不致如袁樹勛約計之多。所有地方審判廳及分廳。並初級審判廳各該管區域章程內業經一一訂明。則袁樹勛所謂遠涉遲延之弊。趙爾巽所謂治理兩歧之嫌。已屬現制所無。不必斤斤過慮。至於地方初級審判。既已各殊。卽權限當有一定。若令獨任審判之權太廣。實於慎重獄訟之旨有乖。況兩級附設一處。已無道途奔走之勞。宜取輕重適均之制。是以臣館上年奏進初級暨地方管轄案件暫行章程。特將民刑案件各該管轄權。嚴重規定。俾得量案情之大小。分審級之高低。原爲預防流失起見。查以上兩種章程業奉

欽定頒行京外。卽應一體遵辦。該督撫所請變通設廳。暨擴張初級權限及轄境各節。自應毋庸置議。總之細核該督撫原奏。持論雖各有異同。而其鰓鰓然以官多費鉅爲慮則一。現在籌備憲政。凡百需財。若不斟酌時宜。自難免日形竭蹶。惟司法制度。爲人民休戚利害所關。直省籌辦審判各廳。固不應多置冗員。致糜薪俸。亦未便過從省署。有礙推行。查法院編制法所定法官員數。應視事務繁簡爲衡。並載明推事檢查官員額。由法部奏定等語。應請　旨飭下法部。迅將直省應設高等以下各審判檢察廳及分廳。各應酌設推事檢察官書記官等各若干員。通盤籌畫。奏定遵行。務以量事設

官爲主。不得於法定若干員以上。過於冗濫。庶人才不虞消乏。而要政可冀進行。其司法經費一項。關係尤重。既據袁樹勛約計歲費。反覆奏陳。自應統籌兼顧。恭讀上年欽奉　諭旨籌辦各級審判廳責成法部會同各督撫督率提法司切實籌設應需司法經費著該部會同度支部隨時妥籌規畫以期早日觀成等因。仰見　聖明注重審判獨立之至意。查司法經費。現應分開辦及常年二種。開辦之費、以建築爲大宗。常年之費。以薪俸爲大宗。然建築究不過籌撥於一時。而俸給則實應規畫於久遠、亟宜審量財力。以爲逐漸擴充之地。應請　旨飭下法部。迅將全國應需司法費。咨查直省。籌擬辦法。統俟據報到部後。即行按照度支部試辦預算册式。分類臚列。遵　旨會同該部妥籌規畫。奏明辦理。至法官官俸、本包於文官官俸之內。臣館於上年核覆各衙門未盡事宜清單。業已聲明該部所訂各章程。應令作爲暫行辦法等語。惟現在審判各廳。亟須依限籌設。則法官官俸、自不能不提前酌定。查法官獨立執法、責成甚重。限制復多。其考用之法。既如是其嚴。則待遇之方。即不宜過薄。應設員額。固須多寡適中。而應需官俸。亦應豐嗇各當。應由法部遵照臣館。奏進法院編制法原奏所陳俸給等項。詳細辦法。商明度支部。從速酌中釐訂。作爲法官官俸暫行章程。奏交臣館覆核。請 旨遵行。此外法官章服體制。及司法衙門文書程式。均應及時釐定。以便遵循。容由臣館另行核議。奏明辦理。所有臣等遵議緣由。理合會奏。請 旨。如蒙 俞允。即由臣館通行各省。一體遵行。此摺係憲政編查館主稿。會同內閣會議政務處法部辦理。合併聲明。爲此恭摺具陳。伏乞 皇上聖鑒訓示。謹 奏。

憲政編查館會奏酌擬各省法官變通迴避辦法摺

奏爲酌擬各省法官變通迴避辦法。以廣登用而利推行。恭摺會陳。仰祈 聖鑒事。竊維理民之要。莫重於審判。而尤以廣儲人才。取便聽訟。爲改良審判之本。定例外官須迴避本省。現各省開辦審判。奏准實行考試。疊接湖北浙江等省先後電咨。本籍人員。應否迴避。並迴避本府。及三百里以內等因前來。臣等伏查州縣各官分發及迴避舊例。迭經中外臣工奏請變通。有謂宜多用鄰省者。有謂宜不迴避本省者。吏部於光緒三十四年。議覆河南巡撫林紹年。御史吳緯炳摺內。於府經歷以下六項。則令不迴避本省。惟本府州及距本籍三百里以內之缺。仍不得補署。於同通首領及州縣各項。則惟聲明願歸近省。於直州同直州判各項。則令專掣近省。均經奉 旨允准通行。徵之古制。漢唐郡縣諸職。多在其鄉。宋代用人。率取近路。是任官一法。自以取風土人情語言皆便習者爲合宜。明之迴避。有類於漢季之三互法。早爲當代所譏。今京城審判各廳。與從前之刑部。非無本京人在內。亦未見有請託瞻徇之弊。此又實事之可證者也。現在各省審判。開辦伊始。人才之難。經費之絀。情事皆同。自應酌定用人辦法。以利推行。而免窒礙。查各省審判廳檢察廳。如地方初級等廳。皆有專管區域。擬令本省人員。迴避本管府州及本籍三百里以內。與各省人員一體任用。揆其緣由。厥有數便。本省人員。於風土人情語言習俗。均所熟諳。審判易以盡職。一也。羈離遠宦。人情所苦。今令就近任職。則川費一切皆可從省。用度易敷。節廉自勵。二也。近來各省士紳。習法政者較多。可酌令在本省任用。以視專用候補實缺人員者。取材爲寬。三也。至各省高等審判檢察廳分廳。及提法司屬官。其區域或係管轄全省。其職任或爲司法行政。擬仍照制。不用本省人員爲宜。其書記官以下。並無訴訟職掌。應准以本省人員。分別任用。如此辦理。則本籍不令決事。既免戚族難處之虞。本省皆令服官。可收聽訟盡情之效。庶於改良審判。不無裨益。至東西各國成法。雖無服官迴避本籍之例。而於臨時臨事迴避條例。則甚周密。有由上官令其迴避者。有由本官自請迴避。及由當事人指請迴避者。多與我國審案迴避舊法用意相合。擬請　飭下修訂法律大臣。於釐訂訴訟律時。詳加規定。以示防制。如蒙　俞允。即由臣館通行遵照。所有酌擬變通各省法官迴避辦法緣由。理合恭摺會陳。伏乞　皇上聖鑒。再此摺係憲政編查館主稿。會同法部辦理。合併聲明。謹　奏。

山東巡撫孫寶琦奏請變通地方自治摺

奏為地方自治。擬請變通章程。先辦廳州縣。次辦城鎮鄉。以便推行而免阻礙。恭摺仰祈　聖鑒事。竊維地方自治。為憲政之基礎。業由憲政編查館民政部。先後議定城鎮鄉廳州縣自治各章程。飭令各省。迅即籌辦。條分縷析。備極周詳。臣謹按九年立憲期限清單。城鎮鄉自治。限於第六年成立。廳州縣自治。限於第七年成立。山東前已設立自治籌辦處。並開辦全省自治研究所。先後奏報在案。現在自治學員。已於上年畢業。各處自治區域。亦經分飭州縣。設立籌備公所。派委紳士。調查列表報告。期於次第

文牘　十

核定無誤要政惟細繹章程按之內地情形人民程度尚有不免窒礙之處伏讀十月十三日　上諭各直省督撫奏陳第一二屆籌備事宜均尚妥協自茲以往益當振刷精神認眞整飭無取乎虛文粉飾徒事鋪張若揆諸現在情形或有窒礙亦准其剴切臚陳並妥籌善法仍一面持以毅力務底於成等因欽此仰見　朝廷虛衷採納因時制宜莫名欽佩謹將城鎭鄉籌辦自治情形縷晰陳之一劃分區域之難自治章程以府廳州縣治城廂爲城其餘市鎭村莊屯集各地方人滿五萬以上者爲鎭不滿五萬者爲鄉東省州縣人口多者六七十萬其次四五十萬最少亦不過十餘萬大率零星散處能成一鎭者甚少每縣或千餘莊或數百莊即分設鄉會亦須設法歸併方能成立其中地土之腴瘠人民之貧富萬有不齊鄉曲愚民但有畛域自封之私尠識守望相助之義欲仿聯莊之法以爲合羣之謀尤須規畫周詳布置周帀否則强爲牽合將來同一議會必致意見各存紛紜不已此不可不慮者一也一選舉職員之難自治章程每鄉設議事會凡人口不滿二千五百者議員六名由是遞推人口至四萬者議員十八名城鎭議事會議員以二十人爲額人口過五萬五千者增議員一名自此

以上。每加人口五千。增設一名。至多以六名爲限。董事會有總董有董事。每鄉有鄉董有鄉佐。以一州縣計之。如人口至六十萬者。須有議員二百餘人。當此民智未開教育未普。人才乏。安得多數正紳。與謀公益。勢必品流淆雜。議論紛歧。謹愿者方引避之不遑。浮囂者益張皇而無實。甚則挾官長以愚鄉里。假公論以便私圖。流弊所叢。不可收拾。此不可不慮者二也。一籌備經費之難。地方自治。不准動用國家正欵。惟於公款公產而外。另有附捐特捐之條。固於籌措之中。嚴寓限制之意。就東省而論。公款公產有爲一縣所無者。間或有之。數目甚微。無濟實用。今設議事會多處。會場有公用議長有公費。董佐有薪水。其餘議員。每季須十五日到會。往來奔走。曠時廢業。若無津貼。誰能任之。竊維自治範圍。如學務。如衛生。如道路工程。農工商業。以及一切善舉公共營業。無不一藉財力以爲展布。若一事未辦。每年須先籌鉅欵。以養此數百職員。其謂之何。比年物力艱難。民生凋敝。偏災屢告。十室九空。以終歲勤動之餘。旣輸將於國家稅。又附益以地方稅。萬一輕言會歛。重剝脂膏。民力難堪。隱憂方大。此不可不慮者三也。一聯結團體之難。地方自治。受監督於官府。然區域太多。議員太衆。則一縣之中。不免自爲風氣。城與鄉各分界限。鄉與鄉又分界限。其勢愈分。其力愈薄。即如設一高等學堂、剏一公共善舉。勢非一城一鄉所能獨任。離而析之。未辦者。更無建設之望。已辦者。且有解散之憂。定章城鎭鄉區域。如有應行變更。或彼此爭議。擬具草案。移交廳州縣議事會議決之。今廳州縣議事會未立。各鄉議會豈能盡無違言。一水利之交爭。一山荒之互佔。一市場之建置。一商業之經營。利害所形。鬨爭立起。欲其通力合作。相倚相成。殆亦難矣。此不可不慮者四也。以上四端。區區愚慮。或者疑其太過。惟事關創舉。則防弊不厭其詳。法以漸行。則求效不容太急。查地方自治之制。徧行於東西各國。惟英人能力最富。成立最早。故發達悉出於自然。至於若德若日。皆由積漸以利推行。經組織而臻完密。德國以省會爲上級。縣次之。市鄉爲最初級。日本以府縣爲上級。郡次之。市町村爲最初級。其統系大致相類。我國自治章程。有府廳州縣。有城鎭鄉。然諮議局性質。近於省會。則亦自治之最上級矣。今各省諮議局業經開會。竊謂宜就目前各廳州縣籌備公所。改設廳州縣自治會。萃一邑之人。謀一邑之事。聯合羣力。講求公益。較易程功。其市鎭人口滿五萬以上者。亦可先行舉辦。此外各鄉均宜從緩。應俟教育普及。實業發達。然後體察形勢。酌量財力。逐漸分設鄉會。至其會場之分合。員額之多寡。亦無庸過於拘泥。致有形式而無精神。日本明治二十二年。頒布市町村制。其以法律制定者。則創始於明治十三年之區町村會法。明治十七年復經改正。然法律不過定會議之大綱。餘則聽各地方適宜定之。至於今日全國之町村。尙有未設議會之處。誠以法令者依人民之情況。察其智識程度。而取其宜。非能據自治之理論。遽求完備也。遠維成周里黨之規。西漢鄉亭之制。中國自治源流最古。謂小官多則治。而非論於民物窮匱之時。謂王道始於鄉。要須俟諸富教遞加之後。若徒事摹倣。祇取備數。始基一誤。貽患安窮。實於憲政前途大有阻礙。臣愚昧之見。不敢安於緘默。披瀝上陳。擬懇飭下憲政編查館會同民政部。迅速核議奏請

明旨。通飭遵行。大局幸甚。所有擬請變通地方自治緣由。謹繕摺具陳。伏乞

皇上聖鑒訓示。謹　奏。

思之思之　又重思之　思之而不通

鬼神將通之　非鬼神之力也

精氣之極也　管子語

中國紀事

派遣政府委員　資政院舉行開會爲期不遠。通咨各衙門派遣政府委員。院章凡非衙門。如軍機處憲政編查館政務處等處。均得派政府委員二人。或多派數人亦可。至其資格。必熟悉憲政。能言善辯者。方爲合格。因各該大臣等臨時不能出席。以備代受資政院議員之一切質問。現憲政編查館已派定政府委員六人。一寶熙。二劉若曾。三達壽。四李家駒。皆憲政編查館提調。五吳廷燮。編制局局長。六汪榮寶。編制科正科員。

憲政館整頓統計辦法　憲政館以上年所頒行各統計表式。各省不能依限造報。特再核定整頓統計辦法五條。通行各省。嚴切督催。認眞辦理。一定責成。統計填報各表。係調查局專責。原定調查局辦事章程。應由督撫飭令司道府廳州縣衙門。添設統計處。就該管事項列表彙送。惟查各省來咨。多以各署局所遲延舛誤爲詞。卽間有聲明核定州縣功過章程者。而於司道局所總匯之區。轉多置之不議。州縣功過亦未實行。似此相率諉延。尙復成何事體。現據湖廣總督奏咨請將冊報延遲之州縣摘項勒催。

並將交卸人員。照留緝例。偕同後任趕辦在案。應即查照通行各省。一體照辦。嗣後調查局如稍有諉卸逾延。致誤憲政。即按本館此次續定表式奏定處分。奏明辦理。二分期限。統計始於光緒三十三年。以後卽應按年接續塡報。現查民政財政兩表。除鄂贛兩省。業經造至三十四年分。其餘有僅造送民政一項者。有僅造送三、十三年一年者。且有三十三年尚未造送者。卽經咨准展限在先。現計亦經屆滿。除已專電分催外。應由各省嚴飭調查局員。勒限塡報。所有三十三年應送民政財政兩表。卽行漏夜造送到館。其宣統元年統計表。業經展限。不准再延。三補闕漏。統計關係全國。設有一處一事不全。總計即有遺漏。無從爲刊行年鑑之據。茲查各省送到民政財政各表內事項。有爲該省所無。聲明扣除不計外。或於欵目不備。或於表格不全。而舛誤脫漏。尤比比皆是。其脫漏最多者。僅將全省州縣三分之一造送。似此闕畧多端。何時始能完備。除已分別另咨駁換外。應卽責成調查局。赶緊査明已送各表內有闕漏未塡各項。勒限嚴催。飛速補報。以後續辦統計。務須調查齊備。一起塡造。方爲依限辦理。惟如財政表內稅則等表。民政表內方里等表。如每年幷無更改。准其聲明與上年相同。卽可無庸更列。以免繁複。四清年度。統計最重年限。前次須行總例。業已詳細聲明。茲查各省送來各表。多未分清年度。而於財政出入牽搭尤多。錢糧租賦。仍照奏銷舊例。並牽涉奏銷以後之數。其餘收解各項。究竟是否本年款目。上年有無追補。本年有無懸欠。並不逐一聲明。似此混合不清。年年糾葛。永遠不能劃分。何以便要會而嚴綜核。應即責成調查局通行各署局所。務各詳細審查本年實在收支細數。甲年事項。勿與乙年相混。推之二年亦然。其已送各表。牽搭之處。並於造報次年表內。詳晰聲明。以昭劃一。五核事實。統計體例。迥與向來冊報不同。祇取現在實情。必精必確。即與舊例牴牾。亦所不計。茲查各省送到各表。財政則多牽合奏銷各冊。民政則又抄襲方志各書。似此敷衍相仍。殊失統計本意。其他數目參差。或分計與合計不符。或分表與總表不合。一經復核。茫無依據。應即責成調查局通行各署局所。務各報告實情。不得藉口例文。稍存隱飾。其各表數目。尤應詳細覆核。不得稍有舛誤。以昭核實。

度支部抵制蒙邊俄幣　度支部以內外各蒙邊之俄國紙幣。銷行日廣。於中國幣政前途。甚有關係。而庫倫自設立大清分銀行以來。頗見抵制成效。即宜再行推廣。以保利權。聞擬先在烏里雅蘇台察哈爾伊犁各等處。一律倣照庫倫辦法。設立大淸分銀行。以示抵制。准年內一律成立。

●限制教堂購運軍火● 督辦稅務處分咨各省督撫。署謂軍火子藥。原屬禁品。查近來各教堂往往藉保護爲名。私行購運。其中情節虛實。無從查考。務請此後認眞查核。教堂運送軍火。如實係保護之用。須有本教堂提單照會。方准運往。並定以限制。否則一概扣留。不准報關起運。

●議飭各省建築貧民工廠● 民政部以近年各省水旱偏災。層出迭見。飢民流離失所。殊爲可憫。且匪徒乘間煽惑。若不設法安插。勢必釀成巨禍。亟宜妥籌善策。以工代賑。擬即咨行各省將軍督撫。就省城附近地方。建築貧民總工廠一處。專收失業貧民。教習工藝。製造貨品。售款餘利。發商生息。日後再遇飢荒。卽將該款撥赴災區。或就廟宇或就廢第。或租民房。設立分廠。以資賑濟。俟豐收後。乃將分廠裁撤云。

●派員調查各省民政● 民政部前擬派員分赴各省調查民政事宜。現先派出五人。分赴江甯廣東貴州湖北東三省等省。此次調查之事項。一各警局保護地方現在情形。

二巡官長警勤怠成績。三各警局拘留人犯規則。四清查戶口辦理情形。五警局監視各種營業舖戶事宜。限三個月查竣回京。

英使請禁他國私運洋藥

粵督增抽進口洋藥稅捐。英使曾至外部詰問違約。昨復照會外部。略云聞德美等商取道波斯南洋等處。暗將洋藥輸運中國。爲數頗巨。據去年計算進口重量。實逾十萬鎊之譜。吾英國遵照約章。訂明進口洋藥。按年遞減一成。俟十年後全行減盡。現仍切實守約不逾。乃中國政府任外商之狠狽爲奸。而獨對於英國。强加制限。增抽捐稅。殊不合理。故若不照約嚴禁外商進運。則我英亦不能拘守約章。甘受巨耗。應請速籌抵制外商辦法。否則英國祇有以約章爲廢紙等語。外部得此。即會商對待辦法。僉以政府前與英國商減洋藥進口。同時將內地土藥。定爲逐年漸減。期十年後一律除盡。今各省督撫已將土藥十年之期。概縮於一二年間。一律禁止。因此之故。藥價頓昂。以本年行市比較前年。實已增漲七倍。故印度英商雖將運數逐年減少。而獲利反增至我國禁種土藥之後。損失之數。較英奚止十倍。今英以增抽稅捐。反出抗議。未免不合。擬即照覆拒駁。一面另商禁止他國私運辦法。

中國紀事　六

賄買冒籍難蔭知縣案　廣西人黃祖詒湖南實缺巡檢冒浙江籍一難蔭知縣。携貲入都。賄買改選班知縣。事爲趙侍御所聞。專摺指參。下法部尚書廷杰民政部侍郎林紹年查辦。黃祖詒及其串通納賄之珠寶市三益興金店掌櫃黃潤甫。遂聞風逃匿。嗣黃祖詒被緝獲。潤甫則投案自首。由查辦大臣分別提訊。黃祖詒供出文選驗封兩司之司員任許胡蔣祝多人。至黃潤甫供詞。則並舉發近年來吏部勾串金店賄賣官缺數大案。牽涉甚多。聞兩查辦大臣擬澈底查究云。

留東學生人數　日本留學生人數日少。現官費生僅得一千三百四十七名。各省官費生之額數。則學部六名。郵傳部三名。八旗廿三名。奉天三十六名。吉林六名。直隸六十九名。江甯九十一名。江蘇十七名。安徽十七名。江西一百六十四名。山東七十二名。山西四十七名。河南四十七名。陝西二十七名。福建五十四名。浙江八十二名。湖北一百九十五名。畿輔十六名。湖南一百八十名。四川七十一名。廣東五十三名。廣西三名。雲南四十八名。貴州二十名。此外尚有津貼生六十四名。計大學堂二十名。高等師範一名。直隸學司一名。江甯學司一名。安徽八名。山東二名。山西三名。湖北八名。四川一·

名。廣東二名。雲南十七名。

直隸財政表被駁　直隸財政局造送宣統元年全省財政表。計一年之中。共用銀千七百餘萬兩。現經度支部逐款核覆。除正用應銷各款千三百餘萬兩。准其照銷外。擇其尤爲浮濫者。如綠營防營兵餉每年共二百餘萬兩。督署供支每年四十餘萬兩。津貼三十餘萬兩。並各種事出無名之浮費二十餘萬兩。計共批駁十款。約合銀三百餘萬兩。均不准支銷。以資撙節而爲各省表率。

咨商變通禁煙辦法　川督以禁煙政令。亟應嚴切奉行。惟該省地面寥濶。倘拘泥定章。一時礙難普及。故咨行民政部。擬將辦法。略爲變通。其辦法分四大綱。一各府廳州縣現任官員。均有地方之責。擬須發告示。如有吸煙官員。准民間匿名由郵局投函舉發。再行撤任調省查驗。如不盡妄。卽行參處。一通省候補人員。擬一律調局查驗。其邊遠府廳州縣差委人員。擬令該屬長官出具切實考語。並確無嗜好甘結。方准暫行免其調驗。否則無論何項地方。一律送驗。一各府廳州縣吸煙人數。擬先飭地方查清立案。再依限傳戒。以便易於稽查。一擬釐定土膏價值。每兩土膏。以紋銀一兩起碼。按月遞加二錢。不予限制。以戒盡之日爲止。

萬縣大火 川省夔州府屬之萬縣。城中張姓硝皮作失愼。延燒居戶二千八百餘家。無家可歸者。約七八千人。斃于火者。一百二十餘人。焦頭爛額者。不計其數。此次大火。爲該縣歷來未覩之巨災。自德浦起。直燒至弓馬溪南肆街止。蓋該縣城三分之二。已成灰燼矣。

江督劄諮議局禁售彩票案 劄復事據諮議局呈稱鄂省籤捐票。以六月盡爲禁售之期。浙省亦奏禁彩票。以六月初一日實行。蘇省事同一律。請飭各屬。如至六月晦日後。尚有私售彩票之店舖。即由各地方官或巡警局照案治罪等由。到本大臣。據此查江南彩票。業已停辦。並禁售外省彩票。迭經札飭蘇臬司通飭各屬遵照諭禁在案。據呈前由。應再由司核明限期。嚴飭各屬。一律曉諭禁售。如敢陽奉陰違。有私行售票情事。即行按律稟請懲辦。勿稍姑容。除札行蘇臬司遵照辦理外。爲此劄復諮議局查照。須至劄者。

湘省亂事 湖南沅江縣刻有匪徒藉水災奇荒。號召飢民數千人起事。駐常提督派兵前往彈壓。匪衆竟敢抗拒接仗。勢甚猖獗。湘撫特急電至鄂。請派軍助防。經鄂督商之八鎭統制檄派步隊三十標標統楊開甲率所部第二三兩營。携帶子彈往湘相機勦撫。

延吉廳之警察權　樞府片交外部。畧謂前延吉廳交涉辦結時。曾經聲明該處警權。統歸中國管轄。現日領事署警察。遇事輒行干預。殊於主權有礙。應由部與日使即開談判。所有該處警權。仍須按照前約實行。毋任日警濫行干涉。且現在該處日警亦較原定之數增多。務宜從速撤退。

松花江關稅問題　松花江關稅交涉。益形棘手。擬將此案移交外部辦理。頃駐哈爾賓俄國領事對於一般居留俄民。發一佈告。頗駭聽聞。譯錄如下。一自揭示之日起。凡松花江內凡有俄國國旗之船舶。無論船主爲中國者或非中國者。一經輸送貨物過關。當納之關稅。不能再交清國稅關。應交華俄道勝銀行存貯。一於現行試辦之稅關賦課章程中。或有不足補助之處。將來可由存貯項下動撥。以資補助。一凡清國稅關收稅並收稅之經理。與船站碼頭各項事件。全由道勝銀行派員辦理。一華俄道勝銀行所派之員。對於船主或貨主之關稅單。可另外證明。再給以證明照。

禁阻蒙人私入外籍辦法　外部迭據各邊防大臣電稱蒙邊各地。如庫倫恰克圖烏里雅蘇臺等處商民。多有私入俄國國籍。實於蒙邊大局。關係匪淺。非實行禁阻不可。聞已咨行理藩部將前奏訂之國籍法。繙譯蒙文。印刷成冊。須行各盟旗王公貝勒遵照曉諭。再由部中與俄公使交涉。嗣後蒙漢商民。非由中國按照國籍法核准者不認其已失國籍。仍由中國官吏管理。並不承認外人有保護之權云。

世界紀事

海軍大演習　英國海軍大演習當即舉行。此回參加演習之艦隊。合本國艦隊。海峽艦隊。及大西洋艦隊。總數三百五十艘。集合此偉大艦隊。實爲創舉。

新豫算案　英國度支部大臣佐治提出豫算案。聲言此豫算並未增加新稅。及變更關稅率。惟憲法上問題。與財政上以直接之損害。至生二千六百二十四萬八千鎊之缺。乏之故自千九百十年至十一年。總歲出須一億九千八百九十三萬鎊。（內海軍費四千五十萬鎊）而豫定歲入。一億九千九百七十九萬一千鎊。卽餘八十六萬一千鎊。此數實包括昨年未收之稅欵。三千四萬六千鎊。今收得者已二千六百五十萬鎊。至酒稅一項。未便撤去。且豫料茶稅可增收五十二萬一千鎊。死亡稅二百五十萬鎊。又橡皮及石油事業。日見繁盛。印花稅必卽增加。至剩餘金之一部分。可撥充專門敎育之費。一部分可作救貧之用。卽養老年金。亦可有三十萬九千鎊之餘額。

急進黨之政策　英國急進黨以朝野兩黨首領所商議之憲政問題。政府皆守秘密。

不令該黨與聞決議聯合勞働黨愛爾蘭國民黨行反對之示威運動。

蘇格蘭自治黨　蘇格蘭選出代議士二十名。為該地設置自治制度。協力運動。且加入蘇格蘭自治黨。該黨擬以今秋開示威的大集會。（按蘇格蘭人之言自治。與愛爾蘭之自治問題大異。彼等所要求之自治。乃極小極狹範圍。與愛爾蘭國民黨不可同日而語也。

婦女選舉案　英國婦女選舉之議案。已在下院宣讀第二次。贊成者二百九十九人。反對者一百九十人。

英國貿易額　陽歷六月之英國貿易額。輸入則二百九十二萬四千八百八十四鎊。輸出則五百八萬千六百七十九鎊。

德墺助土　德墺兩國政府。聲言克特列島如有排土等事。則當同助土耳其。用强硬對待之策。故土政府已將召集列强公會之議作罷。

法國豫算案　法國此次提出之豫算。統計不敷之數約英金八百萬鎊。

俄國推廣鐵路　俄國政府決議在愛琿以北。建築鐵路。惟國會不任籌款。故政府擬以東清鐵路抵押借欵興築。

意國飛行艦隊 意大利議會為建造飛行艦隊。決議支出一千萬尼拉。

葡國之總選舉 葡萄牙議會定以陽歷九月二十三日施行總選舉。

芬蘭案批准 俄國皇帝已於議院。批准帝國參議院之芬蘭政治法案。

土國擴張軍備 土耳其決意擴張軍備。擬將原有之陸軍由七師團增至十四師團。

列強與克列特 駐劄克列特島之各國領事。照會該島政府。謂克列特議會如於星期一日仍不遵照各國決議容納回教議員。則以兵力據各稅關。

飛船之新成績 萊姆斯飛船大會。操演飛船由開會至今仍為單機飛船得占優勝。哈美以單機飛船。乘載二客於九十九分鐘內。飛駛五十七英里。又比國飛行家阿比斯亦以單機於一時間飛駛五十一英里半。至乘雙機者。以四時間零三十七分。飛駛二百十一英里。

美國財政整理案 大統領塔虎脫決於夏期休暇。草定財政整理案。以備提出於下期議會。蓋因聯邦歲出。年年增加。失歲入之均衡。為數頗鉅也。

世界紀事　四

巨艦出世　美國太平洋郵船會社。現造三萬八千噸大汽船二艘。計費美金三百萬圓。

巴拿馬運河　巴拿馬運河之工程。進行甚速。頃已宣布定期陽歷千九百十一年二月一號開放運河。

日俄新協約發表　日俄新協約頃已發表。其第一欵云。日俄兩國以列國交通之便利及商業之發達爲目的。協力改良滿洲一切鐵路。及聯絡之處。並不行一切有害此目的進行之競爭。第二欵兩締約國照約尊重滿洲之現狀。維持日俄中日中俄各項條約。第三欵無論何時。有侵害前記之事。當互相協議維持現狀之策。

滿洲之日本教育　日本近在滿洲各地。增設各專科學校。計在旅順設工藝大學校一所。中學校二所。大連灣中學校二所。錦州中學校一所。附屬小學校三所。一在皮子窩。一在普蘭店。一在劉叔屯。共計學生二千四百五十人。教習六十七人。至旅順今春新開之專科學校。則有七百餘學生。專習鑛產機械電化等學。又在奉天長春遼陽等處。共設學校八所。小學校二所。學生共九百五十人。教員四十一人。

叢錄

春冰室野乘

春冰

內務府之糜費

滿員之任京秩者。以內務府爲至優厚。相傳承平時。內府堂郎中。歲入可二百萬金。近年內務府大臣。多由堂郎中積資升擢。如立山之多藏厚亡。亦以任堂郎中最久。家貲累千萬。故爲拳匪所瞰也。乾隆朝。汪文端公由敦一日召見。上從容問卿昧爽趨朝。在家亦曾用點心否。文端對曰。臣家計貧。每晨飡不過雞子四枚而已。上愕然曰。雞子一枚。需十金。四枚則四十金矣。朕尚不敢如此縱欲。卿乃自言貧乎。文端不敢質言。則詭詞以對曰。外間所售雞子。皆殘破不中上供者。臣故能以賤直得之。每枚不過數文而已。上乃頷之。列朝惟宣廟最崇儉德。道光三十年間。內府歲出之額。不過二十萬。堂司各官。皆有臣朔欲死之歎。上一日思食片兒湯。令膳房進之。次晨內務府即遞封奏。請添置御膳房一所。專供此物。尚須設專官管理。計開辦費若干萬金。常年經費又數千金。上乃曰。無爾前門外某飯館製此最佳。一盌直四十文耳。可令內監往購之。半日復奏曰。某飯館已關閉多年矣。上無如何。但太息曰。朕終不以口腹之故。妄費一錢。而已以萬乘之尊。欲求一食物而不得。可慨也。同治時。穆宗大昏。購皮箱一對。亦尋常市上物。不過數十金者。而報銷至每對九千餘兩。文文忠力爭之。不能得也。

孫北海雅謔

順治中張爾唯太守學曾由部郎出守蘇州。將出都。孫北海曹倦圃龔芝麓三公設宴祖餞。各携所藏法書名畫相誇示。太守亦出舊藏江貫道長江萬里圖卷眞蹟。三公傳觀。皆愛不釋手。曰、此蹟可謂今日壓卷矣。太守意得甚。北海徐曰。此圖以萬里名。而爾唯一人據之。無乃太貪。不如截作四段。四人分有之。人各得二千五百里。不亦可乎。曹龔皆拊掌稱善。立呼侍者以刀尺進。太守窘甚。至長跽乞哀。北海大笑曰。吾今日得一集唐絕對矣。衆問之。則翦取吳松半江水。惱亂蘇州刺史腸二語也。一座爲之絕倒。

林淸逆案異聞

嘉慶癸酉林清之亂。喋血禁門。毒流三輔。數月後乃克平定。國史皆謂變起倉卒。而不知先一歲已發露於臺灣。特當時公卿大臣。不肯據實上聞耳。先是壬申春。涇縣趙兵備崇華。攝臺灣淡水同知。甫下車。即訪獲妖言惑衆之高媽達。訊之。具供其同黨劉林祝現。定以次年閏八月望夜。在都下舉事。徒黨徧中外。劉林者。即林清原名也。兵備亟通詳請奏。上官以其語不經。匿弗以聞。僅依尋常傳布邪教律。擬決。次年都中之變果起。事起以九月十五。先一日。蘆溝橋巡檢已飛報祝現奉林清命。定次日午時入宮舉事。黨羽本日悉已入城。兼尹尚書某。猶以不可冒昧聲張。致釀巨變。斥之。亦不部署防衛云。前此成德逆案。雖 仁廟至仁包荒。然其事卒疑莫能明。及是山東金鄉知縣吳堦捕獲逆目崔士俊。究出嘉慶八年成德曾偕祝現至士俊家宿一月。御車者爲支進才。始知成德本林清逆黨。並無他故。而東撫以事屬既往。刪不入奏。遂使疑團至今莫釋。

李申耆遺事

申耆先生之令鳳臺也。鳳臺地瘠而民悍。多豪猾。爲逋逃藪者相望。先生常騎健馬。率鄉勇。巡行閭里。每出不意得盜魁。察其中有重氣節矜然諾者。撫用之。盜以斂戢。嘉慶辛未。百文敏齡總制兩江。適儀徵有刧殺巨案。戕一家三命。文敏偵得盜魁。爲蒙城人。而匿於鳳臺。嚴檄兩邑。限一月捕送。先生偵知容隱盜首之巨猾不受捕。乃召所撫用某役。至內室。置酒飲之。酒半。愴然曰。吾行解組歸里矣。故召若來一痛飲耳。某役怪其語不倫。請其故。先生出督檄示之。某曰。此人匿某巨猾家。役故知之。惜力不能取耳。先生曰。若能取者。吾早以捕事屬若矣。吾卽去此。若亦不能終作好人。故與若作別耳。語畢。潸然久之。某亦悲不自勝。良久。始曰。有一策。姑試爲之。公收役家屬置之獄。而發硃簽。諭役往。三日不歸。則役必死。役之妻若子。幸終身俾伺應夫人公子。俾得延宗祀。於願足矣。先生諾之。猾家距城二十五里。某卽日至。猾欵之曰。雲泥路隔。已三載。何幸辱臨。得無爲儀徵案乎。某慨然示之硃簽。猾曰。其人誠在此。試招與共飲。商摧之。盜魁出。則曰。我君之新友。彼則舊友也。且我止一身。而彼一家。顧爲新友一身。陷舊友一家乎。明日從入城矣。次早。猾遣力士二十人。持長矛。護送至城門而返。蓋盜魁至。驍勍猾知某役之非敵也。先生方遣某去。卽召匠製堅檻。集舁者護者百餘人以待。某役俄引盜至。先生畧詰姓名。卽檻解蒙城而躬自護送之。鳳去蒙七十里中道有鎭爲兩邑分界。所。檻車入旅店。而先生降輿。當門坐。鄉民聞官獲大盜。爭來觀。環店外。如堵。先生怡然謂之。曰。此大盜。千萬官軍。所不能捕者。而我竟得之。他日當膺上賞。父老知我喜。否。當置酒。爲我賀。乃命取酒來。遍酌父老。且語之。曰。此賊精妖術。非我孰敵之者。彼與我戰。力不敵。乃幻形爲狐狸。思竄去。吾亦變虎追之。彼又變隼。欲高飛。吾又變大鵬追之。彼窘。將走投海。吾乃檄天將合捕之。又擊以掌心雷。始因而就縛。觀者奇其語。皆環聽。不他。瞬久之。先生亦大醉。始升輿去。是時。猾已遣健者數十人來。刼見先生方坐店門。劇飮。遂出鎭外。俟良久。先生輿始過。問檻犯何尚不來。從者答以在後。徐行。猾黨返至店。則先生方劇飮時。已排店後墻。舁檻車由間道急行。計且抵蒙矣。猾黨乃廢然返。先生。卽改乘快馬。追檻車與俱。疾馳至蒙。會蒙，令。聯銜通詳。聲明鳳臺捕得。遵檄交蒙令。轉解歸案。稟既發。先生始還鳳。其次日。聞盜已越蒙獄去矣。蒙令先以虧帑事奉督檄嚴詰。事未竟。又失盜。遂縊。先生嘗語人曰。鳳潁泗三郡。簡壯者五千人。可方行天下。然唯其豪能用之。官用之。必帥至千里外。或客兵勢盛。足相鈐制。乃可。否則驕蹇難制。且爲大患。後數十年。捻匪亂起。人始思先生言。

倭文端之沮撓同文館

同文館之始開也。朝議擬選閣部翰林官年少聰穎者。肄業館中。時倭文端方爲首揆。以正學自任。力言其不可。御史張盛藻。遂奏稱天文算法。宜令欽天監天文生習之。製造工作。宜責成工部督匠役習之。文儒近臣。不當崇尚技能。師法夷裔。疏上。都下一時傳誦。以爲至論。雖未邀俞允。而詞館曹郎。皆自以下喬遷谷爲恥。竟無一人肯入館者。朝廷歲糜巨款。止養成三數通譯才耳。方爭之烈。恭忠親王奏命文端爲同文館大臣。蓋欲以閒執其口也。文端受命。欣然策騎涖任。中途故墜馬。遂以足疾請假。朝廷知其意不可迴。亦不強之。文端之薨也。巴陵謝麐伯太史。以聯輓之曰。肩正學於道統絕續之交。誠意正心。講席敢參他說進。奪我公於國是紛紜之日。攘夷主戰。明朝無復諫書來。當時士大夫見解如是。宜乎郭雲仙丁雨生。皆以漢奸見擯于清議也。國之不競。諸君子烏能辭其責哉。雖然。今日國家固已興學矣。固已重用留學生矣。而效果究何在耶。吾恐文端諸人。方齒冷于地下。而持用夷變夏之說者。且益張其燄而助之攻也。噫

巧對彙紀

光緒中葉。山東尹琅若編修琳基。官詞館久不開坊。鬱鬱弗自得。乃縱酒自遣。醉輒謾罵座客。以是與其鄉人鄭侍御溥元齟齬。鄭遽摭尹陰事劾奏之。人皆不直鄭。 旨下。尹鄭皆休致。是日樞臣述 旨旣退。寶文靖語同列曰。白日放歌須縱酒。青春作伴好還鄉。可移贈尹鄭兩君矣。甲申春闈。文介張文達同入軍機。二公年皆逾七十。未幾孫文恪毓汶。烏少司空拉布。奉命勘案江南北諸省。歷年餘始歸。都人爲集唐人句曰。丹青不知老將至。（文介字丹初文達字子青）雲山況是客中過。（烏字少雲孫字萊山）又光緒癸巳恩科。殷秋樵鴻少如璋。周伯晉編修錫恩。典浙江試。榜發。士論頗不韙。或爲聯以譏之曰。殷禮不足徵。已經如聵如聾。漫謅文章操玉尺。周任有言曰。難得恩科恩榜。好遝交易集金錢。離析二人姓名而銖兩悉稱。語意渾成。尤爲巧合。又烏達峯尚書與惲次遠學士同典浙試。烏文學頗疏淺。而學士有烟癖。或以二人姓爲聯曰。鳥不如人。胸中只少半點墨。軍無鬥志。身邊常倚一條槍。又同治中四川副都統有名鐵爾克達春者。或戲以金吾不禁夜。對之。

恭王用人之公

光緒癸未春。豫撫李鶴年以王樹汶案革職。 孝欽召見樞臣。謀代者。高陽李文正舉今相國定興鹿公寶文靖舉覺羅成孚。兩人皆藩司。資望相埒。 孝欽疑未能決。顧問恭忠王當與何人。王對曰。成孚亦甚好。但滿員恐不諳民間利病。豫省吏治甚頹敝。不可不簡授清望之員以矯之。用成不如用鹿。議遂定。會河督梅啓照亦緣是案罷斥。乃命成孚署河督印務。賢王之立賢無方如此。

沈副憲之知遇

高宗純皇帝訓政時。三省教匪方熾。宵旰憂勤。視朝較平時恒早數時。一日召樞臣俱未至。獨章京吳熊光入直。遂蒙召對。是日即降 旨以熊光爲軍機大臣。嗣後無召見章京者。光緒甲申春。恭忠親王寶文靖李文正諸公之出軍機也。是日諸公皆已至直廬。方預備入對。忽奏事內監傳 旨令王大臣皆毋庸入見。而單召領班章京沈源深進內獨對。於是諸公始知有大處分。前數日固毫無音息也。是日承 諭擬 旨。述旨。皆沈一人爲之。沈河南祥符人。由進士部郎入直。是時方官大理寺卿。故事領班章京。迴翔未久。必補軍機大臣。沈又承特達知遇如此。衆謂不日必當國矣。未幾。升副憲。照例出樞廷。乃竟數年不遷。僅於庚寅恩科典禮部試。旋即下世。竟未得與爰立之選。信乎升沈之有命也。

紀大刀王五事

大刀王五者。光緒時京師大俠也。業爲人保鏢。河北山東羣盜。咸奉爲祭酒。王五因爲制法律約束之。其所刼必賊吏猾胥非不義之財無取也。己卯庚辰間。三輔刼案數十起。吏逐捕不一得。皆心疑王五。以屬刑部。於是刑部總司讞事兼提牢者。爲溧水濮青士太守文暹。奉堂官命。檄五城御史。以吏卒往捕。王所居在宣武城外。御史得檄。發卒數百人圍其宅。王以二十餘人持械俟門內。數百人者皆弗敢入。第蹈呼示威勢而已。會日暮。尚不得要領。吏卒悉散歸。既散。始知王五不知何時亦著城卒號衣雜稠人中。而官吏不之知也。翼日。王五忽詣刑部自首。太守召而詢之。則曰。曩以兵取我。我故不肯從命。今兵既罷。故自歸也。詰以數月來刼案。則孰爲其徒黨所爲。孰爲他路賊所爲。侃侃言無少遁飾。太守固廉知其材勇義烈。欲全之。乃謬曰。吾固知諸刼案。於汝無與。

然汝。一匹夫而廣交遊。酗酒。縱博。此決非善類。吾逮汝者。將以小懲而大戒也。笞之二十。逐之出。歲癸未。太守出爲河南南陽知府。將之官。資斧不繼。稱貸無所得。憂悶甚。一日。王五忽來求見。門者却之。固以請。乃命召入。入則頓首曰。小人蒙公再生恩。無可爲報。今聞公出守南陽。此去皆暴客所充斥。非小人爲衞。必不免。且聞公資斧無所出。今携二百金來。請以爲贐。太守力辭之。且曰。吾今已得金矣。五笑曰。公何欺小人。爲公。今晨尙往某西商處貸百金。議不諧。安所得金乎。無已。公盍署券付小人。俟到任相償。何如。至於執羈靮從左右。公卽不許。小人亦決從行矣。太守不得已。如其言署券與之。遂同行。至衞輝。大雨連旬。黃河盛漲。不得度。所携金又垂盡。乃謀之五。曰。資又竭矣。河不得度。奈何。五笑曰。是戔戔者。胡足難王五。言畢。乃匹馬要佩刀。絕塵馳去。從者譁曰。王五往行刼矣。太守大駭。旁皇終日。不能食。薄暮。五始歸。解腰纏五百金。擲几上。太守正色曰。吾雖渴。決不飲盜泉一滴。速將去。毋汚我。五啞然大笑曰。公疑我行刼乎。王五雖微。區區五百金。何至無所稱貸。而出此乎。此固假之某商者。公不信。試爲折簡召之。卽書片紙。令從者持之去。次日。某商果來。以五所署券呈太守。信然。太守始謝而受之。五送太守至南陽。仍返京師。理故業。安曉峰侍御之戍軍台也。五實護之往。車馱資皆其所贈。五故與譚復生善。戊戌之變。五詣譚君所。勸之出奔。願以身護其行。譚君固不可。乃已。譚君既死。五潛結壯士數百人。欲有所建立。所志未遂。而拳亂作。五遂罹其禍。

半塘老人游仙詞

臨桂王佑遐給事。同光朝倚聲大宗也。其丙稿味梨集中。有望江南小遊仙詞十五首。皆詠頤和園故實。錄之以當詩史。排雲立。飛觀聳神霄。雙鶴每邀王母馭。六龍時見玉宸朝。阿閣鳳皇巢。一 山徑轉。雲磴鬱盤紆。聞道鍊顏仙姥健。御風不用日華車。飛佩響瓊裾。二 孝欽晚年甚健。每遊園。登山陟磴。步履若飛。宮婢有追隨不及者。 雲木杪。瑤殿敞山阿。天上也思安樂好。璇題新署小行窩。富貴到烟蘿。三 金闕秘。朝暮降眞仙。甲乙親排承直日。英皇分侍上淸筵。來往各翩然。四 新漲落。荇藻碧參差。偶駕潛虬凌弱水。人間遙指是晴霓。金翠接天西。五 多少事。天上異人間。電入夜城光不滅。月臨蓬島影長圓。雲水共澄鮮。六此指電燈。 壺中靜。揮灑出天眞。題榜少霞官閣吏。侍書南岳召夫人。淸極絕纖塵。七侍書夫人。疑指繆素筠。 烟柳外。空翠濕衣裾。三塔高低連北鎭。六橋縹緲似西湖。圖畫定誰如。八 屏山曲。雲母繞周遭。玉

座。重。重。遮。錦。幄。琪。花。密。密。護。仙。茅。寒重。覺。天。高。九

闌干側。風景更誰同。千步長廊隨曲水。萬株寒翠鬧鞋紅。迎面碧芙蓉。十

琉璃壁。雲影四周圍。不遣。輕塵粘。舞席。愛移。行幛。傍。歌。臺。羯鼓。報。花。開。十一

雲水畔。奇幻絕人寰。泛。海。靈。槎。疑。化。石。出。林。高。閣。欲。藏。山。休。作。化。城。看。十二

仙路。迥。天外望青鸞。最。是。雲。間。雞。犬。樂。因。緣。分。得。鼎。餘。丹。長日守松壇。十三

驂鸞路。行近蕊都迷。柳岸風輕烟絮軟。芝田日煖藥苗肥。雲控漫如飛。十四

游仙。樂。彈指現。林。邱。寶氣。遠。騰。天。北。極。豪情。親。遏。海。西。流。終古。不。知。愁。十五

文苑

詩集自序

歌詩者豈非言之有節文者耶。凡人情志鬱於中。境界壓於外。境界之交壓也瓌異。則情志之鬱積也深厚。情者陰也。境者陽也。情幽幽而相襲。境嫮嫮而相發。陰陽愈交迫。則愈變化而磅薄。於是積極而發。又有禮俗文例以節奏之。故其爲聲也。鬱如怒雷折如引泉。咽如溜灘。飛如驟雨。奔如捲潮。其或因境而移情。樂喜不同。哀怒異時。則又玉磬鏗鏗。和管鏘鏘。鐵笛裂裂。琴絲愔愔。皆自然而不可以已者哉。夫有元氣則蒸而爲熱。軋而成響。磨而生光。合沓變化而成山川。躍裂而爲火山。流金匯聚而爲大海。迴波。豈故爲之哉。亦不得已也。故夫志深厚而氣雄直者。悱惻其情。芳菲其馨。明白其靈。娟嫮其形。鏗妙其聲。亭立而不直。迤瀰而不測。淵渟而波奔。月明而山行。斯其爲情深而文明者之言耶。吾少爲學在擅理。又以不離人而好事。未能爲詩人也。惟性好游。嗜山水。愛風竹。不游則魂鬱鬱如生幽病。游時馬車茅店汽船。不暇爲學則爲詩。既多天人之感。又遘身世大變。於是鬱積愈多而詩日多。奔亡無定居。遺佚逾夥。門人或收拾之。猶存千餘篇。行年五十。亦既知非。亡人何求。又非有千秋之名心也。抑以寫身世。發幽懷。哀樂無端。一唱三歎。窮者達其情。勞者歌其事。小雅國風之所不棄也。以待後之誦其詩。論其世。其亦無罪耶。光緒三十四年冬十二月更生

登玲瓏岩尋廣杜多效孟郊體一首　寄禪

一步一回首細領煙蘿容秋花潤渴壁微雨蘇病松偶攀瘦藤上忽與枯禪逢綻衣不用布自剪雲片縫

贈廣杜多二首　前人

一笑諸緣淨千岩片石懸代燈山鬼餤煑茗毒龍涎靈境不可住虛空無礙禪石城煙水渺曾踏鐵鞋穿

眞欲外形骸苔生面不揩狂猿從習定瘦虎伴持齋煨芋延殘息寫經臨爛柴何須營壽藏長被白雲埋

夜登玲瓏岩　前人

老僧好奇險古洞夜深探螺旋佛頭綠螢飛鬼面藍披雲踏松影掃月坐蒲龕到此息炎鬱禪從冷處參

懷天台茅屋二首　前人

昔年台嶽三間屋置在千峯萬樹尖華頂平鋪雲似海石梁橫截水爲簾多栽紅芋仍

文苑 二

充飯淡黃虀不著鹽。迴憶山中無歷日。看梅花卜歲將淹。

壞衲蒙頭夏不溫。萬峰寒翠冷心魂。老猿去摘霜晨果。餓虎來窺雪夜門。袖底白生知海色。眉端春壓是天痕。赤城合眼時仍見。笑把朱霞帶月吞。

懷南嶽煙霞峯　　前人

懶携瓶鉢走天涯。嶽頂還思著我家。沙罐夜煨紅米飯。竹籃春摘白芽茶。倦眠一石雲爲枕。冷入千林雪作花。何事人間頻乞食。此心已是負煙霞。

山居遣興　　前人

自喜幽居道味深。禪餘聊復動清吟。白雲抱石有遠意。明月在天無高心。稚筍眼看能障日。雛松手種已成陰。閒來不覺吾身老。坐臥青山白髮侵。

清明約同社諸子謁袁大將軍墓遂游萬柳堂夕照寺病不克往晚集酒肆却呈諸社者　　瘦公

酹酒春風酬令節。連輿東郭訪忠墳。當年別業懷高會。物外精藍倚夕曛。客歲經過餘夢憶。羣公履迹許相聞。雖緣小極逃觴罰。火急催詩到夜分。

題潘蘭史江湖載酒圖　前人

看花聽水每孤吟。不分尊前雪鬢侵。畫裏綠波催歲換。翠屏銀燭十年心。

我亦江湖毷氉人。中年對酒不能春。輸君携取燕臺月。醉向吳船岸角巾。

癭鼻寄示除夕詩卽用其韻奉寄　蛻葊

憐君作計眞癡絕。踢壁微吟到歲殘。萬事蒼茫墮煙莽。一官俯仰得饑寒。搖搖日月催頭白。瑟瑟霜風入骨酸。且散千憂近杯酒。細絲生菜上春盤。

奉酬弱甫見懷之作　前人

胸中百能不一試。朝來兩鬢忽已霜。未肯低頭拾青紫。知君此意不尋常。平生憂患風飄瓦。昨夢淒迷月滿梁。慚媿故人推許分。天涯吟望一沾裳。

四月九日與詒書觚齋吷盦三觀察汎舟西湖玩月　尊瓠

停驂日既沒。鼓枻清興發。小艇如瓜皮。沿湖攬明月。羣山若玦環。淨滌鑑毛髮。泠然御風歸。裏湖早芳歇。孤山在裏湖有梅花百樹

烟霞洞贈學信上人　信公閩人年七十三蔬食不持經典　前人

文苑

信公翳何人不佛亦不儒赤手驅五丁建此猿鶴都蔚労創山骨臺觀呑江湖卓錫三十年今年七十餘好客若性命煮茗更烹蔬丁虞（謂丁叔雅徵君）昔來遊爲予述靈區今方踐斯勝感舊重欷歔別師下山去贈言采雲腴洞中有神龍歲旱泉不枯

理安寺　前人

山行苦登降失喜遘蘿徑徑中藏古刹枏木乾隆盛刧火久淩夷冊載銷氛祲孫枝又撐空不避風雨橫附庸睍篁竹竹筍亦奇崚巖坳足淸暇易象利嘉遯遊人生隱心聞唄悅禪定歸循十八澗水石心相證（寺旁有九溪十八澗）

高利士而學之歟。或梅慕其聲色。先求得之。以爲將來之嘉偶歟。然此皆於吾今茲所注意者無關涉也。迨回至寓前。纔下車。女即請於其師曰。吾欲與姚姑娘同往購物。少頃即返。師能見許否。梅以爲彼將往購粧飾品。遂亦頷而許之。瀕行時。梅謂之曰。吾尙有事須出門與友一會。今晚七時趁車。汝等須早歸也。姚聞言。頗欲留此伺察梅之動靜。今乃須伴女去。心頗不快。但亦不得不去耳。纔行數武。女告以購烟事。且惴惴然私問姚曰。此事若被官察覺。應受何等懲罰乎。姚曰。照律處罰。無少寬貸。女曰。吾姑試爲之何如。但吾不欲累及吾師。若被發覺時。汝可作證。謂吾師不知情可也。姚曰。吾旣作見證人。所擔干係甚大。關署課稅。則例綦嚴。汝亦不可不愼也。女曰。汝爲友而畧擔干係。亦屬何妨。吾幼在保育院時。嘗聞保姆訓曰。凡事自作自受。毋累他人。吾亦斷不累及汝也。姚沈思半晌。乃毅然曰。吾必助汝。爲人友者不能赴人之急。烏用友爲。姚珍娜此時何以竟肯助女。蓋欲借此以博女歡。使其引己爲心腹也。于是兩人遂來至一烟卷店。見窗前貼一招牌。上畫三童一叟引二驢爲記。女擇其最上等之烟購一百枚。出門時。女謂掌櫃之老翁曰。翁須知此烟非吾自吸者。吾買以餉友耳。翁方將烟卷包裹。

聞言不覺失笑曰。凡婦女來購烟者。無不如是云。吾已聞之熟矣。此烟之大小適中。正合姑子之櫻唇吸啜也。（按西俗婦女不吸烟。吸者必於人前諱之。故翁云然。）衣士梯梨不語。自將烟卷藏好。乃與姚同歸。姚於途次謂女曰。汝師待汝苛酷不情而汝愛之如是之深何也。女曰。汝謂吾師待我苛酷乎。斯言過矣。姚曰。前晚抵馬些兒時。彼撲汝之酷。而汝哭之哀。幾令人慘不忍聞。汝豈忘之乎。女曰此乃因吾有應得之咎。且亦彼之職所應然。汝不見尋常時。彼之遇吾何等仁慈乎。女復竭力爲其所愛者辯護曰。汝亦曾謂吾師遇吾厚。若不爾。汝何以在船時亦言願執贄門下也。姚珍娜聞言。不禁狂笑。行近一步低語曰。可兒。當時諒必汝含有妒意。幸汝師目中只有一人堪爲徒耳。其人爲誰。則衣士梯梨是也。女聞語兩頰泛紅。而心中則欣欣自得。乃曰。汝果以爲然乎。顧吾師言雖如是。而我則甚願有同學之友能收互相切磋之益也。言次行行已回至旅館。梅尚未返。兩女各自歸房梳粧。豫備起程。粧罷多時。梅始歸。同用晚膳後乃起程。行李先發。三人步行隨後。驛站距店甚近。不逾時已到。是晚夜色甚佳。車中又未有搭客。梅曰。此亦大佳。吾專賃一車。免得人多喧囂。迨驗畢護照登車。車遂發。衣士梯梨笑曰。此事頗湊巧。凡屬我等驅驛。俱是專車。除自己一行人外。別無他客。吾却憶在杜來施時。辣地士奇君正坐在姚姑娘之位也。姚聞辣名愕然曰。辣地士奇乎。梅應曰然。女接言曰。此非辣老將軍。乃其姪公子。現在老將軍部下。爲聯隊長者。言時以身坐近師傍。意態若頗自得。梅笑謂女曰。汝心似未忘辣公子者。女曰何故。吾定須忘之。汝曾救其命。則應長記憶之不忘也。彼與我等在里昂別後。至今只隔一星期耳。尚憶臨別時。汝兩人把握不捨。彼之愛汝。非因汝有活命之恩乎。女說至高興。復曰。倫我等至美倫時。彼來迎於驛站。亦意中事耳。梅曰。汝爲何忽發奇想。女曰。實因前日彼瀕行時吾曾告以我輩之行期也。梅曰。汝太好事。何故以我等之行期告彼。女見梅有不悅之色。乃自解說曰。因彼瀕行時曾問我故耳。時車方渡播路詩化拿河橋。女見梅目眈眈視己。乃探首出窗外流覽野景以避之。是時涼月皎潔。輕風徐來。江上下波光如鏡。女欣然呼曰。姚珍娜。汝看夜景何其佳耶。兩女遂倚窗觀夜景。梅亦燃吸烟卷自遣。於是三人各適其適。惟時夜色轉深。人語頓稀。衣士梯梨已伏於梅之肩上。沈沈睡去。迨梅再吸一煙卷時。姚珍娜亦曲肱作枕。夢入羲皇。梅則獨醒。寂坐無聊。心下自思明日抵里門。雖屬可喜。但吾此行。不知爲國人帶却幾許悲慘之劇歸來。倘衆人聞軍械已到。則起義之期。當不甚遠。將來寡人妻。孤人子。離散人兄弟。吾不得不尸其咎矣。思至此覺凄風一縷。直從窗外吹來。沁入肝肺。旋又自念爲國家謀獨立。爲同胞謀自由。雖偶演一時慘劇。實亦萬世之利也。輾轉籌思。中心熒熒。竟夕不能成寐。車捷馳不息。一夜已過盡重山。至黎明已來至竇河之濱。千頃平原。極目無際。俄而旭日東升。陽光射入車內。各人皆起。車向北馳。未幾已至林拔地邊境。見奧駐防軍隊軍容強盛。至勞非又見有馬兵一隊。正在操演。至拖頓復見有步兵一聯隊駐紮。壁壘森嚴。如臨大敵。迨抵站。在一小酒店門前停住。甫下車。有村夫四人。方在聚語。彼等皆携糧食品出來趁早市發售者。梅聽其言。便知亂機緊伏。專俟時至而發耳。其一人曰。今日各軍隊購辦各物甚夥。市面頗覺暢旺。又一人曰。此何足爲奇。汝不見星期六日亞利山地利了市上有一人購去薯芋七千斤乎。傳聞此處已暗伏勇士三大隊。早晚一俟雲利士與美蘭勞兩處義師一到。便舉旗與奧軍決戰矣。又一人曰。此尚是未來之事。吾有一友頃從科拿拿回說雲利士省已經起義。且連捷。將奧人敗退。已占領萬蘭與馬士敖兩處。今正長驅向山麥高進軍矣。梅方聽此四人議論。忽一少年從店中出。經梅之傍而言曰。先生比隣店中酒最美也。梅曰良友。敬謝指示。乃急步向其人所指之店而去。姚珍娜乃于寂寥中。暗窺梅之舉動。覺其此行殊屬無謂。縱使口渴思飲。亦不應舍近而求遠。心竊異之。乃低聲謂衣士梯梨曰。我等何不下車散步一時。勝於蜷伏此間也。女曰甚善且我輩將於此處用早膳。今爲時固尚早也。兩人遂下車。由捷徑向酒店門行來。衣士梯梨手挽姚之臂而行。故行甚遲緩。梅善那在內言談。未能全行聽得。惟聞店內一片喧呶之聲。蓋有無數農夫。在此沽飲。忽一人拍案大叫曰。今年眞僥倖。邀天之祐。吾從來業販禾稿。未有如今歲之大獲利者。吾昨接得奧軍第四師團之糧儲長特約。定購禾稿一百噸。準以月之二十日在彼軍前交納。忽一人大笑作諧語曰。未悉奧人曾知其馬將來要飽餐短銃。以代禾稿否。衣士梯梨聞言心中一驚。手挽姚之臂不覺一緊。得以未曾傾跌。姚急問之。女忙以他語掩飾曰。石子偶挫吾足。痛甚幾欲蹶。此等陋巷。散漫之石子何多也。姚漫應之。心中已大滋疑。未幾梅自店中出。心中默自籌思曰。一百噸禾稿。應分五十車轉運。雖彼販械者以爲冒險。然此實是無上妙策。且尤妙在賺得與軍糧儲長護照。可免入境時關津查驗。此後之事正易爲力耳。想罷揚揚得意出來。恰遇兩女於門首。乃携之復入此小旅店早膳。是時座中人。俱中心惶惶。一若旦晚亂事將臨也者。方食時。門外忽聞有砲兵一隊。牽各種快砲。其聲隆隆而過。店主見而歎曰。此輩不日將爲其國犧牲性命矣。傍一鬚鬓頒白之老者曰。憶昔年美拿士統奧軍攻拖頓進圍馬志拿。於毡路亞。是時鋒烟徧地。蘭艾同焚。男女老幼死亡山積。糧無斗粟。屋無片瓦。至今思之。猶覺劇心怵目。不幸此禍又將見於今日矣、梅聞而憤然曰。所謂外兵一日不退。我意人一日不得安寗也。梅忽然猛省。恐言多有失、乃燃一烟卷吸之。衣士梯梨食畢亦起立。於其師之傍。惟姚珍娜食罷暗忖。當此衆目共睹之際。梅斷無與其徒言及倡亂之理。吾隨之無益。乃先自走回車中坐下。未幾遙見梅與女徐步而來。向栗樹陰中坐下休憩。旋聞御者呼乘客登車、兩人始疾走上車。車遂發。梅於無聊中。忽唱愛國歌自遣。御者急收住轡。從車位躍下儆告曰。君歌止此。切勿再歌。此時幸祇有汝等三人在。別無他人聽者耳。此歌爲奧人所厲禁。今相距防軍前鋒咫尺。若被所聞。恐於君不利也。未幾車已及境。梅遂將手中吸殘之煙卷拋棄。且將貯煙之囊。交與守卡之奧員。隔數武有馬軍隊長兩員。對坐閑談。復有三數邏兵。荷鎗往來巡察。其大軍則結連營於三百米突之外。軍紀甚嚴。萬衆無聲。於換馬時。梅遂將自己及兩女之行李提出。以備稅關員查驗。車中乘客只彼三人。行李無多。瞬息即驗畢。次則查驗護照。乃比前時加倍審慎。將照中所塡各情節。年紀面貌。一一細驗。一邊看護照。一邊望車中二美。互相印證。幸梅善那素性精細。早已料及。先事豫防。在毡路亞時。已先求駐該埠之奧領事在護照上蓋印。故驗照時。尙無留難。未幾驗畢。交回梅。此時心始安貼。乃行回登車。坐於女傍。御者一舉鞭。車已砰砰然過關而去。衣士梯梨此時心始略定。惟念其師身入虎穴。又不覺爲之擔憂。而姚珍娜此時。亦心中惶急。萬分念至林拔地又無所得。不知將來見保沙如何復命也。

第十回 征途況瘁重返美倫城 古屋蕭條大會青年黨

御者驅車一路前進。更經過關卡多處。行李護照查驗甚周。一一如前。關吏雖屬精細。豈能料及窈窕女子即爲藏物漏稅之人。女將烟卷百枚。藏於車廂之內。即關吏行近車傍。見女瑟縮之狀。但疑爲女子常態。未慣見人。今驟覩此糾糾桓桓之武夫。爲聲威震懾。不免羞怯。耳女沿途細察。果見意國之人。上自富紳巨賈。下至村夫販豎。無一吸煙者。而與人則無不口銜烟卷。昂然自得。遇意人則吸之愈熾。且以濃煙直噴其面以爲戲。受之者惟急急趨避。不遑不敢與校。吁。亡國之民。誠可哀已。梅則于枯坐無聊時。輒以手探索空囊。既而憬然悟。慨然歎曰。習慣移人。亦甚矣哉。衣士梯梨見其狀甚憐之。低聲問曰。君素嗜烟。一若視爲性命者。今驟失之。將何以度日耶。梅曰。此至微至瑣之事。尚不能堅忍決絕。遑問其他。且國人皆同此苦。吾何爲獨不然耶。女聞其語。與姚珍娜互相視。局局而笑。梅見之。以爲婦女行不曉世事。烏知男子輩負重忍辱。曾何暇顧惜此口頭之嗜好耶。不知女對於姚種種掩飾。正所以爲梅也。而姚則欲博女之歡心。冀女聯爲心腹。故凡事必極意逢迎。莫不先意承旨。欲使女墮其牢籠。即利用之以刺探梅之隱謀。且今者爲時已迫。僅餘三句鐘。即抵美倫。梅之保護之責已完。若彼辭我。令自去。我將何辭以復留乎。只得自殫竭其機智。以取悅於女。使其至彼時不忍相捨。然後乃得議留。庶無痕跡。始可繼續有措手處也。衣士梯梨則窺姚之與己情況日益親密。事事可人。心雖愛之。而念彼萍水之人。何以頓然款洽。乃爾太抵非欲結我以

謹贈書目提要

函索即寄　不取分文

上海商務印書館出版

初等小學堂用書目錄第二

算學類

- 學部審定　珠算入門　二冊　每部四角半
- 初等小學算術書　教師用　每冊五角
- 學部審定　筆算教科書　前二冊　後三冊　每冊一角半　二角
- 學部審定　筆算第一二冊掛圖　每份十六幅　每份二元半
- 學部審定　筆算教授法　一二冊　三四冊　第五冊　每冊二角半　三角半　四角

格致類

- 學部審定　格致教科書　第一二冊　第三冊乙種　每冊一角　二角
- 學部審定　格致教授法　第一二冊　第三冊乙種　每冊二角　四角
- 格致教科書　第三冊甲種　每冊二角
- 格致教授法　第三冊甲種　每冊四角
- 格致課本　二冊　每部二角
- 格致課本教授法　二冊　每部四角

圖畫類

- 學部審定　毛筆習畫範本　教員用一冊　學生用八冊　每冊二角　每冊七分
- 學部審定　毛筆習畫帖　教員用一冊　學生用八冊　每冊二角　每冊七分
- 鉛筆習畫帖　四冊　每冊一角二
- 學部審定　畫學教科書　每冊五角
- 手工教科書　教師用　每冊一元

唱歌體操類

- 學部審定　小學唱歌　三冊　每大本三角　小本二角
- 女子新唱歌　三冊　每大本三角　小本二角
- 唱歌遊戲　每冊一角半
- 手風琴唱歌　每大本三角　小本二角
- 舞蹈遊戲　每冊四角
- 體操教科書　每冊四角
- 小學體操詳解　二冊　每部九角

外交報特別廣告

二十世紀大著作名家童君愛樓實驗自來血保証書

明州童君愛樓著作等身生平擅長詩文書畫小說戲曲等一切撰作大江南北久噪文名歷在本埠各譯局各報館秉筆多年海內文學界中莫不知有此君其爲文莊諧並作獨闢町畦實爲近今二十世紀著作家中有數人物因其朝夜著作操勞過甚以致心血大衰精神困憊時患喘咳百藥無功今讀其來書知其服本藥房自來血後其病如失精神倍增仍能深宵著述不知勞倦深讚本藥房自來血有起衰扶弱之功今特將其惠書照登於下藉見自來血大有功於人之以思慮致疾云云○五洲大藥房主人雅鑒今啓者鄙人向以筆墨餬口歷在廣學會山西大學堂譯書院萬國商業月報館字林滬報娛聞日報文娛報鶴鳴報春申諸處辦事多年自顧不文著書至數百萬言一人精神有限終日埋頭窻下竟成了肺喘之症近更書寫稍久神志易昏不能如舊時深宵著述莫知苦辛鄙人亦稍諳醫理念小恙之來多由心血暗耗致陽氣飛越成神衰咳喘痰多內熱之症服多方均不見效後自去秋八月間服貴藥房自來血後不覺喘平痰少仍得耐勞蓋由補血而得能若此也心感之餘爲作此書聊伸謝悃幷告學界諸君之抱有同病者卽頌財安

厲本埠大馬路德仁里六弄志强學堂內童隱頓

海內諸公如蒙惠購請認明全球商標征瓶內加附五彩認眞劵一張値洋一角方不致誤小瓶一元二角大瓶式元每打十二元二十元託局函購原班回件

總發行所上海四馬路老巡捕房對面五洲大葯房抄登

人造自來血乃人身之活寶

人生百體所賴以生長者血也如血多則百體強壯血少則百體衰弱設遇血盡則百體自枯是故凡人不能無血血者誠乃人身之活寶也然吾人欲究身壯力健之術者必以多血爲適宜若近今之衛生家雖常服各種補品而未得十分健壯者何也其故因我國理化未精藥物一道素鮮研究故自古迄今絕未發明不知以多血爲要義噫此即吾身不強之由來也邇者神州睡獅抖擻初醒努力鼓盪我同胞之熱血奮振我同胞之精神無庸疑義速請嘗試能壯民力強國勢之人造自來血已經及時出現故再行謹告同胞凡有心虧血虛破金吐血面黃肌瘦頭暈眼花耳聾腎虧陽萎精枯四肢無力手足酸軟身虛脚腫胃弱脾薄以及婦女經水不調白帶赤帶頭痛腰酸五勞七傷諸虛百損之症者服之自然壯心經多血液請將下列服法試驗之自能奇功立見幸勿輕視蓋其中實有絕大之能力也我同胞凡購服自來血須先試驗究有功效若何可用小針刺破皮膚出血一滴滲在白紙上待服過七日之後再用前法將前者滴血之紙與七日後滴血之紙兩相比較後者之色必紅於前此則最易最明之確證也倘能多服則血愈紅而人之體力愈健又如腎虧耳鳴眼花者連服數日眼目自覺清爽耳鳴耳聾自可並除此即顯明有補腎之功效又如年老血衰或壯年勞傷過度體質虛弱面無血色者自必畏寒驟遇冷風即發寒噤者服之半月之後血氣漸充體質自固雖遇箭風亦不覺寒冷矣又有明見之確證如久患爛瘡而不易收口者自服自來血之後則瘡內之肉刺日漸增紅如能常服收口亦易如婦女之經淡白者服到一月經水當即增紅如患冷經痛經亦能並除凡患破金吐血者服之補血則可以之止血則不可然患吐血之人血愈虧少若不培補則體質愈弱病勢日重尤宜常服以補之當時雖無止血之功然久服之心經壯而吐血之患可以除根也如脚氣水腫者步履蹇滯亦血虛不充之故須連服旬日則腫自消而步自健矣又如患瘧疾者服之旬日立可除根不發以上一切功效皆最易試驗者也

●小瓶一元二角大瓶二元每打小瓶十二元大瓶二十元託局函購原班回件海內諸公如蒙惠購請認明全球商標爲記內附五彩認眞券一張値洋一角方不致悞

●總發行所上海四馬路老巡捕房對門靑花石三層大洋房五洲大藥房幷南北兩京以及各埠大藥房均有經售

五年夙疾

常州會婦患血薄氣衰心忡驚悸等症服韋廉士大醫生紅色補丸而獲全愈

候選直隸州州判常州李醒志君景綱來書云○余甚幸家慈五年夙疾一旦消除特誌數語以表感激之心使婦女中有患血崩症者知韋廉士大醫生紅色補丸不第能去其沉疴且能助其同登壽城也家慈汪太恭人自光緒乙巳冬因肝火抑鬱致患血崩劇症勢甚危殆雖經華醫診治得愈而失血過多身體虧弱百病叢生至丙午夏舊病復發勢更猛烈自此元氣大

李君景綱與共太夫人玉照

傷血薄若水心跳氣急將成癆瘵數年以來舊症頻發更甚於昔擬將就診於蘇州西醫院正籌思間忽於中西大藥房得見韋廉士大醫生紅色補丸之保證書一小冊展而讀之知是丸為醫治婦科中血薄氣衰之聖藥遂急購二瓶歸奉家慈不意甫經服罄頓見起色用是續購六瓶勸再服之未幾各病頓失氣血調和強健逾恒向之面黃肌瘦者今則紅潤肥胖竟成為康強無恙之人矣非韋廉士大醫生紅色補丸之功伊誰之功歟

韋廉士大醫生紅色補丸於羸弱之乏血之婦女更奏奇功蓋是丸常以鮮紅之新血饜飫受飢之腦筋使其筋絡強健有力也是丸又為使男子身體康健復原之聖藥其聲名廣播環球固為醫治 血薄氣衰 諸虛百損 少年斲喪 陽萎不舉 胃不消化 肝經各病 背骨疼痛 風溼骨痛 筋絡刺痛 臀骱痿痛 而左癱右瘓 跳舞瘋病 脚氣衝心 乾溼癬癩 瘡疥疔疹 皮膚炸裂 發熱病後 紅白痢疾 感冒風寒等症之良方男子操勞過度或因別故損傷

認明丸藥真樣

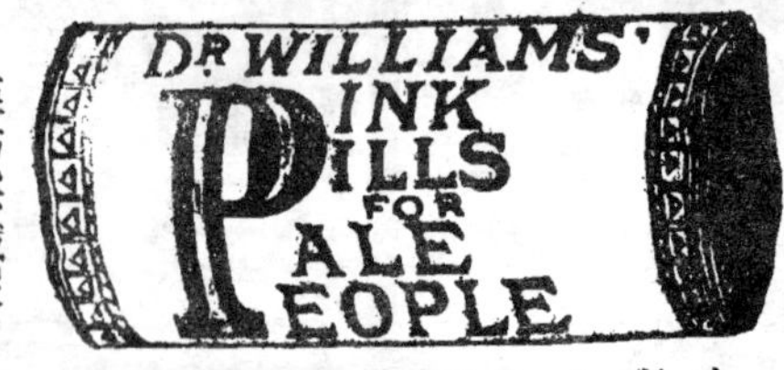

韋廉士大醫生紅色補丸

謹防隱戳假冒

身體一服是丸有立使精力復原身體強健之妙韋廉士大醫生紅色補丸各處商店藥局凡經售西藥者均有出售如內地無從購買儘可直向上海四川路八十四號韋廉士醫生藥局中國總發行處或向重慶白象街分行函購亦可 價銀每一瓶大洋一元五角 每六瓶大洋八元 無論遠近郵費在內

上海四川路第八十四號韋廉士大醫生藥局啟

國風報

大清郵政局特准掛號認為新聞紙類
日本明治四十三年二月十三日第三種郵便物認可

每月三期逢壹日發行

宣統二年六月念一日

第壹年第拾柒期

定價表 費須先惠逢閏照加

項目	報費
全年三十五冊	六元五角
上半年十七冊	三元五角
下半年十八冊	三元五角

零售每冊	二角五分
本國郵費	每冊四分
歐美郵費	每冊七分
日本郵費	每冊一分

廣告價目表

一面	十元
半面	六元

惠登廣告至少以半面起算如登多期面議從減

宣統二年六月念一日出版

編輯兼發行者 何國楨

發行所 上海福州路 國風報館

印刷所 上海福州路 廣智書局

分售處

北京桐梓胡同 廣智分局

廣州十八甫國事報館

廣州雙門底聖賢里 廣智分局

廣州十八甫廣生印務局

日本東京中國書林

國風報

各省代理處

▲直隷 保定府西大街 萃英山房
▲直隷 保定府 官書局
▲天津 府署東 原創第一家派報處
▲天津 浦東小關大街 公順京報局
▲天津 鄉祠南售報處 李茂林
▲天津 東馬路 羣益書局
▲奉天 省城交涉司對過 振泰報局
▲奉天 圖書館
▲盛京 昌圖府北大街 振泰報局
▲吉林 省城板子胡同 文盛報房
▲山東 濟南府芙蓉街 維新書局
▲河南 開封府城北書店街 茹古山房
▲河南 開封府西大街 文會山房
▲河南 開封府西大街 大河書局

▲河南 開封府西大街 教育品社
▲河南 開封北書店街 總派報處
▲河南 武陟三官廟街 永亨利
▲河南 彰德府 茹古山房
▲陝西 省城內竹笆市 公益書局
▲陝西 省城 萃新報社
▲山西 省城騶子巷 文元書局
▲山西 省城 書業昌記
▲貴州 崇學書局
▲雲南 城東院街沙腊巷口 大元京貨店
▲安徽 廬州府神州日報分館 陳福堂
▲安徽 廬州四牌樓閱報館 於炳章
▲漢口 黃陂街 昌明公司
▲安慶 府龍門口 萬卷書樓

國風報

各省代理處

- ▲蕪湖 徽州碼頭 科學圖書社
- ▲四川 成都府學道街 輸文新社
- ▲四川 成都 正誼書局
- ▲四川 成都會府東街 華洋冬報總派處
- ▲四川 成都南紗帽街 安定書屋
- ▲湖南 長沙 羣益圖書公司
- ▲湖南 常德府 申報館
- ▲南京 城夫子廟 啓新書局
- ▲南京 城淮清橋 莊嚴閣
- ▲南京 城花牌樓 崇藝書社
- ▲南京 城花牌樓 圖南書社
- ▲江西 省城洗馬池 開智書局
- ▲江西 廣信府文昌宮 益智官書局
- ▲江西 南昌萬子祠稜畫巷內 廣益派報社

- ▲福州 督署後 教科新書館總派報處
- ▲廈門 關帝廟街 新民書社
- ▲溫州 府前街 日新協記書莊
- ▲溫州 瑞安太平石街 廣明書社
- ▲蘇州 圓妙觀西察院巷口 瑪瑙經房
- ▲揚州 古旗亭街 經理各報分銷處
- ▲常熟 常照派報處 朱乾榮君
- ▲常熟 寺前街 海虞圖書館
- ▲常熟 孚記書莊
- ▲星加坡 南洋總滙報
- ▲澳洲 東華報
- ▲金山 世界日報
- ▲紐約 中國維新報
- ▲香港 中環砵甸乍街 致生印字館

國風報第一年第十七號目錄

虎邱劍池

虎邱

生公說法處

諭旨

六月十六日　上諭鑲白旗漢軍副都統馮國璋現在百日孝滿着改爲署任照常當差欽此監國攝政王鈐章軍機大臣署名

十七日　上諭恩存現在穿孝其所管鑲紅旗漢軍都統着載瀛署理欽此監國攝政王鈐章軍機大臣署名

十八日　上諭籌辦海軍事務大臣貝勒載洵着充參預政務大臣欽此　上諭馮汝騤奏考察屬員賢否分別舉劾一摺江西饒州府知府王祖同南安府同知請調廣信府同知明艮署萍鄉縣瀘溪縣知縣楊焜代理萬載縣補用知州金沛田署贛縣補用知縣汪都艮准補義甯州知州許鳳藻既據該撫臚陳政績均着傳旨嘉獎廣信府通判晏蔚琦玩視功令顢頇糊塗龍南縣知縣沈錫綬權落家丁操守不謹署清江縣知縣葉培椿信任官親家丁事皆懈弛試用知縣張宣中行止不謹有玷官箴安遠縣板石司巡檢袁錫璋擅行簽差釀案私和署大庾縣口石司巡檢余蔭桐辦事敷衍鄱陽縣典史姚樹藩疏懶無能餘干縣典史徐錫麟嗜賭玩公均著卽行革職德安縣知縣

柴正衡要案延不解勘監斃多名著開缺撤省聽候查辦署浮梁縣星子縣知縣劉仁壽禁賭不力著摘去頂戴撤省察看又片奏禁烟不力之署甯都州補用知縣王樹森於該州私種烟苗未能禁拔迨委員履勘又不上緊嚴辦著卽行革職署永新縣試用知縣盛時慶先事未能勸禁臨時剷拔幾釀聚衆抗拒之案着摘去頂戴撤省察看卸署玉山縣試用知縣王慶大禁拔煙苗不嚴產土較多著摘去頂戴停委三年蓮花廳同知俞錫祉雖已拔禁惟產苗較多著撤任摘去頂戴又片奏陸軍混成協馬隊第一營管帶副軍校江澄清品行不端操守難信應發馬乾含混倒馬甚多二標步隊第一營管帶縣丞職銜宣象離敷衍顢頇紀律懈弛二標步隊第二營後隊隊官協軍校劉聲震嗜賭偸安操課懈弛九江城守營守備劉國棟任性妄爲均着一併革職江澄清幷着驅逐回籍交地方官嚴加管束不准投効各省軍營該部知道欽此監國攝政王鈐章軍機大臣署名

十九日 上諭本日引見陸軍貴冑學堂畢業考列上等之一等男爵麟鈺著以二等侍衛用宗室世綱著以三等侍衛用考列中等之恩騎尉尙久恩着以藍翎侍衛用欽

此監國攝政王鈐章軍機大臣署名

廿二日　旨加恩御前行走之闊拉普親王塔旺布噜克扎勒著戴三眼花翎欽此監國攝政王鈐章軍機大臣署名

廿四日　上諭禮部右參議著端緒署理欽此監國攝政王鈐章軍機大臣署名　上諭增韞奏布政使顏鍾驥呈請開缺修墓據情代奏一摺浙江布政使顏鍾驥著准其開缺欽此監國攝政王鈐章軍機大臣署名　上諭山西歸綏道員缺著咸麟補授欽此軍機大臣署名

二十五日　上諭各省舉行新政就地籌款各學堂巡警諸務原以本地方之財用辦本地方之公益而地方自治即以此爲根基惟一省之中州縣貧富不同風氣亦異全在地方官酌度情形量力辦事察吏司諸督撫責成則在州縣爲牧令者必當勤於理事通達民隱凡派地方行政添籌捐欵應於事前剴切曉諭集耆老子弟告以此事之所以然又善用士紳蒞之以嚴察則疑謗之端自少謠言無自而生即間有恃强抗阻者核其情節擇尤懲治一二人公道旣彰斷無激動衆憤之理蓋牧令得人而地方滋

亂者未之有也乃聞不肖州縣平時上下隔絕於行政籌欵等事不加體察委之地方紳董紳士之賢者或潔身引避不願與聞或亦熱心公益出力辦事而憑藉官勢不諒輿情甚或借端抑勒挾私自肥百姓以爲厲己則怨讟叢生馴至布散謠言釀成事變究其原始僅由一二人之辦理不善而地方官實職其咎試問任用此地方官者督撫安所逃責耶嗣後各省督撫務當督同藩司愼選牧令爲地擇人各道府於所轄州縣聲息相通見聞必確凡州縣官辦事不合即當據實稟報倘含糊狥隱則轄境有事一併參處如是則督撫愼選於公責成該管道府寄以耳目又或密加察訪證諸輿論則於州縣官之賢否亦十得其八九矣豈待參劾於事後以爲卸責之地耶今各督撫區於行政亟於籌款而恆疏於察吏不知吏治不修則勞民傷財亂端且從此起新政何由而行其各加意於茲斯爲綏靖地方之至計也將此通諭知之欽此

上諭浙江布政使著吳引孫補授欽此

論說

論籌備立憲當先整肅紀綱

茶圃

修明一國之制度綱舉目張有條不紊使一國之事無鉅無小秩然各得其序則操何術以致之乎曰恃有法而已矣令下如流水之源使百司羣執事慄慄奉法黠者不敢骫法以自肆愿者不敢疲惰以溺職則操何術以致之乎曰能令法之必行而已矣稽之我國之歷史凡能張國勢而致治安者其道罔不由是是以管仲用齊而齊霸商鞅輔秦而秦興諸葛治蜀而蜀治王猛佐秦而秦强王安石之相宋張居正之相明皆能舉廢興墜弼成一代之治我國二千年來號稱政治大家其勛業事功赫然焜燿於後世者其人必法家者流能以嚴厲手段厲行法治主義者也我國今日百度縱弛棼然淩亂直可謂之無法之國也乃者迫於世界之大勢幡然改圖宣布立憲殆將進而爲法治國矣夫以無法之國移用法治之制凡百制度素所未有一切機關缺焉未具勢固不能不從事於籌備然二年以來所謂籌備之事無不因循粉飾有其名而無其實

論說 二

者何哉蓋以九年之短期舉改革之大業非以雷霆萬鈞之力行整齊嚴肅之法用精覈之督責爲嚴厲之進行必不能聳國人之精神而使之趨事赴功也

百年以來我國政治日卽頹靡至今日而弛敝極矣然究其弛敝之所由則皆由紀綱之不肅故朝廷令議一事受令者不以爲然則催促數四閣置而久不覆奏而朝廷不過問也朝廷簡任一官受任者憚其邊瘠則偃蹇朝命遷延而辭不就道而朝廷不過問也官吏犯法上級長官參劾之矣然甲省方列彈章乙省卽可調用遣戍軍臺而可以截留永不叙用而可以註銷而朝廷不過問也大吏溺職特簡重臣查辦之矣然雖有拿治之 旨錮之刑部之獄延宕累年而案不定罪狀昭著而讞不决而朝廷不過問也國法重懲墨吏而中外臣工簠簋不飭苞苴盛行而朝廷不過問也國家最重國庫而疆吏挪虧公款百數十萬更調之際私相彌掩而朝廷不過問也不寧惟是吏以墨敗巨贓纍然按律固可論死罪者也然所得處分不過革職而墨吏且坐擁巨貲以溫飽終身矣言官納賄賣摺言事 諭旨所斥爲敗類者也然所得處分不過回原衙門行走而敗類者仍回翔館閣以積資待用矣官常敗壞綱紀蕩然類此之事雖更僕

數而不能悉數彼官吏見朝廷之易與而無復法紀之可畏也則悍然盡決其堤防在上者賣官鬻爵賄賂公行坦然無可忌憚在下者輦金載寶鑽營奔競恬然絕無羞恥窮其力以營罔私利而國家大計置之不復聞問故國家行一新政則羣趨而視爲利藪營謀薪俸不事一事不聞朝廷一按其罪也國家舉一要事則袖手而視爲具文一紙空文巧詞敷衍亦不聞朝廷一發其覆也夫籌辦立憲之事無一非責之部臣疆臣彼部臣疆臣視國家之事固如秦人視越人之肥瘠漠然不動於中而朝廷亦瞑目斂手一切爲無意識之放任聽其空文搪塞而絕不加以覈實之督察任其恣睢自便絕不加以強力之制裁上下相蒙百舉具廢竊恐俟之百年其所謂籌備者亦無一事之能舉吾國遂將淪於九淵而憲政卒無成立之一日也

然則今日欲振疲薾弛縱之習以舉籌備憲政之實則亦惟奮雷霆萬鈞之力厲行整齊嚴肅之法而已矣我國今日之政治固所謂官僚政治也夫官僚政治以一國之政權悉委之少數官吏之手故官僚而善則興廢飭弛而國勢以張官僚不善則國事敗壞而日即危亂而官僚之善否恆視其國家綱紀之張弛以爲差故苟有嚴密之法制

論說 四

閑其官吏而不敢爲非而復有勵精圖治之君相綜覈名實以督察於其後則官僚政治實足以整齊一國之政而程功最易收效最神今日之德意志日本固行用完備之官僚政治而驟致富强者也夫以德日立憲之國猶能以官僚政治助國家之進步我國誠能以專制之威力整飭官僚使一切官吏對於職務負嚴重之責任以受在上者之監督懾於不測之威不敢稍自暇逸黽勉奉職併力趨功如是則政權之運用既極自由國家機關之行動復極敏便指臂相承百廢具舉官僚政治之成效安見其後於德日也且政治之進化也有必當經過之階級躐等而進則政體之基礎不固其結果必不能良開明專制者世界立憲諸國所必經之階級也自來之羣治必不能不由强制而能自保其秩序未經開明專制之國一羣之人渙若散沙一羣之事棼如亂絲非有强力之强制摶而一之整而理之則羣治無由蒸進以行用立憲之政治我國非二千年來號稱專制之國邪淩遲至於今日君主之權力且不能下及於臣庶咫尺之間法令已極而不行坐視百度之棼紊不能加以裁制持太阿而不能一割如此則不可謂制政出多門權不統一議一政則築室道謀舉一事則羣議淆亂國是不定無能獨

斷如是則不可謂專孟的斯鳩之言曰專制政體之國以威力爲元氣少數政體之國以名譽爲元氣立憲政體之國以道德爲元氣我今日雖預備立憲固猶在專制時代也權力不具元氣已漓專制之政體且不能鞏固而持久而尙欲挈此散渙弛靡之羣進而謀立憲之盛業哉嗚呼立憲之預備質言之則開明專制耳整飭紀綱實爲籌備著手之第一要義治本不端則萬事瓦解勉勉我王綱紀四方竊願至剛之大君一行此英斷之改革也

黃河從西來　窈窕入遠山
憑崖攬八極　目盡長空閑

時評

論政府阻撓國會之非

滄江

（一）上諭與軍機大臣責任問題

國中諸議局及其他公私團體。痛國事之敗壞。憂宗社之陸沈。敬謹聯合二十餘萬人。爲第二次請願國會之舉。乃以五月二十一日奉　上諭。深閉固拒。未予曲從。使此上諭而由我　皇上斷自　聖衷。則吾儕小民。何敢更生異議。雖然、我　皇上沖齡典學。未　親大政。此天下所共見也。監國攝政王。謙恭自牧。事無大小。悉諮廷臣。又天下所共聞也。此次　諭旨。經召見會議政務處王大臣及面詢各衙門行政大臣而後決定。此又明見於　諭旨文中及宮門鈔者也。且自宣統元年以來。凡一切　詔旨之末。皆有軍機大臣署名。此制實爲　國朝二百年來所未有。今茲所以行之者。則以先朝既確定中國爲立憲政體。因采大臣副署之制。以明責任所攸歸也。夫立憲政體之精神。君主不能爲惡。其有過舉。則惟大臣輔弼無狀。實職其咎。故詔勅中一句一字副署者悉任其責。萬不容諉過於君上。其有假制詔以爲護符者。是自處於至安。而貽君父以至危。其罪爲大不敬。所謂亂臣賊子。人人得而誅之者也。是故吾儕小民得援此義以詰責署名　詔末之軍機大臣。

（二）國民籲請速開國會之理由

軍機大臣署名之　上諭有云。願我臣民勿驚虛名而隳實效。嗚呼。以國民萬斛血淚而輕輕以虛名二字抹殺之。政府熒惑　聖聽之技。可謂巧矣。夫宣統八年之必召集國會。既明見於　先朝大誥。我　皇上且申之以信誓。國民卽好虛名。亦何爭此區區數年之歲月。而國民所以哀號迫切再三籲訴者。徒以現今之政治組織循而不改。不及三年。國必大亂。以至於亡。而宣統八年召集國會。爲將來歷史上所必無之事也。吾之此論。非惟政府羣公。聞而掩耳。卽邦人諸友。亦將疑爲泰甚。雖然。吾亦豈忍爲此不祥之言。因果相嬗。

自有定律固非諱言之而遂能逃避也今中國亡徵萬千不可殫述但舉財政一端以爲例而其他可推也今中央之財政每年入不敷出者幾何非吾儕所深悉惟見其日日與外省爭財源而已各省之財政每年入不敷出者幾何雖不能得實數然多者缺數百萬少者亦缺百餘萬此則見於度支部淸理財政之摺及各督撫之奏報歷歷可按者也約略計之則每年全國歲出三萬萬兩內外而歲入僅二萬萬兩內外雖不中當不甚遠假令有一家於此所入短於其所費三之一偶然如此尙可以謀挹注若年年以爲常則其家人非相率爲餓殍卽欺盜刼奪以陷於刑僇此事勢之無可逃避者也而不幸中國之財政乃有類於是前此猶得竭蹶以彌縫於一時也及最近一**二年間而有驚心動魄之一現象起焉則官俸與兵餉之延欠是已**（大淸會典所定之官俸近數十年來已折扣殆盡官吏亦久不恃此以爲養吾所言者非指此乃指新官制之津貼及各差委之薪水耳）都中除度支部外務部郵傳部外其他各署大率皆以籌給司員薪水爲最大問題外省則雖素號富庶之邦而各局員薪俸率皆支半欠半而各省所練新軍欠餉不發者多則半年少

時評 四

亦三月軍軍如是省省如是問將來從何處得款以補發則毫無成算但祈天雨金而已夫國家而欠官俸更何詞以整頓吏治國家而欠兵餉則無異授衆人以太阿使聚而戕我此現象繼續一年全國所至兵變矣故即此一端而大亂已可以猝發於旦夕政府諸公其亦知之否耶

夫財政現狀既已若是雖一事不辦力圖撙節固已儳然不可終日而政府當道猶日日假新政之美名致歲出增加無藝今日設一研究所明日設一籌備處全國所費動百數十萬也不寗惟是今日增一局明日置一課全國所費動百數十萬也不寗惟是中央則今日添一丞參上行走明日添一參事官各省則今日添一勸業道巡警道明日添一交涉司度支司薪俸及行政費之增加動百數十萬也不寗惟是今日派員往各省監查甲事明日派員往各省監查乙事每員薪水月輒數百每派一次所費動百數十萬也夫此種種日增之費不取諸民將焉取之嗚呼一國中同時能得幾個百數十萬人民之力能負擔幾個百數十萬管子不云乎天之生財有時民之用力有限而

人君之欲無窮以有時有限而養無窮之君足以上下相賊也今我 皇上雖恭儉自持而政府當道挹無窮之欲者乃千萬輩古者雖以殷富之民竭其力以奉一多欲之君而大亂未嘗不緣之而起況當民窮財盡之秋而豢千萬之虎狼以噬之其安得不激而橫決今吾民迫於全世界生計競爭之大勢既已喪失其恒業矣而政府復從而蹙之於死地加惡稅募惡債鑄惡幣發惡鈔以致百物騰踊四海困窮孟子曰庖有肥肉廐有肥馬民有飢色野有餓莩此率獸而食人也又曰使民盻盻然將終歲勤動而不得以養其父母又稱貸而益之使老弱轉乎溝壑又曰百姓舉疾首蹙頞而相告曰何爲使我至於此極也父子不相見兄弟妻子離散今一一當之矣循此不變不一二年國中百業俱廢民終歲不得一飽者必居其半（此絕非危言悚聽試讀拙著中國國民生計之危機等篇當明其故）民勞亦死逸亦死進亦死退亦死爲乞丐亦死爲盜賊亦死死及乎舉國皆有死之心而不樂其生則雖有善者亦不能爲計矣此僅就財政一端論之而必至之

趨勢既已若是而況乎他事之與之相緣者又更僕難數也。故使政治現象一如今日則全國之兵變與全國之民變必起於此一二年之間 此絕非革命黨煽動之力所能致也政府迫之使然也夫民變而偏於全國則政府雖有兵固已無自鎮壓若重之以全國兵變則政府及其他赫赫之官吏爲怨毒所集者惟有束手以聽暴民暴兵之臠炙而已況以今日中國在世界之位置言之東西列強必不容我鼎沸糜爛政府之力既僅能召亂而不能戡亂斯則必有代起而戡之者則其禍豈惟中於三百年之 皇室勢必且中於五千年之國家 嗚呼政府諸公乎公等日日夢囈尚以爲有此優閒之歲月待公等飽而颺去之後至宣統八年開國會乃舉艱大以遺諸他人乎夫必有國然後有國會吾敢斷言曰中國而欲有國會者惟開設於宣統四五年以前爲能有之過此以往吾中國永永無開設國會之時矣藉欲有之則如芬蘭之求國會於俄印度之求國會於英也我國民所以淚盡眼枯以求國會者徒以一失不可復得故願及未塡溝壑而覩其成使諸公而有一銖一黍之良心有一銖一黍之能力能保我國家之祚命及國民之生命至於宣統八年者則此區區期限之久暫敬當忍以待之何辱命焉 而不然者則詩不云乎鴟鴞鴟鴞旣取我子無毀我室我四萬萬人前世對於公等無論結有何種不可解之寃業公等奪其幸福者數十年報之已足幸毋並其所以託命者而奪之也

（三） 國會之職權及其功用

軍機大臣署名之 上諭又云「論議院之地位在憲法中祇爲參預立法之一機關

耳其與議院相輔相成之事何一不關重要非盡議院所能參預而謂議院一開即足竟全功而臻郅治古今中外亦無此理』嗚呼讀此而政府諸臣蠲蔽　聖明之罪昭然若揭矣夫謂議院（議院即國會也此從諭旨之文）爲參預立法之機關是也下一「祇」字一「耳」字一若議院舍此別無他職權則大非也欲明議院之性質必合法理上及政治上兩方面以觀察之而始得其全以云法理耶則我憲法今尚未頒定無成文之法理以資解釋所能論據者惟比較各國成法以求其公共之原則而已考各國議院其職權之大小廣狹千差萬別莫或相同有以議院爲單獨之大權機關其權非惟在政府之上且在君主之上者如德意志帝國及比利時是也有與他機關共同而組成大權機關者如英國美國法國等是也有兼爲司法機關者如英國之貴族院德國之聯邦參議院美國法國意國之元老院是也有兼爲行政機關者如德國之聯邦參議院美國之元老院是也（參觀第八號拙著中國國會制度私議第七葉至第十葉）第此勿深論專就各國議院共通之職權論之則（一）參預改正憲法之權（二）提出法律議決法律之權（三）議決預算審查決算之權（四）事後承諾之權（五）質問政府之權（六）上奏彈劾之權（七）

受理請願之權此七者無論何國之議院咸所具有故就比較法理言之即謂此爲萬國議院共通之職權可也卽謂此種職權苟缺其一即不成爲國會可也今乃云議院祇爲參預立法之一機關將其他職權盡爲削去此則無論徵諸何國憲法之法理而皆牴牾者也（名國會爲立法機關此本於孟德斯鳩三權鼎立之說其實今世各國立法事業非悉經國會而國會職權又不僅立法絕對的三權鼎立之說久爲學者所糾正矣）以云政治耶則議院最重之職務在於代表民意監督政府卽參預立法之權其根本精神亦在於是並非謂人民所選舉之議員其立法上之智識必能視政府爲優也今世立憲國之法案由政府提出者什而八九由議員提出者不過一二顧不聞緣是而謂議院參預立法之權可以輕視者蓋非是則無以防政府立法上之專橫而所立之法必不能順民所欲也夫當順民所欲而防政府之專橫者豈惟在立法而已大而政治之方針小而行政之成績苟非立監置史以堅明責任未有不積久而生弊者故就政治上以論議院之地位則議院之所以能安社稷利國家者不徒在其有參預立法之權而尤在其有主持財政監督行政之權其主持財政之權則以協贊預算之形式行之蓋庶政非財不行故政治上一舉手一投足無不與財政相麗

時評

預算案者。即政治方針之具體的表現也。議院既有協贊預算之權。則政府凡百施政。自不得不取途於預算。以受國民之公斷。其所施之政爲有方針耶。爲無方針耶。其方針爲適宜耶。爲不適宜耶。皆觀預算而可以得之。而既經議院協贊之預算。即以證明政府之施政能順民意者也。其預算不能通過於議院。即以證明政府之施政不順民意者也。故議院有協贊預算權。其於監督政治之大體。則已若網在綱矣。猶慮臨機應變之政策。或有誤也。則有質問權。及事後承諾權。以監督之。猶慮循名責實之有未周也。則有上奏彈劾權。以監督之。有此諸權者。以與參預立法權相輔。而完議院之功用。故爲政府者。進則收集思之益。自能兼聽以生明。退則懍具瞻之嚴。自能敬慎以毋肆。立憲政體所以優於專制政體者。其根本精神。皆在是。而我 德宗景皇帝所以宏此遠謨。以保子孫黎民者。凡以此也。今而曰議院除參預立法之外。一無所事也。則議院不過憲政編查館之輿臺已耳。以憲政編查館之輿臺爲議院。則其謂議院無關於國家安危大計。亦固其所。而惜乎其與各國議院之性質大相刺謬也。

諭旨云。「謂議院一開。即足竟全功而臻郅治。古今中外。亦無此理。」誠哉然也。夫政

十

治進化靡有止期若何而可稱爲全功若何而可稱爲郅治雖合全世界政治學大家固無從下其定義卽在今世憲政久行議院久開之國彼其君民上下亦曷嘗敢謂已竟全功而臻郅治者而况於中國乎雖然吾抑嘗徧讀各團體之請願書則未見其以此種夸大無實之言上熒 聖聽也**我國民主張速開國會之理由圖治尚其第二義而救亡乃其第一義**譬諸在冰天雪窖之中而胥謀亟熾爐火非謂但有爐火而人生之幸福卽已具備然目前苟無爐火將立失其生命而後此之幸福將安所託今吾國之急需國會正此類也夫以今日賣官鬻爵公然列肆持籌而算驅儈圉隸彈指卿相者一經國會之質問政府能辨答乎冗署冗缺冗差冗員政府所以位置私人而招徠善價者將其經費提出於國會能見承諾乎日搆虛辭捏報成績經國會委員會分科調查其能隱蔽乎國家歲計入不敷出者逾萬萬而歲出之屬於糜費者殆三之二此種豫算案其足以出醜於國會議場乎凡編豫算必期於收支適合國會若質問政府以何術彌此巨虧能置答乎其他若外交政

策之方針軍事政策之方針教育政策之方針交通政策之方針產業政策之方針理藩政策之方針無論爲大綱爲細目國會任舉一焉以質問各部大臣其能以片語見答乎民間種種顛連疾苦上請願書以求國家救濟者國會受理之以移於政府政府能展一籌乎此不過隨舉數端其他庶政罔不類是蓋更僕難盡也彼政府及一切官吏所以視國會如蛇蝎者曰惟此之故而國家與皇室與人民所以恃國會爲性命者亦惟此之故是故謂有國會而國立强則古今中外洵無此理若夫無國會而國立亡則古今中外不乏成例而在今日之中國其理尤洞若觀火者也夫組織國會選舉議員此非特爲國民之權利也而一方面亦爲國民之義務政府自言其不得已之苦衷謂非故靳國民以此權利曾亦思國民苟非萬不得已亦何樂汲汲焉攬此義務以自增其負擔

耶。假使有聖祖仁皇帝世宗憲皇帝腓力特力大彼得以爲之君管夷吾諸葛孔明張太岳俾士麥加富爾以爲之相則厲行開明專制一二十年而吾民於其間耕食鑿飲安居樂業扶杖以觀德化之成豈非快事夫我皇上他日親裁大政繩武仁憲方駕腓彼誠意中事然此當期諸十年以後也此十年中事無大小總已以聽於政府諸公政府諸公乃敢靦然自比管葛而爲俾加之所不敢爲乎夫公等爲天之降材所限不能自媲於前賢吾民亦豈忍苛責但使有至誠惻怛憂天下之心有皎然不敢欺君父之志則亦自能取人爲善相與有成而吾儕小民以生命財產託於公等之手魂夢亦可以暫安如日本之三條實美岩倉具視皆非有過人之才而能翊佐大業垂名無窮是其例也即不然者委蛇伴食无咎无譽雖不能爲國家增幸福猶不肯爲國民滋毒痛則吾民猶可以苟活數年以待公等之代謝今也公等之所爲明明惡國祚之綿長而日夕併力謀所以斲喪之惡人民之蕃息而日夕併力謀所以屠殺之吾民誠不忍列祖列宗艱難締造之國土從茲淪亡抑亦不甘以天地父母仁愛覆育之軀宛轉就死故於前途希望一切斷絕之餘作九死一生之想冀此國會成立得喚醒公等良心於萬一續此千鈞一髮之國命以奉諸我皇上而已 而公等乃謂其希全功而望郅治是晉惠食肉糜之類也

(四) 國會與籌備憲政

軍機大臣署名之 上諭動以籌備憲政爲辭一則曰面詢各衙門行政大臣皆奏稱籌備一切尚未完全再則曰仍俟九年籌備完全再行降旨其他連行累牘皆不外敷衍此一語 嗚呼亡中國者必此言也 今請立四義以明辨之

第一 憲政二字當作何解釋乎

第二 九年籌備案與國會果有何種之因果關係乎

第三 無國會而所謂憲政者果可得籌備乎

第四　現政府於其所謂憲政者果嘗籌備乎

第一　憲政二字當作何解釋乎　三四年來朝野上下洋洋盈耳皆曰憲政憲政然試叩以憲政之果爲何物恐能對者什不得一二也憲政也者立憲的政治也立憲的政治也者對於非立憲的政治而得名也何謂立憲的政治何謂非立憲的政治此非繩之以論理學則正確之意義不可得而見也今吾立一名於此曰此人也此非人也人與非人以何爲識別蓋人自有人之特質焉以示別於禽獸具此特質者名之曰人缺此特質者時曰非人憲政與非憲政之別則亦有然立憲的政治自有其特質焉以示別於非立憲的政治苟缺此特質則無論如何終不得以冒憲政之名也夫所謂立憲的政治之特質者何則政府對於國會而負責任是已蓋他事皆立憲政體與專制政體之所同惟此事惟立憲政體之所獨　**是故有國會謂之憲政無國會謂之非憲政籌辦國會謂之籌辦憲政不籌辦國會不謂之籌辦憲政**　責任內閣立憲的政治之一大特質也故籌辦責任內閣得謂之籌

時評

十六

辦憲政然責任內閣之名何以立以其對於國會負責任而始立也故無國會則無責任內閣不籌辦國會則等於不籌辦責任內閣何也責任內閣者非對於君主而負責任之謂也苟對於君主負責任而即稱為責任內閣則凡專制國之大臣何一不對於君主負責任者果爾則是專制政體與立憲政體之所同非立憲政體之所獨何足稱為特質乎是故必對於國會負責任始足以符立憲的責任內閣之定義使無國會則責任內閣何所麗以成立故不籌辦國會即等於不籌辦憲政毫無疑義也夫非謂舍國會以外凡百庶政可以無須籌辦也今世界中已有國會之國其所籌辦諸政曷嘗一日荒怠然此乃籌辦普通之政治不名為籌辦憲政也我 德宗景皇帝命嗣皇及百執事籌辦憲政恭繹 聖意則不外籌辦國會而已今政府非惟不籌辦國會而反沮撓國會舍憲政不辦而惟日日指憲政以外之事為憲政指與憲政不相容之事為憲政於是中外衙署紛紛設立憲政籌備處他且勿論彼翰林院有何憲政之可籌備者彼理藩部有何憲政之可籌備者其他各署亦皆若是已耳添置一局所則曰籌備憲政頒布一章程則曰籌備憲政任用一官吏則曰籌備憲政凡政府一舉一動皆納入於籌

備憲政之範圍中蓋經現政府籌備之後而憲政一名詞遂永永爲世詬病是故我國民上奉先帝之遺詔下按世界之學理決不能許現政府以冒籌備憲政之名孔子曰名不正則言不順言不順則事不成究其弊之所極至於民無所措手足今若正籌備憲政之名乎則惟籌備國會而已

第二　九年籌備案與國會果有何種之因果關係乎　現政府所謂籌備憲政則以光緒三十四年奏定之九年籌備案爲金科玉條此籌備案之鹵莽滅裂不成片段吾既已痛駁之（參觀本報第一號時評門）今政府託於籌備未完以沮撓國會所謂未完者謂此籌備案之項目敷衍未完如小學堂學生所讀課本未卒業也今且勿論此籌備案之價値惟論其與國會之關係何如考籌備案雖臚列八十餘項目以塞篇幅按其內容實只得十四項一曰設立諮議局資政院二曰調查戶口三曰編纂法典四曰司法獨立五曰辦理巡警六曰辦理地方自治七曰編訂官制官規八曰淸理財政九

時評　十八

日編國民課本十日變通旗制十一日設行政審判院十二日設弼德院十三日頒布憲法十四日頒布議院法及選舉法今得一一檢其與國會之關係以證籌備未完國會不能開之說果爲正確與否也

(一)國會與資政院諮議局　諮議局爲一省之議會國會爲一國之議會其性質雖相類其系統不相蒙兩者之間絕無因果之關係謂必先有諮議局然後能有國會無有是處藉曰必須爾也則諮議局之成立今已兩年他事雖籌備未完而此則已完矣其不足爲沮撓國會之口實明甚若夫資政院政府恒稱之爲議院之基礎在彼固以爲與國會有密切之因果關係吾則以爲資政院非惟與國會不成關係而且與國會不相容者也此其理由國會請願代表言之甚詳吾亦於下方別爲專條以論之

(二)國會與調查戶口　戶口與選舉略有關係則調查戶口與國會不得謂絕無關係雖然謂戶口調查未竣即選舉不能執行此奮言也諮議局議員由選舉而成而籌備案以調查戶口列於諮議局成立之後謂諮議局議員可以無須調查

戶口而選舉國會議員則非調查戶口後不能選舉此何理乎

(三)國會與編纂法典　國會與編纂法典絕無因果之關係者也蓋法律之應否編爲成典至今尚爲世界學者論爭之一問題若謂必須法典完成之後乃能開國會也則如彼英美等諸不典國將永世無開國會之期矣(不典國與成典國相對待成典國者將民刑商訴等重要之法律以系統的組織編爲成書也不典國者國中惟有許多單行法而未嘗編爲成書也今世界上無所謂英國民法美國民法等蓋英美皆不典國也)卽在采成典主義之國亦從未聞必先有法典然後可以有國會法國國會起於一七八九年其民法頒於一八〇四年德國國會濫觴於一八四八年大成於一八七一年其民法頒於一八九七年日本國會開設於明治二十四年其民法頒於明治二十八年其他諸法無論何國大率皆成就於國會既開之後故開設國會與編纂法典可謂之絕無關係若必曰有關係者則謂當先開國會而

後頒法典猶爲近之此不徒徵諸各國成例爲然也蓋法典之爲物其效力視普通之單行法爲尤強國民公私權於茲託命焉**國會以參預立法爲一重要之職務若民刑商訴諸大法典未經國會議決而遂頒布是舉國民參預立法權之一大部分而剝奪之也**是故籌備案以編纂法典列於召集國會之前實爲大悖論理至謂非俟編纂法典事業籌備完全之後不能開設國會則更夢囈矣

(四)國會與司法獨立　司法之事與國會最不相蒙其絕無因果關係不辨自明

(五)國會與巡警　巡警不過內務行政之一事與國會絕無因果關係如曰必辦完巡警始能開國會此無異謂必須練成海軍始能開國會也有是理乎

(六)國會與地方自治　**謂地方自治之成立當先於國會此現行俗說之最強有力者**非特政府借此以延宕而大多數之國

民亦或緣此而自疑卽吾黨前此亦誤於此說此所謂彌近理而大亂眞者不可以不辨也夫謂自治當先於國會者不過曰借此以養成人民政治上之能力而已夫人民習於地方自治則能喚起其參與公事之興味孕育其服從多數之習慣政治能力緣而增長誰曰不然雖然在歐美諸國其地方自治爲歷史上所固有者旣數百年非國家强迫之獎厲之而始成立也是以能收其效若國中本無地方自治之習慣或雖有之而與多數政治之精神相牴觸者則假國會以養成政治能力爲道尙稍易假地方自治以養成政治能力爲道尤難彼日本初開國會已斐然可觀後此年年進步而其地方自治辦理二十餘年至今訖未完備而一切要政多受成於官吏實最確之例證也此其故何耶蓋事業無論大小成之存乎其人國會議員以一國之大所需不過數百人地方自治則一鎭一鄕動需數十人於一國而拔其秀者得數百人爲事易於一鎭一鄕而拔其秀者得數十人爲事難此理勢之至易覩者也今中國人之有新智識而感政治上之興味者本已甚稀其或有之則當此國家危於累卵之時自必急其所急以全國之利害

爲重而一方之利害爲輕故非俟國會既開危機已過之後則有新智識而抱熱誠之士必不肯盡瘁於一鎮一鄉之自治有斷然也然則此數年內就令地方自治果能成立其機關亦不過爲頑劣紳士所盤據愈以助其武斷鄉曲之淫威於人民究何利焉而此輩强半不適生存於立憲政體之下不久當受天然淘汰若望其練習數年後爲國會之中堅是欲彫朽木而圬糞墻也 **由此言之則泰西之地方自治誠與國會有因果之關係而現政府所籌辦之地方自治則與國會無一毫之因果關係者也** 況以事勢言之則國會不開地方自治又決無成立之期何也辦地方自治必須先籌地方財政而籌地方財政必須使地方人民於負擔國稅之外仍有力以負擔地方稅然後可以言籌也 **中國若三年內不開國會則全國之民皆憔悴於虐政而轉乎溝壑夫安有**

以救死不贍之人而猶暇爲鄉鄰造福者哉

(七)國會與官制官規　官制官規全屬行政範圍與國會不相蒙其無因果關係不辨自明而立憲政體之官制莫要於責任內閣無國會則責任內閣無所麗而官規之實行亦賴國會爲間接之行政監督故謂有國會然後官制官規能臻完善則是也謂官制官規完善後始能開國會則非也

(八)國會與清理財政　國會以承諾租稅監督財政爲最重要之職務**故爲積極的財政計畫起見非有國會不可爲消極的財政整頓起見亦非有國會不可**　我國民之主張速開國會此實其最主要之一理由也而政府則謂以財政未清理之故不能開設國會此何理耶謂附屬於國會之經費無所出耶公等日日取吾民之脂膏血汗恣意揮霍一擲千萬所憂者豈在此區區若此區區者公等誠不能籌措則國會自必有術焉以籌措之無勞公等仰屋也若曰豫算表不易編成無從提出於國會耶此誠公等不

可告人之隱衷然試問此一二年內猶不舉行預算則國家破產之禍更能免否國家破產更安所得宣統八年以召集國會也且政府不言以資政院爲國會基礎乎此爲國會基礎之資政院亦有議決預算權否耶如其無之何基礎之可言如其有之則可以提出於資政院者曷爲不可以提出於國會故籌備案中關於財政之各項目謂必俟一一籌備完全之後始能開國會其說決不成立也

(九)國會與國民課本　籌備案中有編輯簡易識字課本編輯國民必讀課本創設簡易學塾等條最爲可笑吾前曾言之(參觀第一號時評)政府日以程度不足責吾民問其以何術籌備而使之足則於九年籌備案中年年排列簡易識字課本簡易識字學塾等項目黔驢之技止於此矣夫國家教育之本意非驅一國之人民悉從事於政治也故普通教育重焉普通教育固隨處灌輸之以立憲國民之常識而所恃以爲國會議員以代表民意者則非以此而遂足故恒注重政治教育使人

民之秀者得由此以自致所謂政治教育者不一端而官私大學之教授報紙之論列政黨之指導其最要也使籌備案中所規定爲某年設立官私大學某年推廣官私大學限某年在大學畢業者須得若干人未及此數則指爲籌備未完全國會不可開則吾無間然也又使政府以國中報館程度幼稚以國中無一政黨而籌備所以改良之獎厲之者當其籌備未完全而因言國會未可開則吾益無間然也今也不然方禁止私立法政大學方停止留學法政官費方桎梏報館方推鋤政黨而所以爲國會之預備者惟恃籌備簡易識字試問簡易識字果與國會有何關係度公等固斷未必肯行普通選舉制也且諮議局尚行複選舉制則將來國會之必行複選舉制又可推也於國民中拔其秀者然後予之以選舉權又拔其秀者然後予之以第二次選舉權又拔其秀者然後舉而列諸國會復何慮其不識字是故籌備簡易識字與國會無絲毫之因果關係其事甚明

（十）國會與變通旗制　變通旗制爲一種特別行政與國會絕無關係事至易見若謂旗制未變定以前於選舉議員不無窒礙則如現在諮議局暫設旗籍議員

俟他日變定後始行歸併。有何不可。此固不足為國會之障也。

(十一)國會與行政審判院

(十二)國會與弼德院　行政審判院受理行政訴訟。弼德院備君上顧問。皆為一種獨立機關。與國會異其系統。其彼此不必相待。至易見。

(十三)國會與憲法　宜先有憲法而後有國會耶。宜先有國會而後有憲法耶。抑國會憲法宜同時成立耶。此我國人亟欲研究之問題也。當世諸立憲國中。國會與憲法同時成立者居多數。吾國采此主義。未始不可。雖然　謂非有憲法即不能有國會。此大謬也。英國為立憲政體之祖國。其國會建設已數百年。而至今尚無成文憲法。使國會必有待於憲法。則英何以稱焉。不獨英也。法國先有國民議會。然後有憲法。美國先有十三州議會。然後有憲法。德國先有聯邦議會。然後有憲法。自餘諸國。率皆類是。蓋雖兩者同時成立。然猶必召集國會後。乃頒布憲法。

觀各國憲法條文其發端皆有經國會協贊字樣斯可證也　惟日本以有特別之國情故先頒布憲法乃始召集國會然國情異於日本者固非可以漫然學步卽以日本論彼中有識之學者於此舉猶多腹誹蓋憲法旣頒於未有國會以前斯不得不用君主單獨之名義而用君主單獨之名義以頒布憲法其憲法之硬性過甚雖時勢變遷而改正不易非國家之福也故吾黨所主張謂宜先制定憲法草案而暫勿頒布俟國會第一次開會將草案提出經協贊然後布之此旣符各國通例亦適應我國國情者也夫憲法之與國會誠有密切之因果關係制定草案誠不可不先時籌備然以一年之力爲之亦旣優優有餘謂徒以此而必須費九年之光陰甚無理也

(十四)國會與議院法選舉法　此其因果關係最爲直接非有議院法選舉法則國會決不能發生不能存在　當召集國會前必須籌備者惟此一事而已　然此則何難之有以憲政編查館之濟濟多才數日半月可了矣

況關於諸議局之種種法規皆足以爲先河及今籌備其事已因而非創乎謂此區區者而須期以九年尤無理也

準此以談則九年籌備案中雖臚列八十餘目按諸實際僅得十四項此十四項中與國會有因果關係者僅得兩項此兩項中又惟一項必須籌備於召集國會以前其他項則雖一面召集一面籌備亦不爲晚而此必須籌備於召集國會以前之一項則數日半月可了者也 然則謂籌備必經九年始能完全未完全則不能召集國會者直欺罔而已獨奈何以我皇上之聖明而政府諸臣乃敢於欺罔忍於欺罔也獨奈何以我國民之忠愛乃坐視政府諸臣欺罔我 皇上而曾無所動於中也

第三 無國會而所謂憲政者果可得籌備乎 上所論者謂九年籌備案與國會絕無因果關係國會之能開與否不視此案籌備之曾完與否也雖然案中所列什九

皆屬要政此數年中必須次第籌辦自無待言雖然苟無國會則此諸政者果可得籌辦乎吾謂立兩義以衡之夫政無大小其舉之也必以財故財政實爲一切政治之總前提然今日之中國而無國會則財政萬無整理之時吾既屢言之矣夫國家所以得收入之道舉其重者約有三端曰租稅也曰官辦事業之利益也曰公債也國會未開無從募一文之公債徵諸前事既歷歷矣官辦事業若郵政電報若鐵路在各國政府之收歸官辦者其目的雖非借以籌款然辦理得法自然能於利便人民之外仍有非常之利爲國家歲入一大宗今中國諸官業中有須賠墊者有僅得微利者然使經辦之官吏能有實心有常識則現之賠墊者決無須賠墊而微利必易爲厚利可斷言也試舉一事言之即如京漢鐵路現每年獲利雖云有數百萬然搭客車價每人至六十餘元世界各國無此奇昂此無異欲阻禁人民之搭車而已又如普通行車惟日行而不夜行其他設備之種種不完經理之種種無法不可具述使東西各國有此繁盛延長之路其便民必數十倍於我而政府所得亦必數倍於我可斷言矣姑舉此爲例其他皆可以是推之夫無實心無常識之官吏所以得濫竽其間者徒以無國會監督之使然也故國會不開則此種收入必有日減無日增蓋可必矣現政府所最津津有味者則惟在爭此種官業之餘利而不知日減之象久已見端謂余不信試觀五年前京奉鐵路所獲利與近兩年比較則何如吾知此種好夢不久亦將驚覺矣若夫租稅則英國人所謂「不出代議士不納租

稅」之一格言國中一部分人士雖倡導之然未必能見諸實行故政府亦不以介意雖然舊稅之抗納容或為事理所暫無而新稅之增徵則為情勢所萬不能致此徵諸印花稅推行之艱窘而可知也又不惟新稅而已**即以舊稅論苟循今日之政治現象而不變則今後徵收日以困難而收入日以減少又事勢之無可逃避者也**其在間接稅（如釐金關稅等）財政學上所謂最富於自然增收之性質者其性質既能自然增收則亦能自然減收民富日發達則一切物品之銷場廣不必加增稅率而收入可以自增反之而民富日萎悴則一切物品之銷場狹雖稅率仍舊或議增焉而收入反以自減此不易之理也我國釐金統捐等近一二年來各省所收皆銳減官吏曹於學理咸莫解其所以然不知履霜堅冰所由來漸矣其在直接稅（如田賦等）政府定率取盈人民固莫得而抗然雖有公忠馴良之民亦必其負擔力所能逮然後得以自效於國家若老弱轉乎溝壑壯者散而之四方則雖欲靖獻其可得乎然中國此種現象則日迫一日不

一二年決無幸矣 **故中國而無國會則新稅決不能增徵而舊稅必日以減收其事至易明** 夫所謂有國會而政府收入可以增者非謂國會以有承諾租稅權故遂能強國民以苛重之負擔也（政府中亦有一部分人懷此理想者而民黨之游說政府亦或以此餂之其實非正當之觀念也） 蓋國會既開之後則政府無論如何必須將財政計畫提出以求協贊而計畫之太悖於學理能生出涸竭民力之惡果者決無從通過故稅源得受保護而無自然減收及逃匿不納之患此其利一也欲增新稅雖其稅目選擇極當然猶必使人民解其所以然之故乃始不以爲厲己而推行可免阻障何以能如此則必使人民於國家之觀念見之漸眞於政治之興味感之漸深然後開導之乃易爲力彼日本政府於所得稅相續稅等明知其爲最良之稅目然非俟召集國會以後不能施行此中消息蓋可參矣故必有國會然後善良之租稅系統得以建設此其利二也 **由此言之則非有國會而財政之整理萬不**

可期雖蘇張之舌無能相難矣而財政不足以給新政之所需則未辦者必永遠閣置即已辦者亦半途廢止勢必然矣不見此兩月來京外大吏陳請緩辦新政之疏已果上乎其言雖或由於頑固或出於忠愛未可以一概論而要之皆以財政問題不能解決致生此反動此萬目所共睹也是故此一二年內不開國會則無論以何人當籌備憲政之局決不能爲無米之炊而九年籌備案中所列諸項目其屬於宣統三四年以後者勢不得不悉行中止吾所敢斷言也

復次即舍財政勿論而以現在之政治組織果足充籌備憲政之機關乎蓋九年籌備案雖屬鹵莽滅裂然任欲籌備其一二端固已非有適當之機關不能爲力而現在之政治機關則無一而適者也現機關之不適者其事非一而根本之缺

點則在事權不統一責任不分明舉措無計畫名實難綜覈此事吾於憲政編查館所編行政綱目別有批評將於彼文詳之今且勿具論然一言以蔽之其樞紐不外在設責任內閣然非有國會則責任內閣決無從成立故國會又樞紐之樞紐也今也在現行政治組織之下雖使管夷吾諸葛武侯俾士麥嘉富爾復生則亦困頓於簿書期會束縛於築室道謀而銷磨其精神破壞其計畫已耳故曰無國會而所謂憲政者決不能籌備也

第四　現政府於其所謂憲政者果嘗籌備乎　前此所論(其一)以憲政與普通政治不容混爲一談不得舉凡百政治而盡託於憲政之名也(其二)謂九年籌備案鹵莽滅裂不能援之以爲延宕國會之口實也(其三)謂苟無國會則並此鹵莽滅裂之籌備案而不能行無論以何人當籌備之任皆將束手也然此皆勿具論就令如政府之意謂籌備案所列項目與憲政之範圍適相脗合舍此以外更無憲政而

此所謂憲政。又不必有國會而已能籌備也。而現政府果嘗從事於籌備乎。此則當請政府諸公捫心自問。無勞吾輩更贅一辭也。今軍機大臣署名之上諭一則曰各衙門行政大臣皆奏稱按期次第籌備一切。再則曰經憲政編查館奏派妥員分起前赴按照籌備清單認眞考核。三則曰朝廷按期責效並未嘗稍任鬆懈。嗚呼政府諸臣乃敢爲不怍之言以上欺 君父而下欺國民乎。今每半年奏報籌備成績一次。聽其言則百廢具舉。稽其實則百舉具廢。此非吾輩少數人之私言。實天下無智愚賢不肖所同認也。 上諭有云。宵旰急切圖治之心。當爲薄海臣民所共諒。夫我 皇上之急切圖治。凡有血氣莫不尊親。雖微 明詔。我臣民寧不知感。若政府諸臣乎。我臣民惟見其急切圖亂而已。公等而欲求諒於臣民耶。則請先自求諒於其良心。正恐薄海臣民雖恕公等。而公等之良心無一刻可以恕公等也。易曰鼎折足覆公餗其形渥凶。言不勝其任也。夫此九年籌備案者。雖一一依單籌備。已不足以稱爲救時良藥而在現在政治組織之下雖有非常之才眞心籌備固亦無術以底於成而況政府諸公乃視爲兒戲貪爲利藪而絕未嘗爲一日之籌備者耶然則如公等言謂必須籌備完全乃可開國會是國會終無能開之日而已何也以公等之籌備終無能完全之一日也

（五）國會與人民程度

謂人民程度不足不能開國會請願國會代表諸君已力辨其謬而政府猶津津然藉此以爲口實且易「不足」之名曰「不一」此其說果足以自完乎夫我國民動曰吾人民程度已足此吾所不敢苟同也吾國現在人民之程度以比東西諸立憲國實自慚低下安能爲諱雖然此足爲阻撓國會之口實乎吾又將立三義以質之

第一 程度不能爲國會議員者果能爲政府官吏乎

第二 程度不一果足爲國會之病乎

第三 現在程度不適於開國會者果九年後而遂適乎

第一 程度不能爲國會議員者果能爲政府官吏乎 所謂人民程度者指全國之人之程度言之也故凡有籍於此國中者自必悉在此程度範圍之中而無所逃若欲將官吏置此範圍外也**則必官吏非人焉然後可也**官吏與非官吏者既同爲人也且同爲中國之人也則謂程度本不足之非官吏者一變爲官吏而程度遂足天下斷無此理不特此也**政府官吏所需之程度其懸格宜視國會議員爲更高**何以明之

（一）現今各立憲國一切法案大率由政府調製以提出於國會國會議員雖亦有提出之權然什九皆出自政府則各國所同也故政府之計畫爲創而國會之評決爲因創者勞而因者逸創者難而因者易非程度極高者以創而苦不足雖程度稍下者以因而猶有餘也

（二）國會於凡百庶政則批評其是非得失而已政府官吏則當執行之故議員雖以坐論之士猶優爲之政府官吏非富於經驗有幹事才者不能勝任也

故議員之程度惟以智識爲標準政府官吏之程度兼以智識與能力兩者爲標準此取一而彼取二也

（三）國會爲多數合議之機關而各行政官署大率爲獨任機關合議機關一人程度不足者他人可以補之管子所謂民分而聽之則愚合而聽之則聖也獨任機關尸之者惟一人苟非其人則此機關全隳矣故國會議員之程度以相補而易足政府官吏之程度以寡助而難完也

準此以談則謂今日中國以人民程度不足之故無一人堪爲政府官吏則吾或無以爲難**既有人堪爲政府官吏而獨云無人堪爲國會議員此猶謂力足以舉百鈞而不足以舉一羽天下寧有是理**是故政府而欲自完其說則必當自己先認程度不足而立刻辭職不寗惟是以程度不足故一切行政官廳皆須立時廢止以俟程度既足之後而始再設而不然者以程度如此低下之國民以之充議決機關之分子而猶虞僨事

者更安望其能充執行機關之分子今政府乃難視其所易而易視其所難此何理也是故人民程度不足之說外國人以此誚我則可人民以此自鞭策則可而獨**出諸政府官吏之口則大不可也**

第二 程度不一果足爲國會之病乎 政府亦知程度不足之說終不能成立也於是變不足以名曰不一軍機大臣署名之兩次 上諭皆有此言舞文於字句之間誠現政府之長技哉吾請更樹兩義以破其說

（一） 夫物之不齊物之情也無論政教若何修明終不能以使全國人民程度悉歸於一例如今日僅有少數人民程度達於乙點而其他多數程度尚止於甲點此不一之名所由起也陶冶而遷化之則前在甲點者可進而至乙點矣而前在乙點者又將進而至丙點如是遞嬗以至無窮是以終無能一之時試問政府今世各立憲國果有何國焉其人民程度能一者乎是故一程度之說大悖論理決無自成立也

（二）且國會又決非俟人民程度均一而始能成立者也其在古代雅典斯巴達等市府國家議會由人民全體組織而成則程度均一尚不失爲理想的要求今世之國會則采代議制度而已人民各舉其賢智於我者以爲議員被選人之程度恆加選舉人一等此各國之通例也故選舉人程度尚在甲點者則必能選乙點之人以爲議員選舉人程度進於乙點者又自能選丙點之人以爲議員正惟以程度不一之故而代議制度乃得運行圓活曷足病焉夫今日政府官吏之程度決無有以優越於一般之人民此舉國所同認也藉曰稍優越也亦不過甲點與乙點之比例已耳政府官吏程度能達乙點何以見人民所選議員其程度不能達乙點以同級程度之議員監督同級程度之政府此正所謂枝枝相對葉葉相當者耳

第三　現在程度不適於開國會者果九年後而遂適乎　政府而曰國民之程度不適於開國會故中國政體惟宜專制而不宜立憲也則吾亦更無責焉今也不然宣統三四年之人民程度不足一至宣統八九年而程度遂足吾不解其何理也噫嘻、

吾知之矣政府增進人民程度惟一之利器則彼籌備案中最大特色之簡易識字政策也故原案於第七八九年間將人民識字者須得幾分之幾列爲一項夫僅能識字其與立憲國民程度之關係至爲微薄吾旣痛陳之就令曰有關係也而試問以現政府之力果能使今後數年間人民識字者日以加增乎吾見其適得其反已耳**以吾論之則此一二年內吾民之程度尚足以開國會更閱數年乃眞不足以開國會矣** 此非好爲矯激之言也請言其理

（一） 現在人民浴國家百年養士之澤承先民好學之風其治國聞而知大義者尙不乏人及近年所謂新敎育者輿非素封之家不能遣子入學而舍學堂外又更無就學之途而學堂學科之內容其腐敗又日甚一日**故此後國中識字解文義之人惟有歲減而無歲增多閱一年而人民程度低下一級** 此徵諸已事而可知者也

（二）距今數年前爲全國人民最熱心以求政治智識之時代蓋留學東西洋以學法政者殆及萬人焉今政府一變前此之獎厲政策爲摧抑政策矣故留學生之學法政者則撤其官費私立法政學堂則禁止之（今雖弛禁然不積極而獎厲終無從發達也）官立諸校其不足以養成人才至易覩矣**故自今以往國中有政治智識之人亦恐有日減而無日增**雖至宣統八九年而其所恃以爲議員之中堅者仍不外現在已具此種智識之人而已然人之志氣最易銷磨而學問亦至易遺失學成而無所憑藉以發揮之則或慷慨悲吒頹然自放或媚世取容喪其所守自非有高世之行絕倫之才則其不墮落以儕於流俗者幾何而其熱狂過度者則又或走於詭激之途而嬰羅網以死故現在具有政治智識之人急開國會以招致之則咸能出其所學盡瘁國事且才智以磨練而愈出行將蔚爲國幹吏閱數年則雖有存焉者寡矣而繼起者又且日衰是故於此一二年內速開國會國會猶可以得人九年以後其程度

決無術以逮今茲也

（三）管子有言倉廩實而知禮節衣食足而知榮辱必國民生計稍足自給少數優秀之民不至太以衣食之累擾其神明然後得有餘裕以盡瘁於國家今中國國民生計日趨萎悴其徵已顯今者愛國之士見迫於仰事俯畜之計而自卸責任者已不乏人愈遲一年則此勢愈甚且謀生愈艱則全國子弟失學者愈衆坐是之故人民程度惟有日退而無日進又必至之勢也

吾故曰此一二年內吾民之程度尙足以開國會更閱數年乃眞不足以開國會此皆根於事實之言非激論也

要之人民程度說其根據甚爲薄弱合請願國會同志會意見書與吾此論觀之其說蓋不攻自破矣

（六）國會與資政院

軍機大臣署名之上諭謂有資政院可以無國會此種誤解請願國會同志會意見書中辨之至詳恰如吾意所欲言故不復再論（參觀第九號所載原書）吾對於資政院尙有意見他

日更當別爲文論之。

（七）所謂不准再行瀆請者何如

軍機大臣署名之　上諭最末一語曰、不准再行瀆請。是將以杜第三次請願之途而永錮民口也。嗚呼。方今國會未開。軍機大臣署名之　詔勅固無獨立之機關以糾其責任。不知軍機大臣對於　列祖　列宗亦應負責任否耶。　祖　宗既設立都察院更於通政使司置登聞鼓凡所以宣小民之隱而通上下之情蓋　列聖以一夫不獲時余之咎爲心故遠踵唐虞三代盛軌立誹謗木建敢諫鼓雖里巷之謠矇瞽之議猶不憚延攬以廣　聖聰　世祖章皇帝　聖祖仁皇帝　聖訓於此事不啻三令五申　列宗繩　武代有　明訓即最近而光緒二十四年六月　德宗景皇帝尚有嚴飭都察院不准任意延閣人民呈請代奏呈稿違者嚴行治罪之　諭蓋人民有請願權而政府之特設機關有必須爲代奏之義務此實我　聖清之不文憲法百世子孫莫

之敢易者也我　皇上之仁孝其斷不忍蔑　祖　宗大法自無待言而軍機大臣有輔弼之責者豈其於歷朝　聖訓竟未一讀乃敢於破壞　列聖所賜與臣民之權利而陷我　皇上於不孝也蓋請願之見采擇與否　聖心自有權衡顧雖於不可采擇之事而猶許其請願者　列聖所以念民瘼而察邇言且使政府毋得漫爲煬竈故歐美各國之碩學有謂我中國立憲精神發達最早者此卽其一也今　朝廷既以立憲號於天下雖前此本無此制猶當急頒之而況於　列聖相傳之家法乎今日不准再行瀆請不知國會以外之事件自今以往我國民尚得呈請願書於都察院而都察院尚有必爲代奏之義務否耶如曰不得也則是三百年來　列聖之所以睨我民者今一旦委諸草莽也如曰得也則事之關於一局部之利害者猶許請願而關於全國之利害者獨不許請願出於一人之私見者猶得請願出於全國人多數之公見者獨不許請願此何說也吾國民固有懔遵　諭

旨之義務同時更有懍遵　聖訓之義務若遇　諭旨與　聖訓矛盾則吾民當遵　諭旨耶當遵　聖訓耶願署名之軍機大臣一明示之也如曰不當遵　聖訓也則其人乃　聖清之亂臣賊子也如曰當遵　聖訓也則吾民之第三次請願乃體我　皇上繼　志述事之仁非違　詔也嗚呼我國民其思之矣

（八）結論

要而論之我　德宗景皇帝下九年開國會之　詔全由當時時勢與今不同各省代表所上書謂　先帝猶是堯步舜趨之時我　皇上已處禹馳湯驟之世誠哉然也然使　德宗景皇帝非遽棄臣民則依最初之計畫著著實行籌備羣僚懾於　威靈罔敢鬆懈則中國之危或不至如今日之甚而行此數年開明專制其造福或且益多矣

時評

天不弔龍髯難挽我 皇上當典學之年總己以聽政府而不料政府之所謂籌備者乃無一事不出於欺罔我國民惟以哀慕 先帝愛戴 皇上之故乃乞早開國會以紓 宵旰之勞苦而防威福之下移忠愛之誠已爲 皇上所深悉而政府徒以不便己之故設種種詖辭以行沮撓且不自任責而託 詔旨爲護符蓋我 皇上爲彼受過方且語人曰非吾儕不欲速開國會其奈 聖意不可回也嗚呼 皇上之委政於公等天下孰不聞公等雖欲人民府怨於 皇上人民安肯受欺李固與胡廣趙戒書云後之良史豈有所私吾願爲公等誦之

著譯

歐洲最近外交事情

明水

敵國並立之世非獨軍實為急也即外交亦當有事焉粵考春秋二百四十年中聘享會盟歲無虛日夫鄭小邦也得子產以折衝樽俎晉楚不敢恃其強吳荒服也有季札以觀光上國中原不敢侮其陋即在近世如德意志之聯邦意大利之建國其締造之初舉無不汲汲於是蓋交隣得道則有與國足以相衞不得其道則多樹敵適以自危勢使然也況今日之競爭又非往日可比昔者強弱之機決於戰陳今者勝負之數仍視縱橫苟其昧焉鮮克有濟然欲操縱有術舉措無違則當先審大勢之所趨察己國之所重否則冥行妄動禍敗隨之竊嘗論中國自互市以來所以一蹶再蹶至於此極者蓋自初即懷一大一統之心未嘗以隣國為意及外勢浸強乃復墨守以夷攻夷之迂論不惜倒持太阿馴至近日百無施

爲惟知俯首帖耳蓋今之中國無所謂外交也奉命令而已而當其任者又皆不學無術高可充繙譯下乃供奔走以此立國難乎免於今之世矣詩不云乎他山之石可以攻玉語曰鑑諸來視諸往今纂述名論造爲斯篇雖或未盡大致可觀庶收域外之新知爲前車之烱戒耳 述者識

歐洲外交其最近變局實日俄一戰導之也蓋俄經是役國勢頗衰歐洲均衡爲之偏倚於是有摩洛哥問題有巴幹半島問題有三國協商問題而各君主大統領之會盟聘問尤爲客歲一新現象蓋數十年以來變遷未有如是之大者也請得原始要終以記述之

一 三國同盟

三國同盟者伯靈會議之張本也其事不起於近日而必託始於是者蓋三十年來一大事件而今日種種外交之胚胎也三國同盟者何俾斯麥外欲使德爲歐洲之霸主而內鞏固其聯邦於一八七九年與奧盟一八八二年意大利加盟焉自此盟後德雖以新造之邦而其勢愈不可侮俾斯麥所嘔心經營者竟得如願以償其躊躇滿志爲

何如也期限初定五年一八八七年更約賡續五年後雖畧有變易至一九〇二年又定賡續十二年之約距今猶有四年尚在有効期間內也

是役也意大利頗爲德牢籠因突尼斯事與法携貳至俾斯麥罷相後始悟其非回念意法本爲同種（拉丁種也）且意建國時得法之援助者實多今一旦棄親就疏背德尋怨甚非計也故親法之念漸動適一九〇〇年意政府財政匱竭求救於德時德亦在困憊中莫之能應於是轉而求法和親之機緣是日熟一九〇〇年冬意法兩國政府公牒往復情好日投卒乃相約法不侵犯意國在突里波尼之權利意不妨害法國在摩洛哥之經營至一九〇一年四月雪那亞公親率意國艦隊聘問法統領盧俾於突倫一九〇二年之賡續三國同盟也意大利聲言決非利用此同盟侵襲法蘭西準此以談意雖三國同盟之一然同盟國中苟有一國與法開戰意必作壁上觀特法欲攻襲其同盟國則意有據約相援之義務耳然則三國同盟者在意大利一面觀之純爲禦侮而設不知有他也

二 俄法同盟

德自三國同盟後其勢如日中天雖意有後言然非德之心腹疾也使循是不變則德將永執歐洲之牛耳而開蠶食之端他國處此其能一日高枕乎而首欲與德犄角者實爲法蘭西蓋法自爲德敗後無日不痛念國恥然天方授德與意附之今不先聯與國以殺其勢是坐令敵大而終無復仇之一日也雖然歐洲大陸自奧意外非弱小如荷比即衰萎如西葡求可以抗德者惟有一俄羅斯故不惜卑辭厚幣以與俄結適俄經營巴幹半島之念漸薄而欲築西伯利亞鐵路以爲東出之基所須資本爲額甚鉅法則方患過富無地求贏於是同盟條約與公債契約兩兩相待一八九一年八月俄法同盟成雖曰對待三國同盟而維持其均勢乎然俄法兩國之生計關係更有此一段密切之因緣也

三 英日同盟

俄與法同盟後因得利用其資本專力修造西伯利亞鐵路不數年鐵路成東方乃從此多事矣又值一九〇〇年義和拳擾攘京津圍攻使館各國爭派兵平亂俄乘勢侵據滿洲動與英日在中國之利益相衝突時英方戰南阿無餘力以制俄之進取一九

○二年正月乃結英日同盟蓋欲假日本之力使就近以扼俄也約中大意謂萬一日俄失和英雖嚴守中立若法援俄則英亦援日本此約既發表俄人見之滋爲不悅乃欲取俄法同盟之效力擴之於極東以與英日抗於是一九○二年三月十九日宣言日英日同盟於俄法在極東之利益雖無妨礙然將來苟有妨礙者則俄法兩國當特別協議云云

時俄以一九○二年四月十二日與中國訂滿洲撤兵之約然所撤者不過第一次而約中所載第二次第三次之兵不惟不撤且於一九○三年八月以全權交與極東總督使籌著著進取之策於是日俄談判起未幾而談判決裂戰端遂開

四　英法協商

日俄之戰其最危險者英法多國也何以言之若俄兵不勝彼必據一九○二年三月十九之宣言使俄法同盟之效力及於極東而迫法人以援助法如應俄乎則英亦當守英日同盟之約一變其中立而援助日本是爲日俄之故而英法乃不能不相戰於歐陸也兩國之不幸孰有過於此者英法亦豫防有此一日也於是急相接近凡二國

著譯 六

自昔所結而未解之外交諸問題立即整理以避衝突乃於一九〇四年四月八日成英法協商其大要爲法承認英國在埃及之保護權英亦承認法國在摩洛哥之優先權惟不得於直布羅陀對岸建築砲臺而紐華溫蘭之漁業問題暹羅事件等同時妥協時距日俄開戰後僅二閱月也

協商成後法乃著著干涉摩洛哥又以西班牙於摩洛哥海岸亦有屬地恐緣是而生衝突也復與西交涉使得利用法國之資本以改良由巴黎至西班牙國大西洋海岸加鐵斯之鐵路遂於一九〇四年十月成法西協商西班牙乃聲言處分摩洛哥事英法所約者彼亦無有異議夫西班牙之皇室與奧爲姻婭故西政府常在德國範圍中今乃與英法和親是背奧也背奧即所以背德也故德皇之意頗不平矣

夫三國同盟者欲使新造之德內之厚其基址外之發其雄圖此俾斯麥畢生之計畫也然既緣此而得執歐陸之霸權者未幾而有俄法同盟與之頡頏又未幾而有法意協商離其與國寖假而英法協商成寖假而西法協商又成德之地位已不復昔日之安若磐石矣德皇維廉二世以爲是乃辱祖宗之洪業也不可無挽救之策適日俄戰

事起。俄軍連敗。俄法同盟之勢。一落千丈。乃忽起而爲一驚人之事。即一九〇五年。俄軍之敗於奉天也。德皇適游地中海。一聞此報。立赴摩洛哥。躬候摩王。並引見摩國官吏。且告之曰。朕所訪問者。獨立君主國之摩洛哥也。頃者英法兩國於摩洛哥事頗有計畫。雖然。朕尙未接公報。故朕及朕之政府。無顧慮之義務。自今以後。摩國之事。即獨立王國之事。朕之帝國緣此關係。自當相助爲理云云。於是摩政府不期而得一雄大之援護。其嘗爲勢所迫。與法約誓之行政改革案等。一舉而棄之。所有干涉。無不深閉固拒矣。夫德之於摩。自三數商人往來其間外。非有甚大之關係也。而德皇乃悍然冒大不韙以出斯舉者。豈有他哉。彼以爲歐洲之事。於三國同盟外。無論何種協商。苟非得三國之同意。決不能見諸實行而已。質而言之。則歐洲外交之霸權。仍在德意志帝國之手而已。告摩之言。正使英法俄西聞其辭而知其指耳。

其後德政府亦申言曰。摩國之事。非英法意西所得而私也。其利害實與世界各國有共通之關係。故宜開萬國會議以評議之。雖然。欲法一旦捨其千辛萬苦所得之權利。談何容易。故法之外部大臣德爾加西。堅持甯至用兵。亦當與德反對。然不幸法之軍備不能爲外交之後盾以是稍有躊躇法乃力求整頓限期一年所費至二萬萬二千五百萬佛郎以上則當時之法軍其不能以一戰者已可概見矣德皇聞法外部之强硬也乃私遣其親友某公齎密旨以告於法政府曰願爲兩國平和故而罷德爾加西於是首相開豫備會議故言主張德人以摩事附諸萬國公議之說德爾加西反對益烈因辭職德皇喜甚曰此吾相彪羅之功也以公爵晉封之時距俄國波羅的艦隊敗後兩星期耳

五　世界外交大勢及英俄協商

俄自對馬戰後勝敗之數已決講和之機漸動當此之時世界外交趨勢忽變蓋有兩大別焉其一知非有兵力則大事無從解決也其一知資本之力亦足以抑制兵力也何以言之即如玻瑪士（日俄議和處美地也）和約未成以前第二次之英日同盟乃先成約中大恉謂日本因此次戰務所得滿洲高麗之地位設他國欲妨害之英有援日戰爭之義務又如他國侵犯英屬印度日亦有援英戰爭之義務此蓋日英皆敵視俄國故爲攻守同盟以禦之所謂假兵力以决大事之例也又日俄戰時法人不能嚴守中立而許俄

國波羅的艦隊灣泊安南使得從容治兵日甚怨之戰事既終法日交涉頗不和洽法人恐其侵襲印度支那也（印度支那即安南也）竊爲之備是亦以兵力決大事之例也至資本之力足以抑制兵力者則以摩洛哥事件一九〇六年正月十五以後在阿爾節西拉所開之國際會議爲其動機時英國自由黨政府欲一掃戰爭之原因而實行減縮軍備主義乃授謀於英國全權委員尼科祿松倭列斯二氏使與俄國全權委員喀希尼氏有所商議其大旨謂英俄相持競修軍備緣是而經費膨脹財政支絀徒令德坐收漁人之利愚莫甚焉不若利用此機將兩國歷年宿案愼加籌議斬除葛藤如英法前日故事計無有便於此者英政府既抱此希望而最與之表同情者實爲法蘭西何以故法民既投鉅萬之資於俄俄能長保和平則法之資本家直接受其影響若俄常與英相持雖無戰事即此訓討軍實之費已屬不貲也雖然英俄之言歸於好其道非易易也彼英方與日本同盟有仇視俄人之心苟不先從此著手俄其肯輕許乎法亦洞知此形勢乃利用其偉大之資本力與俄法同盟之義以執斡旋之勞適日俄皆以戰後經營需款孔亟法乃勸諭兩國募集法資而以泯仇怨結協商爲條件日本乃應其請

著譯

使駐俄大使與俄外部交涉駐法大使與法外部交涉於是日俄日法之關係漸得融和一九〇八年六月日法協商先成七月日俄協商成而日本因得於巴黎市場募集公債俄亦如之日俄之怨既解英俄之交亦得圓滿而無憾八月而英俄協商成其久懸未解之波斯阿富汗等問題至是乃悉籌決焉於是乎反對三國同盟者皆以俄法同盟爲中心而英俄協商英法協商同時並就即世所稱三國協商也而推原致此之故實以資本爲樞紐所謂資本之力能抑制兵力之例也

六　三國協商與德意志

三國協商之成其最不利者即德意志也故德皇頻以孤立爲慮而思乘三國協商之隙以抵之果也奧大利合併波斯尼亞赫斯戈維亞二州之事起塞爾維亞之不平起於時俄國斯拉夫黨雖因戰後形勢暫爲屈蠖之蟄而使伊斯倭奇（俄國外務大臣）得逞其志然奧大利若加兵於塞爾維亞則巴幹半島之斯拉夫民族必蒙鉅禍斯拉夫黨必奮起以驅逐伊氏而與塞爲援是俄之內政先有擾亂之兆也幸得英法努力和解得以無事然德皇乃急寓書俄帝告以三國同盟之堅同時在東部秣馬厲兵以示如俄

十

兵入奥德卽占據波蘭推德皇之意此次舉動與游摩洛哥同一筆法要皆謂歐洲大局之事非得三國同盟晝諾必爲無效而已然三國協商雖復勇悍徒以無兵力以盾其後難勝咄嗟之任故德雖有是言亦不能不隱忍而未敢發此資本之力所以使外交家扼腕而現今英法俄意皆頻頻擴充軍備者亦爲此也

客歲六月俄德兩皇會見八月俄皇與法統領會見便道兼訪英皇皆不過發表巴幹半島之波瀾已歸平靜耳故三國同盟與三國協商對立之關係仍未變易也惟自今以往三國協商依然爲普通之協商乎抑一變而爲兵力之團結以實行攻守同盟乎是未可知也

七 結論

由此觀之世界大勢變遷之劇可見一斑矣而發其動機最有力者實惟中國受其影響最劇烈者亦實惟中國蓋近日大勢之變由日俄戰爭導之也而日俄戰爭則團匪事變後俄人不撤兵導之也團匪事變則由戊

戍宮廷生變羣小陰謀導之也嗚呼以一二女子小人之私忿坐使九宇飛灰神州塗炭不待論矣而更能致環球萬國之外交家不遑甯處日絞其心力以從事於縱橫捭闔至今未已所謂牽一髮而全身動者非耶而近十年間所謂協約協商者遂爲全世界外交上之一新產物夫協約協商者何大率皆强國對於弱國而謀所以處分之也質而言之則前此各强國緣處置弱國而交爭今者各强國緣處置弱國而交讓**讓與爭雖不同而其以弱國爲目的則一也**夫現今世界之弱國雖多而爲列强共通之目的者莫如中國謂余不信試觀前所舉諸協約中除有一二關於巴爾幹半島摩洛哥及波斯者外何一非以處置中國乎**今者日俄新協約又成矣**前此以連雞不並棲之勢吾國或能利用之以即安者自今以往情勢頓殊矣今者全世界除德美兩國外其他諸國對於中國問題大抵出於同一步驟是我國人所宜留意者也

法令

憲政編查館奏定宗室覺羅訴訟章程

第一章 通則 第一條 本章程所稱宗室如左 一有爵宗室 二閑散宗室稱有爵宗室者指王以下將軍以上其應封爵而尚未封爵者以有爵宗室論有爵宗室已經革爵者以閑散宗室論 謹按中國服圖限以五世與各國五等親大致從同考 大清會典天潢支派 顯祖宣皇帝本支爲宗室伯叔兄弟之支爲覺羅貴胄繁衍源遠流長邁軼前代其懿親藎臣以勳績世襲罔替者亦與各國徽異惟是分有尊卑支有遠近而待遇之禮要不能不判隆殺茲敬遵會典及宗人府則例諸書分爲有爵宗室與閑散宗室二項各條均分別事例指定名稱如僅稱宗室則係兼賅二項言之第二欵依 欽定爵表定有爵宗室之範圍查 皇子封爵俱有年限此外如親王以下奉恩將軍以上之子亦有恩封考授降襲之別凡此同屬宗親雖在未封爵之時應准有爵論以示優崇其原係有爵而因事革除者不在此例 第二條

法令 二

凡宗室降爲紅帶覺羅降爲紫帶不在本章程所稱宗室覺羅之列其訴訟仍照旗民辦理 其另檔存記未入玉牒之私生子女亦同 謹按康熙五十二年例革退宗室給以紅帶革退覺羅給以紫帶均准附名玉牒蓋恐世代漸遠與庶民無別是以設此寬典惟究係因事獲罪既褫其章服之榮難齒於宗潢之列至私生子女另記清冊並給紅紫等帶所以防選充秀女之用初非特別之章記凡此皆應照旗民一律辦理也 第三條 本章程所稱宗室覺羅訴訟如左 一 有爵宗室與有爵宗室之民事案件 二 有爵宗室與閑散宗室或覺羅之民事案件 三 閑散宗室與覺羅之民事案件 四 閑散宗室與閑散宗室或覺羅與覺羅之民事案件 五 旗民對於宗室覺羅之民事案件 六 宗室覺羅有犯之刑事案件 謹按本條定宗室覺羅訴訟之事件第一項至第五項爲民事第六項爲刑事各國皇族限以五等其相互之民事訴訟並不以爵爲衡良以支派較近之故中國宗室較各國範圍稍廣是以特設第一項之制限又宗室覺羅名稱既繁偶涉簡畧恐滋疑慮茲並分列第二至第五之四欵質言之卽宗室覺羅之爲民事被告是也 第四條 除本

章程特定外法院編制法審判訴訟各章程及宗人府則例凡與本章程不相牴觸者於宗室覺羅訴訟均適用之　謹按本章程乃特別法令之一凡在本章程未規定者仍應適用通常一切法律現在編制法業已頒行此外　皇室大典民刑訴訟等律尙在編輯均與本章程關係尤切惟此類法律未實行以前其現行之審判訴訟各章程曁宗人府則例以不與本章程牴觸者爲限仍應引用以收循序漸進之效

第二章　管轄　第五條　宗室覺羅民事案件之管轄依左列各欵規定辦理　第一　有爵宗室與有爵宗室之民事案件　本欵案件之管轄權屬於宗人府以宗人府各司理事官等充審判員所有判決仍行具奏　旨執行其審判辦法及執行辦法由宗人府堂官定之　第二　有爵宗室與閑散宗室及覺羅之民事案件　第三　閑散宗室與覺羅之民事案件　第四　閑散宗室與閑散宗室或覺羅與覺羅之民事案件　第五　旗民對於宗室覺羅之民事案件　右四欵案件之管轄權屬於京師高等審判廳　謹按此條定管轄民事訴訟之官署平常管轄問題分事件管轄區域管轄二種宗室覺羅雖分有遠近而爲　皇室親屬則一推尊敬之義故異

平人管轄問題自宜特別規定考各國通例皇族間相互之民事訴訟屬於宮內省其被告爲皇族者則屬於高等法院茲酌仿其意分定五款第一款指兩造均係有爵宗室而言惟現在新官制尙未頒行而宗人府世掌屬籍應仍歸宗人府照舊審理其審判及執行各項章程均由該堂官奏定因兩造分屬周親職居藩翰宜以鄭重之辦法出之也其餘四欵均宗室覺羅之爲被告者而言應概歸高等審判廳審理以示優異

第六條 宗室覺羅刑事案件之管轄依左列各欵規定辦理 第一 宗室有犯依現行刑律罪該流遣刑以上或其他法令罪該罰金二百元以上或監禁一年以上或四等以上有期徒刑者 本欵案件之管轄權屬於大理院其審判准用大理院通常訴訟之辦法本章程有特別規定者不在此例 第二 宗室有犯依現行刑律罪該徒刑以下或其他法令罪該罰金二百元以下或監禁一年以下或五等有期徒刑或拘留者 第三 覺羅犯罪者 第二及第三欵案件之管轄權屬於京師高等審判廳其審判准用地方審判廳第一審之辦法本章程有特別規定者不在此例 謹按此條定管轄刑事訴訟之官署平常刑事管轄問題向以犯罪之種類或輕重而分

與民事不同所謂種類者如違警罪及竊盜罪應屬於初級審判廳審理是所謂輕重者如罰金以二百元監禁或徒刑以一年區別上下分屬於初級及地方各審判廳審理是民事訴訟既因宗室覺羅而異其管轄則刑事訴訟亦應從同茲酌採中外之制定爲三款第一款乃宗室犯刑事罪名較重者應屬於大理院第二款乃宗室犯刑事罪名較輕者應屬於高等審判廳以上兩款均按各國通例纂定第三款係覺羅有犯各國服制親等至五而止以外並無特例中國覺羅有犯舊制由刑部審訊待案結之後除死罪外惟遺流以下始照宗室改折圈禁雖與宗室不同亦與平人有間是以仍仿其制不論罪名輕重概屬高等審判廳審理稍示分別惟普通訴訟法乃一國人民所宜遵奉本章程所規定僅指宗室覺羅之異於平人者而言凡大理院及高等審判廳之訴訟辦法爲本章程所未賅載者仍應適用其係特別規定如傳喚須由奏請執行改折圈禁之類乃因係宗支特設之利益自不能與旗民一律辦理也　第七條民事案件宗室覺羅訴訟之審判衙門審理　謹按本條所揭情形各國學說有主分案審訊者有主共同審訊者竊惟訴訟進行以便捷爲主分案辦理窒礙實多試以民

事例之一案兩屬訟費必多於經濟不免虧損其弊一審判官意見不能强同同一事項甲是而乙非判決之例兩歧其弊二此外刑事事件一切審判事宜在在有相關之處必須彼此環質此中利弊尤事理之顯然昭著者此本條所以採共同審訊之主義也　第八條　屬於大理院之事件判決後得在本院行非常上告或再審或再訴

謹按法院編制法大理院特別權限係第一審並終審竊維三審之制乃訴訟通例宗室刑事事件酌量輕重分屬大理院雖審級最高不能復行上告抗告之制要不可無訂正之方茲採用日本新刑事訴訟法草案許其於本院非常上告或再審或再訴非常上告者以訂正法律上重大之錯誤爲宗旨再審者以訂正法律豫定事實上之錯誤爲宗旨以上二者俱審判確定後行之再訴者曾經無罪免訴之判決因發見有罪證據再行審判之辦法至非常上告及再審原審判官應行迴避從前即係如此辦理其在新例更不待煩言矣　第九條　屬於京師高等審判廳經判決後而不服者得在本廳行第二審其第三審則屬大理院

謹按本條採各國通例既許其於本廳行第二審之制自應寬其階級以大理院爲終審之地此亦由前條之意而變通之也

第十條　宗室覺羅對於旗民爲原告或被害人或證人者仍依初級暨地方審判廳管轄案件章程由該管審判廳審理　其經審判廳訊明係屬誣告或僞證者仍分別改送管轄宗室覺羅訴訟之審判衙門審理　謹按舊例宗室詞訟俱用會鞫之制初無原被之分而各國於審判皇族專以被告爲限若爲原告或被害人及證人仍在通常之審判廳行之權界最爲明晰上年呈進法院編制法摺內於刑事業經訂定惟民事一項誠恐奉行之人狃於故常轉生誤會故設第一項之規定誣告僞證事所恒有設於訴訟進行之際發見此類情弊應歸何審判衙門審理如無明文亦滋疑議故復設第二項之規定　第十一條　凡宗室覺羅不得爲被告之參加人　謹按參加人以第三人之名義參加其事之謂有主參加從參加告知參加指名參加四種惟民事案件有之主參加者該案於審判廳審理之際第三人出而主張所訴訟之物不屬於原告亦不屬於被告而屬於己將兩造俱行控告者是也從參加者因一造勝訴而第三人以有利害關係之故出而輔助被告者是也告知參加者爲被告通知訴訟行爲於輔助之人者是也指名參加者欲免己之負擔指稱第三人於本案有關係令其參

加訴訟者是也本條係指從參加以下三種而言主參加不在此限依本章程對於宗室覺羅之民事訴訟其第一審第二審之審判權屬於京師高等審判廳如旗民甲與乙已成訴訟而宗室覺羅欲爲被告之參加人時既不屬於京師高等審判廳則原審之審判廳並無管轄之權是以設此制限即有時甲與乙在京師高等審判廳提起訴訟該廳雖應管轄宗室覺羅而偶然之適合亦不許其參加也　第十二條　東三省宗室覺羅　訴訟審判權於未設大理分院以前屬於各該省之高等審判廳其審判辦法依通常審判訴訟各章程行之　謹按　盛京本許宗室移居並設宗室覺羅等學以資教養此外吉林黑龍江兩省亦有因事發遣者迄今生齒日繁所有訴訟事件將來大理分院設立以後自應適用本章程第六條第七條之例其在未設立以前宜酌予變通歸各本省高等審判廳審理並許用尋常訴訟辦法以省擾累而示體恤

第三章　起訴　第十三條　凡宗室覺羅民事案件原被告應照章遵用訴狀辯訴狀委任狀及各項法定狀紙其有爵宗室例應行用門文者仍須遵用狀紙隨文投送

其抗告或上告者亦同　謹按各項狀紙業經法部奏蒙　俞允通行在案不論

宗室覺羅均宜遵守卽有爵宗室行用門文者亦應隨文投送　第十四條　凡審判衙門管轄宗室羅覺刑事案件無論呈訴告發或現犯均由該管檢察廳先行訊問依法起訴　其抗告或上告者亦同　謹按各國訴訟或行檢察制度或行陪審制度中國採取法德等國通例已設各級檢察廳凡刑事案件均須由該廳檢察方准收審歷經辦理在案宗室覺羅自應一體遵奉以昭愼重

第四章　傳喚　第十五條　有爵宗室犯罪該徒流刑以上者係近支緦麻以上遠支公以上奏聞後再行傳喚餘均逕行傳問其罪該罰金刑者係王行文該門上訊問係貝勒以下遣抱到案聽候訊問其民事案件應傳問者係王仍行文該門上係貝勒以下遣抱到案聽候訊問　謹按宗人府則例親王郡王行文訊問若犯大罪奏聞後傳喚貝勒以下傳訊等語同列懿親顯分隆殺似未周洽惟會典封爵等級自親王逮奉恩將軍凡十有四等降至奉恩將軍則世襲罔替是有爵仍有親疏之別則待遇自難一例考唐律議親之法迄於袒免而止袒免云者卽高祖兄弟曾祖從父兄弟祖再從兄弟父三從兄弟身之四從兄弟五項既同五代之祖服制應異他人初非同

姓無服之親均可濫厠其列今習俗凡族人概稱袒免蓋卽誤會此律 大清律例悉承唐律之舊本宗五服九族圖自本身而上曰高曾祖父本身而下曰子孫曾元服制僅及緦麻與議親律註微異伏讀同治二年 上諭嗣後各王公之女著自高宗純皇帝之子孫以下各王公所生之女均作爲近支其餘均作爲遠派等因欽此遠近之分俱以緦麻爲斷實本服圖則將來繼繼繩繩自應垂爲永制以次遞推傳喚雖訴訟中之程序應仍寓議親之意茲擬變通舊制有爵宗室犯徒流以上刑者係近支緦麻以上不分爵之等差遠支公以上均非經奏奉 諭旨不得傳喚餘仍照舊例辦理並增入民事一層藉昭賅備 第十六條 閑散宗室應行傳問者行文該旗派司法巡警隨同該旗族學長往傳出具識認報本送案審訊若有患病知照該旗佐領往驗取具切結呈報其揑病延宕者按例治罪並將原驗之員及加結之族學長一併參處 謹按此條節採宗人府則例合併聲明 第十七條 覺羅應行傳問者行文該旗出具圖片派該管領催送案審訊並得逕行傳案 謹按覺羅傳喚並無明文向俱照旗人辦理茲擬纂爲定例以資引用 第十八條 傳到之宗室視其所犯

該徒流以上之刑係有爵者交宗人府看管隨時提訊係閑散或覺羅卽在該管衙門看管罪該罰金刑者無論宗室覺羅均交該族學長或本旗佐領保候傳訊　謹按有爵宗室犯徒流以上等罪情節雖重究異齊民在本人固屬咎由自取而皇室之尊嚴不可因之而損查宗人府既有圈禁處所自應責交收管閑散宗室卽在大理院收管以示區別至罰金罪名卽在平人亦不應拘留應交族學長保候傳訊　第十九條　近支總麻以上遠支公以上之爲證人者審判官得就其所在而訊問之　其餘有爵宗室閑散宗室或覺羅爲證人者原告或被告得邀同到庭訊問其必須傳問者並得逕行傳案　謹按此條採用日本皇族訴訟令新律頒行治罪全憑證據證人者乃目擊其事之人與舊日之因案牽連者不同亦將來立憲後必應擔負之義務也是以特定此條預爲提倡　第二十條　宗室覺羅被訴犯罪由總檢察廳或高等檢察廳照章搜查證據　第二十一條　宗室覺羅有現行犯罪者總檢察廳或高等檢察廳得以職權先行訊問　前項現行犯如罪該徒流刑以上而有逃匿之虞者該管檢察廳於搜查訊問後得暫行看管但須於三日內起訴　第二十二條　前二條犯罪

若須急速處理者地方或初級檢察廳或司法警察官署得依本章程或其他法令行搜查訊問之權　謹按以上三條屬檢察事務檢察與審判相輔而行故分輯三例以資遵守

第五章　審問　第二十三條　宗室犯罪該徒刑以上者先行革去頂戴　第二十四條　宗室有犯除情罪重大奉　特旨革黜外其餘不得率請革去宗室　謹按以上二條節採宗人府則例合併聲明　第二十五條　宗室覺羅民事案件判決確定後由該管審判衙門照章執行仍前報法部宗人府存查　謹按此條定判決民事之例分報法部宗人府存案兼可備編輯統計之用　第二十六條　宗室覺羅刑事案件該管審判衙門判決後即將全案供勘繕冊連同人犯移交該管檢察廳分別報解法部或宗人府　謹按此條定判決刑事之例應解法部或宗人府詳第六章執行各條

第六章　執行　第二十七條　凡宗室覺羅有犯應按現行刑律治罪者除本章程別有規定外經該審判衙門判決確定後均由該管檢察廳遞送宗人府分別照以下

七條執行但各該廳仍得依法監察　謹按甸師行戮見於周官仕伍易稱兼詳漢律議親特法自古而然從前會鞫宗室案先由院援刑律定擬繼由府查照則例改折此次欽遵　明詔改交大理院高等審判廳審理而宗室應沐之寬典悉仍舊用副
朝廷矜恤宗人之至意惟現行刑律業經修訂　頒行則例新舊錯出猶沿折枷舊制又婦女犯徒以上等刑折罰養贍錢糧蓋本納贖之例推闡而出乃分割之法過涉畸零凡此未能斠若劃一應逐一釐正茲擬條列輕重詳定七條判決之際除死罪外即可隨案改折庶不致有出入之虞也　第二十八條　宗室犯服制並情節重大及謀殺者應按現行刑律定擬請　旨欽定犯尋常命盜案問擬死罪者應於判決確定後解交　盛京監禁秋審時由法部會同宗人府進呈　黃冊應情實者奉　旨後即由部札令奉天高等檢察廳遵依奉行覺羅犯死罪者在法部監禁秋審時由法部進呈　黃冊分別照例辦理　第二十九條　宗室犯死罪未經秋審遇　赦減等或緩決一二次者　均減發吉林　三次以上者　減發　盛京　第三十條　宗室覺羅犯外遣之罪者　實發黑龍江　第三十一條　宗室羅覺犯徒流內遣等罪

者依左列期限改折圈禁　徒二年以下　三月　徒二年半及三年　九月　流二千里　一年二月　流二千五百里及三千里　一年八月　極邊安置　二年　煙瘴安置　二年半　第三十二條　閑散及宗室覺羅犯罰金刑者依左列期限折罰養贍錢糧　一等罰至四等罰　半月　五等罰　一月　六等罰以上每等遞加一月　係職官以上照例議處　第三十三條　宗室覺羅累犯罪依左列分別處斷二次犯徒　圈禁二年　一次犯徒一次犯流　圈禁三年　二次犯流或一次犯徒一次犯遣及三次犯遣及三次犯徒　實發　盛京　二次犯徒一次犯流　實發吉林　二次犯遣或三次犯流　實發黑龍江　第三十四條　宗室覺羅婦女犯罰金刑照第三十二條　之例減半折罰養贍錢糧其犯徒流遣等罪者依左列期限折罰養贍錢糧　徒一年　五月　一年半以上每等遞加一月　流二千里　一年二千五百里以上每等遞加二月　遣刑以滿流論　謹按以上七條節採宗人府則例合併聲明　第三十五條　凡宗室覺羅有犯應按現行刑律以外之法令治罪者經該管審判衙門判決確定後即由該管檢察廳監察執行　其在新刑律未實行以

前應按現行刑律以外之法令處徒刑或監禁者仍由該管檢察廳送交宗人府按照該管審判衙門判定年限執行　謹按刑律以外之他項法令如結社集會律報律禁煙條例之類皆是其中罰金徒刑監禁等刑俱採取新制不論中外一律同科以爲統一法權之基礎且各刑均設有以上以下之限宗室覺羅有犯斷難墨守舊制應由檢察廳按照判定年限執行一則新定各刑與前七條之規定比較爲難一則仍可以宗室覺羅等階級不同之故隨時處法定刑名中最輕之罰也　第三十六條　凡宗室覺羅犯違警律者仍由該管巡警官署按該律判斷執行　謹按違警律亦新律之一爲謀治安起見警察之權宜遵所處罰例奚可因人而異且違警罰以即結爲主如辦法稍涉紓緩卽不足以收懲肅之益矣　附則　第三十七條　本章程自頒布日施行

法令

明明如月何時掇
嫋嫋餘音似可聞
長訝雙魚斷消息
去天一握有孤雲

文牘

鄂藩王乃徵奏籌辦憲政請變通原案辦法摺

奏為籌辦憲政。應就目前財力。酌分緩急。擬請變通原案辦法。臚陳管見。恭摺仰祈
聖鑒事。竊作法莫要乎順民。變法莫善乎乘勢。順民之令。行于流水。不強其所不欲也。乘勢之效。速于置郵。不舉其所不能也。伏維　先朝以聖明之慮。先天下而憂。欲采萬國之良規。以建一代之憲典。下不以要迫為約。上不以專制自利。豈非誠求吾民維新望治之心。而迎今世國家變革必至之勢者乎。乃籌辦以來。歷經歲月。進行之程。每不如限。有不可不立之法。而布之文誥。或非人所樂從。有不可不辦之事。而見之施行。或非力所能任。於是表冊報告。盡成具文。糅雜紛紜。罔識底屆。本欲以立憲固民心強國本。而時局日危。物力日斂。亂機所伏。轉覺積薪厝火。在在可憂。夫豈無因而至于此。臣所為焦思過慮。不能已於考索者也。臣以薄植蒙　恩。一歲數遷。雖天下大計。非淺識所知。而感激出於至誠。遂披瀝效其無隱。辭　闕伊邇。依戀倍深。甚懼負　先朝維新

之盛意。貽變法召亂之口實。敢竭千慮之得。以爲萬一之報。謹就臣職守所司。推論籌備次第與財政關係。爲我 皇上縷析陳之。夫九年籌備之期。豈不以事體重大。條理繁密。既非旦夕所能完成。更恐散漫而無統系。因分事以專其責。而刻日以觀其成。以此總覈名實。宜因循推諉之技無所施矣。顧百廢俱興。何從得財。以爲政費。此豈空文。督責所能辦者。他日以無款爲詞。將坐視其因循推諉而不能問。蓋實難責以無米爲炊也。夫因牽合九年籌備之期限。明知財力不繼。而敷衍以應之。與因勵行九年籌備之實事。不問民力若何。而搜括以濟之。皆足失民心。傷國本。必不可爲者也。然其勢固將至此。何也。 朝廷不受反汗之名。國民不勝擔負之重。勢不得止。步又不得改轍。則敷衍與搜括。必出其一。甚或以搜括之財。行敷衍之策。而大局愈不堪設想矣。與其刻舟求劍。終至掩耳盜鈴。何不稱體裁衣。猶可得尺進步。但舉一事。有一事之成績。自行一日。有一日之進步。即稍不符原議。必能見諒吾民。況變通辦法。並非推緩期限。於成命。何違于政府。何責。爲今之計。惟有就財力之緩急。以爲籌備之後先。而政府以全力注重財政。一切形式之法令。繁碎之科條。凡事無實效而款無的源者。暫罷勿舉。然後取籌備案中所列事項分別估計其費額必須欵有著落乃能責以實行蓋理財之道不外開源節流二端而在今籌備之中亦不出爲事籌欵就欵辦事兩法考各國財政皆主量入爲出之義然必政府信用民力富饒其擔負之數恰與經濟程度相等其銷用之途多爲生發事業而起今吾國資力平均比較分數若何既不可知則外國所恃爲入欵之大宗者如各項直接稅中之財產稅所得稅營業稅不特不能驟行即行之而其額不能確估一有虧短財政亦因而紊亂是量入爲出之義不可專用即爲事籌欵之法不可必行且彼以政策有統系國會有擔當之故出入可以隨時增省虧缺可以隨時彌縫此盈彼絀可以隨時挹注故一切均歸總額之中無指欵辦事欵竭廢事之說今財政困難自非開源無以供新政之用而民力尤敝仍不能不從就欵辦事之策爲入手整頓之計蓋量入爲出者用之于行政而制三十年之通非僅計一歲也量入爲出者之用于立法而徵一國人之意非全由政府也今宜略仿外國提前設會計檢查院即欽派政務大臣及度支長官充之詳定會計法及簿記格式就現在用欵嚴加勾考先除浮冒挪移之弊而後以籌欵委之行政官政府乃舉核節之數與籌得之

數通盤計算以定辦事之次第而財政機關尤應分任查各國行政官司出納者不任規畫司稽核者不管金錢今籌款用款司計司金責任既不分明指揮一從長吏挪移則屬官不敢問蒙蔽則長官不能知應以監理屬會計院專主稽核以金庫歸銀行專主收發庶理財之官得專意財政之策總任規畫統一事權條理既清弊竇自無從起而就款辦事之最要者莫如以消耗之款以供生財之用查出款以海陸軍備爲大宗新軍成績可見而亂事屢出海軍需款浩繁斷非現在財力所能舉何不以次酌改充實業之資本俟他年財力有餘再事擴充教育經費近漸不支其誤在給費以招來學生而予官以獎勵學問人才既不可得而人格日以卑下何不省大學高等各學之費以益實業及國民學校既得養成人格亦可教以技能他如冗員兼差之無定限薪水活支之無定章使能從實核減無名之費尚多節餘之款不少而近年所辦新政在民政司法範圍者往往款未籌定事已創始剜肉補創其後難繼此非持久之道也夫恃撙節以供無窮之用誠無足給之時然開濬財源除國家原有公產能自營業之外無非取之吾民今言憲法者固日以憲法權利易吾民義務矣然果爲吾民所欲與否

此實未敢決之一疑問也故籌畫不能不責之計臣而有萬不可無端加徵率意立法者凡出自勞力及食用必需之品不可取以其增加物價提高生活而患害中于小民也零星瑣碎不成大款而行政費多不可取以其得不償失而又繁擾也與外貨輸入相關及能輸出者不可取以防淵魚叢爵而利歸外人也今我所恃爲入款者直接稅僅以地丁錢糧爲正款間接稅僅以關稅釐金爲鉅額況無通行畫一之成規多爲賠款外銷所耗用郵費銀行皆外國政府之利源而在我非事權屬之外人即辦理不如正式以言開濬遺利實多果能逐項整理原可增加歲入煙酒印花本應取之稅徒以行政機關不備保護營業改良製造之法不周慮生流弊不敢推行此皆今日所應規畫者總之一國出款必歸會計院乃可核銷一國入款必歸度支部乃可統一而政府據一國盈虛以定一時之政策則全局在胸調劑有術損益有方前月御史趙炳麟奏請確定行政經費其需款若干從何籌足已奉　諭旨令在京衙門各省督撫分年列表詳議仰見　采集羣策務期籌備確有實際不使徒託空文而臣所以請變通辦法就財力爲主者正恐以無款廢事因而失信于民耳惟規畫方法支用限制必須中央

挈其綱領不徒責難屬于疆臣而全國無畛域之分挹注有靈通之效其不能泥守原案者以既須遷就款項而籌款不容操切即每事須另立程限此非事前所得預知亦非集款不能舉辦也今日所籌備皆憲政所必有則他日之進行即今日之賡續但範圍異廣狹而條理無更改故變通辦法不特不至失九年立憲之信用正以實事求是確立他年憲政之基礎且臣更有進者憲法者一國法令之統系非謂富强之術即在此數十條文之中歐美何嘗無立憲而政治自腐敗國力自衰弱者其特出之數雄國非徒恃一時政策而成爲有國民能力以維之也故論者以地方自治爲立憲根本第今自治章程既已頒行其與國民能力是否相稱姑勿具論即以經費一端言之各國地方附加稅皆從國稅之率而立而公民擔負之能力實足與所享權利爲對待今國稅尚未一律釐定將聽其自爲恐假武斷之民授以朘削之柄若必事事稟命長官不特爲叢怨之府亦實無應付之策此又財政所急應規定之一端而親民長吏之職任地方自治之規模更有不可不審定變通者夫國家棄數十年專制之舊一旦改爲立憲將以求治非以求亂也立憲而期以九年將以速治非以速亂也然使財政不理百

政。俱。廢。亂。且。立。至。憲。于。何。有。且。各。立。憲。國。政。府。其。對。待。于。國。會。莫。不。以。財。政。爲。重。大。難。決。之。問。題。不。及。早。整。飭。將。來。政。府。困。難。必。有。百。倍。于。今。日。者。臣。考。詢。外。國。政。體。默。念。內國情形。既畧有見聞。不敢漠視安危。以負　聖恩不次之權。而辱監司職守之重。所有籌備憲政。應就目前財力。酌分緩急。擬請變通辦法。恭摺具陳。是否有當。擬懇　飭下政務大臣博議具奏。採擇施行。臣不勝悚惶待命之至。伏乞　皇上聖鑒。謹　奏。

鹽政處會奏廣東鹽務擬請仍令舊商辦理摺

奏爲遵　旨查明廣東鹽務。新商加餉辦法。窒礙難行。擬請仍令舊商照舊辦理。酌加餉數。以裕課款而維鹽法。恭摺會陳。仰祈　聖鑒事。竊查署理兩廣總督袁樹勛奏請改良粤省鹽務。籌抵賭餉。並廣東京官梁敦彥等廣西京官唐景崇等及給事中陳慶桂先後奏陳新商包鹽加餉。流弊滋多等情。迭次欽奉　諭旨。飭由臣處臣部詳查妥議。臣等以粤鹽改章。關係重要。經奏派臣部署右參議晏安瀾等前往該省將粤鹽積弊。及現在辦理實在情形。詳細確查。籌擬辦法。宣統二年正月二十六日具奏。奉　旨依議。欽此。遵即劄札該員等馳往廣東分別確查去後。茲據查明稟覆前來。臣等查廣

文牘

東新商包鹽加餉辦法。有可慮者五。一曰加餉太多也。廣東運庫收款。光緒二十八年以前僅止銀一百五十餘萬兩。其後逐年遞增。現據兩廣總督袁樹勛奏稱歲入銀三百三十餘萬兩。臣等派員到粵查核。宣統元年運庫實收銀三百七十六萬兩。較光緒二十八年以前收數計增銀二百一十餘萬兩。所加已不爲不多。今新商包鹽。每年認繳銀一千零二十萬兩。較宣統元年收數。又增銀六百數十萬兩。引地如故。銷數如故。一旦驟加鉅餉。若無十分把握。豈可輕爲嘗試。以自欺者欺人。自誤者誤課。是則給事中陳慶桂所奏新商萬一繳餉不足。藉端遠颺。如前時商包釐金故轍。庫款實受其累等語。殆非私憂過計之言矣。此可慮者一也。一曰限價太貴也。各省鹽務。間有定價之處。並無限價之事。定價者各就銷鹽地方核其成本。予以餘利。定爲每斤售價若干。商民不得私自增減。如直隸山東等省例定鹽價是也。限價者虛提一數以爲之準。可以及乎此數。亦可以不及此數。但不得過於此數。是說也。爲各省鹽務之所無。而廣東倡之。且爲廣東鹽務之所無。而新商倡之。署兩廣總督袁樹勛原奏內稱粵省鹽價以近數年爲比。而省垣至貴時。每斤約銀五分有奇。近來市價頗平。城關每斤尚須四分左

八

右。其熟鹽提鹽有六七分者。今擬自該商承辦以後。省垣零售市價。卽至鹽缺價昂。至多。不過五分六釐。其餘以道路之遠近。運費之重輕類推等語。查該督所稱五分有奇及四分左右者。蓋指生鹽而言也。所稱六七分者。則指熟鹽而言也。鹽色不同。故價亦不同。乃其所定五分六釐之限價。則亦不分生鹽熟鹽。一概混而同之。是已不得其平矣。且臣等派員到粤調查省城街市鹽價。生鹽每斤祇售價銀三分二釐。熟鹽每斤祇售三分六釐。若限價五分六釐。則熟鹽每斤已增二分。合錢二十餘文。生鹽每斤更增二分四釐。合錢三十餘文。雖曰此項限價特爲鹽缺價昂時而設。而商人惟利是圖。恐無不售及五分六釐之時矣。是則其名爲限。其實爲增。新商之所以敢承一千餘萬之鉅餉者在此。廣東廣西兩省京官之所以劾其加價病民亦在此。此可慮者二也。一曰壟斷太甚也。粤鹽有東場有西場。皆產不敷銷。而常借運福建西埔之鹽以資接濟。平時到場買鹽。皆運館主之。其在引岸則有東西南北中平等六櫃及潮橋官運局。或屬省配。或屬坐配。隨地而異。一櫃分爲數埠或數十埠。一埠又分爲數堂或十數堂。平時在埠售鹽。皆埠商主之。而省城河兌則爲運館與埠商交易之樞紐。此三者皆處競爭

文牘 十

之勢。而無壟斷之虞。故買賣價値多出於自然。賣者不能任意高抬。買者亦不能任意抑勒。今新商請包鹽餉。原稟內稱前者利權各佔。畛域各分。今應合而爲一等語。是欲化競爭爲壟斷也。壟斷於鹽塲則可抑勒買價。壟斷於引岸則可高抬賣價。其計甚工。其害亦甚大。臣等派員到粵據商務總會總理裁缺太僕寺卿張振勳面交說帖。謂上年十一月初七日有七十二行各商一百餘人到會。僉稱濱海千餘里鹽田成本數千萬金。曬丁水手七八十萬人。鹽歸新商一手承辦。赴塲買鹽。抑勒低售。則鹽田必荒。曬丁人等必致失業逃亡。流爲盜賊等語。是則新商壟斷之害在鹽塲者。旁觀已懷隱憂。而其害之在引岸者可知矣。此可慮者三也一曰聯絡港澳隱患難防也。臣等派員到粵。據新商陳寶琛等面稟。香港鹽店七家。澳門鹽店一家。每年販入內地之鹽共五十餘萬包。擬每年每店予以津貼數千金。與之聯絡。令其就我範圍。不准販入內地等語。如其所言。誠爲善策。惟港澳販入之鹽五十餘萬包。爲利當有四五十萬兩。今新商所擬每店予以津貼數千金。合計不過數萬金。以數萬金之津貼。而易其四五十萬金之餘利。其能降心以相從我乎。必不能也。若陽託聯絡港澳之名。而陰用勾通販賣之計。

是則廣東京官所奏。恐其棄粵省原有之鹽利。成外私絕大之銷場其害蓋不可勝言矣。此可慮者四也。一曰盡奪官權矯枉過正也署兩廣總督袁樹勛奏稱鹽利之不可興。實鹽吏之不可罷也。此言殆爲痛惡鹽吏而發耳。然鹽吏者執行鹽法之人也。無鹽吏即無鹽法矣。該督雖不廢鹽吏。而乃盡奪鹽吏之權以予商是不廢之廢也。新商所擬辦法。緝私兵輪管帶。由該商選舉請委。則緝私用人之權奪。旗程運照預給空白由商人自行塡發。則總督運司之權亦奪。有一新商而上下各官吏對於鹽務皆同虛設。亦復成何政體。況廣東京官所奏。商儈罔利。何所不爲。若假以兵輪准其截緝。萬一勾串劣弁私運軍火。販賣內地等情。亦難保必無。此可慮者五也。新商辦法。可慮者如此。實屬礙難議准。惟廣東鹽務。官運商運。省配坐配。乾標漁標等項。積弊相沿。亦不能不設法整頓。以期疏銷裕課。臣等派員到粵。因新商辦法。窒礙難行。不得不轉而謀諸舊商。旋據省配各埠舊商合詞禀請組織公所。並辦官運坐配各埠及乾標漁標等項。官督商辦。該商等勉力承認。分年遞增鹽餉。初年自開辦三個月後起扣足十二個月爲一年。連舊餉認繳銀五百八十萬兩。第二年認繳六百二十萬兩。遇閏不加。即以第二年餉數作爲定額。不得短少。以後銷引。如及宣統元年銷數。或更有所增。則用遞進之法。分年遞加至七百八十萬兩爲止。若銷數不能遞增。則餉數亦不遞加。至其辦法則聯合運館。以平河兌。籌增場產。以平場價。湊集股本。兼辦官運。坐配各埠。並及乾標漁標。以收通綱之遺利。請撥官款。添置輪船。分別駐守游弋。以杜六門之私販。以此四者爲加餉所出之大宗。而上河各埠。下河運庫館。均各照舊分辦。買賣運銷。亦各循其向來競爭之習慣。概不更張。以免高抬賣價。抑勒買價之弊。或者疑其不照新商限價之法。恐成爲無限之加價。不知此櫃與彼櫃相爭。此埠與彼埠相爭。此堂與彼堂相爭。商人既已不能居奇。此外又有鄰鹽之相爭。私販之相爭。苟賣價稍高。卽銷路已滯。聞前年通行四文加價之時。粵鹽各大埠。多有跌價以爭售者。蓄競爭之勢爲之也。且立一法又生一弊。限價太高。則利於商而不利於民。限價太低。則利於民而不利於商。欲求兩全難矣。卽取三年之賣價。折中衡定。以期不偏不倚。而水旱之災。有非可以三年爲例。而毫無豐歉之等差者。是亦何能虛擬一限制之價。恰當其可乎。要之限價爲各省鹽務之所無。固不必執新商之辦法。以難舊商也。惟規費一項。最爲鹽務之蠹。必須澈底清查悉數裁提。以肅法紀。該督原奏謂各項規費與正課相埒。臣等派員到粵。該督猶面稱規費實有四百餘萬。而新商則謂規費有五百餘萬兩。甚至有七百餘萬兩之說。該督等自必確有所見擬請　旨飭下兩廣總督將粵省鹽務各規費。上自督署。下至場官。旁及各府州縣。凡在官員役私行取給於鹽商之規費。未經提歸公項造報開支者。切實逐款查明確數。和盤托出。詳細分晰造報。不得任意含混。亦不得擾累商民。此項規費將來查明擬酌提數十萬兩。留爲改鹽官公費及購買緝私輪船之用。其餘悉數留抵該省賭餉。應俟該督查覆到日。再行核辦。現在時局艱難。鹺綱疲敝。臣等夙夜圖維。但求整頓一分。實獲一分之益。既不敢竭澤而漁。冀邀大利。亦不敢畏難而止。不求進步。此次廣東鹽務籌議加餉。在商則新舊交訌。在紳則左右分袒。衆口紛紜。莫衷一是。然就鹽法而論。尙以舊商所擬加餉辦法。較爲妥協。擬請准其試辦。該舊商承認加餉既據稟請組織公所。官督商辦。擬由臣等遴選妥員前往粵省。會同運司督飭鹽務官商妥爲試辦。仍令該員等擬定詳細章程。稟由臣等核定。以資遵守。惟商人辦理鹽務。時與地方相涉。應請　旨飭下兩廣閩浙各總督。並廣西江西湖南貴州各巡撫。轉飭所屬文武各官。加意保護。實力維持。以期相與有成。是爲至要。所有廣東鹽務新商加餉辦法窒礙難行。擬請仍令舊商照舊辦理。酌加餉數。以裕課款而維鹽法緣由。理合恭摺會陳。是否有當。伏乞　皇上聖鑒訓示遵行。再此摺係督辦鹽政處主稿。會同度支部辦理。合併陳明。謹　奏。宣統二年正月二十六日奉　旨依議欽此

署粵督袁奏廣東械鬥日熾分別治標治本辦法摺

奏爲廣東械鬥日熾。隱患方深。擬分別治標治本辦法。以遏亂萌。恭摺具陳。仰祈　聖鑒事。竊查粵東民俗强悍。械鬥之風。甲於天下。睚眦細故。動輒尋仇。同族則以强房欺弱房。異族則以大姓欺小姓。弱房小姓。不甘受其欺。而又知力不能敵。則結連外村以抵禦之。於是招雇鬭匪。購置槍械。釁連禍結。殺掠相尋。甚至蔓延數十村。糾纏數十載。擄掠生口。發掘墳墓。田園荒廢。家室流離。慘酷凶殘。殆無人理。其主謀者。多鄉族管理祖嘗之人。藉鬥開銷。從中漁利。帮鬭之匪。事不干己。肆行焚掠。惠州府屬。並有紅黑旗匪徒。專以帮鬭爲事。鬭釁一開。聞風自至。往往本村已知悔禍。而帮鬥者未饜所欲。竟至欲罷不能。地方文武官馳往彈壓。理喻則違抗不遵。勢禁則苦於兵力單薄。迨稟請

派撥營隊。而鬬禍已不可收拾矣。溯查光緒十二年已故大學士臣張之洞前在兩廣總督任內。以械鬬定例尙輕。奏請照天津鍋匪辦理。奉旨交部議准。凡雇募匪徒殺人放火擄生刦財。兇暴昭著者。不分首從。一律就地正法。迄今二十餘年。此風未能止息。推求其故。蓋因鬬案多以罰款賠償了事。並未深究主謀嚴懲帮鬬。以致各鄉無所顧忌。近如番禺縣所屬之横沙茅岡及石牌冼村等鄉。同時互鬬。營縣前往彈壓。膽敢開槍向官兵轟擊。順德縣所屬之南浦霞材兩鄉械鬥。甚至傷斃弁勇。兇横若此。非嚴行懲創。貽患何可勝言。況從前所謂鬥匪。尙不過鹽梟盜賊溷跡其中。近年情形。迥非昔比。三點會之外。又有小刀會劍仔會諸名目。醜類繁多。遇事麕集。並有革黨到處煽誘。聯絡一氣。其陰謀詭計。防不勝防。萬一借械鬬爲名。乘機蠢動。所關尤非淺鮮。況現在粤漢廣九鐵路工程未竣。一有鬬案。動須停工。行車尤虞危險。是械鬬之風不止。實爲粤東隱患。臣與在省司道妥籌辦法。據廣東按察使趙濱彦會同營務處司道詳稱擬分別治標治本兩法。所謂治標者。當場嚴懲鬬匪。不論本村外村之人。凡持槍械在場鬥殺。卽屬土匪。如官兵到村。仍敢屬聚不散。應由地方文武官察看情形。兩造不遵彈壓。卽准官兵向兩造開槍格殺者照律勿論。其止鬬之鄉。及僅圖自衛。並非有心逞兇者。仍不准輕於開槍。以示區別。至主謀糾鬬之人。實爲罪魁。地方官查辦鬬案。必責令交兇。不知兩造對壘之時。火器連轟。本不能知何人致斃何人。是勒交祇屬具文。否亦不過賄買頂兇而已。前督臣張之洞原奏有鬬匪但有得財之樂。從無償命之苦。二語實爲切要之論。應責成地方官嗣後嚴究主謀。拿獲到案。無論能否交兇審實。卽按例擬抵。使知償命之苦。罪有所歸。鄉族無主持之人。聞風自可歛戢。其槍械嚴行追繳。不准稍有隱匿。如敢抗違。准該文武官督兵進村按戶搜檢。除槍械外。不准擅動民間一草一木。違者以軍法從事。此治標之法也。所謂治本者。州縣爲親民之官。聽斷首宜勤愼。粤民雖悍。其械鬬多因尋常細故。或爭田水。或爭墳山。果能裁判公平。遇案速結。何致釀成鬬釁。間有橫蠻鄉族。並不稟官。恃强逞忿。然當聚謀未定之時。聞信卽往解散。保全必多。應通飭各州縣嗣後倘有因控案久懸不結。致成鬬案。或聞報不速往查辦。任意延玩。一味敷衍搪塞者。卽由司處查明詳請嚴參。以儆玩泄。至鬬鄉祠產。前督臣張之洞原奏查封入官。蓋以一切門費皆取之祖嘗。必使其無可開銷。則此風不禁自絕。臣前於禁革花紅案內奏明將查封祠產一律禁革。係就廣東緝匪之弊言之。與查封鬥產不同。擬嗣後互鬪及帮鬪鄉族。均查明祖祠嘗產。除酌留祭饗之需外。其餘悉數提出。爲舉辦該鄉小學堂及工藝廠之用。以其祖若宗所遺之產。還以教養其子孫。財歸正用。人漸馴良。亦易俗移風之一道。地方官倘有侵漁產價者。卽行詳參。此治本之法也。抑臣更有請者。現值豫備立憲。民間講求自治。此等惡習。官與紳共負責任。賞與罰尤貴並行。擬請嗣後凡著名好鬪各州縣。地方官果能勤於聽斷。或遇民間圖鬪。立卽解散。弭患無形。三年無械鬪者。由司處詳請奏獎紳士中公正明白。平日善於化導。遇鬥勸息。卓著成績者。亦准本管州縣詳請獎勵。以昭激勸。臣爲嚴懲兇頑禁遏亂萌起見。是否有當。伏乞 敕部覈明立案。所有廣東械鬪日熾。隱患方深。擬分別治標治本兩法緣由。據廣東按察使趙濱彥會同營務處司道詳請具 奏前來。除咨部查照外。謹具摺據實陳明。伏乞 皇上聖鑒訓示。謹 奏。宣統二年五月三十日奉硃批該部知道片併發欽此。

白藕香清暑氣微
綠陰晝靜客來稀
萬松密鎖雲間路
六月寒生溪上衣

中國紀事

選派政府委員 資政院政府委員各部已陸續選派。陸軍部派右丞許秉琦。右參議錫嘏。學部派侍郎李家駒。寶熙。度支部派左丞傅蘭泰。左參議曾習經。大清銀行陳錦濤。郵傳部派左參議梁士詒。右參議胡祖蔭。行走阮忠根。

催解稅契銀兩 度支部電致各督撫云田房買典各稅。自加收新章實行之日起。截至上年年底止。所有徵存候撥銀兩。希即迅速查明。儘數匯解部庫。

鹽政處處置粵鹽辦法 鹽政處奏粵鹽另招新商。有五可慮。一加餉太多。二限價太貴。三壟斷太甚。四隱患難防。五侵奪官權。應仍由舊商承辦。每歲納課可得六百二十萬兩。如銷數暢旺。可增至七百八十萬兩。至所設公墩。則由處派員前往督理。所有舊日陋規。年約四百萬兩。應請敕粵督澈底清查。除留數十萬充緝私經費外。餘悉充抵賭餉云。

全國憲兵之計畫 中國憲兵。刻已編成五隊。一二隊駐舊刑部街。專監察城內一切旗營。二隊駐北苑。監察一鎮。四隊駐保陽。監察六鎮。五隊駐山東。監察五鎮。遇事直接報告陸軍部。現軍諮處擬大加擴張。其辦法係先由各鎮考取中學以上畢業武員。派送憲兵學堂。俟畢業後。再由軍諮處撥派各省云。

學部款項之支絀 學部款項。邇來異常支絀。其中約有數因。一銀行息款。已不可恃。該部進款。向以華俄銀行息入爲大宗。每年多至三四十萬兩。少亦二十萬兩。乃自光緒三十三年來。該行生理虧折。以致該部應入息款。分毫無著。二科舉各費。緩不濟急。其科場經費。江安贛粤雲貴等省。未解分文。其廩膳銀兩。直東豫江安粤贛閩晉甘貴等。亦均未解分毫。至考棚經費。則東三省及直豫晉江安贛浙鄂川粤桂陝雲貴等。又均未提解。三各省認解部用經費。惟兩江山東照數清解。此外或未經認解。或認而未解。或認解不及原派之數。或解款不及原認之數。大抵清解者少。壓欠者多。四各省認解大學堂經費。除桂甘新疆未認解外。魯豫湘鄂閩等省。有欠解至兩三年者。各項解款。參差不齊。而學部自學務推廣。用款增加。本年預算。乃增至一百六十六兩。故唐尚書異常焦急。請 旨嚴向各督撫催解。

調查地方自治開辦費　民政部電致各省督撫。略云所有地方自治。遵照籌備清單限至宣統六七年各一律成立。除成立之處。一切自治經費。應照府廳州縣自治章程第七十四條至九十三條。城鎮鄉自治章程第九十條至一百零一條。由各該自治會自籌。另案報部外。其各省設立之籌辦處。研究所。及第一次選舉調查費。並此後逐漸推廣預計開辦等費。共需若干。係由何項指撥。均須詳列表冊。俾憑核辦。希即迅速造報。

定議裁撤禮部　政務處會議。此次舉貢考職。拔貢朝考。業將完竣亟宜奏請截止。不再舉行。禮部衙門前已議定裁撤。自應將該衙門所管各項事宜。劃歸各部院學理。擬將典制祠祭兩司。劃歸民政部。太常司鑄印局劃歸內閣。光祿司禮器庫劃歸內務府。

商部奏請重訂公司律　農工商部具奏。略云前訂商律。數年以來。商民相安。尚稱便利。惟風氣日漸開通。各省商務總分會。漸次成立。商家與商會交接之事。亦日形繁賾。臣部辦理商人保護申訴各案。亦日益增多。惟現行之律。未能包括。而法律大臣編訂之商法。須宣統五年始能頒布。宣統七年始能實行。此數年之內。經緯萬端。館臣之商原定公司律第一百三十一條。曾經聲明此係初定之本。如於保護商人推廣商務各事宜。未能詳盡。例無專條者。仍當隨時酌增。請旨頒行等語。現在舊律既未能賅備。自當查照前奏。就臣部前定之公司律。重加修訂。作爲暫行章程。並咨送憲法編查館法律大臣核定。一俟新商法實行。此項章程。即當作廢。

監候待質人犯照現行律辦理　大理院奏請將從前擬監禁待質人犯。按照現行刑律。分別罪案辦理。略謂監候待質之法。名例犯罪事發在逃門。定有專條。舊例載人命搶竊及拒捕共毆等案。若人數衆多。僅獲一二名。無事主屍親證佐指認者。將現獲之犯。按例擬罪監禁。俟正犯日久無獲。除强盜案件不應寬釋外。其餘人命等案。如原擬遣軍流罪已過十年。徒罪已過五年。杖罪已過三年。並未擬定罪名之人。已過二年者。遣軍流徒照原擬罪名發配。杖罪及未擬定罪名之人。取具的保釋放等語。此次修訂刑律。以待質本非古法。將人命等案舊例所定待質十年五年及三二年者。一概删除。强盜案件。則仍令待質三年。例意既與從前不同。斯辦法自應以新律爲斷。查臣院自開辦以來。按照舊例待質者。奏咨各案。尚有多起。此等人犯。罪名雖已定擬。而國法究未執行。唐律有流配人在道會赦之制。現行刑律有徒限內老疾收贖之文。準此以推。似應將徒前待質未滿年限各犯。改依新律分別核辦。臣等當督飭員司。逐加查核。如强盜案內已滿三年者。卽移由總檢察廳發配。未滿三年者。俟滿限後。一律按照原擬罪名發落。其餘各案。新律既無庸待質。卽行分別罪名。或發配或收所習藝。或取具的保釋放。俱以現行刑律爲斷。如此則現犯不至久羈囹圄。而國法益昭寬大云

貽穀案訊結　貽穀一案。法部延宕數年。朝廷屢次催問。皆未結案。自廷尚書到任後。督催司員趕速訊理。案始完結。惟擬罪甚輕。僅罰繳贓款十七萬餘。并發往新疆効力。

直隸行政各署公費　直督奏定直隸行政各衙門辦公經費。計總督六萬兩。藩司共十二萬兩。學司五萬五千兩。臬司四萬七千兩。運司七萬八千兩。津海關道十萬八百兩。天津淸河熱河等道均二萬餘兩。巡警道十一萬兩。勸業道八萬兩。若遇閏年則照加。

津浦路續借欵項　津浦鐵路向英德兩國銀行。續借欵項。現外部已與德華銀行與匯豐銀行總辦。將該續借欵合同。議安簽押。

中國紀事

萊陽亂事 山東萊陽縣前因查提廟產及抽收人口捐。激成公憤。兩次聚衆五六千人。圍署鬨衙。現風潮愈益激烈。聚衆約有數萬人。竟將萊陽縣署。合力圍攻。境內教堂學堂。亦一律焚燬殆盡。孫撫昨已電請軍諮處陸軍部。酌派新軍前往會剿。陸軍部得電。已即咨會近畿督練陸軍大臣。飭派第五鎮新軍二協卒隊馳往會剿。歸孫撫節制。

川督電請暫緩分省設官 川督電致樞垣。略云前奉函商劃分兩川。添設巡撫各節飭即核議電覆。遵即召集僚屬。詳細諮商。大致均以川省百政待舉。外勢日迫。原應添設官缺。劃疆分制。以期整理。惟朝廷既於一省添一重臣。必須款不虛耗。權不紛撓。乃能有濟。現川省提學使及巡警勸業兩道。均經先後設立。辦理各項政務。尚屬完備。所有添設巡撫之議。擬請從緩。但近年川省交涉日益繁增。擬請於年內即行設立交涉使官缺。以專責成。

江南歲出入預算 江南甯屬清理財政局。近將各署局所營隊學堂所送表冊。逐日鈎稽。計經常歲入銀二千四百六十七萬四千七百五十一兩三分三釐。臨時歲入銀一百六萬七千一百八十六兩九錢二分四釐。經常歲出銀一千七百四十八萬五千七百六十一兩六錢八釐。臨時歲出銀六百八十三萬九千一百三十三兩二錢五釐。地方行政經費經常歲出銀一百八十九萬八千六百三十二兩八錢八分九釐。地方行政經費臨時歲出銀五十七萬八千六百四十一兩二錢七分。統計宣統三年歲入銀二千五百七十四萬一千九百三十七兩九錢五分七釐。歲出銀二千六百八十萬二千一百六十八兩九錢二分二釐。以入抵出共不敷銀一百六萬二百三十一兩一分五釐。

宣城災亂　皖南寧國府屬之宣城縣。入夏以來陰雨連綿。上季菜麥收成歉薄。五月初旬山河蛟水齊發。田廬竟成澤國。破去敬亭墟、嘉慶墟、九墟、十三旱大小墟。約田數十萬畝餘。其未破者。皆受損不少。迨二十五日蛟水又發。潮水又漲。較前勢尤猛烈。連破大墟、及四合墟、九室墟、申室墟、自墟、遙墟、杜墟。災民哭聲徧野。慘不可言。至是飢民四起。糾集千餘人。到處擄糧求食。官兵彈壓不住。飢民愈聚愈衆。揚言不日圖掠本城內外衙署。及敎堂學堂。現城內外居民。紛紛徙避。如無大兵及糧食接濟。則大局甚爲可慮云。

浙省歲出入預算　浙省清理財政局業將宣統三年各署局所總數預算確實。兩相比較。不敷甚鉅。計歲入共銀一千五百九十四萬五千六百四十六兩。（內應除上年餘存各款二百八十五萬六十兩）實入銀一千三百九萬五千五百八十六兩。歲出共銀一千五百四十六萬八百十四兩。（內應除預備金銀八十七萬五千兩）實出銀一千四百五十八萬五千八百十四兩。**出入相抵不敷銀一百四十九萬二百二十八兩。**

浙省勻定司道公費　浙撫綜計全省各司道衙門。原有辦公各費共銀十六萬五千一百餘兩。現擬實行勻給。歸藩司辦理。藩司每年擬給公費銀二萬兩。學司交涉司各擬給公費一萬二千兩。臬司爲司法專官。擬酌給公費銀一萬五千兩。運司蓄款較多。擬酌給公費銀一萬八千兩。糧道巡警道勸業道各擬給公費銀一萬兩。杭嘉湖道寗紹台道主管海關權務。並辦理通商交涉事宜。較他道稍覺繁難。各擬給公費銀一萬二千兩。金衢嚴道溫處道各擬給公費銀九千六百兩。統計年需公費銀十五萬二百兩。較諸原有各款之數。實可節省銀一萬四千九百餘兩。即以本年八月朔日爲實行之期。

湘亂賠欵交涉辦法 湘亂賠欵。迭經楊撫暨長沙關道與各國領事磋商。大約不出一百萬金。聞楊撫決計由官款提撥。分作三股。就官礦總處餘利項下。提撥一股。官錢局餘利項下。提撥一股。其餘一股。則由部承認。

湖北預算與財政支絀情形 湖北預算宣統三年分財政表冊。已辦齊咨部。並由鄂督奏陳困難情形。謂有三端。一爲收欵日絀。鄂省原有歲入一千五六百萬。近來大宗進款不可恃者。如土膏捐。從前月撥十萬。現僅撥銀一二萬兩。簽捐從明年起議減銷三分之一。分作三年減盡。約少餘利三十萬元。加以官錢局收縮紙幣。銀銅幣局改歸部辦。原有盈餘。或久已全無。或漸至減少。撥補鹽釐一項。無著甚多。綜計以上少收之款不下一二百萬。印花稅開辦未久。尙無成效可定。若就官業以圖補救。如武昌之商塲漢口之城垣馬路以及後湖荒地。經營不易。出售無期。卽或變價一二。祇可湊還舊債。無益經常之需。且迭遭災祲。民力凋敝。釐捐賦稅。無可議加。卽令設法清理。所入能有幾何。一爲支款日增。原有歲出之款約計一千七八百萬。內除撥解京餉洋款賠款協餉六百七十餘萬兩。其實本省開支。不過一百餘萬兩。軍政又佔十之五六。所餘不及一半。混成一協。歲餉五十餘萬。本未籌定的款。積負已四年。兩屆會操。需用一百四五十萬兩。全係借貸而來。本未還而息又遞加。淺水兵輪。製本已費二百餘萬。後需常年經費二十萬。上年各屬大水爲災。工賑平糶三項。用款逾二百萬。尚未竣事。加之奉撥海軍軍諮處經費。均屬鉅資。不容短少。現在已裁已併者。善後統捐兩局。營務處洋務局及附屬各局所。教練一隊。並於學務力爲裁節。每歲所省不過二十萬金。此外各項。卽使竭力挑剔。爲數恐亦無幾。欲以彌補一二百萬之虧墊。斷非裁節所能爲力。一爲籌備憲政之各款。太鉅湖北一省。宣統三年應辦之事。按照籌備清單計算。如軍政費之混成協。募足一鎭。需銀一百四十餘萬。地方自治補助費。需銀一百五十餘萬。敎育費需銀三十餘萬。司法費除籌認外。需銀三十餘萬。實業費需銀六萬有餘。巡警費一項。約略計算。數復不貲。以上總計共需銀三四百萬兩。現於本省出入之款。舊有新增。劃分兩部編造。一曰普通會計法。凡宣統三年以前已辦之事已有之欵列焉。一曰特別會計法。凡宣統三年應辦之事未籌之款列焉。計舊有不敷二百二三十萬。新增不敷三百七十餘萬云。

滇省仿辦公債票　雲南興辦實業。籌欵維艱。李督曾奏請由度支部撥借三百萬兩。以爲開辦經費後該部議覆以庫帑萬分支絀。實無他款可籌。無已可仿照北洋募集公債辦法。暫募三百萬以應急需。如以滇省一隅難募此數。并可飭由各省大淸銀行。代爲分募。至將來籌還之款。則由度支部與滇省分認云。

山東司道各府公費　山東三司及道府公費現經議定入奏。藩司月支實銀二千兩。計每年節省費三千五百兩。臬司月支實銀一千兩。又審判廳現未成立。另支發審局經費及津貼刑募。比較原有歲入各項。並無懸殊。應請俟改提法司缺後再行釐定。鹽運司月支實銀一千二百兩。每年節省六千九百餘兩。巡警勸業兩道月各支實銀一千兩。每年各節省三千餘兩。濟東泰武臨道月支一千兩。每年節省五千二百餘兩。兗沂曹濟道月支一千兩。另支津貼幕友全年一千兩。每年節省二千六百兩。登萊青膠道兼管關稅。比照藩司例。月支二千兩。其本缺向有歲入各項。屢經派員調查。尙恐未盡確實。應另案核咨。又光緒二十八年前撫臣周馥奏明各州縣提取規費。改定道府公費原案東昌沂州兩府各歲支九千兩。泰安兗州曹州登州萊州五府。各歲支七千二百兩。青州府歲支七千兩。武定府歲支六千二百兩。均屬酌缺分之繁簡酌中規定。應照舊按支。惟濟南府係首領要缺。原定歲支一萬八千兩。未免過鉅。擬比照各道例。月支一千兩。又審判廳現未成立。另支發審經費及津貼刑幕。比較原有歲支各項。每年節省六千二百餘兩。以上所定公費。統以月計。并删除扣建匀閏等例。如遇閏月之年。仍應按月照加。均自宣統二年正月爲始。一體實行試辦。至廳州縣正佐等公費。現正遵照部文調查各項規費。一俟查明確數。次第籌辦。至撫臺除廉俸外。每月支出公費二千五百兩。另歲修各項每月一千兩。每年節省二萬兩。

粵省財政局請裁綠營　廣東清理財政局具詳督院略云。度支部擬訂預算總册。重在釐剔浮冒。裁節虛糜。以期收支適合。查粵省各庫。久稱不敷。比年新政繁興。部派籌撥。日有加增。現就各署局所造送預算分册。約計不敷之數。甚鉅。新欵既無可籌。若不力求撙節。更無別法可施。查粵省綠營。久成虛設。經岑前督檄行全裁。嗣經司處會議。暫行裁七留三。現在歲支武職俸廉。弁兵薪餉糧米。合計尚需二十餘萬兩。考查綠營存兵多不過數十名。少則十數名。或數名不等。分布固屬不能。調集亦無可用。緩急斷無可恃。餉糈徒然虛縻。且綠營兵丁類皆土著。或有室家。前裁七成。尚無妨礙。今併裁撤。遣令歸農。自可遂其生業。其中如有精壯奮圖報効之士。或改編新軍。或撥充巡警。亦足償其志願。現浙江等省。業已全裁綠營。並無窒礙。粵省值此庫儲奇絀。豈容坐視虛縻。擬請即將粵省綠營所餘三成弁兵。全行裁撤。每歲騰出俸廉薪餉糧水銀二十餘萬兩。以挹注新軍餉糈。宣統三年預算。擬卽將此等款項名目。一併删除。

澳門界務 澳門界務。迭經外部與葡使磋商。現已擬定自馬寮頭以至澳門海面一帶。由兩國政府委員測量劃定。其從前所放地鈔等。俟劃定後。各飭立卽收回作廢。昨已據情照會該使。并咨行粵督查照矣。

粵督布告葡人剿匪事由 葡人在澳門附近過路環剿匪。聲勢洶湧。頗駭聽聞。粵督恐人誤會。特分電各省督撫。畧謂澳門附近過路環地方。道光年間葡人卽築有砲台。久為粵省匪藪。上月新甯縣被匪擄去學生十餘人。在該處關禁勒贖。現在澳界尚未勘定。既不能照會澳督往拿。承認為彼之屬地。又未便派兵往緝。致啓交涉。正在籌辦之際。該事主稟由澳督派人往拿。被匪擊斃數人。本月初六以後。葡又派兵圍拿。亦被匪擊退。匪乘勢佔葡築之砲台。葡兵又被傷斃數人。嗣由葡派兵輪用開花砲轟擊連日。葡兵圍捕。不准行人船隻往來該處。我兵派往協捕。葡亦不顧。惟現在界務正在磋議。此次葡兵剿匪。雖係事主所請。且在其所築礮臺之地。然界務究未勘定。事前竟不知照敝處。亦殊不合。但圍捕原因。的係剿匪。且已起出被擄人口多名。恐外間謠傳不實。特先電聞。

理藩部籌議保藏政策　理藩部近日籌議西藏各要政。擬定大綱六條。一請頒禮教法規。二重訂傳教約章。三拉薩各礦。應准藏民協力開採。四擴充唐古忒學校。兼習漢文。五印藏邊界。妥訂設防章程。亦請駐荷陸使宣布印藏界址於保和會。其餘練兵興學辦墾諸新政。暨路礦各財政。均照政府前議。擬不聘用外人。以保主權而免交涉。

世界紀事

海軍費可決　英國國民黨議員狄倫對英國海軍預算案。提議將造艦經費三百四十四萬四千鎊。減至二百萬鎊。卒以對七十票之二百九十四票多數否決之海軍支出案。遂至可決首相愛斯葵士當下院討議製艦費豫算時。謂今日德國之於世界幾於無地不有利害關係。且德國日事擴張其製艦計畫。此我英國政府所以提出此回之海軍擴張案云。

英國與西藏　英國新發行之政紀。所論藏事。大旨與英外務大臣來格所言相同。謂中國應嚴守各種條約商約。我等已預備保護民泊爾哲孟雄丕丹三處之利益。并警戒中國不應於以上各處加增軍隊。

婦人參政權案　英國婦人參政權案交全院委員討議。以對百七十五票之三百二十票。多數否決。

英皇舉行加冕禮　英皇佐治第五定於明年六月舉行加冕禮。至加冕之日期。須俟

世界紀事

明年乃能決定。

天文學者死去 發見海王星之德國有名天文學者卡爾勒病逝。年九十有八。

德皇訪問法艦 德皇於地方旅行途次。訪問碇泊卑爾堅之法國巡洋艦。此行亦友愛上交際。毫無政治上意義。

皇儲壯游 德國皇太子決環游世界一週。藉此遍歷中國日本印度等處。以廣見聞。不日便卽啓程。

飛行機之速力 法國於蘭士開飛行機競爭會。摩蘭氏於十二分鐘。以四分之三飛行十二哩半。又拉勃士勒治氏於二百二分鐘。飛行四百四十五哩。其速力與距離均於飛行界開一新紀元。

土耳其之抗議 土耳其政府致書於保護克列特之英俄法意四國。謂希臘皇帝之干涉土國內政。實屬不法。極力抗議。

克列特議會 克列特議會再行開會。以四票對五十五票之大多數。許可回教議員。不必對希臘皇帝宣誓。得列席議會。

巴爾幹小國自主　巴爾幹之附庸國芒尼格洛定於下月宣布改爲王國。歐洲各國似無反對之狀。

俄國置設新軍團　俄國現於歐洲增設三軍團。於西伯利亞高加索各新設一軍團。歐洲之新軍團則以七十四箇大隊而成。

西伯利亞移民　俄國由本部移住西伯利亞之人民。逐歲增加。而近年尤甚。本年陽歷一月至四月。移民總數。合計二十六萬八百三十人。

美德之野心　中美尼加拉瓜共和國之新政府。叛徒時出反抗。美國暗與叛徒爲援。德國恒憤美國之南美政策。專橫太甚。德皇特電祝新政府大統領之成功。

日俄連絡鐵道之草約　日本關於聯絡滿洲鐵道。已與俄國政府商訂條約。該約內容一日俄兩國鐵道之連絡事務。因謀事實上之便利。可歸俄國國際鐵路局管理之。二日俄兩國政府關於連絡上必要之事項。每年須在俄都協議一次。三凡兩國通知連絡上之事項。對於日本政府。可用英文。對於俄國政府。則用俄文。四凡對於旅客之用語。如關於損害賠償之件。總以英文爲斷。

日俄協約與外論　日俄協約現已發表。日俄各報。咸表同情。謂此約爲東亞永遠平和之基礎。且爲防範第三國侵入之障壘。泰晤士報則論此約於世界政策。甚有關係。足增進世界之平和。英國必甚歡迎。俄國幷可藉此約。恢復在歐洲已失之威望。法國各報亦均表滿足之意。謂該約足以增進法國在日本之信用。預料日俄英法四國。必有親密聯盟之結果。至美國各報。則謂日俄兩國因美國之滿洲中立提議。及錦愛鐵道敷設之動機。生此協約。表面雖宣言於滿洲確保二國之現狀。維持東洋之平和。實際則兩國閉鎖滿洲。阻滿洲商工業之發達。且刼奪中國之主權。及門戶開放機會等均主義。德報則謂對該協約。德墺美三國締結協約。是不可少之事。又謂該約於滿洲日俄之關係。不生何等之變化。日俄兩國者。先天的敵國。該約只畧延日俄之衝突期而已云。

日本改訂商約之通告　日本以將於明年取消現行商約之意。通告英德意比西班牙葡萄牙瑞士荷蘭瑞典播威等國。至日美兩國條約期限問題。現尚未解決。又日俄及其餘各國所訂條約。有完全互換之利益者。仍作爲有效。又外人在日本購地之例。俟新條約實行後。即行作廢。

叢錄

江介雋談錄

野民

瘿藤

光緒戊戌之歲。朱彊邨先生時官清秘。賃居京師上斜街康熙詩人查查浦侍講嗣瑮舊宅。宅與顧俠君小秀野草堂爲鄰。中庭一藤。蒼然相傳是查浦手植。蓋二百年舊物矣。鄭叔問中翰爲作斜街補屋圖。先生自譜瑞鶴仙一闋紀之云。車塵羅薜礙。有查浦琴尊。舊巢痕在。寒流鳳城背。又西峯半蓦。向人橫黛。佳鄰慣買。便家具殘書共載。惜餘香淒入珍叢。容易酒邊憔悴。　休怪。百年喬木。三宿空桑。等閒一嘅。吾廬恁愛。藏身耳。萬人海。屬勞禽須識。風枝三帀。莫當棲香客待。倦黃昏。愁倚荒欄。瘿藤獨對。王半塘給諫時同官京師。亦言咸同間其宗人龍壁翁居此。時適得王元章畫梅十二巨幀。遂榜其西齋曰。十二洞天梅花書屋。因和其詞云。翠深天尺五。認秀野風流。銀灣斜處。閒鷗淡容與。是百年見慣。騷壇旗鼓。春風胥宇。想生香梅花萬樹。正南窗煖入橫枝。約略洞天雲古。　凝佇。朋儕韻事。拄笏高情。承平簪組。藤交陰嫌。誰共覓。舊題句。勸先生莫忘。玉壺觴我。準備新詩賞雨。怕窺檐。一角西山。笑人自苦。袁爽秋太常亦有題先生此圖詩云。景物無常住。英賢垂化遷。蘿薜穿新壁。藤花弄今妍。豈知蛻陳迹。　國初諸老先。阮亭海波寺。竹垞槐樹塵。臺傾尚餘竹。變幻隨蒼烟。查浦半畝宮。小秀野雲連。朱藤手所植。繁如瓔珞鮮。暄風吹珠纓。璀璨散花天。前八一壺酒。清景萬態鐫。縹素披九流。虛白觀三淵。亦有龍壁叟。墨梅詩版懸。繡池兼玉躞。苔衣蝕蝸涎。名宅落君手。查顧轍聯翩。峯蘿補作屋。縛竹補支椽。春補龍須架。秋補虎落編。來禽與藤子。補種森便娟。風颭將石銚。補製活火然。汲水洗還丹。支亭膀草玄。不恨奔輪景。我不見前賢。曩賢不見我。憾無把臂緣。弁陽碧玉流。何山黃獨田。何者非傳舍。蜩甲蛇跗捐。清興隨所之。食息信所便。作圖聊寄寓。付與後人傳。胥煥華瓌。風流標映。爰記于此。亦志都門坊巷者所宜攷焉。

西湖詩

游西湖詩。作者衆矣。欲盡掃陳言。獨標新義。與前人競勝實難。近人詩惟見鄭海藏先生湖上二絕句云。湖波太嬌輭。畫船殊難載。最宜挐小艇。盡領烟水態。又諸峯競弄影。湖水與搖曳。不用借樓臺。爲渠作莊麗。可謂萬景畢鑄。得未曾有者矣。又陳弢菴閣學遊湖上歸留別豫生五古一首云。聖湖自明瑟。甯以晴雨異。頗嫌遊者衆。林墅或爲累。南山虛且深。松篁閟靜翠。九溪十八澗。佳處豈在寺。意行試龍井。茗淡滋可味。文字外有禪。茲遊子幸識。亦杼柚予懷之作。歎觀止矣。意行試龍井句意古與抑通

文芸閣學士詩

文芸閣學士廷式以進士第二人登第。居清要。歷官至讀學。感激 德宗知遇。忠讜盡言。致觸時忌。于丙申春罷歸。戊戌朝局之變。罹禍不測。避地湘中。陳散原贈以金東遊日本。乃免。庚子歸。羈棲滬瀆積年。既返里。甲辰八月卒。年四十有九。散原先生哭以詩云。果慶得人盛。聲名爲 帝知。張華陪禁近。陸贄職論思。感激維危局。蒼黃斬亂絲。獨憐顏咫尺。瀝血摘奸欺。又元禮終亡命。邪卿辱大儒。孰傳鐘室語。幾索酒家胡。禍釁機先伏。烟濤夢自孤。光芒接三島。自注君曾遊日本留得口中珠。又流署久湮淪。羣喧妒道眞。校文向敏後。隨筆孔洪鄰。雙樹從微喻。孤篷更暫親。枕中宗教記。搜證恐無倫。自注今歲四月與君由南昌同

叢錄 四

舟抵金陵得閱所著雜記中有述宗教數卷可謂奇作蓋實錄也。學士洽見博聞。好客愛士。喜劇談。耽游宴。閒居澀濆。暑月日詣味蒓園。散步曲池疎栁下。曰經涉此間，便有詩意。境遇窮戹。每無以卒歲。而高歌自如。得金輒又揮手盡。曰人生適志而已。守此戔戔者奚爲。其達觀如此。著有雲起軒詩集詞集。茲錄詩三首。皆庚辛之作。和陶連雨獨飲云。處世若多否。在己當獨然。何如且龍蠖。出入夷惠間。乞食偶得飽。高臥亦似仙。酌酒望太虛。失此青冥天。誰能決浮雲。一見象帝先。楊朱泣歧路。不如驅車還。吾生多憂患。倏忽至此年。戰勝良足欣。舌存可無言。鰕䱜篇用陳思王韻云。鰕鱓戀潢汙。不異天池流。斥鷃搶榆枋。亦復逍遙遊。大小兩無盡。明德自相儔。一壑專且美。可以知崑邱。疾風壞林木。咄嗟誰爲謀。積垢毀高閎。洪波隘神州。陸沈須臾間。仰視青天浮。巖棲豈獨適。遂令達者憂。夜坐吟云。銅壺咽漏夜初長。蘭釭墜穗凝寒光。絃聲淒淒管聲促。送入北風聞斷腸。此歌不足聽。此心不可傳。如海漾千波。循環固無端。階除無聲積輕霰。白鳳旋空羽如電。鄴臺銅瓦化鴛飛。冷灰糝入甘泉殿。

山居詩

芸閣學士又有山居五排六十四韻。用九佳全韻增入九字。乃癸卯歲暮萍鄉里居時作。寄興述懷。旁及時變。博奧似皮陸。浩乎鉅觀。洵佳構也。茲錄于此。詩云。息影巖阿足。蕭閒事事皆。橐天符柱史。膠日命靈媧。籬援春栽槿。郊扉晝閉柴。野游來廣莫。代謝紀無懷。瀟灑華陽帽。優游闕里鞵。基圖重布子。劍解與添差。溪集商同趁。淏居客並佳。拾罔哀橡媼。搴浦挑蓮娃。醜凸深凹畫。胡縈夕悴荄。繞庭滋石蔓。支牖斲風楒。嵐壁峯常峭。荒園戶半闔。宗生萵避莧。夾植柳乖懷。哀壑形庨豁。飛泉勢瀠磙。溪暉搖颭豔。淵曲湊淙瀤。地僻防瘠瘴。風淫慎瘧痎。巾車尋窈窕。虛室納威蕤。棲峻捫蘿徑。循流泛荻簰。凝陰羣象肅。吹籟八音諧。應律牛鳴冐。知更鶴頫骴。龜供特健粱。鹿繫放生牌。植翳恒囮雉。黏虆競綴蝸。樹雞增夙饌。蓮鮓（一作花脯）薦淸齋。杯喜栟櫚列。瓔將蒜殼排。榮膺宏景賫。貧減庾郎鮭。楓槭思朋友。蕢瓜餉等儕。霜淸蟬哼嘐。月黑狗喔喋。酒甕生新潤。琴牀積舊霾。囊盛雲褭褭。筧過水湝湝。草彩遙相接。林光淨若揩。漁師爭蹈獺。庖子欲羮豺。機汲輪回瀑。村謠答遠飄。閒情調燕雀。微物富螺蠯。跌宕從巖隱。彎環步短街。杖藜初矍鑠。躡屩尙徘徊。（二句一作坐來能嵬峨行處尙徘徊嵬峨並上聲）遠樹低如薺。文莎細似綹。松高疑倚岱。橘老漫

叢錄　六

逾淮。萬竹青竿亞。雙樫紫穗挨。蠹深南越桂。蟻聚北宮槐。學種莊生瓠。還移孔墓楷。齊民曾講習。老圃信癡痓。仰面看飛鳥。停車軾怒蛙。振奇搜越絕。詠詭誌齊諧。汲黯狂猶昔。劉伶醉可埋。華胥前聖國。阿閦化人階。頭須周秦籍。心嫌鄭衛哇。雅言稽郭璞。字解徇徐鍇、楊子玄傷巧。相如賦類俳、劬脊蟒火燿。鳴晦翰音喈。整帙標緗帶，繙經剝翠釵。凌空揚鷙羽。纂淵邁凡、騧倦几抛書、卷棲塵滿箭鞦。藩維苞枺黷。旄節信音乖。漕粟資連舶。傳烽走快蓋、幽泿更反側。胡梵漸離佤。颶怒號無殼。瀾狂浩莫涯。求砂虛抱朴、聞唱。感洪崖。素髮俄垂領、朱門肯乞膝、儵然賁白石。甯要佩青綸。轉晷時光迅。繁霙歲暮篴、折梅聊酌醑、煨芋自然藷、撫枰音磬延譆笑。投壺止罰哇、五窮仍樂道。一旦敢行怪。柏茗澆殘夢。舊香養病骸。朗吟招隱賦。金石願誰偕。風櫳見貫休詩　嚨喋見寒山詩　骴頫見相鶴經　灪磤見海賦　漭瀁見江賦　此數字韻書並不載

今以意增用　又元微之店臥聞幕中諸公徵樂會飲詩有三省詎行怪司天郤是咼語怪字咼字今韻書亦不載

補佚　第十二期江介雋談錄觚齋詩送馬惕吾五古整韻之下遺却此意至可傷及身容有幸二語今補刊于此

記穆珠索郎事

濮文職幼生稿

四川之有土官。蓋古諸侯遺制也。轄番民。國其土。世其官。政教號令。皆與諸華異。穆珠索郎者。土官之傑出者也。屬理番廳。有番民數十萬戶。地產珍寶。富且敵國。凡爲理番同知者。往往下交焉。以納寶貨。會蜀寇藍李之亂。副將李將軍討之。檄土官助戰。穆珠索郎勇。所向輒有功。賜二品武職服以歸。歸而驕甚。數虐其民。民多怨之。穆珠索郎有小妻美而才。家事皆畀焉。家有珠冠。光采璀璨。緣飾皆文玉。直鉅萬。世以傳冢妻。穆珠索郎欲賜小妻。冢妻不肯與。由是相惡。適吳大夫爲理番同知。艷土官富。益下交。約爲兄弟。誓生死。冢妻使人私於吳曰。苟能爲我去小妻者。我將以珠冠勞之。吳大夫心動。留其使中。夜召之密室曰。以狀來。但謂土官謀反者。其可乎。冢妻故番人。不知謀反之當族也。喜而從焉。吳遽上變於成都。成都距廳五百里。往返六日而獄具。穆珠索郎不知也。時李將軍以兵駐理番。大吏飭就近圖之。吳以狀示李將軍。李將軍歎曰。穆珠索郎誠驕甚。然數從我於役矣。我固知其不反也。殺人以媚人。吾弗能爲也。拂衣竟去。吳大夫懼。乃謀飲穆珠索郎酒。將伏衆禽之。期有日矣。以告守備樊某。且許之路。求助焉。

樊曰殆矣穆珠索郎勇井研之戰徒手一呼輒搏殺數十百人强寇皆辟易事不集子其死矣既而曰事苟集子得其寶我取其小妻吾爲子圖之可無用衆也蓄樊亦穆珠索郎之故交也嘗鬫其小妻萌異志久矣乃謀而出華夷之界有鉅溝奔流澌湃行人阻絕僅木橋道焉穆珠索郎赴吳氏飲乘駿馬衛者數十人馬及橋輒止鞭之遂返奔凡三易馬皆不進俄樊騁而至亟招之遂徒行過橋樊請間謂衛者曷姑歸偕趨山後囁嚅久之而故洩其謀穆珠索郎猶未信登山以望則旂矛纛集而橋毀矣樊曰彼人衆不可逞也不如逃之遂以入民家納諸櫝匿之且加鍼焉未幾吳大夫至命衆矛殲諸櫝中遂與樊率徒衆架木渡溝掩土官宅無少長盡禽以歸而免其小妻吳大夫取珠冠先返運寶藏者三百人日往返三凡二日乃盡樊欲以小妻歸辭曰苟許我三事惟命是聽不然請死樊曰三事若何曰主君由我而死願設位以哭之一也妾將終身事君願聽妾爲三日服君勿强焉二也妾固屬君矣然禮不可以不備君能爲我親迎乎三也樊許諾逮三日小妻陰召土官之黨伏諸內室樊入逆躍起猝而殺之以其首祭穆珠索郎於位既徹小妻曰主君由我而死我何忍負之亦自殺吳大夫錄囚無少

長駢戮之以滅口。爲穆珠索耶有遺男。僅七歲。將就戮矣。有勇士突出人中。負之以趨。當者輒靡。遂亡去。獄上。李將軍坐黨叛人論戍。樊以死事獲邮典。吳大夫遷官。既而以寶貨授妻弟。捆載運歸。妻弟遂挾而他往。並珠冠亡焉。嘗獻某大吏玉菘一株。素根而翠榮。菘心微赤。雕鏤精絕。人猶識之曰。穆珠索耶家物也。

叢錄

名節道之藩籬
藩籬不守
其中未有能獨
存者也
陳白沙語

文苑

熊文叔招觀三村桃花林詒書傳茗生黎少屏張讓三邵蓮士賀爾翊文法和劉皓如諸君同游

伯嚴

江南氣冷花事遲。梅尚破萼柳未絲。迄過彭蠡履腹地。千畦萬陌爭春暉。灌嬰城頭佛塔外。桃花十里名久馳。風光澹沲旭日麗。熊侯挾客皆振奇。始帆章水折港濲。小艇列坐追鳧鷖。一村紅白漸耀眼。枝綴瓔珞紛葳蕤。就陂展玩姱態足。閒拂廢寺乾隆碑。當年鹽漕饟沽船。物力消歇知者稀。隔坑拖岫二村在。童豎負榻還肩隨。取意甜飲饗蓋下。蜂蝶翔舞鶯鸝窺。健步更緣溪漲上。綽約胥半朱霞垂。野燒騰騰爓餘焰。堡旗簇簇籠晴曦。勝絕三村到稱慶。喘汗蒼恤渴與飢。勸業使者矯定論。低昂景物萌參差。（茗生謂花繁而不聚不及二村）借問仙姝屹相望。豈覩衛吏環成圍。獨念山川擅絢爛。黃泥裹核知爲誰。諸公懷抱各自寫。猥儕過客從娛嬉。所期可人迷洞口。桑麻雞犬荒是非。（謂劉末林太史約而不至）倦顏俄頃指精舍。快嚼肴胾傾酒卮。古藤壓架蛇虺動。禿樹戀窠烏鵲私。躑躅白眉讀書處。（謂文

文苑

二

季廉（叔弟）雄姿英發。想見之鄉國。此士那復得。魂氣出壁。傷肝脾。花間攝影解嘲耳。無言但有面目。黨欲證祖師西來意。歸途微笑形諸詩。

抵上海別兒游學柏林還誦樊山布政午詒翰林見憶之作次韻奉酬

伯嚴

海七萬里波千層。孤游有如打包僧。惘惘遣兒欵浦上。探驪畫虎吁難憑。分剖九流極怪變。參法奚異上下乘。後生根器養蟄伏。時至儻作摩霄鷹。雲昏雨暗一舸杳。側足佇望魂軒騰。送者佮傳自厓返。莫問鯨鱷高郵陵。通都頗喜盛談士。飛箝捭闔各有能。寫憂偃蹇共車馬。指點綺戶垂朱藤。歌樓燈火靜愈好。駝坐恍惚狐聽冰。酒闌琵琶隱[illegible]兖人生一博微笑饜。祇恐話舊到鬼錄。（一伎爲文學士舊識）歡咍隔世情可勝。十日影事繪海角。歸輧啖餅餘紅綾。預知醉翁挾客待。蟹已臥甕魚跳罾。況驚新詠互映發。出語暖我絜與繒。疾書報謝倒胸臆。狡獪收盡寒窗燈。

登清涼山

瘦公

煙巒林杪出雲扃。欲挈江流赴石城。袖底三山收紫翠。尊前六代入空冥。一流向盡傷

積照千刼蒼茫賸此亭收拾湖光從倦鳥疏楊歸路帶寒星

登朝陽門望孝陵　前人

丹闕積空王氣昏壓天松栝萬峰屯空傷五柞珠衣閟想像千官絳節翻天壽龍蟠供夕弔煤山鵑血訟煩寃幽宮霜露君嘗日尚有曾孫哭廟門

半山亭即荆公捨宅　前人

亂栽花竹公歸處捨宅千秋賸此堂髡柳尙㑣含雨翠萬荷齊迸遠風香爭墩豈足林泉界補屋寧知草樹荒(匋齋尚書補亭今漸就荒)更策疲驢衝潦去鍾山一角坐招涼

方正學血碑亭　前人

幽燕險塞歸驕子遜國孱庸恥讓皇高帝子孫一家業小臣忠節萬夫強蒼涼十族搜遺乘突兀孤亭禮國殤天許大師留寸壤田橫五百定從亡

漢江風雨　曇痕

雨脚沈山四野暝溼雲低壓白沙汀江帆破險衝波逝草閣凝寒鎭日扃未許放晴天意迴那堪殘夢旅懷醒淋鈴夜夜簷間語黃鶴樓高不忍聽

文苑 四

寄題羅癭公宣南賃宅宅爲半塘老人四印齋舊廬

尊瓠

照眼西山暮雨餘。避人坊巷稱幽居。鶩翁蛻矣留遺宅。詞客來闢種樹書。君新植花木

題洪堯階桑蓬勵志圖

遺之

彎弓惜不發。壯士意如何。珍重腰間箭。南山猛虎多。

子夜曲

彥復

天香空中聞。幽夢花前覺。何處是天涯。人在紅欄角。

三五復二九。明月窺窗牖。霜露霑人衣。愼莫憑欄久。

擿花倩郎簪。墜露霑裾濕。莫便負芳心。墜歡難再拾。

瑤臺風露多。休怨嫦娥妒。月下可重逢。容狀難如故。

猗猗蘭蕙花。依依鳳城柳。花開柳絮飛。腸斷一携手。

探吾師之秘。則必驕我以奪吾師之愛。以是故刻刻隄防。惟梅則一向坦白。且見姚舉止大方。談吐溫雅。善於迎合。殊覺可人。故心恆愛之而不疑。時車已離城不遠。城外四郊。皆駐奧兵。各營訓練甚忙。咸演野戰之術。村民見而惶懼。多有遷徙入城者。故驛車至此時。乘客頓增。迨將進城。牽車之馬忽脫靷。車乃停於道左整理。乘客羣然譁噪。是時忽有軍人一隊。簇擁三人而過。鎖銬甚嚴。梅乘間下車。覓得一附近之人。問拘彼三人何爲。村夫見問。即曰。彼三人頃在田間力作。不知所犯何事。忽然見執。聞將押往法場處死。辣將軍方於昨夕頒行一律。凡犯法者處死。其法每闊兩時間。鎗斃一人。此律有一定名。但其爲外國音。吾不能辨。梅曰。此名爲軍律。但彼等究犯何罪。汝知之乎。村人曰。吾儕小人。安能知者。言畢。慌忙四顧。畧一舉其帽曰。帕高利士。吾實告汝。彼三人所犯之罪。聞與君同也。吾言止此。勿煩多問。遂自逕去。梅亦自登車。兩女接住。問其所談何事。梅只以前半告知。因謂姚珍娜曰。吾目擊同胞遭此荼毒。心中實爲慘痛。娘子雖爲奧人。諒亦不直此野蠻政府之所爲。而以余言爲迂濶遠于事情也。姚珍娜聞言暗喜機會至矣。故意附耳悄語。若恐人聞者曰。吾國之受奧人暴虐。亦正與君輩相同。

梅愕然曰。汝言吾殊未解。姚曰。吾乃匈牙利人也。吾國人困於彼輩虐政之下非一日矣。梅曰。然。貴國之民黨豪傑高蘇符君。吾聞其名久矣。吾甚望將來言至此語頓止。姚急問曰。君所冀望者爲何。梅亟自彌縫其說曰。吾甚望上帝哀憐下民。大啟奧人之衷。使少減其縛束之苛。將來世界得漸趨於平等也。姚雖巧以言相餂。而梅機智過人。終不墮其術中。其時衣士梯梨適見彼執之人心中已竊自危。蓋彼偷藏煙卷百枚。雖有錫箔密裹。然仍惴惴恐人嗅得其味。故於停車換馬時。梅邀同散步。彼不敢出。僞以困頓辭。而姚珍娜則適聞梅之言。滿心歡悅。以爲有間可乘。於是亟亟自白曰。吾不覺倦。願與君偕行散步。遂與梅下車同行。行畧遠。率然問曰。君見同胞遭此荼毒。奈何袖手坐視乎。梅曰。似此所爲。直以卵擊石耳。故寧與吾徒託迹音樂。以終此身耳。姚又曰。君抵美倫時。將何以安置衣士梯梨姑娘也。梅曰。吾早已賃得一室。以爲寄頓吾徒之所。彼處地極幽靜。惟彼人地生疏。未免岑寂耳。梅言未畢。姚遽答曰。吾將居於舊居之旅館。其主人甚賢。欵待極周到。但衣士梯梨既苦岑寂。若不嫌棄。吾亦可移與同居。朝夕爲談件也。梅詫曰。汝何能久留于此。汝不云到美倫日。即須往省汝之季父乎。姚故低聲曰。旅費尚未匯到。吾不得不暫時稽留。且吾之所有。皆在匈牙利。故國中。深慮將來一朝發難。盡歸於烏有也。梅答曰。汝言良是。一經兵燹。損失自難以豫言。但汝願與衣士梯梨作伴一層。吾須向汝說明。可否聽汝自決。衣士梯梨每日自有課程。吾甚不欲有人在其旁以分其念慮。除非此人能受吾之約束則可。不然。雅意雖殷。亦不敢奉屈。姚聞言即曰。君督課既如此之嚴。吾亦不敢擾及令徒。但吾別寓一處。時或過從。一探訪之。能許我乎。梅自思己方有事多外出之時。留下衣士梯梨一人獨居。未免過于寂寞。得其時一臨存。未為不善。于是遂諾之曰。如此甚佳。每日午後四點鐘時。請過談一時許。事亦可行。姚聞而色變曰。只一時許耶。梅曰。然。因衣士梯梨須從事學業。不能久坐閒談。荒廢正務也。旋一回顧曰。渠招我等返矣。兩人乃回步登車。車復馳。未幾。美倫城已在望中。遙見古式城垣。崇墉百雉。車馳迅速。瞬已進城。街衢甚狹。屋宇雖高峻。而形式甚古。紆迴片時。來至一禮拜堂前。對面則為驛站。車方停住。衣士梯梨忽呼曰。師。辣公子在此也。梅未及下車。辣公子已趨至前。抱持之曰。邀天之眷。與君重晤。何喜如之。我竟先君到此。於是又向女一握手曰。別來無恙。辣見姚。遽顧梅笑曰。君何時又得一高徒耶。梅曰否。此爲姚姑娘。吾受友託。代爲沿途照料者。又對姚曰。恕吾冒昧介紹。此爲馬利亞駐防師團長辣公子也。姚於是肅然致敬曰。君得非林拔地督師辣老將軍之令姪耶。公子應曰然。梅曰。敢煩公子帶姚姑娘至其舊逆旅處。店名大布律顛者便是。辣曰。如命。此地吾知之甚悉。但梅君將寓何所。梅曰。吾寄寓於利北毡羅旅店。吾今歲將稅居于此也。辣曰。然則女郎亦同寓乎。梅曰否。吾將寄彼於柯利晏鼇街二十二號。日間如有友欲見之者。只許於下午四句鐘後。準其一句鐘之時刻談話。辣君須諒吾衷。吾非待之苛。實恐其閒談多而用功少。彼具此天資。若學業不進。未免可惜也。辣領之。時辣已爲姚珍娜僱下一車。乃語梅曰。良友重會。吾欲備薄酌。爲君洗塵。君其毋辭。梅喜答曰。公子厚情。深願趨領。惟吾事大忙。赴席時刻容吾自擇可乎。辣曰。一任尊便。梅曰。既如此。準今夕七時到領盛情。不識席將設於何所。辣曰。擬即設於尊寓。君與女郎已經征途勞頓。不再令君等有往返之勞也。言訖。乃同姚珍娜登車而去。女方佇立於其師之傍。見站外之人擁擠殊甚。其先聞梅將出。各皆免冠。豫備歡迎。繼見梅與辣公子語。舉皆怫然。有戴其冠而行者。有立而謾罵者。曰帕高利士甘爲奧人奴。

寧不自羞乎。女覩此情形。甚爲錯愕。梅見其國人將己奚落。色亦大變。遂携女登車。不禁喟然曰。笑罵由人笑罵。將來自有定評。梅于車中謂女曰。吾初意本欲送汝至吾姊處。請其教授。因其學徒綦多。吾來會汝言談。多所不便。又吾姊學規過嚴。深慮汝以爲苦。故吾預先函致鮑姥姥。求其租賃一室。將汝安頓。彼宅在劇場之後。屋舍寬敞。其人曩年亦一歌舞名師。今已年老。專以教授生徒爲業。人甚和藹。汝從其受學甚相宜。女曰。師意殆欲另以一室居妾。而不儕我於衆徒之列歟。梅曰。誠然。吾已授意於鮑姥姥加意待汝如上賓也。女曰。然則君將置妾於局外。不令妾更預聞局中之事。少參末議已。然此非妾志也。梅曰。否否。今姑勿言此。亦非細談之時。是時正過通衢。適當午後。行人擁擠。婦女往教堂祈禱者尤多。而三教九流之人亦熙熙攘攘。往來絡繹不絕。女曰。縱觀民情。純是太平景象也。梅曰。汝何知。數月前學生與奧兵鬨。學生死者六人。傷二十餘人。非亂事之嚆矢乎。又前禮拜日。意人因不忍奧兵噴烟之嘲謔。奪其口中烟卷擲地。以致互相用武。我意人死者八人。傷者五六十人。又非亂機之漸盛乎。此一月之內。計我意人之無辜被拘者四百餘人。不待審訊。卽發往各處營伍爲奴。汝觀彼兩師團士卒駐札於此。汝試以此事質之辣公子。若謂非爲防亂而設。恐彼亦不能自圓其說也。梅遂指示一處巍峨之巨宅。宅外高懸奧國雙鷹國旗。曰此即我王故宮。今爲奧督官署矣。他人入室。觸目只增悽然耳。談時車已行至士加拿大劇場前。門外高貼長條大書柯連士加名角於星期三晚演藝。女見其名。頓覺心驚神悚。恍遇勁敵當其前。乃甫一轉瞬。又見梅之名條高貼于其旁。女曰。師乎。將於星期夜演藝乎。至期吾定偕來。一聆清歌。以爲學習地步。梅曰。可哉。偕汝一觀劇場。亦吾之夙願。屆時吾若不能於客座中覓得相識之女眷爲汝作伴。只可隨我登臺。上在兩翼之傍座坐聽也。未幾車至一宅門前。梅曰。至矣。此爲汝之寓所。吾知汝居之當甚適也。此宅本爲舊宮形式。甚古。方欲馳車過柵直入門內草地。忽爲一紅衣閽人阻止。車乃停住。梅思此人定是鮑姥姥傭僱者。在此看守。以防生徒私行出入。乃對之陳述姓名。始放入內。兩人步行至階前。只見重門深鎖。無路可入。輕輕扣扉。久之一婢自傍門出。梅呼之曰。左什花姥姥在家乎。左什花笑答曰。在家。遂導梅等入內。且行且戲語曰。此大樂師之雛鶯耶。我等有金籠。可代貯也。于是導梅等登二層樓。啓左廂示之室。甚寬廣。一面臨街。玻璃窗四

謹贈書目提要

函索即寄　不取分文

上海商務印書館出版

高等小學堂用書

修身類

學部審定 修身教科書 四冊 每冊二角

學部審定 又 詳解 前二冊每冊一角半 後二冊二角

經訓教科書 四冊 每部四角

經訓教授法 四冊 每部一元

女子修身教科書 第一 二冊 每冊一角 二分

國文類

學部審定國文教科書 前四冊 每冊二角 後四冊 二角半

又 詳解 一二冊 每冊二角 三四五 一角半 六七八 二角

簡明國文教科書 第一至四冊 每冊一角半 五六冊 二角

世界讀本 三冊 每部五角

學部審定 立憲國民讀本 每部三角

女子國文教科書 四冊 前二冊每冊二角 後二冊二角五

歷史類

學務大臣審定 中國歷史教科書 二冊 每部一元

學務大臣審定 西洋歷史教科書 二冊 每部五角

中國歷史教科書 四冊 每部七角

學部審定 中國歷史讀本 二冊 每部五角

地理類

學部審定 中外地理教科書 四冊 每部五角

中外地理詳解 四冊 每冊一角半

小學萬國地理新編 每冊二角

學部審定 萬國輿圖 每冊三角半

算術類

學部審定 筆算教科書 四冊 每冊二角

學部審定 筆算教授法 四冊

第一冊 每冊二角半

第二冊 每冊三角

三四冊 每冊二角半

珠算教科書 四冊 每冊一角半

學部審定 珠算教授法 二冊 每冊五角

數學教科書 二冊 每部三角

筆算教本 二冊 每部四角

學部審定 算術教本筆算 學生用四冊 每冊三角 教員用四冊 每冊四角

學部審定 算術教本珠算 學生用三冊 每冊二角半 教員用三冊 每冊三角半

格致類

理科教科書 四冊 每冊二角

又 教授法 四冊 每冊五角

實業類

學部審定農話 每冊一角

農業教科書 四冊

學部審定 商業教科書 四冊 第一二冊 每冊一角半 三四冊 二角

第一冊 每冊一角

二三冊 每冊一角半

圖畫手工體操類

學部審定 毛筆習畫帖 八冊 每部一元四角

學部審定 毛筆習畫範本 八冊 每部一元四角

又 教員用一冊 每冊四角

學部審定 鉛筆習畫帖 八冊 每部八角

學部審定 鉛筆畫範本 八冊 每部八角

手工教科書 每冊一元三角

體操教科書 每冊五角

謹贈書目提要

函索即寄　不取分文

上海商務印書館出版

兒童必要之書

- 學部審定 五彩精圖方字 共一千字 附教授法　每盒八角
- 彩繪 看圖識字 二册　每部二角
- 彩繪 九九指數牌　每份一角
- 算學練習簿　每册五分
- 圖畫練習簿　每册五分
- 樂譜練習簿　每册一角五分
- 學生雜記簿　每册五分
- 兒童教育畫 一至十册　每册七分
- 童話第一集 無貓國 三問答 小王子 大拇指 紅線領 夜光璧 絕島飄流 啞口會 人外之友　每册五分
- 童話第二集 大人國 小人國　每册五分
- 少年叢書 第一册哥倫布 第二册畢斯麥 第三册華盛頓 第四册納爾遜 第五册大彼得　每册一角

半日學堂 夜學堂 必要之書

- 學部審定 簡易修身課本　每册一角
- 學部審定 簡易國文課本 二册　每部二角四分
- 學部審定 簡易歷史課本　每册一角
- 學部審定 簡易地理課本　每册一角
- 簡易數學課本 二册　每部三角
- 學部審定 簡易格致課本　每册一角

尺牘類

- 歷代名人書札 二册　每部四角
- 國朝名人書札 四册　每部六角
- 歷代名人小簡 二册　每部二角半
- 國朝名人小簡 二册　每部二角
- 新撰學生尺牘 二册　每部二角半
- 新撰女子尺牘 二册　每部二角半
- 新撰普通尺牘 二册　近刊
- 新撰商業尺牘　近刊

學部審定 宣講用書

- 富國學問答　每本五分
- 克萊武傳　每本三角
- 林譯 美洲童子萬里尋親記　每本三角
- 林譯 魯濱孫飄流記 二册　每部七角
- 澳洲歷險記　每本一角半
- 蒙師箴言　每本五分

日記類

- 庚戌 袖珍日記　每册一角六分
- 庚戌 學堂日記　每册五角
- 庚戌 官商通用日記　每册五角
- 自由日記 甲種 乙種　每册 一角 四分
- 月月日記　每册四分
- 手册三種 甲種 乙種 丙種　每册 六分 五分 四分

教育雜誌 第二年第六期 目錄

月出一册售洋一角
全年十二册一元
郵費每册二分

本社爲研究敎育改良學務起見特設雜誌一種自去年出版後未及一載銷數業已逾萬南至叻埠北抵蒙古東經日韓以達西半球西由陝甘而及新疆此固同人始願所不料足徵我國敎育進步之速也茲將第二年第六期目錄列左

◉附告○本雜誌每月初十日發行月出一册洋裝八十頁乃至百頁約五六萬字插畫四幅以上每年首尾兩期各增加四五十頁插畫十幅以上

廣智書局新書目錄

英文尺牘資料	四角
新法英語教科書	五角
二十世紀讀本第一編	六角
華英合璧訓蒙編第一冊	一角五分
華英合璧訓蒙編第二冊	二角
華英商業會話	三角五分
增補改良華英學生會話	二角
初級英文範 即納氏英文典第一冊	三角
華英文件新編	五角
華英商賈會話	二角五分
初級英語作文教科書	四角
東文新法會通	五角
笏山記 上中下每冊	三角
斯芬克斯之美人 上中下每冊	二角五分
偵探小說 虛無黨眞相	八角
偵探小說 離魂病	二角五分
偵探小說 殲讐記	四角五分
言情小說 紅淚影 全四冊每冊	四角
言情小說 花月香城記	三角
偵探小說 怪獒案	三角
哀情小說 刼花小乘	二角
偵探小說 妖塔奇譚 全弍冊每冊	三角
偵探小說 美人手 全三冊	六角五分
偵探小說 劇塲大疑獄	四角
偵探小說 情魔	三角

◀上海福州路▶

體式改良!!!
最新!!!
最備!!!
箋註詳悉!!!

之

平面立體幾何學出書

溫特幹士著　鄭權譯述

溫特幹士平面立體幾何學爲英文幾何學中第一善本我國各處學校選用者甚多書經閩縣鄭仲敬先生權譯成中文

用爲中國公學各班講義已歷四年之久積漸修改箋注詳悉大可爲誦習原文者參考之資而且配列篇段一從原本最新改良之體式圖解對照絕不隔幅無不便翻閱之病難解之處特加銓釋邃理奥義抉剔精詳計讀此譯稿卒業者已有十班凡三百餘人靡不成績優美洵爲幾何學諸刻本中最適用之善本而且前南洋大臣所定考選留學美國學生試驗科目表中此書原本實列一科預備留學美國者尤不可不人手一編也

定價弍圓伍角　代派處吳淞中國公學及上海四馬路惠福里羣益書社

各大書肆均有寄售

編譯改進社廣告

剏辦合肥惠政學堂王君揖周讚証自來血有自服

自效之神功

五洲大藥房主人鑒僕體素健任事不畏煩難不辭勞苦丁未之冬創辦私立惠政學堂距今已歷四學期去歲秋因伏暑致病月餘始起覺精神遠不如前四肢酸軟私心深慮不能勝任後常至鉅康隆周君斗青處聚談遇友人李君德三來購 尊製自來血大瓶一打并稱道其靈效不可比喻復見北鄉高塘集務本學堂壽春孫琴舫君致斗青書託其轉謝 尊處函中盛稱自來血功效之神且速無異仙芝僕遂深信即於鉅康隆購取小瓶半打每日照服果然未及旬日強健如初樂甚噫海內古今補品其於斯爲盛矣特肅蕪箋以鳴謝忱手此順頌 利祺 合肥王揖周頓正月念六日

小瓶 一元二角 每打 十二元
大瓶 二 元 每打 二十元

託局函購原班回件諸君光顧請認明商標全球爲記每瓶內附有精工五彩認眞劵一張方不致誤

總發行所上海四馬路老巡捕房對門五洲大藥房抄登

人造自來血乃人身之活寶

人生百體所賴以生長者血也如血多則百體強壯血少則百體衰弱設遇血盡則百體自枯是故凡人不能無血**血者誠乃人身之活寶也**然吾人欲究身壯力健之術者必以多血爲適宜若近今之衛生家雖常服各種補品而未得十分健壯者何也其故因我國理化未精藥物一道素鮮研究故自古迄今絕未發明不知以多血爲要義噫**此即吾身不強之由來也邇者神州睡獅抖擻初醒努力鼓盪我同胞之熱血奮振我同胞之精神能壯民力強國勢之人造自來血已經及時出現**無庸疑義速請嘗試故再行謹告同胞凡有心虧血虛破金吐血面黃肌瘦頭暈眼花耳聾腎虧陽萎精枯四肢無力手足酸軟身虛脚腫胃弱脾薄以及婦女經水不調白帶赤帶頭痛腰酸五勞七傷諸虛百損之症者服之自然**壯心經多血液**請將下列服法試驗之自能奇功立見幸勿輕視蓋其中實有絕大之能力也我同胞凡購服自來血**須先試驗究有功效若何**可用小針刺破皮膚出血一滴滲在白紙上待服過七日之後再用前法將前者滴血之紙與七日後滴血之紙兩相比較後者之色必紅於前此則**最易最明之確証也**倘能多服**則血愈紅而人之體力愈健**又如腎虧耳鳴眼花者速服數日眼目自覺清爽耳鳴耳聾自可並除此即顯明有補腎之功效又如年老血衰或壯年勞傷過度體質虛弱面無血色者自必畏寒驟遇冷風即發寒噤者服之半月之後**血氣漸充體質自固**雖遇箭風**亦不覺寒冷矣**又有明見之確証如久患爛瘡而不易收口者自服自來血之後則瘡內之**肉刺日漸增紅**如能常服收口亦易如婦女之經淡白者服到一月經水當即增紅**如患冷經痛經亦能並除**凡患破金吐血者服之補血則可以止血則不可然患吐血之人血愈虧少若不培補則體質愈弱病勢日重尤宜常服以補之當時雖無止血之功然久服之心經壯**而吐血之患可以除根也**如脚氣水腫者步履蹇滯亦血虛不充之故須連服旬日則腫自消而步自健矣又**如患瘧疾者**服之旬日**立可除根**不發以上一切功效皆最易試驗者也

●小瓶一元二角大瓶二元**每打**小瓶十二元大瓶二十元託局函購原班回件海內諸公如蒙惠購請認明全球商標爲記內附五彩認眞劵一張値洋一角方不致悞

●總發行所上海四馬路老巡捕房對門青花石三層大洋房五洲大藥房并南北兩京以及各埠大藥房均有經售

大清郵政局特准掛號認為新聞紙類
日本明治四十三年二月十三日第三種郵便物認可

每月三期逢壹日發行

年七月初一日

第拾八期

定價表

項目	全年三十五冊	上半年十七冊	下半年十八冊
報資	六元五角	三元五角	三元五角

費須先惠逢閏照加

零售每冊二角五分
本國郵費每冊四分
歐美郵費每冊七分
日本郵費每冊一分

廣告價目表

一面	半面
十元	六元

惠登廣告至少以半面起算如登多期面議從減

宣統二年七月初一日出版

編輯兼發行者　何國楨

發行所　上海福州路　國風報館

印刷所　上海福州路　廣智書局

分售處

北京桐梓胡同廣智分局
廣州十八甫國事報館
廣州雙門底聖賢里廣智分局
廣州十八甫廣生印務局
日本東京中國書林

國風報

各省代理處

▲蕪湖 徽州碼頭 科學圖書社
▲四川 成都府學道街 輸文新社
▲四川 成都 正誼書局
▲四川 成都會府東街 華洋冬報總派處
▲四川 成都南紗帽街 安定書屋
▲湖南 長沙 羣益圖書公司
▲湖南 常德府 申報館
▲南京 城夫子廟 啓新書局
▲南京 城淮情橋 莊嚴閣
▲南京 城花牌樓 崇藝書社
▲南京 城花牌樓 圖南書社
▲南京 奇望街 神州日報分館
▲江西 省城洗馬池 開智書局
▲江西 廣信府文昌宮 益智官書局

▲江西 南昌萬子祠裱畫巷內 廣益派報社
▲福州 督署後 教科新書館總派報處
▲厦門 關帝廟街 新民書社
▲溫州 府前街 日新協記書莊
▲溫州 瑞安太平石街 廣明書社
▲蘇州 圓妙觀西察院巷口 瑪瑙經房
▲揚州 古旗亭街 經理各報分銷處
▲常熟 常照派報處 朱乾榮君
▲常熟 寺前街 海虞圖書館
▲常熟 孚記書莊
▲星加坡 南洋總滙報
▲澳洲 東華報
▲金山 世界日報
▲紐約 中國維新報
▲香港 中環砵甸乍街 致生印字館

國風報

各省代理處

▲直隸 保定府西大街 萃英山房

▲直隸 保定府 官書局

▲天津 府署東 原創第一家派報處

▲天津 浦東小關大街 公順京報局

▲天津 鄉祠南售報處 李茂林

▲天津 東馬路 羣益書局

▲奉天 省城交涉司對過 振泰報局

▲奉天 圖書館

▲盛京 昌圖府北大街 振泰報局

▲吉林 省城板子胡同 文盛報房

▲山東 濟南府芙蓉街 維新書局

▲河南 開封府城北書店街 茹古山房

▲河南 開封府西大街 文會山房

▲河南 開封府西大街 大河書局

▲河南 開封府西大街 教育品社

▲河南 開封北書店街 總派報處

▲河南 武陟三官廟街 永亨利

▲河南 彰德府 茹古山房

▲陝西 省城內竹笆市 公益書局

▲陝西 省城 萃新報社

▲山西 省城鼓子巷 文元書局

▲山西 省城 書業昌記

▲貴州 崇學書局

▲雲南 城東院街沙驥巷口 天元京貨店

▲安徽 廬州府神州日報分館 陳福堂

▲安徽 廬州四牌樓閱報館 於炳章

▲漢口 黃陂街 昌明公司

▲安慶 府龍門口 萬卷書樓

國風報第一年第十八號目錄

春冰

曲阜孔廟奎文閣

諭旨

六月二十六日　上諭朝廷設官分職所重惟廉考諸往古類皆訂有坐贓專律貪人敗類久爲法所不容誠以蠹國病民莫此爲甚也我朝仁厚開基一切務從寬大欽頒大清律獨受贓一門制刑特重伏讀列朝聖訓復於懲戒貪墨迭次加嚴不少寬假仰見執中定法具有深意存乎其間降及今日人心愈幻作弊愈工寵賂官邪比比皆是或假新政爲名肆行侵蝕或以官缺爲市巧試奸欺或夤緣薦引藉博高官或營謀開復代陳冤抑似此廉隅不飭非上虧國帑下刼民財倘非峻法嚴繩後患何堪設想亟應申明典章頒示中外嗣後著責成各部院堂官各直省督撫加意嚴查遇有貪官汚吏及辦理新政或承辦要工人員查有吞款入己等弊務即羅列欵目據實奏參一面追贓一面按律從重治罪至奉旨查辦之件內外大臣於交查案件有關贓欵者必須秉公澈究以期水落石出倘有瞻徇寬縱情事一經發覺立予嚴懲並著言路諸臣隨時嚴密訪查詳確糾參尅日辦理總之形端而後表正大法乃能小廉凡自貴戚以下及內外各大臣尤須敦品勵行整躬率屬以祛痼習而正人心自此次申儆之後無論

諭旨　二

內外大小臣工有犯必懲決不姑寬其各懔遵毋違用副朝廷激濁揚清實事求是之至意將此通諭知之欽此　上諭孫寶琦奏考核文武屬員據實舉劾一摺山東兗沂曹濟道吳永前代理登萊青膠道余則達請調濟南府知府黃曾源署武定府知府方桂室調補臨清直隸州知州金猷大歷城縣知縣張汝鈞署武城縣本任鉅野縣知縣王廷綸署陽信縣知縣倉永培卸署高苑縣本任惠民縣知縣涂紹光署惠民縣知縣廖以仁署蘭山縣本任臨邑縣知縣金榮桂既據該撫臚陳政績著即傳旨嘉奬候補道萬撫懋統領州防各營軍心解體任性妄爲不知檢束着革職永不敘用登州府知府文淇勇於任事氣質稍偏著開缺另補登州府同知鮑忠瀚舉止輕浮輿情不洽館陶縣知縣陳毓崧辦事粗疏虧空公款章邱縣知縣董燕性情疲軟不堪繁劇博興縣知縣王熾昌才識庸闇難膺民社霑化縣知縣沈桐性情鹵莽疲於聽斷署郯城縣知縣寇宗渭任用子弟操守難信署棲霞縣知縣瞿襄品行鄙陋物議沸騰候補知縣姚世傑逢迎取巧遇事招搖候補知縣羅培鑾性情卑瑣不知自愛管帶巡防營候補副將邱鎮榮浮而不實嘖有煩言均著一併革職濮州營守備王光麟署桃源營守備候

補守備張金元均屬品行卑汚嗜好未除前管帶先鋒中營儘先千總康福奎性情貪詐劣跡多端均著革職永不敘用又片奏萊陽縣知縣朱槐三平日紳民互仇不能秉公處置以至結怨日深請張聚衆二次惟知敷衍說和且於曲思文結黨陰謀毫無覺察形同聾聵海陽縣知縣方奎才本平庸不孚民望於徵收錢糧搭配制錢銅元不知剴切曉諭致激民變均著先行革職並將釀亂情形再確查據實具奏該部知道欽此

上諭河南河北鎮總兵員缺著謝寶勝補授欽此監國攝政王鈐章軍機大臣署名

二十七日　上諭山東登州府知府員缺著光裕補授欽此監國攝政王鈐章軍機大臣署名

二十八日　上諭聯魁奏府廳州縣興學考成分別舉劾一摺所有實心興學之新疆焉耆府知府張銑署甯遠縣知縣趙孟直均著傳旨嘉獎其興學不力之烏什廳同知方鋆候補直隸州知州開缺奇臺縣知縣楊方熾前代理皮剖縣知縣候補同知劉國福均著即行革職鎭西廳同知袁運鴻著開缺另補餘着照所議辦理該部知道欽此

上諭李經羲等奏提督因病懇請開缺據情代奏一摺貴州提督徐印川著准其開

缺貴州提督著李寶書補授欽此監國攝政王鈐章軍機大臣署名
二十九日　上諭貴州安義鎮總兵員缺着沈大龤補授欽此監國攝政王鈐章軍機大臣署名
七月初一日　上諭張人駿等奏署布政使提學使沈曾植因病懇請開缺據情代奏一摺安徽署布政使提學使沈曾植著准其開缺欽此　上諭安徽布政使著玉山補授欽此　上諭安徽提學使著吳同甲補授欽此監國攝政王鈐章軍機大臣署名
初二日　上諭杭州將軍瑞興着開缺欽此　上諭安徽按察使着吳品珩補授欽此　上諭湖北荆宜道員缺着卓孝復補授欽此　上諭浙江杭州府知府員缺緊要着該撫於通省知府內揀員調補所遺員缺着楊兆麟補授欽此監國攝政王鈐章軍機大臣署名
初三日　旨杭州將軍著志銳補授欽此監國攝政王鈐章軍機大臣署名
初四日　旨寧夏副都統著恒齡補授欽此　上諭錫良奏舉劾屬員一摺奉天候補道榮厚新民府知府管鳳龢調署奉天府黑龍江呼蘭府知府孟憲彝洮南府知府孫

葆瑨本任興京府知府都林布署理興京府知府候補直隸州知州張鳳臺法庫廳同知吳瞻莪遂陽州知州史紀常安東縣知縣陳藝錦縣知縣郭進修鐵嶺縣知縣徐麟瑞署理西豐縣知縣賈耕既據該督臚陳政蹟均著傳旨嘉獎卸署昌圖府知府候補知府李延祜漠視要案罔恤民艱著以同知降補海龍府知府孫壽昌年力就衰學務懈弛著以原品休致前署興京廳同知候補知府廖柄樞相驗草率改選知縣魏敦詩經徵稅捐舞弊擾商均著即行革職揀選知縣楊錦龍卑鄙無恥仕途敗類著革職驅逐回籍交地方官嚴加管束鎮安縣孫知縣張彛才具平庸難期振作通化縣知縣慕昌治性情疲緩辦事竭蹶均著開缺回籍本溪縣知縣張錫鴻遇事畏葸跡近規避著開缺另補卸署東平縣知縣本任浙江孝豐縣知縣尹澂書役詐贓毫無覺察著開去本缺留奉另補卸署同江廳同知汪培源冊報朦混濫用私人著以府經歷降補餘著照所議辦理該部知道欽此監國攝政王鈐章軍機大臣署名

初五日　上諭奉天府知府員缺緊要著該督於通省知府內揀員調補所遺員缺著王順存補授欽此監國攝政王鈐章軍機大臣署名

初七日　上諭直隸保定府知府員缺緊要著該督於通省知府內揀員調補所遺員缺著閔荷生補授欽此監國攝政王鈐章軍機大臣署名

初八日　旨吳祿貞現在出差鑲紅旗蒙古副都統著達賚兼署欽此監國攝政王鈐章軍機大臣署名

初九日　上諭農林要政前奉先朝諭旨著各督撫飭屬詳查所管地方官民荒田並氣候土宜限一年內繪圖造册報部並迭次飭令各省興辦工藝實業上年五月因時閱兩年奏報無幾復經飭部嚴催現又一年之久各省是否報齊辦理情形如何著農工商部查明覆奏欽此監國攝政王鈐章軍機大臣署名

論說

中國國民生計之危機（續第十一號）

滄江

前所論者就對外一方面而推究國富損失之大凡也然欲確知其眞相尤非從內部細勘之不可請更畢吾說

夫國富之盈朒亦於產業之榮瘁覘之而已雖家有陶猗之富苟其子弟無所執業而飽食以嬉則家之索可立而待也而我國今日 **則舉國人民失業者什而六七而其趨勢且滔滔未知所極也** 謂余不信請條舉以明之

其在**工業** 實憔悴現象之最顯著者也自瓦特發明汽機而歐洲生計界之騷擾大起史家稱之曰工業革命時代蓋自紡績業應用機器以後凡百工業次第繼之前此恃手指以自給之小民咸失其職十八世紀之末全歐餓殍乞丐相屬於道英國則無業良民相率圍擊工廠破壞機器政府治以死刑莫之能禁而大陸諸國且緣此起前

論說

古未聞之大革命紛擾亘數十年。（法國大革命其動機由於政治者半由於生計者亦半此史家之公言也）至十九世紀之下半期局勢雖已大定而多數細民所蒙之損失遂終不可復馴至於今而富者愈富貧者愈貧歐美社會遂至畫分爲少數富者與多數貧者之兩大階級若鴻溝之不可踰越此稍明時局者之所能知矣由此言之則今世之工業組織其影響於舊社會之小民生計者如此其劇也吾國百年以來閉關高臥舉國中無一人能適用此種文明利器故大規模之工廠未嘗一見曾不足以影響於民業而前此歐美諸國其力之充溢於外者未甚我國既遠隔重洋重以腹地之交通不便彼地風潮之來相簸擊者爲勢較緩以此兩原因故歐美諸國於此一世紀中生計社會變遷之劇驚心動魄而吾國人乃得晏然立於世外民猶安其居樂其業儼若豳風七月之舊蓋有由也 迨最近十年間而全世界工業革命之大波遂軒然掀萬鈞之力以壓我境而吾國之石民始與十八世紀末歐洲之細民同其厄運 此其故何也蓋當數十年前工業最盛者惟一英國全世界皆其市場其產業侵略之線路不必專向中國未幾而歐洲大陸諸國相繼奮起前此英人以歐陸爲尾閭者乃不得不轉而之他矣然其時美澳兩洲惟事農牧製造品悉仰給歐陸故歐陸所產猶得向彼以洩舒曾幾何時此諸地之工業且駸駸駕歐陸之上就中美國與歐洲新興之德國尤後起而勢莫禦亞洲之日本又急起直追以崛興乎其間此世界數大工業國者皆以應用文明利器之故國富日益溢衍馴至以資本過饒爲大患此過饒之資本勢不得不還以投諸工業而工業生產愈盛則其求市場愈急環顧全球舍中國外更無復展翼之餘地於是汲汲焉胥謀以闢我久閉之關爲公共之自衛政策夫以羣虎臨一瘠牛蔑不濟矣果也自五口通商以來今日進一寸明日進一尺而今日之中國遂爲萬國公市夫爲萬國公市則亦何害**而無如百年前歐洲工業革命之禍自茲乃降集吾躬也**昔亞丹斯密所著原富論分勞赴功及利用機器之益謂前此每人以一日之力能製針二十本者今能製四千八百本以是證工業組織變遷之劇今距亞丹斯密又百餘年據專門家所推

算。謂平均每人以一日之力能製針一千五百萬本。蓋以斯密時代與古代相較古代二百四十人所製之針今則一人優爲之而二百三十九人之業針者緣而失業矣以今日與斯密時代相較彼時三千人所製之針今則一人優爲之而三千九百九十九人緣而失業矣更以今日與古代比較則古代七十五萬人所製之針今以一人優爲之而七十四萬九千九百九十九人緣而失業矣雖曰事物之發達以漸絕非以一朝一夕之間而突然增此二百四十倍三千倍七十五萬倍者然機器之影響於民業其大勢所趨成此比例實章章不可揜矣豈惟針業其他百工莫不有然夫以今日一人所優爲之業在昔乃以數百數千數萬人始能爲之則勞力之費於無用之地不知凡幾今茲以機器大興分業日精之故乃得節其濫費之一部分以移諸他業而生事日以蕃膴此其澤之及於社會者至溥亦何待言雖然就他方面觀之自機器大興以後所製物品銷場之增加必不能與產出之增加同比例例如前此製一針費工甚多其價貴貴則買者少今茲其價賤賤則買者多銷場增加誠事勢所必然且全世界人口其大勢固日趨於增加則凡百品物銷場皆遞增亦一定之理雖然其增加之速率總不能與機器生產力同一比例例如前此全國中有一萬人業針每日所製針二十萬本即可以供全國之用者今即云針之用途日增增至每日用二百萬本二千萬本極矣然今茲以一人之力能製一千五百萬本苟猶是一萬人同執此業則每日所成之針當一百五十萬萬本世界上要爾許之針當作何用其他百物莫不皆然明乎此理則今世界以生產過饒爲通患其故可得矣故非有一大部分人廢舊業以從事新業則爲道且窮然人之治一業也世而受之童而習之中途改絃事固非易況吾方以吾之所業者人浮於事乃思改而之他而他業之人浮於事也亦同蓋今日已成爲**鐵與人爭業**之世界此泰西俊語也鐵謂機器求業之難萬方同慨故論者或謂機器之興功罪參半此雖矯激之言然當工業革命過渡之時多數人之幸福爲其所奪則洵不誣矣吾國前此以國中固有之舊式工業供一國人之用百工之居肆者雖用力甚劬獲報甚嗇然苟將之以勤儉未嘗不足以自給太史公所謂無凍餒之民亦無千金之家即生事稍轂固熙熙然有以自樂也而不料馴至今日遂爲歐美工業革命之洪水所淹沒而迫我至於無所逃避也吾粵人也自吾少時居粵之省會蓋省會凡二百餘萬人而工居十之七最盛者織工也其次攻玉之工也其次染工也其次攻金之工也其次贏股肱轉移執事之工也蓋諸工分別部居羣萃州處常以所業名其街衢至今日則舍贏股肱轉移執事者餘皆無有矣此其故至易明也吾以手工所造者質窳而值昂人以機器所造者質良而值賤是故不相接則已接而相競蔑不敗矣彼歐美百年來中產之家所以日

即淩替馴至悉爲資本家之奴隸者胥以此也然在歐美各國雖多數人蒙工業革命之害而少數人實大受工業革命之利蒙其害者固本國人也受其利者亦本國人也合全國之收益以計之則此少數人緣工業革命所新得之利益足以償彼少數人之所損失者而有餘故國富之增殖歲進就國民生計上論之利實遠餘於害而以工廠大興之故勞力之需要益繁傭値因以歲昂而所謂多數人蒙損失者亦未嘗不可以相補若今日之中國則何有焉近世所謂新式企業之組織法吾國人至今莫能運用之加以在現今腐敗政治之下不容此種工業以發達故雖日日言獎厲實業抵制外貨皆不過紙上空談**新工業之建設杳無其期而舊工業之衰落日甚一日**今試任入一人家觀其日常所服用者無論爲必要品爲奢侈品其來自他國者蓋恆十而八九也夫前此國中之恃工以自贍者不下數千萬人今見逼於此種風潮此數千萬人者緣而失業瀕於窮餓事勢之最顯著者也而疇昔此數千萬人每年從事工業之所得除所消費外尚能儲其羸以爲母財者今且悉歸於

無何有矣故就目前論之則國中一大部分人全失其資生之具就將來論之則國民生計資本之總額大耗損而永不可復夫此趨勢既二三十年於茲矣而將來之愈轉愈劇者日滔滔未知所終極循此以往更歷十數年則我國境內之生計現象必將分爲兩階級**甲階級則資本家而其人則皆外國人也乙階級則勞働者而其人則皆中國人也**嗚呼我國人亦知現今歐美各國之勞働者其境遇之慘酷果何似乎若全國人而夷於勞働者之一階級則我國眞永無復見天日之時矣

（未完）

論說

君子不鏡於水　而鏡於人

鏡於水　見面之容

鏡於人　則知吉與凶

墨子語

爲國會期限問題敬告國人

滄江

（參觀第十七號時評論政府沮撓國會事）

自第二次請願國會既被沮撓本報曾著一論極陳政府處置之失當非有意詛國民以措政府也凡以急國家之難而已今更據前論所樹義按諸各方面人人之利害關係敬述所懷以效忠告焉

第一　敬告　監國攝政王

吾常謂我國民所以汲汲請速開國會者非鶩此名以爲高也恐過此以往吾國將永無開國會之時也質而言之則循現今之政治組織而不變恐不待九年籌備之告終而國已亡矣此非吾一人之私言也最近滇督李君粵督袁君吉撫陳君鄂藩王君之封奏其對於現政府之塗飾敷衍瞀亂橫恣叢怨釀亂之實狀皆已痛切敷陳不遺餘力李君摺中且有「勢必終歸於無形之潰裂九年以後情狀可知」等語蓋厝火積薪之象久爲天下所共見范蔚宗所謂自中智以下靡不審其崩離者今日當之矣即彼內外臣工之循例報告粉飾太平者亦何嘗不知現在時局僾焉不可以終日顧敢

論說 二

於以此欺 皇上欺我 王者甯亡國滅種而必不肯舍一己一時之富貴利祿已耳夫彼輩本以官職爲傳舍以國家爲利孔精華已竭褰裳去之國亡之後挾腰橐以走租界或作贅子妾婦於外國猶不失爲富家翁爲計亦良得若我 監國攝政王則安能比之中國存則我 王安富尊榮中國亡則我 王雖欲爲長安一布衣豈可復得漢臣劉向有言陛下爲人子孫守持宗廟而令國祚永移降爲皂隸縱不愛身奈宗廟何我 王即不自爲計甯能不爲 皇上計不爲 列祖 列宗在天之靈計也夫謂有國會而必可以救亡雖草莽臣亦豈敢遽作此武斷雖然無國會而一聽現政府之實行恣虐不負責任則有死無生其勢已洞若觀火卽使開國會而無救於亡則亦等亡耳而況乎有國會猶或可以圖存於萬一也夫國會既開之後則政府不得不對於國會而負責任濫等與舞文皆不如今日之易易故向政府請願國會誠無異與狐謀其皮若我 監國攝政王則何有焉徒以無國會之故代彼等負任蒙勞凡百僨張凡百叢脞悉以諉卸於 王之一身彼等自處於至安而貽 王以至危 王果何愛於彼等而袒護之恐不力也夫以彼等之祿位與國家之景命較則國家重乎彼等重乎

以彼等之容悅與先帝之付託較則先帝重乎彼等重乎夫以國事專託諸彼輩之手其成效若何亦既可覩矣然則我王將躬親庶政而不以託諸彼輩耶王即大賢而精力固有所限豈能政無大小而悉親之故王之所得爲者不過對於彼輩而爲最高之監督已耳夫以王一人自爲監督其事勞而勢必不克周則何如以耳目分託諸國會而王乃不致自疲於察察也嗚呼是在王之擇善而能斷也已矣

第二　敬告政府諸公

政府諸公所以沮撓國會者凡以國會不便於己而已夫國會之與政府如姑之於婦居政府者恒以有國會爲不便非獨吾國惟然也即東西諸國亦有然政府之嫌忌國會而不欲其速開亦無足怪雖然他國政府雖或嫌惡國會而其所以對待之者則有道矣昔日本當明治十一二年以後人民之要求國會者風起水湧其政府頑然不爲動就外觀論之若與吾政府酷相類而不知彼政府於此十年中事事急起直追人民方趨而政府已馳人民之進以尺政府之進以丈蓋當時日本政黨徧國中各揭櫫政綱相號召而政黨每主張一政策政府必立即竊取而實行

之以奪其翹異之標幟政黨每指摘一弊端政府必立即反省而盡改之以絕其攻擊之口實彼其政府固日日思勝伏民黨也然其所以勝伏之者非恃勢迫非恃利誘與之爭政策之建設而務勝之與之爭人才之延攬而務勝之使全國人覺前途無窮之希望皆緣政府而得達故其恃政府之心過於恃民黨而民黨遂不得不屈於政府彼日本直至今日而議院政治猶未成立者皆以此也德之比斯麥亦用此政策吾以爲政府諸公誠嫌惡國會而欲緩其成也則惟有精白乃心以盡瘁於國家使人民咸顒顒焉生出恃政府希望政府之心則其渴欲急得國會之心自相消而日減殺不見乎數年前革命說徧天下自預備立憲之詔既頒乃如湯沃雪乎夫一詔則安能有此奇效希望心有所寄則民氣不期靖而自靖也及乎以諸公當預備立憲之衝而前此一綫之希望復永斷絕於諸公之手故夫前此約以九年開國會而民安之今茲約以九年開國會而民譁之者非民之靖於昔而囂於今也希望既絕於彼乃不得不

轉而向於此也政府諸公乎諸公而果能自信有道焉以繫續人民之希望而保我國家毋至淪胥於公等之手者則國會之開徵論遲至宣統八年也即更閱十八年二十八年吾民無懟焉而不然者則毋甯速開國會以責任公諸國民而無取獨專其罪今兩無一遂進退失據徒以一身爲怨毒所歸國家一旦不諱則三豪磔蚩尤千刀剸王莽公等受禍之烈必有過於尋常人萬萬者公等其亦一念之否耶夫公等所以靳國會期限於此數年間者不過曰數年以後吾將一瞑不復顧即不爾亦將營菟裘以終老其時雖有艱鉅己非吾事吾且利用此國會未開之數年間侈然自恣厚封殖而長子孫云耳夫使時勢而果能如公等所期則爲計亦良得而無如禍害之相煎逼於內外者萬不許爾爾 **以公等之才居公等之位而復懷抱公等之心理則不及五稔而中國必爲公等所斷送萬無可逃避**夫公等斷送中國中國誠厄矣而公等所謂自豐殖以長子孫者於彼時則亦何有焉語曰左手據天下之圖右手揕其胸愚者不爲公等之智胡乃見不及

此。

第二 敬告各督撫

近數十年來督撫之繫民望也恒過於軍機大臣及各部長官非必督撫之才皆優越於彼輩也其責任較專其展布較易也故中央雖萬幾叢脞而有一二賢督撫則一方之民猶食其賜自一二年來假籌備憲政之名行似是而非之集權政策而督撫始不可爲矣督撫失職不平漸奮起而與中央爭爭之不能勝也乃反其本於是責任內閣之重要漸爲督撫中之賢者所同認 夫責任內閣爲今日救中國之不二法門固已

然亦思責任內閣之名果何所麗而立乎 夫使對於君主而負責任者即稱之曰責任內閣也則我國之有責任內閣已數千年豈復勞諸公之陳請責任內閣云者必有糾問責任之機關與之對待然後能存立者也而以君主當此機關則其最不適者也以君主而糾問大臣責任其所得結果惟有二途一曰仍躬親庶政而代大臣負責任二曰委耳目於中涓新進以掣大臣之肘二術殊趨而內閣責任

之不能成立則一也是故有國會則有責任內閣無國會則無責任內閣今語人以責任內閣之當速立人多信之語人以國會之當速開人多疑之此猶謂惟食可以救飢而又云可以無炊也 夫今者請設責任內閣之諸督撫皆督撫中之賢而忠者也其於責任內閣與國會相依爲命之理豈猶有所未瑩而獨舉彼而遺此者殆不欲太觸政府之忌而期其易行耳不知天下事未有本不立而末能存者今惟日言責任內閣而於糾問責任之機關不置一辭吾恐政府不久必將舉現在之軍機處各部易其名號以徇於衆曰此責任內閣也至彼時而責任內閣四字將成爲藏垢納汚之一名詞而今之渴望責任內閣者且將以責任內閣爲詬病矣 夫無責任內閣則今後之督撫將一事不能辦此事勢之既顯著者也而無國會則責任內閣無從成立又學理之不可易

者也故督撫無論爲國家全局起見爲本官職掌起見皆當竭全力以速國會之成悠悠萬事惟此爲大舍此不務雖日夕劬精於職守亦具臣已耳

(附言)政府之所以敢於稽延國會期限者以請願國會之輩人微言輕耳誠得數省督撫聯合上奏以爲國民請願之後援則政府固不得不懾各督撫而信現在政府諸公可以託國也則吾復何言而不然者則督撫諸公爲國大臣其與國休戚之誼宜視齊民爲更重試問舍速開國會外更有何術使政府稍負責任政策稍得統一而拯國家於至危之淵者吾願賢督撫一熟審之 吾尤願在督撫幕府之諸彥更取此中消息一參之

第四 敬告國中有聞譽之諸君子

兩次請願之見拒其原因雖多端而請願代表之人微言輕實其一也夫所謂微也輕

也。就社會上之客觀的地位言之也。社會地位。原非能限人。然雖有豪傑之士。欲得社會之尊敬。固非一朝一夕所可幾。及況在今日之中國。凡百德慧術智。皆不循自由競爭之原則。士之自拔於流俗。益以不易乎。今代表數十人中。吾所曾晤識者。雖未及什一。特其器識之必有以異於常人。此則天下所共信矣。而政府當道則易而侮之。謂是乃少年新進。所代表者未必爲眞正之民意也。代表雖復懷異才抱血誠。獨於其年之少其進之新則無術以自解。然國民固非不欲舉耆宿碩望以爲代表也。諸代表非不欲廣引耆宿碩望以同事也。而無奈所謂耆宿碩望者。或冥然不識此事關係之重大。或雖識之。而持重觀望。不肯以身爲天下先。於是乎少年新進。乃不得不以綿力獨任其難。夫難則何足恤。而事乃坐此不獲濟矣。昔日本之請願國會也。領銜者爲副島種臣、板垣退助。皆中興元勳。身爲大臣。翩然挂冠。以爲民倡者也。俄國之請願國會也。領銜者爲特爾璧哥意 W uebctskoi 以侯爵而爲大學教授者也。此爲俄國第四次請願國會之領銜者。卽千九百○五年（光緒三十一年）六月二十日所上書也其年八月十九日俄皇遂頒召集國會之詔 而其他署名之人。連袂捧呈者。蓋國中知名士咸集焉。是以彼兩國政府不得不重視之。而請願因以有效。今我國所謂耆宿碩望者。

其頑舊之輩不足責亦有明知此舉爲救時良藥顧不肯以名爲天下倡或僅虛列一名而不肯以身當實行之衝徒以大任責諸後起之秀致其事不見重於世揆以春秋責備賢者之義則事之不就諸君子不得不分其咎也今國事且益急矣亡徵且益著矣從萬死中以求一生仍舍速開國會外無他術第三第四次之請願我國民應非所敢避**顧吾所禱祀以求者則國中有聞譽之諸君子咸奮然投袂而起以爲民倡率而已**夫有聞譽於國中者其與國家休戚之關繫加密則其憂國也宜加勤其受社會之恩也加深則其報社會也宜加厚若謂舍速開國會之外而別有救中國之術也吾願諸君子更有以語我來如其無之也則諸君子不此之任而更誰任也

第五　敬告一般國民

凡人各有其性之所近各有其業之所宜欲使全國人民而悉爲政治上之運動非惟事所不能抑亦理所不可雖然今日中國之請願國會則與尋常之政治運動有異其

在現今已立憲之國各政黨之政見雖有異同要之皆以國利民福爲前提任行其一於國皆有裨故政黨以外之人民袖手以觀其成敗固無傷也即當日俄等國要求國會之時其政府雖偏於專制然其政府諸人固猶有忠於職務之心而才識尤足以濟之不過施政非本於民意與近世政治原則稍相齟齬已耳未嘗緣此而陷國家於危險之淵也故國民雖不過問之猶可以無大咎**若吾國今日之形勢則全與彼異**譬之猶以破舟航巨浸中外遇颶風下叢礁石而船主及船中一切執事者既不知駕駛爲何術加以日飲亡何而不事事而吾儕乃不幸而適以此時乘此船眼看其覆沈即在旦夕覆沈之後則同葬魚腹而無術以自免於斯時也胥謀開一會議以講保全此船之策吾儕雖非人人盡諳駕駛然一舟之大安保無一二人稍諳之者足以匡船主之不逮藉曰竟無其人而會船主有所憚懾稍止酒以自念其職則猶或可以圖存於萬一今之請願國會亦若是已耳苟在船之人而猶有不表同情不相臂助者則必其全無人心者也夫我國民之漠視國事數千年於茲矣惡根性種之已深誠非頃刻所能遽易雖然吾民亦未知其現時所處之地位爲何如耳即或薄

有所知亦不審誰爲爲之孰令致之耳嗚呼我民其聽之夫孰使我百業俱失無所得衣食者政府也夫孰使百物騰踴致我終歲勤動而不得養其父母者政府也夫孰使我一粟一縷之蓄積皆供吏胥之婪索者政府也夫孰使盜賊充斥致我晷刻不能即安者政府也夫孰使我祖宗丘墓之墟爲他國宰割分崩者政府也政府日紾吾臂而奪吾食日要於路而刼吾貨吾呼號顚沛而政府不我救吾宛轉就死而政府不我憐

吾以吾生命財產乃至吾子孫託之於現政府也既非一日而今且瞬息與之同盡天地父母生我我不能坐以待死我素習聖賢之教亦決不肯犯上作亂以自取戾故吾惟願得一國會使我舉其所親信之人代我一察政府果尙能託命與否而吾思所以自救之術亦得因其人以自達質而言之則吾國今日之請願國會匪

敢云進國家於富強也。冀國家萬一不亡而已。匪敢云增吾儕人民之幸福也。冀取千百之餓殍救活其一二而已。嗚呼我國民。即不愛國。甯不愛吾身。即不愛吾身。甯不愛吾父母及吾子孫。嗚呼我國民。其念之。苟無國會以監督此政府。則不及五年。我國四萬萬人之生命。必有三分二斷送於其手。吾身及吾父母子孫。其安能倖免也。言念及此。則今日人生第一大事。舍請願國會。豈有他哉。願我民思所以自處也。

（未完）

夫民別而聽之則愚　合而聽之則聖　雖有湯武之德復合於聖人之言　管子語

時評

六月二十五六兩日 上諭恭跋

寓庸

舊史氏曰吾讀六月二十五六兩日嚴責官吏釀亂與懲戒貪墨之 諭旨而不禁有無窮之感慨也聞之道路傳言二十五日一 諭係因御史趙炳麟呈遞封奏參奏萊陽亂事而極論民碞之可畏二十六日一 諭則以御史胡思敬屢次指陳親貴招權納賄原摺雖先後留中而 上意不無少動適新授浙藩吳引孫召見又極言各省吏治之頹貪風之熾攝政王大爲所動因飭樞臣擬 旨稿旣上復以硃筆加入『凡自貴戚以下及內外各大臣尤須敦品厲行整躬率屬以祛痼習而正人心』數語匣劍帷鐙實有使之聞之之意審如是也則近日政界中蜩螗沸羹之現象我賢王固未嘗不深惡而痛疾之雖然刑威賞勸之不施而僅恃空言以祛積弊甚至幷言官之參摺始終不肯宣布 諭旨旣不明指其人則不肖者得藉以自解而賢者或反且見誣海內淸議終不克得其主名之所在相與口誅而筆伐之貪人之好貨也直將視爲第二

時評

之生命雖有嚴法重刑以臨其後猶將何禁令之所不及而恣其譸張爲幻之思區區一紙空文遂足生其敬憚也乎彼知朝廷之終不肯見罪也則其心將日益肆而其餘且日益張反不如未降 明詔之先尚有所忌而不敢縱也明莊烈所謂朕非亡國之君而卿等皆亡國之臣者其眞今日之謂也夫

官吏胡以釀禍激變以其貪婪無厭耳官吏胡以好貪惡廉以有迫之使不得不然者耳然則 諭旨所分爲兩事者實止一事而已公卿將相本也守牧令長末也上有共驩之佐而欲使下有龔黃之吏胡可得也嘗讀吾國之歷史矣天寶何以亂以有楊國忠故宣和何以失以有蔡京王黼故咸淳何以亡以有賈似道故明社何以屋以有魏忠賢故又嘗考國朝之舊聞矣三省教匪之起和珅之貪冒爲之也洪楊之亂穆彰阿之黷貨爲之也上有好者下必有甚焉者矣豈其性之爾殊誠勢之所迫也賄賂公行之世政府責貨於疆臣疆臣取償于屬吏屬吏無點金之術其究也仍吾民被其毒耳噫昔守舊時代取之民也有制官吏欲爲贓私計非骩法鬻獄不足以償其願此其爲術也至拙而其爲事也至危自好之士內荏之徒恒不敢公然爲惡貪墨之風猶未至

大長也自厲行新政之議起乃不啻爲虎傅之翼矣自頃以來教育之費取諸民也警察之費取之民也練兵之費取之民也地方自治之費取之民也甚至振興實業所以爲民閒維持生計者而亦徒取之民也民之所輸者十而國之所得者二三此什之七八者其大半皆經由官吏疆臣之手展轉銜接捆載而致諸輦下矣試觀昔日雖極頑固竺舊之徒舉無不攘臂而言新法者使其中非有大利存焉胡以先後之判若兩人耶民窮財盡之繇所因緣至爲複雜而貪吏之誅求實居其一大部分敲骨瀝髓之無餘自不得不瞑目橫心以求一逞此民變之惡耗所以日起而未有艾也夫至四海之大億兆之衆而人人有甘心一逞之思則土崩魚爛之機已近懸于眉睫諸公所爲辛勤而滋殖者雖欲終吾世而遺子孫甯可得哉甯可得哉

吾嘗神遊於立憲國之吏治而益慨我生之不辰也立憲國中不必其官吏之皆廉也而組織之精良實有使之不敢爲貪者其事維何夫亦曰國會而已矣惟有國會以爲國民團體之中堅而秉鈞當軸之大臣皆不得不俯首下心對於國民而負責任朝爲不法夕斥之矣民之輸財於官也不過以爲公事之用而一絲一粟未嘗輕以假人官

時評四

之受財於民也皆以供其治事之需而一絲一粟不敢私以入己夫豈無奨詬擿恥讟篚不飭之輩攫人財以盈己橐者要皆在私人交際之間而一經委贄服官則人人咸有不可踰之權限不竢嚴刑峻法而吏人莫不自飭廉隅法治之邦所由一治而不可亂也吾國日言立憲而於國民促召國會之舉則惡之如蛇蠍疾之若寇仇一方面更亟爲聚斂之謀藉口於新政所需以掩其損下益上之迹是惟恐貪墨之風之不熾更爲之抱薪而厝火也顧乃恃一紙　詔書欲以收大法小廉之效亦第見其徒勞而無益耳

朝廷而誠不願爲立憲也則請以法　祖之說進　祖宗家法於貪黷之吏曾不少爲寬假　高宗純皇帝六十年間於貪吏尤盡法懲治不少貸綜計乾隆朝滿大臣以贓罪見法者如鄂善以受賄六百金而賜自裁它如勒爾謹、富德、恒文、良卿、國泰、伍拉納、高樸、高恒或懿親國戚或覺羅貴族而皆一有贓私立正刑辟漢大臣則如王亶望、王廷贊、陳輝祖、浦霖、錢受益蔣洲除王亶望外雖皆以貪墨聞贓私猶未至巨萬而彈章朝上天憲夕臨晚年雖畧從寬大如李侍堯、富勒渾皆贓污狠藉幸免刑誅而猶幽禁囹圄。俾其自思罪戾。誠以聚斂之臣。斵國脉而結民怨。其關於安危治亂之數者。至爲重大耳。記者非敢倡深文刻覈之說。獨念天下之患。莫甚于紀綱之不立。必大臣先有夙夜靖共之念。而後小臣有砥礪名節之思。必朝廷有辟以止辟之威。而後臣工有公爾忘私之效。間明專制之朝。所賴以整齊中外者。僅恃此三尺之法而已。苟并此而棄之。則朝宁之閒。散無友紀。而有國非其國之憂。雖日進國人而訓之。亦曾無救于危亂耳。勉勉我王。綱紀四方。尙其無爲姑息之愛。而一伸黜陟之權也。天下幸甚。

時評

械數者治之流也　非治之原也
君子者治之源也　官人守數
君子養源　源清則流清
源濁則流濁
荀子語

論萊陽民變事

長興

徐樂上漢武帝書曰天下之患在於土崩不在於瓦解古今一也何謂土崩秦之末世陳涉起窮巷奮棘矜偏袒大呼天下從風此其故何也由民困而主不恤下怨而上不知俗已亂而政不修也此之謂土崩間者五穀數不登年歲未復民多窮困重之以邊境之事推數循理而觀之民宜有不安其處者矣不安故易動易動者土崩之勢也故賢主獨觀萬化之原其要期使天下無土崩之勢而已烏乎何其言之危痛而深切也古來亡國之道不一端至於人心思亂衆叛民散則魚爛而亡其病必不可復救我國國勢危蹙數十年於茲矣凌夷至於今日俗亂而政不修下怨而上不知民困而主不恤無一不與徐樂之言適相符合而抑又過之二十行省之中亂機遍伏是以半歲以來變亂四起長沙之事舉國震動乃者萊陽民變之事又見告矣夫區區一縣之亂何損於天下之大勢顧不能不懍懍過慮者蓋察事變所由起驗今日之民心近徵之道光之末年遠鑑之秦隋之季世則土崩之勢今已見端月暈知風礎潤知雨竊恐踵萊陽而起者禍變相尋而未有已也

時評 二

吾聞萊陽亂事之起。自銅元盛行以來。縣民兌納錢糧。皆按七折扣算。今春縣令朱某開徵。更按五折扣算。而復加以火耗。輕封封尾。鹽金德麥諸陋規。正供一兩。民間所納。需大錢三千七百八十文。民不堪命。亂機已萌芽矣。洎乎開辦地方自治。地方紳士。藉口經費。肆意苛征。履畝重稅。過於正供。間架有稅。人頭有稅。甚至牛馬皆有常捐。悉索敝賦。民不聊生。紳民相讐。積怨發憤。而亂事以起。官不恤民。袒助劣紳。苛斂不遂。淫刑以逞。而亂事以成。不知民嵒之可畏。但務刼之以兵。聲其聚衆抗官之罪。肆其草薙禽獮之威。刼掠淫暴。甚於盜賊。民知亂亦死。不亂亦死也。則鋌而走險。於是禍勢蔓延。遂至不可收拾。跡其亂變之所由來。罔莫非官吏之製造而釀成之者也。我 朝乾隆三十七年。有永不加賦之 諭。賦稅之輕。爲東西各國所未聞。然官吏骫法。爲奸。輒於正供之外。附加種種陋規。以多取於民。國家雖國用窘促。猶不敢違 祖制而議加賦。而小民所出。則已數倍於正供。吾民茹苦含辛。亦已習而安之矣。及濫發銅元以來。州縣不能不受其累。於是創爲徵銀解銀之議。以求取償於民。各省諮議局力持其後。其議乃格而不行。愿者以州縣無利之可圖。甚或且憂賠累也。雖補官而不肯就職。黠者則悍然不顧別易一術扣折銅元以取盈民生之舒蹙固非彼所及計也夫銅元之害影響遍於全國而受害最劇者則莫如窮苦耕作之小民我國商業日衰工藝不振人口日增職業日減一切生業盡爲外人所攙奪小民所恃以爲生者僅有農業之一途農民春耕夏耘秋穫冬藏胼手胝足終歲勤勤幸無水旱之災僅乃得謀一飽其資生亦已至觳矣人之生也非一飽卽足以自活所衣之衣所居之室凡百日用之所需不能取之宮中而悉備數年以來銅元濫斥貨幣之價值日落百物之價值日騰謀生之途愈隘購買之力日減曩者日獲百錢卽足以備物而自養者今則幾倍其數而猶虞不足小民喘汗胼胝之所入國家既以銅元之弊政間接而朘取其泰半矣逮其完納賦稅銅元復以五折扣算昔日以制錢千二三百文可以完稅一兩者今乃以二千五六百文而完稅一兩是又於種種陋規之外新加無名之稅一倍也夫以生事至觳之人在生計至隘之途而資生所入驟奪其半納稅所出驟增一倍賣田宅鬻妻子而且不足以自活非斂手以待死卽倡亂而救死耳晁錯不云乎人情一日不再食則飢終歲不製衣則寒腹飢不得食膚寒不得衣雖慈父不能有其子我政府我大吏既以銅元

時評 四

弊政驅小民盡入於飢寒之途矣倡亂致死固其所耳而又何詫焉故夫今日民生之窮蹙人心之杌隉譬猶炸烈之藥遍布室中爆發之期但需時日使不然導線猶可旦夕苟安若導以火而觸其機則轟然不可復遏我國今日之新政固速亂之導線也十年以來我國朝野上下莫不奮袂攘臂囂然舉行新政興學堂也辦實業也治警察也行徵兵也兼營並舉日不暇給然而多舉一新政即多增一亂端事變益以紛挐國勢益以搶攘夫我國今日所謀之新政固行之東西文明諸國致治安而著大效者也然移用於我國則反以速亡而召亂橘踰淮則爲枳此其故何哉圖治必有治本正其本則萬事理若本實先撥徒浮慕新政之名以爲美觀則非徒無益且爲大梗譬之病然心腹潰敗病入膏肓治病者不審病源而雜進參苓以爲滋養則其病必至速死譬之室然基礎動搖墻壁傾側築室者不爲改築而橫加材木以爲美觀則其室必至覆壓夫參苓固延年之妙藥材木固築室所必需乃反以速死而覆壓者何哉川之非其道故也治國之道何以異是我國今日國勢危急萬事廢墮自非至愚孰謂新政之不當速舉然舉一政也必有莫大之政費政費又非天降地出也必不能

不取之於民善謀國者熟權施政輕重緩急之宜孰者當先孰者當後而取費於民也又深察民力之能任此負擔與否而但取其資生之費所贏餘是以事易舉而民不擾今之舉行新政者固不知所謂先後緩急也支支節節紛然並舉其取民也無藝誅奪其資生衣食之必需如是即令施政者潔己奉公實心任事而小民救死不贍亦豈能忍飢寒以待德化之成況乎以搜括之財行敷衍之策所舉行之新政曾無一事能令小民得被其澤也萊陽亂事之起發源於地方自治之苛捐地方自治固今日重要之新政而立憲國所必當有事者也夫自治必需財力各國之地方財政於地方公款公產而外類以租稅爲收入之一大宗故各國國稅之外必有地方稅以供自治之費用各國通制地方稅約分二種一爲附加稅於國稅稅目中選用數種許地方附麗而徵用者也一爲獨立稅於國稅稅目之外聽地方便宜行事擇其地之可稅者而自稅之也然無論其爲附加稅獨立稅既於國稅之外別有所謂地方稅矣則國民供納國稅之外更有一重之負擔負擔過重力將不任故地方獨立稅必當勿使與國稅相侵複而附加之稅亦必與國稅酌劑其輕重而務得其宜夫然後民力不至於重困此各國

時評 六

稅法之通義也我國稅法未定固無所謂地方稅也九年籌備之案定於五年之內地方自治一切成立政府責成於督撫督撫責成於州縣州縣責成於紳士鹵莽滅裂任意爲之汚吏劣紳因爲奸利竊聞萊陽地方自治徵收費用民間種麻之地畝稅大錢五千文花生之地畝稅四千文沙參之地畝稅三千文瓜芋蔬菜之地以是爲差田稅固所謂附加稅也乃視國家之正課固已十數倍之又復有間架之稅人頭之稅牛馬牲畜之稅數目繁重令人駭絕夫民窮財盡供國稅而力已不勝乃又加以莫大之負擔小民卽不衣不食豈能堪此竭澤之漁哉東撫孫寶琦之請變通地方自治也曰今設議事會多處會場有公用議長有公費董佐有薪水議員有津貼而自治一切之事無不藉財力爲展布若一事未辦每年須先籌鉅款以養此數百職員比年物力艱難民生凋敝以終歲勤動之餘旣輸將於國家稅又附益以地方稅萬一輕言會斂重剝脂膏民力難堪隱憂方大固已逆覩其害之必至而慨乎言之矣嗚呼官治之腐敗則誠無責焉耳至於自治之制以地方之公民治地方之公事利害切己痛癢相關情意可以相孚情形不憂隔膜宜若可以善自爲謀造福於鄰里鄉鄙矣顧乃視爲利藪藉

以營私潔身自好之士閉門引避惟二三强梁頑劣之紳盤踞機關句結官吏以逞其武斷鄉曲之淫威昔日之劣紳土豪魚肉鄉里猶以無所憑藉有所畏憚不能縱其無等之欲今乃爲之設備機關遍布牙爪剝奪抑壓甚於刼盜而彼猶號於衆曰此國家委任之職務出粟米麻絲以供其事固若儕小民之義務也是以官吏之横暴爲未足而復縱羣狼以助其横噬自治而適以自亂數年而後地方自治果皆成立竊恐天下且無寗歲而吾民無復噍類也嗚呼官治弊矣自治亦弊道德頹落人心穢腐無論行何良法立何善制適皆成爲殺人之具而已

嗚呼今日萊陽之事禍猶未艾也事變之起官吏謂曲詩文聚衆謀亂調兵剿辦猶懼兵力之不足復請　朝旨派第五鎭練軍馳赴助剿今日人心浮動謂曲某煽衆謀亂吾豈敢謂其事之必無亂事方殷非兵力不能鎭定調兵懲壓吾豈敢謂其辦理之失計然萊民之激變徒以不堪汚吏劣紳之朘剝籲訴無門不能自達窮無復之乃悍然出而抵抗固非處心積慮果有揭竿斬木之異謀也卽曰曲某爲之煽惑然必民不聊生而後煽之易動人情孰不樂生而惡死民雖至愚亦知從亂之足以致死矣使萊民

時評

八

衣食無缺含哺鼓腹則雖有狐火之詭謀蘇張之辨舌寗能使安土樂俗之民捐棄其身家妻子而從之赴死哉文明國之法律苟以自衛之故雖至殺人可勿論死萊民今日之舉動不過救死自衛耳情可哀矜罪可末減顧乃任凶殘之劣弁肆其鋤戮甚至焚掠淫暴黯無天日以此靖亂譬猶揚湯以止沸適盡驅之於作亂之途也然則今日弭亂之計如之何而後可乎則亦惟肅紀綱以整吏治而已矣夫今日上官之督責文書以責成其屬僚也但曰舉辦新政屬僚之奔走喘汗以報最於上官也但曰舉辦新政考成所關悉在於是斂精費神曾無實效塗澤粉飾上下相蒙而吏治之清濁民生之舒慘置之不復過問不肖之吏且假非驢非馬之新政以肆其狠貪羊狠之私謀驅其民而納之罟擭陷阱之中以至激成大變則飾說以欺蒙上官巧辭以自爲解免卽得處分罷官而止矣鑽營夤緣旋即開復彼知 朝廷之相懲者必不能加乎此也益縱肆而無復畏憚以彼輩之罔利營私寡廉鮮恥寗復知政治道德爲何物道德既不足以防之則惟當持重法以峻繩其後貪墨之罪國有常刑虐民之吏罪在不赦法行罰果朝廷之綱紀肅然使天下之觀聽一聳奸吏之邪心少戢庶幾奉令行政不敢弛

墜守法蒞民不敢橫縱若猶是隱忍姑息忍於民而不忍於官雷霆之威靳不一擊則雖詔旨諄篤三令五申而官吏視若具文褻如充耳吾恐朝廷之威權日替吏治之頹壞日甚國事淩夷而不可復振也賈生不云乎權勢法制人主之斤斧也今之官吏皆衆髖髀釋斧斤之用而欲嬰之以鈍刃則令梗不行事墜不舉道失民散土崩之禍即在目前萊陽之事接踵天下而　朝廷且旰食也韓愈曰善醫者不視人之肥瘠察其脉之病否而已矣善計不可者不視天下之安危察其綱紀之理亂而已矣綱紀存者雖危必安綱紀亡者雖強必僨　朝廷有憂亂之心乎竊願於此一加之意也

雪淨胡天牧馬還
月明羌笛戍樓閑
借問梅花何處落
風吹一夜滿關山

著譯

美國之極東政策

璱齋

此論爲美人德瑪士彌勒之演說詞。彌勒曾爲美國駐中公使克蘭之參贊。習於東方之情勢。深知我國之近情。故揭發各國之陰謀。直如然犀照膽。洞燭無遺。其言維持極東政策。當用强硬手段。雖訴之兵力。亦所不辭。其論至公。其意至悍。是殆所謂新們羅主義者耶。夫美國義聲。雖素著於天下。然何愛於我國。而與我親厚。何惡於他國。而與之疏薄。乃至不惜賭其國力。絕其鄰交。爲我國圉敵而捍患。然則彼所云保全中國領土。使得完全無缺之自治者。其信爲仗義之公論耶。抑美國之對中國。其利害頗與他國異。欲保自國之利益。不能不用强硬之手段。無亦如彼所言。各自爲謀。以保其政治勢力耶。嗚呼。有國而不能自保。而至令他人之我保。亦可哀矣

列强對中國之矛盾政策

歐洲各國之始通中國。原以通商傳教。爲唯一之主義。祇欲從容槃敦。以謀彼我共同之利益而已。事勢推移。世變日亟。中國問題。遂爲世界所注視。不轉瞬間而壇坫上之空漠問題。忽爲國際上之重要政策。洎夫今日。異喙同聲。非曰保全支那。則曰門戶開放。其言至公。其義至正。然其眞意之所在。則所謂開放保全者。不外各自爲謀。以保其固有之政治勢力焉耳。雖保全之義。解釋各殊。然約其大旨。則曰維持現狀。維持現狀云者。中國之領土名義上。可置之中國主權之下。惟中國缺於自治能力。不可不受外國之指導。聽外國之忠告。指導忠告。誠先知先覺之任。獨奈何以强硬壓力。迫促窺伺於其後邪。

中國改革之動機。今始萌芽。無可諱言也。然其根本思想。則總不出夫「中國者中國人之中國」一義。故邇來一切權利收回之言論。皆由此思想蟠鬱而出者也。彼等之所渴望。約有四事。一收回治外法權。二恢復財政自治權。三凡在外國人行政之下。而不受中國法律統制之居留地或租借地。皆廢止之。四回復昔日讓與外國政府及法人團體之特權。此等希望。凡欲爲自治國民者。揣之事勢。揆之情理。皆所當要求者也。

然。試。問。各。國。對。此。要。求。之。理。想。如。何。對。此。要。求。之。態。度。又。如。何。苟。明。夫。此。則。各。國。之。肺。肝。如。見。矣、嗚。呼。日。言。保。全。而。故。靳。其。所。以。保。全。之。具。何。言。行。相。悖。之。甚。耶。

美國獨有之中國政策

至美國之言保全。則與口惠而實不至者。非可同日而語也。當美國之與日本訂約也。治外法權之議。雖美國倡之。而各國和之。然實由當時日本之國勢使然。非果有惡於日本也。不數年間。日本遂有撤去治外法權之請。而西洋各國中首出仗義與以最初之贊成者。實我美國。此豈非美國對東洋之後進國。持保育主義。而不與自治的發達相矛盾之明證耶。今日美國之對中國。初無異於曩時之對日本。夫自中日戰後各國皆攘臂奮起。恣意侵略。而美國獨不屑爲乘危利災之舉。而少有所覬覦。即約翰夏任國務卿時。美國國民實在中國立於重要之地位。使當時稍有野心。亦何求而不得。然美國始終一轍。不獨一無所犯。且認領土保全與自治政治之確保。爲合於美國之汎愛主義。竭其力之所及。勉爲維持。試問前十年間。凡關於中國國際之重大提議。何一非美國之所提倡乎。其尙可記憶者。約有數事。

一千八百九十九年藉約翰復之周旋。得列國之同意。以訂國際上之聖約。公認中國之政治的保全及門戶開放主義。

二千九百零一年各國提議向中國課巨額之强迫償金。美國首出反抗。其議遂寢。蓋此償金可使將來之中國。永爲列國之財政奴隸者也。

三千九百零四年日俄搆兵。美國提議限定戰爭區域。不然則中國人民之蒙其禍患。與其國土之混亂。當不可言。

四千九百零五年大統領羅斯福竭其智力。以結日俄之戰局。於其媾和條約。恢復滿洲於中國主權之下。且明認門戶開放領土保全之主義。

然觀今日東亞之現勢。與美國所極力維持約翰夏之根本主義。殆全相反。故令中國之一舉一動。皆在跼天蹐地之中。即門戶開放主義。亦有朝不保夕之慮。若非阻此勢力之進行。則中國之瓜分可立而待。故不欲維持中國之均衡現狀則已耳。若欲維持。非對破壞此均衡之國。加以他國國民之强壓力不可。然此强壓力。捨美國之直接干涉。恐無他策也。

列強之眞意與美國之素志

夫然則美國之公平政策。與列強之自利主義。亦可共喻矣。列強之口。雖云日望中國之自立。然其中心。實敵視其改革之運動。蓋彼等之所利。正以中國自治力之缺乏。俾得隨其意之所欲而爲所欲爲。即有表同情於改革者。亦不過欲其進步之程度。略進文明。稍利於彼等之企業而止。非欲國際上之中國。離隸屬之地位而立於同等之地位也。舉中國之外國輿論。皆不以我美國對中國之政策爲然。殆此故耳。

當千九百零七年美國之陸軍卿塔虎脫之至上海也。其演說有云。「苟誠實贊成門戶開放主義者。對於中國大帝國行政及政府組織之改革。與開發其富源。增進其幸福之企圖。非獨以熱誠而歡迎之。且當極力而勸誘之。中國從此將鞏固其自治的國民之地位。於其領土。則有力以抵抗非理壟斷之侵略。且不藉外國之援助。能與一切國民。以均等之機會。而門戶開放主義。即可實行」云云。斯言也。最能表明美國之政策。大異於歐洲各國及日本之所爲者也。夫中國未能自立。須列強爲之保育之論。我國意見。豈敢有異於他國。然美國之豫想。則謂中國於事實上。必可爲完全自立國。至歐洲各國與日本。則直不願中國之得爲自立國。只欲其永在列國保護之下。延其殘喘。苟一日未至分割。則各窮其智力以謀占優勢而已。彼等若曰彼偌大之中國苟一旦於事實上得爲自立國。則我等之利益。其將不保。夫既有此思想。則彼等之舉動。又何足怪耶。雖然。昔人有言。將欲取之。必先與之。若果能大開中國之富源。發達其工商業。則各國何嘗不食其報。又何嘗不能償其所犧牲者耶。

雖然。中美之關係。日益接近。中國之現狀。與其國民之運命。我美國國民。已不能視若對岸之火矣。未來之二十年中國。於美國之關係。其必如千八百九十八年古巴與美國之關係。實可斷言。蓋關於太平洋上之勢力均衡。我國誠有切身之利害也。故苟能認識中國之於極東政局實據中樞之地位。則自知所以處之方矣。

極東之們羅主義

極東之危局。至今日誠有岌岌不可終日之觀。我美國將首倡義舉。强求滿足之解決乎。抑任事勢之推移。以株守美國之利益爲已足乎。此誠今日之一大問題也。內覘國勢。外察時局。誠非急起直追。以決定極東之政策不可。夫們羅主義之於中美南美。既足以阻歐洲各國之野心又何嘗不可以我之强硬太平洋政策保全中國惟欲發揮此至當之正義則不可無擔荷此責任之準備準備維何亦明示各國以決心告以凡阻我之正當希望者皆吾國敵即賭以國力有所不避而已蓋非如此則我國之中國政策無以博尊敬於世界也夫兵凶器戰危機余豈好窮兵而黷武然欲防護本國之利益捨鐵血主義將何以禁他人之不我侮耶今日我國之政治家實有千載一時之機會以發明光大約翰夏之根本主義即宣示中外謂我北美合衆國以保全中國領土使得完全無缺之自治實爲我國之利益及維持太平洋現狀不可少之事不問何國對此而行破壞手段者即爲蔑視我國國民之利益決不承認當不爲過也雖此宣言或於一時釀國際上之紛爭來外交界之變動然各國能理解此眞義之日則極東之暗雲自可豁然開朗不猶愈於長此黑闇耶嗚呼前事之不忘後事之師們羅主義既脫中美南美於虎口則又安知不收同一之効果於中國耶

著譯

物多則賤　寡則貴　散則輕

聚則重　人君知其然　故

視國之羨不足而御其財物

管子語

調查

各省禁煙成績調查記

茶圃

自光緒三十二年八月下禁煙令。忽忽數年於茲矣。此事內維一國之紀綱。外有强鄰之要約。若稍因循。則十載光陰。彈指即至。憂時之士。輒抱杞憂。我國統計之學未明。官書又無可考。故禁煙成績之良否。莫得而聞。甚憾事也。今據各省之報告。撮其大要。調查如下。

欲知各省禁煙之成績。當先知禁煙令未頒布以前。各省銷費鴉片之多寡。銷費之額。以江蘇廣東四川爲最。福建山西湖北江西雲南次之。最少者則爲新疆吉林甘肅。非數省吸煙之人。亞於他省。乃人口稀少。外土難入。有以致此也。至產烟之地。則以四川爲首。次則貴州山西陝西江蘇雲南。產額最少者。則爲廣西廣東江西湖南新疆吉林等省。今將各省之產額及銷費額。列如左表。

內地鴉片產額	土煙消費額	洋煙消費額

調查 二

直隸	三四三七	六一三〇	二五四
江蘇	九八五七	一一〇三四	一八七三一
安徽	四五三四	四四一七	一六三〇
山東	六〇四〇	五七六八	五三四
山西	一一六二〇	一一八八〇	……
河南	三九六二	二七六〇	……
陝西	一〇七七九	四六五〇	……
甘肅	六四〇三	四五	……
新疆	一六六	一六六	……
福建	一五〇〇七	六一六二	六八〇四
浙江	四二二〇	五二一一	三六〇三
江西	七八	九〇八二	一五八七
湖北	二五四七	一〇九五一	二八六

湖南	一三九	三二四九	三〇一
四川	五四二九九	二五八一七	一
廣東	八三	八〇七五	一九二〇四
廣西	一	四〇六二	二八
雲南	七三五一	九七四四	……
貴州	一二二四一	三六七二	……
奉天	三三七一	三三七一	六二
吉林	五九五	六〇〇	……
黑龍江	一七七五	一七七五	……
合計	一四五四〇五	一三八六二一	五三〇二四

禁烟之法。一曰禁吸。一曰禁種。兩者原相輔而行。然難易各判。蓋禁吸則只奪其精神上之快樂。若禁種則幷其身家財產而破壞之。西北各省。地非沃壤。種植鴉片之利。恒數倍於耕作。故小民固以失業為辭。多方抵抗。而國稅所出。地方官亦以驟失歲入之

一大宗。亦不能不寬假時日。以籌彌補之法。此烟省與非烟省之分。亦即禁烟之遲速所由來也。

直隸　直隸省之禁烟。先於他省。故收効較速。禁烟公所分設於天津保定分所二百有奇。人民之戒烟者。不下三萬餘人。自定販烟規則以來。烟館之改業者。八百餘家。搜獲秘密賣買之案。千三百餘起。栽烟之地。去春已絕其迹。米麥藍棉。已盈疇遍野矣。京師自昨年實施民政部所奏定之鴉片販賣及購烟規則。其向有之熟膏店三十一家。已閉其六。煙館五十家。亦皆改業。吸煙戶五千六百餘戶。禁者已達二千。又於北京內外城之戒煙局。自五月至十月。戒煙者千二百餘人。

江蘇　江蘇產煙之地。在江北之徐州淮安通州海州所屬之十五州縣。昨春江督派員查勘。違禁播種者。不過十數戶。昨年度支部之調查委員。亦云江南之煙地。年內可期禁絕。江蘇三十七廳州縣向有之熟膏店。計一萬二千七百九十餘家。每日售出之煙。三萬九百九十兩。至昨春已減二千八百三十餘家。每日售煙之額。亦減一萬八百餘兩。

安徽　安徽之北部。多以種烟爲業。而尤以鳳陽潁州等府爲最。前年雖下禁絕之令。然官吏奉行不力。故成效頗少。及去春宿州知州及一二州縣。以禁烟不力褫職。乃少革敷衍之習。至禁止吸食一事。仍只循例施行。初無特別可紀之事也。

山東　山東種烟之區。以兗州沂州曹州濟南四屬爲冠。前年冬間。下令一律禁絕。惟濟寧金鄉單縣滕縣四州縣。民情强悍。且以改種之期已晚。羣以展期爲請。延至去春。乃始有改植五穀者。然全省烟地。比之前年。已僅餘四分之一矣。至官吏之烟禁。尤爲勵行。一切官員。不問有烟癖與否。一律須赴官吏調驗所查驗。軍人及敎習之有煙癖者。尤不少假借。省中烟館。現已掃除淨盡。每一州縣。只許設熟膏店二間。必由官給牌。方許營業。戒烟會則有三百四十九處。戒烟者約八萬五千餘人。

山西　山西本爲著名之鴉片出產地。徧地皆植鴉片。人民自植自吸。即婦女兒童。無不吸食。所幸該省洋煙之輸入絕少。若能禁絕栽種。則吸者自少。寶棻巡撫山西時。曾勒令種烟地畝。改植棉麻豆藍。永寧黍城等處。及北邊一帶。雖多出抵抗。然昔年三十五萬餘畝之烟地。至昨年已煥然改觀。餘者無幾。曩時鴉片稅之收入。三十萬兩有奇。

今僅餘十餘萬兩。至禁吸之法。則劃分全省爲十區。徧設普濟戒煙局。戒煙之會。則分設各鄉鎮。淸查烟戶。以配布戒煙藥。除年力衰老。凡年在四十以上者。多已戒絕云。

河南 歸德府許州全屬。爲河南產烟最富之地。前年之秋。早已下禁種之令。然請求展期者。不絕於道。陝州各處。私植尤多。且限制吸食。亦未能雷厲風行。各地雖有戒煙會及戒烟局之設。然求之實際。收效尙少。

陝西 陝西吸烟之習。與山西同。人民自種自吸。不假外求。光緖三十二年該省煙地共計五十三萬餘畝。直至昨年乃減三十五萬餘畝。現各省皆已短縮期限。故近亦力謀禁絕之法。全省戒煙局所。共四百餘所。戒烟者十五萬七千人云。

甘肅 該省地瘠民貧。重以災旱不時。故取栽種漸減之法。煙患之未能遽絕。固由官吏之不能實力奉行。然亦地勢使然也。

新疆 該省漢人無多。半皆土著。即如察哈爾、額魯特、吐爾扈特、纏頭、哈薩克等處。吸煙者百人中僅一二人。故禁煙令下。不數月間。幾已淨絕。客商居民。戒煙者亦十居七八。惟最疲緩者。則八旗綠旗之將卒耳。至阿爾泰地方。蒙古之俗。以鴉片爲禁忌物。其人又皆游牧。種煙亦極稀少。凡吸煙者概爲漢人。一切鴉片。皆輸自內地。若禁止販賣。塞其來源。則不禁而自絶矣。

福建　種煙之地。昨秋經已禁絶。吸烟者雖爲數不少。然官民熱心厲行烟禁。特編造烟冊。惟年老有疾者。乃准給牌購食。去春統計全省吸烟之數。共二十四萬人。至今戒者五萬五千人云。

浙江　烟禁未頒布時。該省烟地。計四十七萬三千七百餘畝。昨年已減十三萬五千七百餘畝。人民之吸烟者。約二十七萬五千餘人。前年驟減十八萬五百人。至昨年則約減四成云。

江西　該省烟地。本極少數。前年殆已禁絶。至所銷之土藥。多來自四川雲南。每年烟稅之收入。約七十萬兩。昨年新定法令。凡輸入之土藥。非得官吏之證明。概不許輸進。故烟價日昂。吸者日少。自實施牌捐辦法。成效尤著。

湖北　種烟之地。以施南鄖陽宜昌及鶴峯廳爲最。昨年雖布禁絶之令。然禁者自禁。栽者自栽。視法令如弁髦也。人民之吸食者。比之他省。亦較自由

湖南　該省鄰接四川貴州。然種烟者極少。其初本取漸減之法。然以難於稽察。昨年遂下禁絕之令。惟其中私植者。尚不能盡免耳。官立私設之戒烟局。共四十餘所。自下禁烟令以迄昨年。戒斷者二萬餘人。

四川　鴉片之產額。位全國之首。川省百四十餘州縣。除邊廳數處。幾無一地。不植鴉片者。故吸烟者之數。遠在雲貴之上。前年水旱頻繁。官吏乘機勸令凶作各地。改植穀食。其餘各地。則改種十分之五。同時奏設鴉片專賣所。於省城設立烟土買賣總行。更設分行於各地。收買一切烟土。不許民間私製。殆寓禁於征之意也。惟以全國第一之烟省。欲其遽爾弊絕風清。則未易言耳。

廣東　該省爲瀕海之區。產烟極少。然外省及外國輸入之鴉片。則甲於他省。吸烟之盛。殆與江蘇相伯仲。栽種之禁。雖已勵行。然吸食之禁。則幾有名無實。現欲行專賣之法。但英國出而阻撓。尚在交涉中也。

廣西　該省烟地。前年迄今。已改植𬂩棉及桐茶杉漆。成效頗著。此後當可淨絕。至吸食之土。全仰給於雲南貴州。昨年輸入之額。已減其半。此即爲吸食減少之徵。

雲南　雲南本爲著名之煙省。自錫督取急進主義。廣購棉桑蜀荔紅花等種。分配各屬。勒令改種。風氣爲之丕變。至膏店煙館。則勒令關閉。一時雷厲風行。令如流水。至昨年正月。土藥稅釐。亦已停止徵收。戒煙局之戒煙者。共六萬三千餘人。自戒者尙不在此數。

貴州　貴州所產之煙。銷費於本省者較少。輸出各省者實半其數。近倣各省之例。奏請於一年內禁絕栽種。惟該省山多地瘠。可代鴉片之植物殊鮮。故一時雖能禁絕。甚慮死灰有復然之一日耳。至吸食之數。聞官吏之戒斷者。已十居其九。至人民則十分之四云。

奉天　昨年七月改禁煙查驗所爲禁煙公所。合官紳之力。以稽查外煙之輸入。販賣鴉片者。須得官許。二十個月後。須改執他業。至十一月諮議局決議。更取急進之法。於各州縣徧設戒煙會。專司調查稽察施藥勸戒等事務。於本年十二月內。盡除全省之煙患。

吉林　該省產煙本少。又以交通不便。土洋藥之輸入者。數亦無多。省中禁煙公所官吏調驗所。皆已徧設。此外領牌販烟。區別烟戶等事。亦照章實行。禁絕之期。當不遠矣。

黑龍江 該省東部及松花江之北岸。種烟頗盛。下令禁種。已三年於茲。然昨春下秧時期。仍不乏私種者。雖經派員出巡各地。勒令拔除。嚴加科罰。然觀望者仍復不少。蓋該省人民。對於禁烟一事。頗爲冷淡也。

綜觀各省禁煙之成績。欲作違心之論。謂非良好而不可得。雖然。禁煙一事。匪獨得大多數之贊成。除託煙爲命者之一小部外。分實可謂爲舉國一致。夫以舉國一致之事業。而令其因循數年。仍不能貫徹其目的。甚且有名無實。官吏之闒茸。誠尸其咎。然我國民自治力之薄弱。得無亦與有責耶。嗚呼、我國民當有以自省矣。

法令

學部通行京外學務酌定辦法並改良私塾章程文

爲通咨事普通司案呈准內閣會議政務處咨稱本處議覆御史趙炳麟奏財政學務亟須整頓一摺又覆御史趙熙奏檢定小學教員章程妨礙教育一片於宣統二年二月十三日具奏欽奉　諭旨均著依議欽此相應咨行查照辦理等因到部查內閣會議政務處議覆御史趙炳麟奏財政學務亟須整頓一摺內開原摺稱數年以來各州縣祗立一兩等小學竭盡一方之力學生多者百餘人少者數十人此外則誦聲幾絕若不改章恐失教之民徧滿全國大難將未有已擬請自高等小學以下酌定若干年齡至若何程度限一年內責令學部將高等小學以下按年編定畫一課本通行天下使窮鄉僻壤皆可購書官立一兩等小學以爲模範有購書在家教授者聽凡初等小學生三年由地方官定期集驗年齡與程度合格者給予畢業文憑准其升入高等小學其高等小學生四年由提學使定期集驗年齡與程度合格者給予畢業文憑准

其升入中學堂其無力入中學願改他項營業者聽如是用欵較省教育可以普及等語查教育之道有公共教育家庭教育兩派軍國民制度之國以公共教育爲宜家族制度之國以家庭教育爲便中國向爲家族制度故歷代均重家庭教育今東西各國皆進於軍國民制度競尙公共教育中國亦不能故步自封故學堂章程採用公共教育之法然物力人材難於普及不可不以家庭教育助之奏定學堂章程自初等小學以至分科大學升學皆有一定之資格階級乃公共教育本義而因開辦之初及格者鮮暫定爲變通考選之法高等學堂中學堂高等小學堂皆有考驗入學之條卽助以家庭教育之意惟原章聲明此例於學堂開辦合法五年以後卽不行用光緒三十四年四月學部於酌擬各項學堂分別停止招考摺內將高等學堂以上停止招考而於中學堂高等小學堂仍各留考選一條中學堂條內有云其年在十五歲以上二十歲以下已讀孝經四書文理明順者亦可考選入學先入豫科一年補習高等小學之課程畢業試驗及格准其升入本科將來高等小學堂畢業學生漸多卽將此例停止高等小學堂條內有云其年在十歲以上十五歲以下已讀孝經論語畧解文義者亦可

考選入學先入豫科二年補習初等小學之課程畢業試驗及格准其升入本科將來初等小學堂畢業學生漸多即將此例停止是中學堂以下仍藉家庭教育爲助與該御史所奏購書在家教授定期集驗年齡與程度合格者准其升學辦法大致相同惟學部前奏時各種課本尙未頒發故但以已讀某書及文理明順與略解文義爲考選之限今學部所編初等小學各項課本全已頒行高等小學各項課本已編者約三分之一本年五月以後亦可陸續頒行應請旨飭下學部酌照該御史所奏擬定章程自初等高等小學各項課本編齊一律頒行之後聽人購書在家教授除讀經講經遵用奏定章程所定經書及注本讀講外其各門學科皆用學部頒行之本講授凡高等小學應授經書及各項課本教授齊全者准其考入中學堂本科初等小學應授經書及各項課本教授齊全者准其考入高等小學堂本科其尙未齊全者列入豫科皆不給獎敘以示區別但各處中學堂不盡在省城若悉由提學使集驗尙多不便應均由地方官親蒞各該學堂公同考驗惟須認眞考校不得稍爲遷就以昭核實第此係因窮鄉僻壤學堂一時未能徧及變通辦理其力能舉辦之處仍應遵章設學不可安

於苟簡以期教育日進完全之域又學部現擬酌訂補習學堂章程爲曾入學堂未畢業之學生及曾在私塾習過某種學科而按諸奏章尚未完備者而設正在擬議議定即當入奏俟奏准開辦後其在家教授而學科未備者卽可令入補習學堂不必再入豫科等語又議覆御史趙熙奏檢定小學教員章程妨礙教育一片內開原奏稱教育以普及爲定義今學部奏擬檢定小學教員章程於教育種種妨礙因歷舉五弊請

旨飭令覆核具奏或將檢定小學教員章程暫緩通行俟師範普立教育大興再行舉辦或於該章程後另加附條聲明此項檢定專指官立小學堂而言私塾不在其內另將課本訂定須行天下詳定私塾學生考驗之法等語臣等檢閱學部奏擬檢定小學教員章程以該御史所陳各節詳加考核如所稱直隸廣西因檢察師範城鄉小戶偶延一師在家縣官出差逮問費輒數百元又地方官以官立學堂易入考成往往於私立者不加保護甚或摧殘之及有品者方去之若涖無品者挾持壟斷興訟漁利地方從此多事各節誠不免有此等弊端皆官吏奉行不善所致並非章程之咎況教育期於普及且將多立公私小學堂並令私塾改良以冀漸推漸廣應由學部於前發章

程再行詳細申明飭令各省提學使嚴禁前項弊端以期興學日多力杜擾累至謂此次章程限定三年後無文憑者不得延聘是爲天下開無數訟根又謂限檢教員私塾勢歸撲滅不知此次章程三年後無文憑者不得延聘乃專指各處兩等小學堂而言私塾本不在內不致擾累民間有妨私塾也又如所稱各項科學皆須通曉乃可爲教員一省中舉貢生監通才幾人不得其人將令一般學堂全行解散是暗中直勒令人民廢學及教員既難中程勢將無人辦學此項人民挾所學以尋生計日逼窮途尤爲世局大患各節查章程內檢定科目修身經義國文歷史地理皆舊日舉貢生監所優爲此外如算學格致其程度皆甚淺近期年數月卽可涉其藩籬卽在家自行研習亦可通其大要其必不可能者又有專科教員以濟其窮初無强人所難之處兩等小學旣定有各項科目則教員不能不有此知識卽不能不施以檢定兩等小學之外尚有三年簡易小學及簡易識字學塾其教員卽不在檢定之內但使文理通順略具普通知識者皆可取爲師資此項教員方慮其不敷分布斷不致無地位置則失業滋事之患可無慮也至所請將檢定小學教員章程暫緩通行俟師範普立教育大興再行舉

辦一節查章程第十四條內本有現在教員缺乏之時凡風氣晚開之偏僻地方有暑通經義文理明暢粗識歷史地理之大要及淺近算術者准由提學使司發給暫時准充教員執照俟風氣漸開然後實行檢定之語是已早經籌及自無庸另議又請另將課本訂定頒行天下詳定私塾學生考驗之法臣等已於議覆御史趙炳麟條陳摺內酌擬辦法請　旨飭行亦無庸再議惟所請於該章程後另加附條聲明此項檢定專指官立小學而言私塾不在其內一節查檢定章程本專爲兩等小學而設私塾原不在內但公立私立兩等小學之經官立案者亦應一律照辦不能專限於官立而原章未經指出或恐外省誤會應由學部補行聲明又臣等查章程內應受試驗檢定資格有舉貢生監中文明通及通曉各項科學願充小學教員者一條向來各處爲塾師者童生甚多不盡限於舉貢生監其中亦不乏明通之士今專以舉貢生監爲限似覺稍隘亦宜酌加變通應請　旨飭下學部通行各省聲明檢定小學教員章程專指官立及經官立案之公立私立兩等小學而言三年簡易小學及簡易識字學塾並城鄉私塾皆不在內以免誤會又舉貢生監之外童生內有中文明通及通曉各項科學

願充小學教員者亦准一體受試驗檢定以寬限制如此則益足以杜流弊而廣教育等語本部查以上各節既經會議政務處奏奉諭旨依議亟應由本部欽遵辦理除補習學堂章程另行擬訂外茲酌訂改良私塾章程二十二條先行通咨京外一律遵行凡窮鄉僻壤學堂一時未能徧設者地方官及勸學所應遵照此項章程就原有私塾竭力勸導俾知改良國文一科尤宜注重如其課程完備合於高等小學或初等小學教科程度者畢業後准考升中學或高等小學堂肄業其課程尙未齊全者分別列入中學或高等小學豫科將來補習學堂章程奏准頒行後亦可按其程度分別列入補習科此項私塾畢業生祇准升學概不給獎其升入中學及高等小學考試時應由地方官或勸學所會同所升入學堂之監督或堂長各按科目秉公考驗以昭鄭重惟是改良私塾所以輔學堂之不足其力能興學之處仍當遵章設學力圖擴充不可藉改良私塾爲名轉致廢弛學務至公立私立各學堂尤足以輔官立學堂之不足方今財政困難官立學堂有限正賴紳富熱心共擔義務以期教育易於普及各地方官及勸學員於公私立學堂尤當力任保護勿稍歧視如有藉名查學擾累閭閻並有訛

索重情者應由提學使查明分別懲辦再前頒檢定小學教員章程本係專指官立及經官立案之公立私立兩等小學而言三年簡易小學及簡易識字學塾並城鄉各私塾均不在內又舉貢生監之外如童生內有中文明暢並通曉各項科學願充小學教員者並准一體受試驗檢定以廣師資其風氣晚開之偏僻地方必須經提學使查明屬實者始准援照本部原奏檢定教員章程第十四條辦理凡此數端統由督學局提學使廣為宣佈俾衆周知以期教育日有進益相應咨行貴（局處／督撫）查（照辦理／照轉飭提學使遵辦）可也須至咨者

改良私塾章程

第一章 總則

第一條 改良私塾以私塾教授漸期合法並補助地方教育為宗旨

第二條 籌辦改良私塾事宜在京責成督學局分飭局員各省責成提學司督飭地方官勸學所認眞經理

第三條 此項章程係照會議政務處議覆學務奏案因窮鄉僻壤學堂一時未能徧

及者而設其力能舉辦之處仍應遵章設學　窮鄉僻壤應由地方官督飭勸學所確切查明詳請提學使察核如實係限於財力不能設學者准照本章程辦理其雖非窮鄉僻壤而設有私塾者亦應照章改良

第四條　改良私塾分初等高等兩種以能合於初等小學教科程度者爲改良初等私塾合於高等小學教科程度者爲改良高等私塾

第二章　調查

第五條　籌辦改良私塾事宜應先由各地方勸學所劃定學區分區調查　調查事務以勸學員兼任由地方官按照勸學所章程第三條選充

第六條　調查事件分列如左　一　私塾種類　甲義塾係官款或地方公款設立專課邑中貧寒子弟者　乙書塾就義庄或宗祠內設立專課一姓子弟者　丙一家或數家設塾延師課其子弟者　丁塾師自行設館招集附近學童教授者　二塾師資格　一出身　二年歲　三有無嗜好　四有無兼營事業　五到塾年月　三　私塾情形　一學生之多寡及程度　二教授所用書籍及教授方法

三管理情形　四師生每學期曠課之多寡　五私塾所在地方

第七條　勸學員應按照第六條所列確切調查並隨時報告勸學所由地方官申詳提學使司

第三章　勸導

第八條　勸學所有勸導改良之責應按照下章改良辦法隨時勸導惟不得藉詞强迫

第九條　勸導時應按照第二章所指私塾種類分別勸其改良

第十條　塾師經勸導後有志改良者勸學員應為之介紹入附近已經改良之私塾及學堂參觀

第四章　改良辦法

第十一條　初等高等各私塾改良辦法各分為二級如左　初等改良第一級　一課程至少須授修身國文讀經講經算術四科　二課本須遵用部定之本　三各書均須講解不得專主背誦　四學生以各科課本教授完竣為畢業凡畢業年期

及分配授課時刻均應預行規定 五扑刑不得濫用 初等改良第二級 一講解漸求詳明 二參用初等小學教授管理法並施行初等小學規則 高等改良第一級 一課程至少須授修身國文讀經講經算術歷史地理六科 二課本須遵用部定之本 三講解均須詳明 四學生以各科課本教授完竣爲畢業凡畢業年期及分配授課時刻均應預行規定其國文算術二科授課時刻得酌量增加高等改良第二級 一課程可酌加格致體操 二參用高等小學教授管理法並施行高等小學規則 三每年舉行期考年考各一次由勸學所人員會同考試給予修業憑單

第五章 認定辦法

第十二條 初等私塾如該塾師文理清通畧知算術聽從勸學員勸導足副改良第一級之格者得由勸學所認爲第一級初等改良私塾其足副改良第二級之格者由勸學所認爲第二級初等改良私塾若其學生在三十人以上常年經費籌有的欵者應詳請提學使司准作爲私立初等小學

第十三條　高等私塾如該塾師或曾由師範畢業或久爲塾師成績昭著聽從勸學員勸導足副第一級之格者由勸學所通知省視學認爲第一級高等改良私塾若其學生在三十人以上常年經費籌有的款者應詳請提學使司准作爲私立高等小學

第十四條　已經認定之改良私塾勸學所應按年彙造清冊由地方官詳司備案如遇塾師有更易時均由勸學所切實考查如一切辦理情形與前無異即仍認爲改良私塾

第六章　考試

第十五條　私塾學生畢業考試應由地方官督同勸學所人員經理其考試地址由勸學所指定

第十六條　考試以認定私塾之學生爲限此外無庸舉行

第十七條　高等私塾畢業按照高等小學學科程度考試初等私塾畢業按照初等小學（完全科或簡易科）學科程度考試高等私塾學期學年考試亦然

第十八條　校閱試卷應由省視學或勸學所總董縣視學等經理不得由塾師及設塾者自閱本塾之卷

第十九條　凡學期考試及格者給予相當修業憑單持有此項憑單者得轉入同等學堂相等之學級

第二十條　改良私塾畢業生准分別應中學及高等小學升學考試惟不給獎勵

第二十一條　考試升學時程度完足准其升入中學或高等小學本科肄業其課程尚未齊全者應先入豫科補習完足再行升入本科

附則

第二十二條　本章程如有未盡事宜應由學部隨時增訂

玉在山而草木潤　淵生珠而崖不枯

爲善不積耶　安有不聞者乎

荀子語

文牘

御史趙炳麟奏請飭吏安民摺

奏為仕途濫雜。蠹國賊民。請 旨飭令詳議官規。從速編定。以飭吏治而安民生。恭摺仰祈 聖鑒事。竊以治國之有官吏。猶治田之有農夫也。農夫能熟於藝而勤於業。則田野闢。官吏能稱其職而精其事。則國家安。否則以學識闇昧。嗜利無恥之徒。使之服官治國。猶使驕玩游民治田。其不致荒廢本業者鮮矣。夫官人之法。古今不一。其大端有二。蓋未任之先。則精選於始。既任之後。則嚴核於終。二者不詳定辦法。雖堯舜復起。無所措手足也。我 朝入官之途。向以科舉捐納為大宗。次則保舉任子。近年以來。朝廷以科舉之取士苟簡也。於是罷科舉。以捐納之進身叢雜也。於是停捐納。宜若可以得眞才。收實效。顧官吏反什伯闒冗於前。且十羊九牧。事權較昔日尤為散漫者。此何故哉。蓋科舉雖罷。而學堂畢業。立授實官。舉貢考職。大逾常額。捐納雖停。而舊捐移獎。疊出不窮。市儈居奇。竟同貿易。乘之勳臣後裔。不問賢否。悉予官階。新署人員。但有

文牘　二

淵源。慮銜奏調。名器褻濫。至今已極。加以權限不清。俸給不勻。賢者勤勞王事。往往況淪下位。而不免飢餓。不肖放棄官司。往往交結要津。而驟躋顯位。是以近日相傳妙語。謂做事還做事。做人還做人。做官還做官。聞之解頤。思之扼腕。夫入官之始。其倖進如此。服官之後。其苟容如彼。　陛下望治雖殷。求治雖切。臣竊慮此師師在位之人。但知漁獵祿位。居積貨財。以驕妻妾。蔭子孫。猝有遺大投艱。則相顧束手結舌。視國事不加休戚。且不知所謂休戚者。而　陛下猶欲其殫智竭忠。以襄　陛下中興之績。是猶衣生番以文繡。責疲癃使技擊。徵論其陽奉陰違也。即或具有天良。力求自效。而固仍不習不知也。孟子曰。徒法不能以自行。此之謂也。臣閱日本法規大全。其第九類中。有官規一門。所載試驗之條。服務之責。懲戒之法。扶助之方。以及任用進級之階。俸給服制之等。分門別類。縷晰條明。可見彼國事治民安。亦由於官吏得人也。我　國於以上各門。舊制未嘗全無。惟至今多有名無實。或掛一漏萬。不可不速加訂定。以肅官常。應請

旨飭令會議政務處。參酌中外古今。訂定一切官規。操縱於選之。任之。控御之。鼓舞之。之間。使其始不得倖進。其繼不得苟容。內治整飭。天下或可得而理。今日四海困窮。

他項新政。或恐無力難辦。惟此飭吏安民之舉。 陛下但察以精心。持以毅力。事未有不可行者。若聽此輩借官漁利。因緣爲奸。貨賄交通。幾同打劫。 陛下不實行懲戒。大張黜陟。於上民生。剝削員有不忍言者矣。抑臣更有進者。小廉必先以大法。取人端在乎。修身。欲郡縣之得人。必須良督撫。欲督撫之得人。必須賢政府。至於政府。佐 陛下進退百官。爲羣僚長。應如何杜絕賄賂。愼選賢能。又在 陛下居心公明。破除意見。無一毫私慾之蔽存乎其間。信賞必罰。循名責實。毅然主持於斧扆之上。董子云。正一心以正朝廷。正朝廷以正百官。此尤本原中之本原。願 陛下深留聖意。毋忽。天下幸甚。臣爲飭吏安民起見。謹具摺瀝陳。惟 聖明敕議施行。不勝大願。伏乞 皇上聖鑒訓示。謹 奏。

前使美大臣伍廷芳奏請剪髮不易服摺

奏爲世風日變。亟宜斟酌沿革。以定民志而維利權。恭摺仰祈 聖鑒事。竊臣恭膺簡命。奉使美洲。本年馳赴秘墨古三國。呈遞國書。道經中南美洲各埠。接晤華僑。莫不惓懷 君國。忠愛出於至誠。惟剪截辮髮。改易西裝。則十恒八九。間有未經剪截者。亦復高蟠頂上。深藏固閉。惟恐人知。臣當以國家制度。宜如何恪遵謹守。免習歧趨。再三勸諭。據該僑民等咸稱辮髮下垂。屢被外人訕笑。甚且加以種種不美之名。有時竟爲嬉孺所謔弄。而其不便作事。污垢裳衣。尤蒙訾毀。況機器製造廠肆林立。因辮髮而陷於危險者。時有所聞。似此諸多窒礙。迫得披瀝陳明。並非故爲違異。可否代達　天聽。籲懇　朝廷。明降諭旨。任官商士庶。得截去長髮。改易西裝。與各國人民一律。俾免歧視。且使將來歸國。故鄉父老。不敢責其異己。而有所爲難。則僑氓屬系祖國之心。庶幾表白等語。臣詳加體察。該僑氓等所陳各節。尙屬實在情形。竊以爲長髮似不妨剪截。而服制則萬不可更張。蓋人之一身。髮最無用。嘗考歐洲各國百年以前。男子鬈髮。類皆結束。與吾國今日之制正同。徒以宇內大勢所趨。非此無以便交際而捷應付。故數十年來。各國人民。一律截髮。遂成習慣。比來交通既廣。海濱之士。目覩商業貿遷。紳民游歷。與夫各省選派學生。留學各國。莫不截髮易服。以與其官商士庶相周旋。幾入焉而與之化。以故數年以來。靡然從風。幾有江河日下之勢。大致因垂髮一端。不敢自異於人。而游歐者則漫采歐風。入美者亦崇美制。雖以數十年之典章文物。爲歐美人士所愛慕。而健羨之華服。亦一旦棄之如遺。而不追少恤。嘗考吾國服制。導源於隆古。而大盛於我朝。裼裘深衣。短袂長裙。各適四時。尤便結束。視彼俗之粉領靭袖。革履絲冠。其繁簡雅俗之差。正未可同日而語。且西人服飾價値甚昂。過歲必須易置。每襲不下數十金。錢所費尤鉅。國家藏富於民。豈容任其暗爲銷耗。即如日本維新。雖改從西制。而其所注重者。亦祇爲外交酬應。臣往年隨使東洋。接見彼國官紳。若伊藤博文等。居恒燕處。仍係保持常服。不過僅截去髻髮。其原有之龐袖利屐。沿用至今。蓋削除髮髻所博者。祇在虛名。而保存服制。所爭者。乃在實利。利害大小。輕重之間。計之至爲精審。顧或慮剪髮之事。忘己循人。驚外自貶。於國民忠君愛國之忱。不無妨礙。不知髮辮者其形式。忠愛者。其精神。我 國家深仁厚澤。垂三百年。國民愛戴 皇仁。浹髓淪肌。罔分畛域。固已有此辮髮。如是。無此髮辮。亦如是。所謂精神上之忠愛也。臣目見海外僑民數十萬。即或剪髮易服。言語殊離。其拳拳之忠。不忘君國。誠不減於內地居民。即如日本自截髮易服。以還其士民之效忠於君上國家者。實與往者未變政以前無異。抑又過之。蓋天下祇有形式改良。而後可期精神進步。未有不務精神。而惟形式之是保全者而難者或又曰髮辮固屬形式而剪髮何莫非形式不知精神之來必須振作之而始興鼓舞之而始見者而凡振作之鼓舞之之具雖曰形式實亦精神且尤精神中之精神趙武靈王之胡服騎射不得以形式目之蓋有精神之要存焉中國變法數十年而成效未顯著者未始非敷衍因循之故今誠須發 明詔刻期剪髮舉數百年來相沿之習俗不易拔除之根蔕一旦蠲而棄之示天下以更始則薄海內外方且奮然於朝廷之勵精圖治一往無前而益將感發興起革舊更新天下精神之事孰有逾於此者乎且凡事有幾微之談可以自解者亦不妨姑與委蛇若髮辮一端則內之既無裨於實用外之復難壯乎觀瞻考之中外古今均屬義無可取地球上各國其裝束習尚雖各隨國風大致要不甚相遠而求其有髮辮者則中國一國而已語曰文章制度此其可得而變革者也今以外飾之物無關於國家大計而猶復全力保存以供外人之訕笑臣愚以爲非計之得也臣目見歐風東漸以來內地居民除官紳外凡學生士子工賈商農其因求起居便利而剪去長髮者所在而有同居一國之民同居一國之內而異裝殊製判若楚越此誠地球萬國所罕聞抑亦覘國採風者之所詫怪也況將

來風氣日新其數祗有加無減雖嚴法厲禁亦勢有所不能所謂變亦變不變亦變也。則與其聽其自變而效難逆睹何如自爲變之而尚有以鼓上下作新之氣乎。臣愚以爲　國家之措置。將有所奪。必有所予。管子曰。俗之所欲。因而與之。俗之所鄙。因而去之。伏乞　聖明睿斷。　明降諭旨。任官商士庶得截去長髮而冠服概仍舊制。似此轉移。間則劃一修明。乃在此而不在彼。而謹厚之士。猶得以中邦自有制度。不至隨風而靡蕩爲外界所刼持。似於內政外交均兩有裨益。微臣受　恩深重。且職在外交。周覽各國。見聞所及。不敢自安緘默。可否仰懇　睿斷。發交政務處會議施行。臣爲維持制度。整飭紀綱起見。是否有當。伏乞　皇上聖鑒訓示。謹　奏。

鄂督瑞澂奏陳籌辦海軍摺

（按此摺係瑞督在蘇撫任時所拜發者）

奏爲海軍關繫極重。籌辦須有次第。謹陳管見。以備采擇。恭摺仰祈　聖鑒事。竊自環海交通。五洲萬國。非海陸軍相輔而强。不能立國。而海軍與敵相見。尤先其關繫視陸軍爲尤重。籌辦亦視陸軍爲尤難。邇來外交益棘。國勢益危。　聖明有見於海軍之復不可以已。迭 諭樞臣議籌的款。規畫大綱。又 特簡親賢。閱擇軍港。出洋調查。薄海人民。亦莫不知 朝廷視玆事爲當務之急矣。而造端閎大。又莫不視爲艱鉅之問題。夫所謂艱鉅者。將士之人才。艦砲之製造。籌備之經費。三者而已。將猶心膂也。士猶手足也。心膂失效。無以當手足之設施。手足不强。無以表心膂之作用。奴才見報載海軍大臣之分年計畫。亦自條分縷析。然以三者之事實計之。尚虞其陵節而施。終於欲速不達也。請爲我 皇上次第陳之。我國前此南北洋所轄。亦嘗有完全之軍港。堅固之軍艦。造艦有廠。造槍礮有廠矣。歲養數萬人。糜款數百萬。占軍政之一大部。督其事者。著有戰績之故大學士臣李鴻章。分其任者。出洋曾學海軍畢業之學生鄧世昌劉步蟾林永升方伯謙輩。乃甲午一役。一敗塗地。堅艦利械。轉爲敵資。推求其故。則李鴻章誤用一浮滑不學之同鄉丁汝昌爲提督。而在艦之士卒。非盡由學堂出身。正犯昔人所謂將不得人。以兵予敵。兵不夙習。以國予敵之戒。事雖往矣。至可痛心。將圖亡羊而補牢。得不徹土於未雨。今議規復海軍。而三者無一備。是治病而不蓄艾。助長而事揠苗。奴才誠愚。未見其可。請先言將士。勿論大將矣。上中各級。尚無相當之材。勿論佐尉矣。編列成軍。亦少養成之卒。借材既不足訓。招募又豈能充。根本之圖。教育為亟。為海軍教育計。宜分三等。一沿海七省。先設海軍中學。從前水師學堂。止南北洋兩處。教科不備。成材不多。今未設之省。宜卽建設。已設之省。宜更擴充。選各高等小學畢業者。為學生。酌參高等學功課。而延長其學期。俾畢業後得入海軍大學。此以移植樹木之法。為養成第一班將領之用。一沿海七省。廣設初高兩等小學。蓋將弁之數少。而士卒之數多。日本及他國海軍。人人知兵。乃能人人尚武、使將弁有學。而士卒無學。必不能收指臂之效。是非使士卒同受教育不可。然漫無階級。安所得合格之學生。與之講職守之方略。是非多設初等小學不可。然軍事雖可訓練而成。海軍究以習慣為便。以內地人民與海濱子弟。較其狎習風濤。海濱必勝於內地。可以斷言。因地制宜。因人施教。是非就奉直東江浙閩粵七省濱海之地。多設初高兩等小學不可。然海濱居戶。生計惟漁。人情嗇於遠圖。狃於近利。以子弟入學。肄業求不可必得之報於將來。而先失其目前治生之佐。必非所願。昔故大學士臣左宗棠奏請編沿海漁團。彼不識字之漁人。且以為有用矣。況更令驅之使學乎。是宜變通各國成例。於此初高兩等。均行義務教育。

於初等則强迫漁戶子弟人人入學。於高等則必以高等畢業人數之二成入學。此以播種植苗之法。爲養成最多數士卒之用。一沿海七省。酌設商船專學。蓋并初高兩等小學六年畢業。雖有中學爲遞升之階。如其資性體格不宜軍學。而不爲之所。於人民父兄遣子弟就學之心理。勢必有所妨礙。且其人卽不習軍學。但於駕駛管理諸法。稍有根柢。亦足供將來之需。故商船專學其程度視中學。而宜兼豫科程度。視高等小學。其學科宜與海軍中學略有不同。海軍中學。須兼注重於游弋攻守。商船專學。但須注重於駕駛管理。三年畢業。覆加考察。如是則進可爲兵。退亦可聽爲商。亦猶陸軍之後備矣。奴才請更陳其辦法。夫初等小學。視內地普通小學例。每學約額六十至八十名。建設費。每一所約須銀八百圓。每省百區。平均計。每年約收學生七千人。合七省計。歲收學生四萬九千人。三年後七省亦歲得畢業生四萬九千人。需建設費五十六萬。常年經費。每一所約須三百圓。合七省計七百所。歲需二十一萬圓。高等小學以三年後初等小學畢業生二成就學之名額計之。每年有一千四百人。每省應設四所。建築設備費。每所五萬圓。約銀二十萬圓。七省合計。約一百四十萬圓。常年經費每一所約須五千圓。合七省計二十八所。歲需十四萬圓。此項學校。即就沿海七省。責成督撫籌備的款。督率各地方。限年分設。爲官立之校。中學每省一所。建築設備費。每所約銀十二萬圓。常年經費。每所約十萬圓。至商船專學。或先合閩粵爲一所。江浙爲一所。奉直東爲一所。建築設備費。每所須二十萬圓。常年經費每所約十萬圓。此十校者。商船專學。可於辦成初等小學後。第四學年建設。海軍中學。可於商船專學成立後建設。海軍大學。期於中學畢業前二年建設。南北洋各一區。北洋須能容三省中學畢業升入之學生。南洋須能容四省中學畢業升入之學生。規制宜閎。教科宜備。每區建築設備。殆非五十萬元不可。歲費殆非二十餘萬元不可。約計資性明敏。體格强健之學生。自初等小學三年。高等小學三年。中學四年。大學豫備一年。大學三年。層遞而升。十四年而畢業。更出洋游歷或留學一二年。凡十六七年。而將弁之才成。其人自八歲至十歲就學。學成年壯。正可有爲。此爲將士人才之計也。近世論中日强弱之根原者。曰日之所以强。變法從工入。中之所以弱。變法從兵入。本末易位。緩急失宜。始謀不臧。終效乃判。識政治者以爲知言。中國初亦於福建設船廠。江蘇湖北。先後設槍礮廠矣。無論沿用舊法。工藝不精。即使能精。而以一船廠兩槍礮廠。供全國海陸軍之用。恐日夜製造。積以十年。尚不足成一隊之艦。備一年之戰。爲速成計。必仍主船礮買自外洋之說。查日本變法圖強。興練海軍。在我之後。自其大興工學。獎設工廠。艦礮悉能自造。戰鬭巨艦。間有購自英國者。然每定造一艦。必派工科大學曾習造船科之學生。前往監視。非徒防人以下駟充數也。亦藉以增造船之經驗。歸餉其後來之學生。使工學自得其師。資國財不至於盡溢。今我國從前海軍購艦購礮。所輸於歐洲各國者。已不下數千百萬。未嘗一謀自立之方。今規復海軍。而仍不自爲計。是欲憑藉以建固圉之威者。長此仰息於敵人。而締購以善利器之工者。終古絕望於本國。西人論海陸軍爲一國實業教育之代表。今謀海軍而槍礮所資。唯倚外人。是竭本國人民之貲財。爲他國工業之代表。奴才竊嘗痛之。奴才之愚。謂宜一面飭福建船政。專重造船。聘用名師。廣教學生。講求新法。一面飭興前兩江督臣端方所擬設之工科大學。先設豫備科。後設本科。注重軍工。即就上海製造局爲實習之地。一面飭擴充湖北上海槍廠。一面獎勵凡能造船之商廠。指令分任精造兵艦所需之機械。授圖定式。驗力程功。人苟各專一藝之長。我即可集衆長之效。即礮身礮彈槍筒槍彈。亦可分令承造。按其所有機械每日能出之數。由官授式監督驗收。工獲競爭之利。即懲勸有所施。官嚴約束之方。即流弊無所出。一面飭於各省產鐵地方。興鍊鐵廠。江蘇徐州利國監之鐵。宋已著名。產同大冶。奴才嘗訪求諸湖北鐵廠經理人。亦云利國鐵質至佳。誠得貲本三四百萬。即可開鍊鋼鐵。何況煤鐵各礦所在多有。山西煤鐵之富。尤所著稱。但得農工商部實行提倡保護補助獎勵。鼓舞衆商。又爲之酌稅則之宜。謀交通之便。工商之業。豈有不崛然而興者。如是則料爲中國之料。工爲中國之工。造成之艦礮。爲中國之艦礮矣。此爲艦礮製造之計也。綜計以上兩端。教育費分十五年規畫。第一年設沿海初等小學七百所。約需建築費五十六萬。第二年至第十五年每年經費。約需二十一萬。十四年凡二百九十四萬。第四年設高等小學二十八所。約需建築費一百四十萬。第五年至第十五年每年經費約需十四萬。十一年凡一百五十四萬。第五年設商船專校三所。約需建築費六十萬。第六年至第十五年每年經費約需三十萬。十年凡三百萬。第七年設中學七所約需建築費八十四萬。第八年至第十五年每年經費約需七十萬。八年凡五百六十萬。

第八年設大學。約需建築費一百萬。第九年至第十五年。每年經費約須五十萬。七年凡三百五十萬。綜凡十五年。建築費四百四十萬。常年經費一千六百五十八萬。統凡二千九十八萬。製造費分十五年規畫。凡福建船廠湖北上海槍廠擴充費約須二三百萬。擴充所需常年費未能豫計。約二百萬。工科大學設備費約需三十萬。每年經費約須十餘萬。十五年約需一百六七十萬。徐州山西開礦。以提倡補助法行之。約需三百萬。計亦達一千萬之外。合共需二千餘萬元。十五年中。以十八行省平均攤籌。每年每省約計不及十二萬元。力以分多而見輕。事以豫久而益立。此籌備經費之計也。抑奴才更有請者。則親貴子弟。必相其年齡。使歷京師高等小學。而海軍中學。而入大學。庶平日儕伍士庶。共競長於學問之途。臨時任用將弁。得不誤於指揮之用。歐洲各國儲君皇族。無不習海陸軍者。此與中國三代時元子入國學之制正同。而俄之大彼得。圖創海軍。且投身法國船廠。練習工藝。讀歐史者至今以爲美談。　朝廷銳意圖強。尤不可不注重於此。顧或者謂外侮之來日劇。協謀之患孔多。不有海軍。不可爲國。十五年之豫備。爲時太迂。奴才之愚。則以爲惟其侮劇也。尤不可不鞏其基。惟其患多也。尤不可不厚其備。使以為劇以為多。而急遽張皇。猝求速效。恐將士以非所習而不精。艦礮以非己出而易躓。計慮不密。適以長强鄰玩視之心。防守未完。或且為與國譏評之助。昔句踐報吳。謀之二十二年。普魯報法。且歷六十餘年。彼陰鷙梟桀之君相。豈伈伈俔俔。甘為人屈哉。范蠡有言。時不至不可彊生。事不究不可强成。必有以知天地之恒制。乃可以有天下之成利也。古語曰。將飛者翼伏。將奮者足跼。將噬者爪縮。將文者且樸。奴才伏願我　皇上時廑敵國外患之憂。實勵臥薪嘗膽之志。訓戒海軍大臣審愼圖之。若教育未興。人才缺乏。卽有堅艦利礮。誰能用之。兵猶火也。不戢將自焚。經傳所言。良足為戒。不僅民力已窮。撙節而用之為可念也。奴才世受　國恩。涓埃未報。方深君憂臣辱之恥。豈有畏難苟安之心。惟審量時局。粗有見聞。曷敢不以千慮之愚。供邇言之察。是否有當。伏候　聖明采擇施行。所有海軍關繫極重。籌辦須有次第。謹陳管見緣由。理合恭摺具陳。伏乞　皇上聖鑒。謹　奏。

南洋大臣張人駿會奏南洋勸業會開幕情形摺

奏為南洋勸業會開會禮成。謹將辦理情形。恭摺具陳。仰祈　聖鑒事。竊南洋第一次

文牘　十六

勸業會。於宣統二年四月念八日舉行開會禮。當將開會情形。會同審查總長農工商部右侍郎臣楊士琦電奏在案。伏查此會爲我國創舉。端緒紛繁。名雖冠以南洋。實則推行全國。臣於上年六月抵任。維時勸業會事務所甫經設立。經費尚未籌定。會場亦未興工。當飭事務所坐辦道員陳琪幇辦舉人向瑞焜等。通盤籌畫。妥定切實辦法。復派奏准試署江寗勸業道江蘇候補道李哲濬、廣東補用直隸州知州朱之英、奏留江蘇補用知縣虞汝鈞等。協同辦理。經營甸月。始獲就緒。現旣開會禮成。所有會事進行次序。敬爲我　皇上縷析陳之。辦事必先籌欵。勸業會經費。前督臣端方原擬五十萬元。官商各認其半。當以日本東京第六次博覽會。不過東京地方一隅。而費至一百二十萬元之多。今南洋勸業會。係仿照各國內國博覽會辦法。規模較鉅。斷非五十萬元所能蕆事。飭據陳琪等核實豫算。至少亦須七十萬元。而臨時增加之欵。尚不在內。官股應認三十五萬元。已飭李哲濬設法籌支。商股應認三十五萬元。除已繳外。所短尚鉅。察看商情。勢難繳足。又經奏派指分江蘇試用道江孔殷。親往南洋各島勸諭華僑。共認會股七萬餘元。藉資接濟。至經費出入。均用新式簿記。支用分文。各員遞相簽字。

以杜胃濫之弊。會場內附設銀行。專管入場劵及地租收入等費。並備各商店匯兌銀兩。俾資周轉而便營業。此經費籌備之情形也。自正會長以下。特設副會長參議諸職。而辦事樞紐。則在事務所。監理財政責諸董事會。執行之機關既定。遂從事於文牘規章。各項章程規則。訂有四十餘種。一切文移函札。共辦六萬餘件。其宣布之方法。除正式公文外。初用月報。繼用旬報。現爲日報。而隨時發刊之白話圖畫。亦屬不少。此職務籌備之情形也。兩江所屬各府州通飭先設物產會。各省及各商埠咨行各設出品協會。著手之初。召集具有識力各紳商。先開調查研究部。討論逾月。派員四出調查。內地各省足跡幾遍。南洋羣島兩次派員前往。因調查以行其勸導。藉演說以廣其見聞。由是物產會先後成立。出品協會。如奉直魯豫秦滇蜀粵湘鄂等省。有一省僅設一會者。亦有一省而設三四會者。南洋羣島。如泗水三寶壠瓜哇巴達維亞星加坡等埠。亦經設立。至各省大宗實業。如江西景德鎭。湖南醴陵之磁業。漢冶萍之煤鐵。上海漢口之絲茶。各設專會。上海南京兩湖直隸廣東。並設協贊會。此物產會及各協會籌備之情形也。上年二月收買民間地皮。周圍約有七里。會場圖式。由事務所草定。工料價目。由董事會召估。迨臣到任後。始行動工。當以工程浩大。飭令陳琪等嚴督匠人。赶速興作。改訂估工合同。勒限本年二月底告竣。計會塲自建工程。曰教育館。工藝館。農業館。美術館。衛生館。武備館。機械館。通運館。京畿館。勸工塲。公議廳。紀念塔。事務所。審查室。堆棧。凡十五所。另建暨南館。爲南洋各華僑出品陳列之所。又設第一第二第三參考館。爲外國出品陳列之所。其餘塲外之牌樓。塲內之噴水池。及亭臺花圃。均爲會塲點綴之助。此外各省自建別館。計十四座。曰直隸陳列館。東三省館。山陝館。四川館。湖北館。湖南館。廣東館。河南館。山東館。雲貴館。浙江館。福建館。安徽館。江西館。又專門實業之館三。如江甯緞業館。湖南磁業館。博山玻璃館。又特別之館三。如江南製造局之蘭錡館。廣東協會之教育出品館。江浙漁業公司之水產館。至於大小商店。暨游戲塲。共有三十餘處。會塲附近新建店鋪二百餘家。均已列肆成市。此工程布置之情形也。物產會及出品協會各賽品。迭經文電交催。依限起運。自本年正月後。始據陸續運到。仍有數處。迄今尚未到齊。物產會出品約計一百萬件。逐件附以標簽及說明目錄等書。詳者由本會整理。畧者則傳詢出品人或出品委員。分別查塡。一切物品。共分二十四部。

別為四百二十類。先由解裝整飾檢點清楚。再行分送各館照收。至陳列裝飾。各國賽會。均歸各協會自辦。故用人少而需費省。今舉辦南洋勸業會係屬第一次。辦事者多無經驗。陳列裝飾。或有未諳。先設事務員養成所。招選學員一百六十人。敎以陳列裝飾方法。復由事務所職員設一陳列裝飾部。督同畢業各學員代為裝飾陳列。以期齊整而免參差。各省別館。及各會專館。多係自行裝飾陳列。亦有請派事務員帮同料理者。上年七月物產會次第開會。先經派員前往檢查。酌給獎勵各省協會出品到甯後。並為逐件整理一次。此出品檢查及陳列之情形也。開會之前。謠言紛起。或謂逆黨乘機起事。或謂土匪焚搶會場。人心異常惶惑。深恐匪徒從中煽誘。別滋事端。遂調防營駐紮會外。並調兵艦游弋長江。水陸兼籌。俾資鎮攝。另練臨時巡警一百八十人。於會場內分段巡查。以免奸徒乘間竊發。今春霖雨傷麥。米價陡昂。又恐到會人多。糧食頓缺。當飭李哲濬籌集鉅款。派員分赴江西蕪湖購運米石。並電致廣東採辦洋米。分次運甯。設局平糶。人心藉以安定。至於防火。則會場內駐有消防隊。並買保險。以備不虞。防疫則分設臨時病院。另派員專辦公共衛生。仍多購中西藥品。隨時施濟。此籌備防衛之情形也。赴會來賓。計分三部。一爲外國人。二爲外洋華僑。三爲內國人。特派專員。妥爲招待。城廂內外旅館。指定數十處。並由會自建一所。招商承辦。共計可容數千人。房租伙食。均令折收。至於招商局船。滬甯鐵路。併經商准郵傳部。通行減收半費。以示優待。甯省鐵路。展築會場一站。會場必經之馬路。或令加寬。或飭新築。俾便行人車馬往來。會場外設有馬車公司。會場內設有人力車公司。亦係招商辦理。此籌備招待及交通之情形也。臣查此次創辦南洋勸業會。規畫及於全國。遠而南洋華僑。外而東西友邦。亦復輸載物品。來會陳賽。會場之工程。固巨。事務之籌備。尤繁。加以財政困難。期限迫促。謠諑紛起。人心驚惶。辦理愈形棘手。是以賽品多未徵齊。組織亦欠完善。所幸開會之後。大致尚有可觀。外人既無異言。地方亦極安謐。堪以上慰 聖廑。臣仍隨時督率在事各員。妥愼經理。務期始終罔懈。力竟全功。以仰副 朝廷勸勵農工。振興商業之至意。除咨農工商部查照。暨將會場結束事宜。分別妥籌。另行奏明辦理外。所有南洋勸業會辦理情形。謹同審查總長農工商部右侍郎楊士琦。江蘇撫臣程德全。恭摺具陳。伏乞 皇上 聖鑒訓示。謹 奏

中國紀事

咨催預算籌備憲政經費表　內閣通咨各省署謂欽奉　諭旨御史趙炳麟奏請飭議確定行政經費一摺。著在京各衙門各省將軍督撫將九年籌備單內所開各條。某年某事需款若干。從何籌定。分年列表。詳議具奏。查該御史原奏確定行政經費一節。洵爲扼要之論。亟須預算以定方針。各該主管衙門迅即按照九年籌備單內所開各條。某年某事。需款若干。從何籌定。表內應分以年爲綱。以事爲綱。以款爲綱。詳晰議覆。至推廣實業一事。該御史原奏內雖未列明。然部中既有籌備清單。應即由勸業道分年列表籌畫。目下資政院指日開院。所有各表。急待詳復具奏。限一月內詳送前來。以憑奏請交院核議云。

外部測繪領海荒島　外務部以渤海灣交涉久未議結。支節橫生。遂思懲前毖後之計。擬派委精於測繪人。實地勘測。凡中國領海權內。所有華僑殖居各島。及大小荒島。均須繪具圖說。標立石址。咨部核定。以便照會各駐使。嗣後凡中國勘定各島。不得任意侵佔。並咨沿海各該督撫。隨時飭派軍艦巡視。俾免損失海權。以維邦交而資保護。

財政困難之現象　度支部核算宣統三年京內外出入經費表。計京中各衙門不敷四百六十五萬有奇。各省虧欠三千二百二十餘萬。共銀三千六百七十餘萬。

申明官紙印刷辦法　度支部建造紙印刷局廠。最注重者曰紙幣。曰郵票。曰印花。及一切有價證券。現除各等幣紙。先飭局製造外。其郵票印花票車票各項公債票。嗣後應一概歸中央官局印刷。又官照文憑契尾糧串鹽茶引牙帖聯單以及各項官用證券。凡所以資信守而防流弊者。擬均由該局廠次第擇要製造。已奏請飭下京外各衙門。將以上各項送部。妥定劃一格式。飭局精製。

宣統二年預算表式　度支部昨將宣統二年預算表格式。咨送軍機處核閱。其格式共分十二項。一警察費。二教育費。三司法費。四海軍費。五陸軍費。六各部院經費。七京師應增新政費。八各省新政費。九各省公費。十八旗兵餉及官俸費。十一皇室經費。十二蒙藏新政預備費。

擬定甯省減併裁三項預算　度支部因甯省預算。收支太相懸絕。特電致江督。謂甯省三年份預算不敷頗鉅。而本省支款竟達一千四百餘萬兩。靡費實甚。今擬減併裁三項辦法藉資補救。其擬減者計督署經費十萬兩。洋務局經費一萬兩。巡警局經費三萬兩。糧道公費二萬兩。運司公費六萬兩。緝費二十萬兩。釐捐總分各局經費七萬兩。茶稅局經費一萬五千兩。徐州道湖田經費四千兩。財政局經費一萬四千兩。學務公所經費一萬兩。模範監獄經費一萬二千兩。四路砲台薪餉四萬兩。督練公所薪費二萬兩。南洋差輪經費二萬兩。江南機器製造局經費十萬兩。江南船塢經費十二萬兩。官銀錢局經費四萬兩。陸軍營薪經費十四萬兩。要塞工程九萬兩。地方巡警經費五萬兩。兩江師範學堂經費三萬兩。地方自治經費一萬四千餘兩。補助私立學堂經費三萬餘兩。其擬併者。陸軍講武堂併督練公所。可省四萬餘兩。洋火藥局併軍械局。省一萬餘兩。堤工局歸入揚州府。省例支銀三萬餘兩。圖書館歸併通志局。省一萬餘兩。調查局併藩司暨清理財政局。省二萬數千兩。商務官電礦政鐵路四局歸入勸業道。省六萬餘兩。官報局併入印刷局。省一萬餘兩。其擬裁者。葦蕩營薪餉一萬六千九百餘兩。以上各項。約計不下一百五十萬兩。如能照擬辦理。則收支庶幾適合。至各該款。擬可減裁歸併諸理由。多半見季報駁案。務請於十日內酌核電復。

整頓鹽引之政見 督辦鹽政大臣現擬整頓鹽政。清釐引地。通咨產鹽各省。畧云。統籌整頓鹽政。自以清釐引地爲最要之端。查各路雖有一定引地。不容彼此混淆。無如豫之西平遂平。久成厰岸。湘之衡永寶。及靖州一州。本淮界而借銷粵鹽。鄂之安襄鄖荆宜。本淮界而借銷川鹽。浙之甯台溫等處。祇抽鹽釐。尙未全行官引。目下情形。每多隔膜。故票販不聞所銷。此其患在商情之不相聯絡。而各省抽收釐價。又自各爲風氣。勢足病商。至淮四岸督銷。與運司平行。致運司不能節制督銷。分銷亦不盡受轄於督銷。此其病在官權之不相統屬。而商人情志渙散。各不相謀。勢亦足以自病。加以官辦商包。其法不一。商人皆坐昧遠圖。督銷亦幾成虛設。亟應查照妥籌整頓。以資補救。

招商局之虧折 輪船招商總局將宣統元年份所有各輪船棧房收支款項。覈明總結。繕具清冊。呈請郵傳部査核。計宣統元年自正月起十二月底止。連閏計十三個月。爲該局第三十六屆總結。結得本屆各輪船水脚。共收規銀二百六十三萬八千七百十六兩五錢三分二釐。又收三公司公攤水脚。攤進規銀八萬八千五百七十二兩九錢五分。除支各船保險規銀二十七萬九千八百五十七兩五錢。各船關費。規銀九萬一千八百九兩五錢。各船修理規銀十二萬六千一百八十五兩一錢九分六釐。各船用煤。規銀七十九萬八千一百九十一兩五錢六分。各船薪工。規銀六十七萬三千九百八十九兩三錢八分四釐。各船用物。規銀十一萬九千六百二十五兩二分八釐。各船夫力。規銀三十二萬五千二百九十七兩一錢七分七釐。各船碼頭雜用減脚船租等項。規銀十七萬五千二百六兩四錢五分二釐。外。計餘規銀十三萬七千一百二十七兩六錢八分五釐。又各棧房產業等利。共收規銀六十六萬五百九十三兩六錢九分。一釐。除支運漕結虧規銀七萬三千八百八十八兩八錢六分七釐。各處地租地捐規銀九萬五千二百八十五兩六錢五分七釐。各項修理規銀五萬一千六百七十三兩一錢六分七釐。各項繳費規銀二十四萬五千五百二十二兩七錢五釐。捐助農工商部經費。規銀五千四百六十七兩三錢五分。計餘規銀十八萬八千七百五十五兩九錢四分五釐。統共淨餘毛利。規銀三十二萬五千八百八十三兩六錢三分。除照向章股本官利一分。支規銀四十萬兩外。計虧規銀七萬四千一百十六兩三錢七分。又報効上海實業學堂經費。規銀二萬兩。統共淨結。計虧規銀九萬四千一百十六兩三錢七分云。

軍諮處續派各省參謀　軍諮處陳奏續派各省參謀人員。略稱本處派出陸軍副軍校郭世綸一員。充江蘇第二十三混成協二等參謀官。軍官學堂畢業學員張學顏一員。充東三省第三鎭三等參謀官。其餘各省原派參謀人員。間有在本處加札。以前因事撤換。卽以後任人員接充者。疊據各省陸續咨報前來。亦經臣處查核。暫准加派。計先後派有湖南委署提學使黃以霖一員。充湖南參謀處總辦。廣西兵備處總辦蔣尊簋一員。充廣西參謀處總辦。河南候補道何廷俊一員。充河南參謀處總辦。吉林兵備處提調陳培龍一員。充吉林參謀處幫辦。軍官學堂畢業學員劉啓方一員。充雲南第十九鎭三等參謀官。

陸軍部查核各省報告　陸軍部壽尚書諭飭清理軍需財政處。飭將五月份各省局已經造報最近盤查四項清冊。一官弁兵役總目。二軍用土地營房製造各物。三用款存儲餉糈存儲槍枝砲彈器械各清冊。四酌裁綠營節省經費款。一併彙齊。繕列總目。

開具節略呈核。

決議推設邊省版籍局　郵傳部徐尚書前任東督時。曾條陳推設各省邊防版籍局辦法。已由政務處覆議。允准推行。惟各邊防疆吏。皆視爲繁難。延緩未設。現徐尚書以各邊防要政待興。均以勘測輿圖。調查戶口兩端爲基本。版籍局關係重要。擬將前訂章程。詳加改訂。通飭西北各緊要邊防。如伊犂庫倫恪克圖烏里雅蘇台科布多各將軍參贊大臣。及川滇黔桂各邊防握要之區。一律施行。於年內一律成立。

嚴防公司流弊　農工商部堂憲以近來各省商埠所立公司。多有不問實業與否。往往私自開設。並不呈請立案。殊於公司名義大相違背。且有奸商狙儈假立公司名目。招騙股款。貽累商情。若不預爲整頓。殊於實業前途大有妨礙。特咨請各督撫轉行各商會。嗣後凡有設立公司者。無論何項實業。必須先行由會查驗。並將營業地址。資本多寡。辦事人數姓名。及廠內一切詳細條規。詳加審定後。方准呈請立案開辦。其有不遵定規。擅行設立之事。即由各該會隨時報部。嚴行查禁。

學部遴派政府委員　學部遴派政府委員四人。一爲總務司郎中楊熊祥。一專門司郞中王季烈。一普通司郞中顧棟臣。一實業司郞中張緝光。

改良監獄之權輿　法部堂憲以前御史儼忠奏陳各省州縣監獄。常年押禁無辜之人。種種苛待。甚至慘死。當此新刑律頒行憲政籌辦之際。改良監獄誠爲要務。刻已通飭各省。先將州縣候質所種種名目。一律裁撤。只留監獄。准羈徒罪以上之犯。俟審判廳成立。再行逐漸改良。以免人民受累云。

萊陽匪亂之官報　魯撫電致各省稱登州府萊陽縣逆匪曲士文爲首。四五月間先後聚衆入城。焚燒住戶。要挾長官。前派員查辦。偵知該匪密謀不軌。又復嘯聚多人。官兵彈壓。竟敢開鎗。公然爲敵。傳單逼脅良民。私鑄軍火。阻截文報。戕害官兵。攻撲城池。旋即奏明派撥第五鎭軍隊。並中路巡防隊前往。一路勸諭各村。漸皆解散。抵城後該匪率其死黨萬餘。抗拒官軍。鏖戰三點鐘。始行擊散。城池解圍。現在安撫良民。辦理善後。大局粗定。曲逆逃竄。另行緝拿。至海陽縣境。現在平靖無事云。

鄂省倡行新幣　鄂督以鄂督一切行政經費。向有用銀用洋用錢之別。用銀之中。平色不一。又有庫平估平湘平等項名目。冊簿混淆。勾稽不易。最爲今日淸理財政之障礙。現經度支部奏定幣制。以銀元爲本位。須行畫一條例。統按元角分釐計算。直截簡當。可省無數糾葛。所有外省用款。自應酌照條例。擇要先行釐定。以免參差。凡鄂省各衙門局所學堂軍隊工廠。一切公費薪水餉需等項各款。應各就其原支數目。或銀或錢。是何平色。按照市價。折兌庫平足銀。再按庫平一兩。易銀幣一元五角之數。分別折合。截去畸零。統自七月分起。改發鄂省通用銀元。其向扣減平者。仍先按數扣除。就其實支數折算。向支銀元者。毋庸更改。以爲推行新幣之先導。除電達度支部查照外。並行藩司清理財政局遵照辦理。

蘇省解放賠欵詳數　蘇省近年庫款。日形支絀。究其致此之由。賠欵一項。實爲一大漏卮。查宣統元年司庫解放洋償一項。內列解部籌賠欵十二萬四千零四兩。新定賠款六十二萬四千八百五十一兩。又七萬四千三百三十四兩。英德洋款十五萬七千五百兩。俄法洋款十萬兩。匯豐鎊欵二萬六千兩。瑞記洋欵二十一萬兩。克薩洋欵四萬兩。加俸餉提作賠款一千零十六兩。統計共一百三十五萬七千七百零七兩。

浙省官員公費　浙省新定官員公費。計巡撫二萬五千兩。將軍一萬兩。都統六千兩。

中國紀事　十

織造一萬兩。藩司二萬兩。學司一萬二千兩。臬司一萬五千兩。交涉司一萬二千兩。鹽運司一萬八千兩。督糧道一萬兩。杭關道一萬二千兩。甯關道一萬二千兩。金巡道九千六百兩。溫關道九千六百兩。巡警道一萬兩。勸業道一萬兩。

浙省自治經費　民政部曾電浙撫將浙省自治經費。列表報部。浙撫即據自治籌辦處詳復咨報。署謂浙省自治經費別爲三類。一自治籌辦處額支經支各費。一設立浙江全省地方自治研究所經費。一發給各廳州縣地方自治研究所及籌辦城鎮鄉地方自治事務所經費。自治籌辦處額支活支各費預計每年銀元二萬二千一百二十四元。遇閏照加。全省自治研究所經費照預算表原定六千四百三十二元。自開辦起至畢業裁撤止。實支四千一百十五元七角四分六釐。各廳州縣自治研究所經費。預計每所九百七十八元。籌辦自治事務所。預計每所八百元。全省七十八廳州縣研究所事務所兩項。共計十三萬八千六百八十四元。

川省禁煙之嚴厲　川藩王人文電諭各屬道府。切實覆查何處新土若干。以便根究種戶。責成團保。爲本年廓清計。特嚴定章程五條。切實辦理。一存土姑准展限三個月。

如限滿仍不能運出之土。另訂嚴章罰辦。並不准自吸本銷。二凡存土之商。必將現存數目。分別新陳。買自何處。限五月內赴各該局呈報。無土稅局者。赴地方官衙報結具限運出川境。不准逾限。三六月初一日後鄰省之土。概不准入川境。四報存土者由各土稅局塡發執照。註明新陳買處。以及斤數。務於六月初十日之前。將各商報過土數詳細造册。由總局及川東道查核。運出時非將現照呈驗相符。不准出口。五本銷之土如未報明由官收買。或稱係自食者。一概充公。仍再罰辦。

桂省之豫算　廣西省試辦宣統三年豫算。計該省宣統三年份經常歲入庫平足銀三百九十八萬八千三十九兩六錢八分一釐。臨時歲入庫平足銀五十四萬七千五十四兩三錢三分七釐。共歲入庫平足銀四百五十三萬五千九十四兩一分八釐。國家行政經常歲出。庫平足銀四百九十八萬一千六百九兩三錢一分六釐。臨時歲出庫平足銀六萬七千一十三兩六錢五分五釐。地方行政經常歲出。庫平足銀七十二萬九百一十四兩八錢三分一釐。臨時歲出庫平足銀八萬六百八十兩二錢二分一釐。共歲出庫平足銀五百八十四萬五千二百一十八兩二分五釐。收支比較。不敷銀一百三十一萬一百二十四兩五釐。又宣統三年應辦事項國家行政歲出庫平足銀四十四萬四千五百二十四兩四錢五分四釐。地方行政歲出庫平足銀四十一萬六千五百三十兩九錢七分七釐。所需之欵皆尙無著。共不敷銀八十六萬一千五十五兩四錢三分一釐。統計共不敷銀二百一十七萬一千一百七十九兩四錢三分六釐。開濬遼河將次興工　奉天遼河關係東三省之商務航業至為重要。營口一埠。尤直接受其影響。東督屢議開濬。以利交通。但綜計全河工程。共約需七十萬元。其攔江沙及鴨島兩項工程經費。已與洋商議妥。允由加抽稅捐項下籌撥。至購船開辦經費由公家先撥欵二十萬元。亦已商准度支部。由稅關項下撥付。當飭錦新營口道。照會各國領事。妥擬抽收輪船貨捐章程。就近督工。以便尅日開辦。

世界紀事

英國議院休會　英國下議院。由財政大臣佐治宣布休會。明年四月十五號乃再開會。

加拿大之同盟罷工　加拿大之大幹路充蘭德倫鐵道。工人職員。同盟罷工。一切貨物。皆不能輸運。實業家大困。

德國組織東方艦隊　德國政府見英法日美在東方擴張海軍權力。因亦組織德國東方保商艦隊。計鐵甲艦三艘。每艘海員七百六十五人。中等巡洋艦三艘。每艘三百餘人。砲艇大者五艘。小者三艘。魚雷艇四艘。共計將弁兵士三千四百餘人。

德墺與克列特　德國新外務大臣窪齊爾與墺國公使晤談。會商不干與克列特問題。以示表同情於土耳其。并於一切外交政策。互相協助。

德報之親英論　德國官報盛稱英國首相愛斯葵士能認德國擴張海軍之眞意。幷冀將來兩國協議軍備限制問題。且改善兩國國民之關係。

陸軍大操之飛船　法國舉行陸軍大操。中有飛船八艘。汽球一具。

匈牙利之國債　匈牙利下議院決議借英金三十二兆鎊之國債。其財政大臣聲言此項借款。非爲軍事而設。

西班牙與教皇　西班牙駐劄羅馬教皇管轄區域之大使。已被政府召回。教皇於半官報宣言西班牙此舉。有意搆兵。

意大利風災　意大利美蘭地方。及附近各處。皆遭大風。死傷數百人。農業屋宇。損失甚鉅。

俄國探險隊之組織　俄國大佐勃巴輔召集各業專門家數十人。組織遠征隊往蒙古探險。俄政府派遣哥薩克兵沿途保護。聞此次探險。以軍事上之調查爲主云。

俄國注重飛船　俄國陸軍極力研究軍用氣球。本年已費二百五十萬羅卜。更決議支出五十萬羅卜。於聖彼得羅堡開萬國飛船博覽會。以資參攷。

鐵道通過稅　俄國西伯利亞鐵道通過稅。祇在由海參崴至樸格倫尼卡之鐵路征收。因該處爲西伯利亞鐵路與滿洲鐵路相交之點。若自德國經西伯利亞鐵道。運往滿洲之貨物。則不征收通過稅。故俄國此舉。幷無礙於滿洲開放門戶主義云。

希臘募債　希臘政府於法國募四千萬法耶之公債。

土購軍艦　土耳其向德國商購巡洋艦二艘。每艘一萬二千墩。價則英金五十萬鎊。

土皇接見中使　中國派往土耳其商議中土兩國互設使館之專使。土皇經已接見。

布土國際之齟齬　土耳其官軍近在馬基頓搜收民間武器。有虐待布加利亞人情事。布人大憤。該國政府。現豫備戰事。若外交失敗。則即召集大軍。與土開釁云。

萬國匯兌會成績　各國爲協議匯兌法之統一。曾開大會於海牙。現各種法律上之問題。各國意見已一致。惟待下次會議。方行畫押。

美國輸出品　美國昨年度之輸出品。計棉花值美金四億五千萬元。煤油六千二百五十萬元。銅八千三百五十萬元。小麥四千七百萬元。食料品比之昔年。似見減少。惟製造品則大增加。

美國銀行業之發達　最近十年間。美國銀行之發達。誠惹人注目。一千九百年銀行之數。不過一萬三千九百七十七家。資本金美金十一億五千七十二萬八千六百七十五元。公衆貯金七十六億八千八百九十八萬六千四百五十元。惟據千九百九年之調查。則銀行之數二萬五千五百十二家。資本金十八億五千五百九十八萬七千三百六十八元。公衆貯金百四十四億二千五百廿二萬三千百六十四元。

美國之非洲政策　美國爲西非洲之黎比斯國管理財政軍備農務及邊界各問題。甚令各國注目。但聞美國此舉。已得英法德三國之同意。

日本之新關稅　日本新定之關稅定率法。以明治四十四年七月十七日實行。現已公布。

火山潰裂　日本北海道一火山。發出地震甚烈。計大地震一百八十三次。以致全山開裂百餘處。流出沙泥流質甚多。該山日漸傾陷。

韓國之人口　日本管理朝鮮之警政後。調查其民籍。計戶數二百七十四萬一千四百三十八。人口千二百九十五萬九千九百八十一。

叢錄

春冰室野乘

春冰

都門詞事彙錄

二十年來。中外多故。詞人哀時閔世。不敢顯言。往往託爲吊古詠物之作。以寄其幽憂忠愛之志。非得同時人爲之箋解爬梳。數十年後。讀者不復知爲何語矣。今夏溽暑逼人。聊取王佑遐黃門半塘詞。及朱古微侍郎彊村詞讀之。見其中多有涉及時事者。爰就所記憶。拉雜錄之。不能得其什一也。

九九消寒圖

亭前垂柳。珍重待春風。兩句九言。言各九畫。　宣廟御製詞中語也。懋勤殿謹依原蹟。雙鉤裝幅。爲九九銷寒圖。題曰管城春滿。南齋諸臣按日塡注。陰晴風雪。日塡一畫。八十一日而畢。歲爲故事。歸安朱古微宗伯集中。有齊天樂一首詠此。詞云。龍池淺色東風緩。春光管城先透。三起三眠。一波一磔。妝點銷寒時候。酥鈿九九。換新樣宮綃。墨壓雙逗。鵲尾香中。幾呵揮翰玉堂手。 清吟天上事遠。御屏宣侍處。玉案鳥袖。六琯光陰。百年文物。不是尋常懷舊。芳韶儘有。夢不到靈和。雨滋烟溜。自擘苔牋細塡梅蕊瘦。

鷓鴣天詠史

黃門半塘詞中。多以鷓鴣天詠史之作。實皆風議時事之什也。定稾中僅留五首。一笑裏重簪金步搖。鸚哥學語儘能驕。祗愁淡月朦朧影。難驗微波上下潮。 幾十色。燭三條。東風從此得愁苗。靈𪄀秘記分明在。回首神峰萬仭高。此當指丙申丁酉間事。漚翁曾爲述其大畧。惜忘之矣。二 卅載龍門世共傾。腐儒何意占狂名。武安私第方稱壽。臨賀嚴裝早辦行。 驚割席。憶橫經。天涯明日是春城。上尊未拜官家賜。頭白江湖號更生。三 羣彥英英祖國門。向來宏長屬平津。臨歧獨下蒼生淚。八百孤寒媿此君。 傾別酒。促歸輪。壯懷枉自託風雲。劇憐彩鷁乘濤處。親見蓬萊海上塵。兩首皆指常熟去國事。四 屬國歸來重列卿。楊家金穴舊知名。似傳重訂冰天錄。那得長謠穎水清。 仙仗入。篋書傾。空令請劍壯朱生。好奇事盡歸方朔。殿角微聞叩首聲。此首指南海張樵野尚書事。五 注籍常通神虎門。書生恩遇本無倫。鬼神語秘驚前席。輓輅謀工拾後塵。

空折角。笑埋輪。厲言秦鹿底翻新。可憐一閧成何事。贏得班姬苦乞身。此首爲朱古微學士張次珊參議劾某官事發。折角埋輪。指兩人姓也。

紀翁協揆去國

常熟之去國也。正當戊戌變法之初。彊村詞中有丹鳳吟一首。題爲和半塘四月二十七日雨霽之作。即詠此事也。其詞云。斷送園林如繡。雨濕朱幡。塵飄芳閣。黃昏獨立。依舊好春簾幙。分明俊侶。霎時乖阻。鏡鳳盟寒。衫鸞妝薄。漫託青禽寄語。細認銀鉤。珠淚濳透牋角。　此後別腸寸寸。去魂總怯波淚。惡夜暝天寒處。拚鉛紅都洗。眉翠濳鑠。舊情未訴。已是一江潮落。紅燭玉釵恩易斷。悔圓紈重握。影娥夢裏知甚時念著。

詠　珍妃殉國事

珍妃殉國一事。與　孝哲皇后之殉節。義烈哀慘。同爲千古所未有。彊村集中聲聲慢一首。題爲十一月十九日味聃以落葉詞見示感和。即賦此事也。詞云。鳴螿頹城。吹蝶空枝。飄蓬人意相憐。一片離魂。斜陽搖夢成煙。香溝舊題紅處。拚禁花憔悴年年。寒信急。又神宮淒奏。分付哀絃。　終古巢鸞無分。正飛霜金井。拋斷纏綿。起舞迴風。纔知恩怨無端天陰洞庭波濶夜沈沈流恨湘絃搖落事向空山休問杜鵑又兩家詞中金明池詠扇子湖荷花一首。其後閡亦暗指此事。王云。忽湧飛塵驚掠鬢。怕水佩風襟舊情難問芳時換哀蟬曲破花夢短野鴛睡穩㬥香煙複道垂楊望太乙仙舟歸期難準賸泣露欹槃飄零鉛淚悄共銅仙偷搵。朱云。拗折西風絲寸寸漫覓醉仙漿碧簫深引霓裳舞今宵疊遍槃淚影明朝吹盡儘相思太液秋容但墜粉空房石鱗沈恨怕玉井峰頭月昏煙淡翠被餘香愁損

詠雛伶五九事

京師雛伶五九者。以色藝名丁戊間。南海張樵野司農昵之。司農之譴戍也。門生故吏。無敢往送行者。五九獨棄所業。追送至西安而後返。都下一時稱爲義伶。兩家集中各有氏州第一一首。即詠此事。王云。何事千卿。笙鳳喚起。當歌對酒情抱。舞扇留雲邊笳訴月。淒絕榮華露草。三五年時。記舊約房櫳深窈。張緒風前。秦宮花底。負春多少。又試新聲鶯燕小。話前事亂愁誰埽。迷蝶春心。聞蟬客思。甚夢醒人杳。乍開簾驚見處。歌塵惹閒情絕倒。玉笛從今。定愁翻伊涼別調。朱云。輕薄箏塵。零亂鈿粉。當筵恨壓眉小。

砦緒連環。淸吭掩扇。悽隔秦天縹緲。蕃馬屏風。有暗月窺人偸照。玉杵深盟。金錢淺擲。頓催懽老。　八九驚烏棲樹少定。輸與鸂鶒鳴繞。毿樸思新。珠田夢遠。薦井歸愁抱惹花前閒淚落。停杯處相看一笑。誰打鴛鴦。錦塘空孤眠到曉。

紀王煥事

漚尹集中鳳銜杯一首。哀山陰王郎中煥也。煥字輔臣。儀貌昳麗。才思倜儻。頗以天下才自負。入貲爲工部郎。與壽山爲昆弟交。壽山官侍衛。貧窶甚。幾不給饘粥。賴煥時時卵翼之。煥恒鬻室人簪珥衣飾。以資壽山。壽山感煥甚。誓富貴無相忘也。俄而壽山以剛毅荐。出爲黑龍江將軍。因奏調煥同往。軍府之事。悉以委之。煥竊自喜。得藉此發舒。視官事如家事。經畫區處。井井有緒。壽山聲譽日隆起。已而都下拳禍作。東三省奸民亦紛紛應之。壽山承中朝意旨。一意招撫。且將盡除境內教士西商。煥力陳不可。壽山弗聽。煥爭之急。壽山大怒。遽攘袂大詬。立逐煥出署。煥知不可諫。亦遂驅車南返。行三日矣。壽山回念前事。益忿戾。忽轉念謂煥此去入都。必且毀己。且其沮義舉。爲外人遊說。心尤不可問。彼既無君臣之倫。吾安能復顧友朋之誼。不速除之。將有後患。因召材官數人。授以健馬。令速追煥還省。煥方在中途。見材官來。以爲壽山有悔禍之心。仍用己謀也。乃欣然返。至軍署。則壽山已盛服坐堂皇。健兒數百左右侍。乃大驚。壽山見煥至。憤怒跳踉。不復可遏。命侍者捽煥使跪。拍案大詈。叱其不忠。立命縛出斬之。未逾月壽山亦敗死。詞云。斡難河北陣雲寒。咽西風鄰笛淒然。說著。舊。恩。新。怨。總。無。端。誰。與。問。九。重。泉。 悲顧景。悔投牋。斷魂招哀迸朱絃。料得。有。人。收。骨。夜。江。邊。英。武。賦。誰。憐。

王可莊太守失歡於寶文靖

閩縣王可莊太守仁堪。光緒丁丑以進士第一人入翰林。方其未捷時。以舉人官內閣中書。才名固已藉甚。諸巨公爭欲羅致門下。是科寶文靖以次揆主會試。得太守。喜甚。已而文靖又奉 命充教習庶吉士。庶常館大課。賦題爲靈壽杖。官韻中有相字。太守賦云。危不持而顚不扶。焉用彼相。文靖閱之大怒。以爲有意諷己也。遂終身不與太守相見。

田文鏡之幕客

田文鏡在雍正朝。爲河東總督。得 君之專。與李敏達鄂文端爲鼎足。一時大臣。無與倫。比世傳其幕客鄔某事頗奇特因撮記之。鄔某者。紹興人。習法家言。人稱之爲鄔先生。文鏡之開府河東也。羅而致之幕下。鄔先生謂文鏡曰。公欲爲名督撫耶。抑僅爲尋常督撫耶。文鏡曰。必爲名督撫。曰、然則任我爲之。公無掣我肘可耳。文鏡問將何爲。曰、吾將爲公艸一疏。疏上奏。疏中一字不能令公見。此疏上。公事成矣。能相信否。文鏡知其可恃也。許之。則疏稾已夙具。因署文鏡名上之。蓋參隆科多之疏也。隆科多爲　世宗元舅頗有機幹。　世宗之獲當璧。隆科多與有力焉。既而恃功不法。驕恣日甚。　上頗苦之。而中外大臣。無一敢言其罪者。鄔先生固早窺知　上意。故敢行之不疑。疏上。隆科多果獲罪。而文鏡寵遇日隆。已而文鏡以事與鄔先生齟齬。漸不用其言。鄔先生憤而辭去。自此文鏡奏事。輒不當　上意。數被譴責。不得已。使人求鄔先生所在。以重幣聘之返。鄔先生要以每日餽銀五十兩。始肯至。文鏡不得已。許之。鄔先生始再至大梁。然不肯居撫署中。辰而入。酉而出。每至見几上有紅箋封元寶一錠。則欣然命筆。一日或偶闕。即翩然去。文鏡蓋嚴憚之。　聖眷漸如初。是時　上亦知鄔先生在文鏡幕中。文鏡。請安摺至。有時。輒批朕安。鄔先生安否。其聲動　九重如此。鄔先生一身客大梁。

無妻妾子女。每日所得之五十金。持之歸。或以施振貧乏。或劇飲妓館中。必不留一毫。忽至次日也。後文鏡卒。鄔先生去大梁。他督撫聞鄔先生名。爭以厚幣聘之。而竟不得所在。久之。或言鄔先生已被召入禁中矣。

粵匪餘聞

粵西撫幕有陳君者。年八十餘矣。在撫幕數十年。金田之亂。因所目擊。嘗爲人述粵匪圍桂林時事。至可駭笑。省城被圍先後三年餘。於時撫桂者爲長沙勞文毅公崇光。所恃以爲守者。撫署親軍三百餘人。武巡捕某弁統之。民團五百餘人。紳士張某統之。駐城中。湖南援軍千餘人。駐城外。賊雖圍城。實未嘗一日進攻。蓋其精銳。已悉數北趨。留桂林者。半皆老弱罷病。本不欲戰。聊以牽制而已。士人初尚畏賊。久之乃與賊相忘。省城四門扃其三。惟開西門。以通樵采。民或出城。路經賊壘。賊亦不過問。賊中食物偶缺。亦時時入城購買。長髮鬖鬖然。紅布帕首。游行街市。閒人共知其爲賊。賊亦不自諱。城中大小將校。皆與賊通款曲。酬酢往來。而團總張紳蹤跡尤密。令節朔望。賊營常置酒。招張紳與諸官飲。張紳諸官皆坦然赴之。醉飽而歸。亦時時置酒請賊目。以答其意。惟必。在。城。外。不。敢。公。然。延。客。入。城。而。已。桂林被圍久。餉源斷絕。公私埽地赤立。主客軍不滿二千人。欠餉皆積年未發。軍士知其不可得也。亦相與安之。文毅一日怒某弁。詬之甚厲。某弁不能堪。怏怏。出語軍士曰。當此世界。猶向我輩使上官身分耶。吾行卽辭差。不能鬱鬱久居此矣。衆皆曰。君去。固不敢留。然吾輩欠餉如何。者某弁曰。吾已失歡於大帥矣。安能更索欠餉。君輩自向大帥理論可耳。於是有數人據撫署大堂。自訴飢苦者。俄而增至數十人。噪聲漸厲。文毅在內室聞之。則自出彈壓。甫及門。矛鋒已自門內出矣。始悚然退歸。召某弁至。譙讓之。使以大義安慰衆心。某弁辭不往。文毅大怒。乃坐以激變軍心。而下諸臨桂獄。別簡一人爲親軍督。一面令司道府縣安撫變兵。許以餉至。卽發諸軍。士亦本不欲與巡撫爲難。聊藉此爲戲。以抒其憤懣而已。得諸官撫慰。亦遂。散。去。如。是。者。又。數。月。某弁被禁久。意忽忽不自聊。一日忽上書文毅。自稱從戎數年。一無建樹。中路蹉跌。實所不甘。與其羈死囹圄。何如戰死沙場。倘蒙恩釋出。當率所部殺敵致果。以報文毅。得書笑曰。某特欲出耳。然果能出戰。亦大佳事。卽召之至。面奬其勇敢。謂曰。汝所將特三百人耳。烏能與賊戰。某弁曰。尙有張紳所統團練五百人在。可令彼爲後勁某當力效前驅文毅首肯即以令箭召張紳至語以故張紳大驚念今日乃言戰耶然不敢違巡撫令姑許諾遂相率出城壓賊壘而陣鳴鼓大譟賊出視亦大驚迎謂曰彼此相安耦俱無猜久矣今奈何遽以此面目相向耶某弁不答麾衆直前搏戰賊始知其眞欲戰也亦蜂擁拒敵不食頃某弁與三百人者遂皆併命稱國殤矣張紳徐至頓足曰今茲敗矣某弁全軍覆沒吾何以復命躑立良久即馳去逕赴賊壘令從者以被虜歸報團勇皆桂林城中無賴子惟張紳能統馭之張紳既去軍無統率諸軍士日爲暴閭市官吏不敢詰命他紳接統則皆辭以不能文毅無如何則謀贖回張紳乃遣使者詣賊營商之賊目允贖而要以大砲四尊紅綢十疋爲交易之媒介使者歸復命文毅難之曰紅綢無足重輕大砲胡可畀賊外人聞之其視吾輩爲何如人耶復命使者往議以數百金爲大砲代價賊目不允必欲得砲而後可使者歸諸官相顧無策藩司某進曰今既無用砲處砲之在我與在賊庸何擇焉但勿令士民知之耳請聲言允給紅綢不允給砲而密以綢纏砲身使人但見爲綢不見爲砲舁而置諸城外俾賊自取之不亦可乎文毅亦輾然曰君眞善辦事者矣如其計行之而張紳果歸

文苑

爲小魯題湘江訪舊圖

伯嚴

驥老愈戀羣人老愈戀舊而況眠食地光景出造構如藥含芬芳如苗熟耕耨黃髯緊湖湘勝衣及顏皺親懿師友間興味溢醇酎一別數春秋江漢隻影廋頻歲坒衡麓雷雨閟靈岫鬼祟殀詞林奚止三豪覆猾叟尤敬愛淹疾罷砭灸髯往撫牀榻喘息懸晨霤張目喜視髯短句俄爾就扶寫墨欷傾手紙髯淚透果從犀角弟（野秋尚書先數月薨逝）此才恐難又死友義獨留經紀靡罅漏湘人結綢繆託圖表耆宿嗟余久是邦同髯歷昏晝笙簧應宮商蘭芷接馨臭十載隔俊游萬刦保孤瘤傳聞訖死生遑問匍匐救披讀赧裏足但有安叢詬

和酬小魯見寄

前人

萬緣隨化遷一瞥不可追譬如聚鶩鴈旋作勞燕飛子初駐江南且哦且遨嬉猥嬲蘇臺游顛躓阿香輜捧腹屢暴下遑顧翠眉嚬解裝宿使府論道抉瑕疵詞流四五輩賞

議頗解頤瓜艇七里塘隅座老畫師暖日聳毛髮枯風扇漣漪小婦諳吳烹粢餌獻盤匙菰粉荷葉麋筍蒲炙溥者快啖顧巧笑風味埒鴟夷欹岸龍壽寺血經爛珠璣靈蹟誇三生感歎逐臣詩松禪老人有題血經短句君倚舟立和之別探眞孃墓虎邱環劍池香魂霸業黯斜陽叫棲鴟興闌子益憊嚬呻動罘罳主人强遺客踉蹌江海陲就道獲甦息脅盡鍾山巔飛雨忽翳空拒捍莫我偕別語雜邪許踽踽抱被歸其時江漢災潦溢疫癘隨況衆陸渾燒颶毋掀海來戕斃萬千人誰能稽貸貰有司急政役計權籠丞黎瘠瘓那受刮子又怒奮髭起持巇隙間甘冒大猾譏歲時慕洗耳攖冠救吾儕世患日縈繞溺亦然死灰咄子所觸歷聞者紛涕洟新秋眼目豁濤瀾靜渺瀰伸紙疾少間遠旣瓊琚辭陳義何昭晰擿采何葳蕤側揣貸親故溢飾鄰阿諛謂妄亦未可動魄醒肝脾我固有微尚不與一世馳南柯憫螻蟻東釣量蛟螭儒墨互提挈涵演劑厥施上希皎皎陽下葆冥冥私巽同幸相笑終堪爲子知

江行　堯生

山遠樹層層江天雨更澄晚霞明雁路秋水落魚罾畫意隨人淡鄉心日夜增平皐有

風力一棹下孤鷹

東山寺　前人

楚塞秋聲合荆門樹色開客心爭到海江國一登臺落日孤鴻沒青山萬馬來嚴城吹畫角風散峽猿哀

宜昌旅夜　前人

多病長愁客江山秋雨時天長望闕遠家苦近親遲歲月存孤枕松杉冷夢思哀歌沿楚峽鴻鴈自淒其

歸州　前人

寒江日夜流萬古送行舟急析歸州市微燈石佛樓八荒同月色一葉落鄉愁此際灘聲裡洪荒四望秋

巫峽泉　前人

午色風潭靜山根水穴開秋深寒地肺石古結雲胎蘚意通猿過泉聲帶雨來蘇門有吟嘯松籟發天哀

文苑 四

雞鳴

前人

雞鳴故鄉近江海思漫漫風葉山聲靜星河夜氣寒灘深含太極天遠夢長安躑躅劉琨道青霄倚劍看

題江侍御梅陽歸養圖

陳衍

四海爭傳眞御史九重命作老翰林當誅臣罪非今日待養親年直萬金殺馬行藏猶憤急臂鷹身手任蕭森他時共領田園興浮白青山是素心

又

陳曾壽

繩絕從知處沈吟竟至今孤臣盈篋淚先帝十年心去國殘春黯藏山愛日深無由見高躅佇立望輕陰

又

楊增犖

戇直終爲明主許十年心事未全非銀潢路阻天難問玉署春回露已晞舉國爭傳唐介疏還家猶有老萊衣長安棋局羣公在從此山中但掩扉

海上贈蛻庵

別士

又是三年不相見。惘然疑比十年長。半生說夢垂垂醒。短鬢催人漸漸蒼。俗亂眞成文武盡。財窮滅到管絃狂。相看不用籌身世。一局殘棋接混茫。

哭宋燕生　觚齋

泯泯莫如歸死樂。眼中人事日喧豗。深談直到滄桑闋。世甯知孔墨哀。孤處論交眞悱惻。千秋相望總塵埃。牀頭賸有遺編在。地老天荒著此才。

雨霽入山自九溪達十八澗還至湖上　吷盦

濕翠生光欲放暾。曉行幽谷草聲喧。野棠迎客春殘路。山鳥呼人雨後村。乍歷九溪追白足。送歸五澗已黃昏。(理安寺僧定能送至第五澗而別)風窗不悟深明旨。那許栩寮老鈍根。

薄暮崑山道中　前人

日色初昏野水明。長霓慳雨壓堤平。樵漁傴僂行鷗影。蘆荻微茫析(一作遞)鴈聲。向夜一風臨醉會先秋。流火似殘兵。葑田棋局空彌望。苦喚驕龍不與(一作爲)耕。

無題　約齋

梁靜疑無燕。堂深誤有人。下帷留淺夢。移鏡掩孤嚬。珊珮遙流響。箏牀冷點塵。不成吟。

昔昔空復喚眞眞

送鄭大之桂林　前人

南國初驚別東風乍歛寒時危艱斗粟道險閬千灘稍稍春波動淒淒客袂單祗憂書札阻莫厭酒杯寬

簡吳二十處士　前人

燈火宜初夜塵埃共一城酒悲來似突流念積難盈下筆論孤憤端居學養生蓬蒿深沒徑知汝漸逃名

闢。光綫空氣。均覺適宜。傍設一大洋琴。拂拭清潔。上有樂譜成帙。古調時曲。約畧咸備。桌上陳有古銅細磁玩器數事。爛斑炫目。女見之不覺欣喜。感其師爲已辦事周至。梅謂女曰。此各種器皿。乃由吾寓中移來者。女忽見一古瓶。上鐫玫瑰一樹。花發成球。精細可愛。女見而喜曰。此瓶畀我可乎。梅曰。室中所有物。莫非與汝者。至玫瑰乃花中俠客。觀汝有任俠氣。古語有言。婀娜含剛健。庶幾近之。故以此贈汝。宜識我心也。此婢見其師徒言語忘形。心頗詫異。繼忽省悟。乃曰。吾今往請姥姥來。遂趨出。女謂梅曰。師待我之摯誼。永矢弗忘。雖然。妾之希望。尤有進者。梅曰。何也。女曰。君能移愛妾之心以愛國。何患國家獨立不成。梅笑曰。此何待言。但吾之於汝。關係至大。若此瑣事。尙不能安置妥貼。遑問經營一國之事乎。先後緩急。自有次序。吾自然措置無誤。梅于是偕女就椅坐下。正色溫語訓之曰。此後宜言動端莊。毋作癡憨小兒女態。吾爲汝課藝事。其分科教師數人。意中已分配妥當。請蘭谷娜教汝撫琴。鮑姥姥教汝跳舞。裴仙梨教汝劇藝。此皆一時名師。宜虛心領受。勿負吾意。女曰。謹受命。但師自教我何科。梅曰。吾專教汝聲學。調音按節。吾日一來。此聽汝習歌約一時許。女曰。僅每日一時許乎。梅曰。吾有暇。自然多授汝幾時。但近事太忙。未暇及此。今已一一吩咐畢。吾即去矣。女曰。去何速也。梅曰。吾觀汝連日長途勞頓。不無困憊。今亦宜稍事休息。吾今出門。晚間六時半再來看汝。言畢遂立起以手按電鈴。女亦由椅起而侍立。屋主婦旋入。其身軀肥碩。雙睛深黑。鬢髮須白。蓋鮑姥姥少年時。頗負歌舞盛名。果然眼銳如貓。有力如虎者也。鮑入門。梅頷首爲禮。鮑鞠躬答之。且曰。老婦以教女徒習舞來遲。望恕疎慵之咎。近聞法王出狩。殊快人意。甚望如斯義舉。行復見於此邦也。梅乃爲女介紹見姥姥。姥姥曰。梅君手書、囑代營壯麗之居。足以奉藐姑仙子者。此室不識小姑子視之能稱意否。梅曰。室宇清潔。布置亦佳。費神多矣。吾今留此巧舌鸚鵡于此。煩姥姥善爲教之。鮑曰。梅君所託。敢不盡心。老婦觀此兒秀外慧中。堪稱妙選。老婦得屈此佳人爲吾徒。不久當青出于藍。冰寒于水矣。梅曰。姥姥撝謙太甚。即幸如姥姥言。寗非師門之光耶。今且試聆其歌。請一品評如何。鮑姥姥曰。嶧陽孤桐。寗有凡響。伶倫采幹。自能擢秀搜奇。聆音之事。盡俟他日。鮑忽回首向士加拿劇場微頷首曰。嘻。柯連士加在彼處跂足而望。殆欲與此新來之同志作傾蓋談乎。言畢仰天而笑。遂告別行過劇場去。留下師徒兩人。梅則默然無言。女則淚珠承睫。梅覩女如此。甚難爲情。乃行近其傍。溫語慰藉曰。汝勿傷感。吾早坦懷相示。今目中雖有是人。而心中已實無是人久矣。女曰。吾非不能信君。不過一時情之所觸。若不自禁耳。妾自決從君至此。歷受庇廕。無微不至。足徵一片眞誠。尙何疑慮之有。因執梅手而吻之。以示摯愛之意。未幾梅遂辭女出門。女卽趨近窗前。目送梅行至衢路盡處。轉灣而去。乃悵然凝立長歎曰。吾目送之。彼竟不一回顧也。乃悵然回至房中。將門關止。從衣笥中取出包裹之煙卷。拆開詳細檢視一過。有九十五枚。完好無損者。足以供帕高利士之吸。其餘五枚因坐壓其上。已破碎不堪復吸矣。於是將無損者包裹完固。復藏之於衣笥中。其破損者。則棄擲火爐中焚訖。以手按鈴。侍女左什花卽入問曰。姑娘用晚膳否。尊師瀕行時。曾命爲汝備下者。女曰。姑少待。吾今困極欲眠。但記取於六時半喚我醒。吾師將於是時復來也。吩咐畢。隨卸粧就榻。斜欹繡枕。半覆香衾。瞬息間卽沈沈睡去。且說梅自別女而出。沿途凝神壹志。刻刻隄防。深恐或有偵探暗踵其後。或於十字街頭小立佇望。或倒行返走。以察途人。如此逡巡俄延。久之乃入美倫古城。至一僻靜處。立於一古屋門前。復前後瞻望。無人。乃於門上輕輕剝啄數聲。其門頓啓。梅即入門。復閉。屋內甬道上。卓立大漢十二人。各操隱語相詰問。梅一一具答之。諸人知爲同志。始皆免冠爲禮。蓋此隱語。乃青年黨所特設以防奸細者。若有一語不合時。卽立斃於刀下矣。梅此時直入一密室。中有三人笑語相迎。中兩人裝束類顯官。其一人年約七旬外。鬚髮皆白。身衣軍服。精神矍鑠。目炯炯有光。乃當年那破侖蹂躪全歐時之戰將也。梅既入室。門亦旋閉。四壁蔽以重幕。外不聞聲。各人乃向梅一一握手。謝其遠涉之勞。於是賈薩提先問曰。梅君別事且緩言。請畧說往返大概。及購訂軍械若何。梅略述行蹤。旋云軍械已購定。準於本月二十日運到交納。兩老人聞言欣喜不已。一少年名萬那拿者。更爲抃躍曰。此實天祐吾國人也。老將軍問曰。軍械共辦到若干。梅曰。快鎗一萬二千桿。每桿配碼二百粒。老將軍又問曰。君用何術以輸運到此。梅曰。係用轆轤載運。上覆禾稿。託名解馬料赴軍前者。由拖頓起運。繞越邊境而過。以免稅關查驗。吾畧施小智。已賺得奥軍第四師團糧儲長之護照。每車且有奥軍護送。惟推車者則咸用我黨之親信人。承辦此者。乃一農夫。名科士加利。其人富有愛國心。吾已授計於彼。囑彼依言而行。吾在毡路亞時。亦曾派定人在該處接應。俟船到即起卸。豫定迤邐前進。抵此處時。恰在二十日夜間。此時黑夜。奧軍不能點收馬料吾等即可於夜間將軍械提出起義。萬那拿曰。倘在途中或彼護軍之馬需用草料。隨意取飼。致露破綻則奈何。梅曰。此却無妨吾已慮到此節。曾備下數車無軍械之禾稿以待取用。且軍械不過藏於正中。外面禾稿重重掩蓋。縱揭去上層亦不致于破露也。車臨發時。奧軍亦曾向各車中抽出數捆查驗。防有夾帶違禁之物。亦竟不能察出。誠所謂萬全無虞者也。萬那拿聞之極爲佩服。法老將軍曰。君具有如此膽略。能於千艱萬險中。布置如此周密。可謂算無遺策。足玩奧人於股掌之上矣。設拿破侖王猶在。當撫汝肩而稱爲神算將軍也。梅遜謝曰。老將軍過獎。小子識陋能薄。深愧不足當之。納拔曰。僕豈好譽人者。梅君如此謀畧優長。實令人中心欽服。于是賈薩提乃決策曰。今既有恃無恐。二十夜可以乘其無備。猝然起義。勿待天明令彼得而防我也。四人復商議。俟軍械到時。立將十車推往衆學生處。五車推往製呢廠。十車發往繅絲廠。其餘則分配大衆。凡屬投効各隊。俱立隊長統之。以免散漫無紀律。今日爲三月六日星期一。屈指計之。尚有半月。可以一一布置就緒也。

第十一回　女偵探報信受責言　大樂師聞煙忘禁律

卻說辣地士奇公子護送姚珍娜抵大布律顛寓後。將行李各件交付訖。兩人本是初會。寒暄甫畢。無甚可談。辣且軍務倥匆。遂卽辭去。姚進寓安置行李停當。亦急忙改裝。身披斗篷。面罩黑紗。立刻出門。閃閃藏藏。惟恐熟人瞥見。不敢從大路行走。只擇小街僻巷。曲折繞越而行。不久來至一處。此即美倫警察總署也。姚行近時。向守門警丁畧白來由。即放之入。別有一人相導至辦公所。叩扉。有閽者出。導入廳事。見一長官。長官一見姚。便曰。姚姑娘。偵探長俟汝久矣。於是乃導登重樓。入一密室。瞥見一人。衣長衣。足躡絳色韡。胸扣一行大金鈕。光華燦爛。額廣面白。隆準潤唇。顏色峻厲。令人一見卽不寒而慄。蓋即最可畏懼之保沙探長也。姚入時。彼即起立。畧一點首曰。吾見汝來甚喜。知必有佳音報我矣。吾早已接得卞路佐杜律桃兩君函報。於汝所探得者。已經畧悉大概。今汝且將面上紗網除去。從容爲我述之。吾極願聞其詳也。言罷。復坐于椅上。姚立其前。將沿途探得凡關涉梅善那之事件。所見所聞。并懸揣而得者。一一細述。保沙曰。汝言盡於此乎。姚曰。畢矣。保沙頗有不懌之色。旋厲聲曰。似此等事。何足來報。純是一片臆度之辭。毫無實據。足以證成其罪者。且吾聞辣公子言。帕高利士乃係端人俠士。彼曾於沙河中。輕身泅水。力拯辣公子于危。彼若非心嚮奥人。何能如此。觀此一節。則彼斷非青年黨可知。汝探事毫不用心。信口誣枉良善。應得何罪乎。此乃汝亟欲借事免罪。故不憚就事裝點。來我前欺飾。以冀僥倖脫身也。姚被責有口難辯。只得曰。探長息怒。妾非敢誣揑梅善那。確有逆跡。其徒於船上偶見一奥弁。時非常戰慄。此實中情惶怯。由中形外之故也。保沙愈怒曰。汝謂非謀叛之婦女。便不畏奥官乎。何謬妄乃爾。姚被叱愈形震恐。保沙又曰。至汝所報在毡路亞劇塲一節。杜律桃亦早已告我。此亦常事。蓋意人無賴。常好呼獨立萬歲。意國萬歲。若謂在拖頓時梅入酒肆沽飲。便為可疑。然則在他處梅從未有沽飲事耶。姚曰。有之。梅曾累次買醉。然皆在境外。無足異者。又其徒。姚語至此。保沙即接言曰。然。吾知之矣。其徒偶踐蘿蔔苗失足而驚。適是時有數農人坐談販賣禾稿事。汝意卽指此乎。農夫說賣禾稿。汝便以為非常大事。然則農人所當說者為何。豈須談經說史耶。何物蠢奴。聞汝言幾令吾憤懣欲死也。保沙此時。鬚髮怒張。聲若雷鳴。拍案詈曰。兩載前。汝夫被執時。汝來自首。謂所有向銀行行騙之罪。皆汝一身承之。吾憫汝代夫受罪。已兩次授汝機宜。教汝立功贖罪。不料汝別有肺腸。謬視國法若兒戲。前次因拘泥守身不二之義。不肯以身親近沙顛利亞侯爵。至坐失却好機會。汝不思汝乃一盜婦耳。有何名節可言。今猶守身如玉。矜尙名節。玩法如前。一無所得。來報何爲。吾已預設獄室。候汝已久。今且於獄中逍遙安坐。畢汝一生可矣。姚惶懼哀懇曰、還求探長略假時日。吾確信彼之軍械。不久定當入境。吾定能爲探長破獲之。以圖報稱于萬一。設有機會。須以身求始可得者。吾亦不敢更有所惜矣。保沙曰。汝偵探所得者。皆漫無頭緒。獲械一事。有何把握。敢妄以大言欺我乎。速歸汝獄。毋多饒舌。言未竟。聞背後啓扉聲。姚迴眸睨之。乃一黑衣悍婦入室。速之入獄。蓋此婦乃管理女監獄者也。姚驚魂無措。跪地泣涕。哀籲曰。求暫假我幾時。雖赴湯蹈火。亦不敢辭也。保沙曰。今再限汝十天。略一揮手。監獄婦便自退去。保沙乃霽顏扶姚起曰。前者已矣。今者之限。亦不爲不久矣。如有密報。毋庸徑至我處。可仍郵遞杜律桃君勿使梅菩那疑我。且察出汝爲吾作偵探也。言畢。命人導姚出。姚珍娜被責。嗒然若喪出來。于時喜懼參半。喜者還有十日期限。或可收功於桑榆。懼者十日之期容易過。況

謹贈書目提要

函索即寄　不取分文

商務印書館出版中學堂用書目(上)

修身

- 學部審定　修身教科書五册　一元二角五分
- 學部審定　倫理學教科書　三角
- 倫理學原理　一元
- 東西洋倫理學史　六角

國文文典

- 林紓　國文讀本十册　各一角五分
- 吳曾祺　國文教科書五册　各三角五分
- 學部審定　中等國文典　一元
- 漢文典二册　一元
- 學部審定　馬氏文通二册　一元五角
- 正續古文辭類纂十二册　一元二角
- 曾文正公　經史百家雜鈔十二册　一元八角

歷史

- 學部審定　中國歷史教科書(歷代史)陳編　一元
- 學部審定　中國歷史教科書(本朝史)汪編　一元五角
- 中國歷史教科書三册夏編　一元七角
- 新體中國歷史　一元
- 學部審定　西洋歷史教科書　一元二角
- 西洋歷史教科書二册　一元五角
- 附地圖　八角
- 學部審定　東洋歷史教科書二册　三角
- 重譯考訂　東洋史要　一元
- 附地圖　五角
- 學部審定　萬國史綱　一元

地理

- 瀛寰全志附圖一册　二元
- 學部審定　中國地理教科書屠編　一元五角
- 學部審定　萬國地誌　一元五角
- 新體中國地理　一元二角
- 附圖一册　五角
- 謝本圖旅行記　地理讀本甲編　一元五角
- 乙編　一元二角
- 最新中學教科書地文學　一元三角

圖畫

- 學部審定　中學鉛筆習畫帖六册　一元二角
- 學部審定　習畫範本十册　二元四角
- 學部審定　黑版圖畫教科書　一元
- 陸軍中學堂　繪學　七角五分
- 中學畫學臨本八册　二元
- 平面幾何畫法　五角
- 最新中學教科書用器畫二册　九角五分

音樂體操

- 新撰唱歌集三册　五角
- 樂典教科書　三角
- 兵式體操　五角

商務印書館出版中學堂用書目(下)

算學

- 學部審定 中學算術教科書 八角
- 學部審定 中學數學教科書二册 八角五分
- 新編初等數學教科書 三角
- 查理斯密 初等代數學教科書 一元二角
- 小代數學 七角五分
- 大代數學講義 三元
- 大代數難題詳解 五角
- 新編初等代數學教科書 三角五分
- 最新中學教科書 代數學二册 二元四角
- 代數學上下 一元五角
- 代數學新教科書 一元五角
- 崔譯初等代數學 一元
- 學部審定最新中學教科書 幾何學平面部 立體部 謝譯 一元三 一元二角五分
- 新編初等幾何學教科書 八角
- 中學平面幾何學教科書 八角
- 中學平面幾何學新教科書 三角
- 中學立體幾何學新教科書 三角
- 實用幾何學初步 三角
- 平面 立體 幾何難題詳解 八八角
- 平面立體幾何學問題詳解 八角
- 學部審定最新中學教科書 三角術謝譯 一元三角
- 新撰平面三角法教科書 六角
- 新編初等三角法教科書 二角五分
- 平面三角法新教科書 八角
- 中等平三角教科書 七角五分

理科

- 學部審定 博物學大意 二角五分
- 學部審定 博物示教 三角
- 中學動物學教科書 六角
- 中學動物學新教科書 八角
- 學部審定最新中學教科書 動物學 八角
- 新撰動物學教科書 五角
- 中學植物學教科書杜譯 六角
- 中學植物教科書 九角五分
- 學部審定 新撰植物學教科書 八角
- 學部審定最新中學教科書 地質學 一元二角
- 學部審定最新中學教科書 礦物學杜譯 八角
- 新撰礦物學教科書 四角
- 初等礦物界教科書 三角
- 學部審定 新式礦物學 四角
- 最新中學教科書 生理學謝編 一元
- 中學生理學教科書 四角
- 生理衞生新教科書 四角五分
- 格致教科書 五角
- 理化學大意 三角
- 學部審定 理化示教 二角五分
- 伍氏物理學
  - 熱學 七角
  - 力學 一元
  - 水學 六角
  - 氣學 六角
  - 磁學 四角
  - 光學 八角
  - 聲學 四角
  - 靜電學 六角
  - 動電學 一元
- 改訂 物理學講義三册 三元四角
- 最新中學教科書物理學謝編 二元
- 中學物理學新教科書杜譯 一元
- 初等物理學教科書 二角
- 最新中學教科書化學謝編 一元
- 新撰化學教科書鍾譯 一元
- 中學化學新教科書杜譯 一元二角
- 學部審定 改訂 近世化學教科書王譯 八角五分
- 實驗化學教科書 四角

外交報館今遷四馬路畫錦里口

庚戌年

外交報　十年紀念　增刊兩冊

本館延定留學外洋法政專家撰著國際法學論說並於正月臘月各增一冊逢五發行全年三十四冊自辛丑至庚戌適屆十年共三百冊預訂全年本埠四元五角外埠五元二角外國六元零售每冊一角六分補購辛丑壬寅癸卯甲辰百冊減爲十元外埠加郵費八角陝甘雲貴四川等省郵費加倍補購壬寅全份本埠四元外埠四元五角癸卯全份本埠四元三角外埠四元八角甲辰全份本埠四元外埠四元五角乙巳全份本埠四元二角外埠四元八角丙午丁未戊申每年各全份本埠各四元五角外埠各五元己酉全份本埠四元八角外埠五元五角外國六元二角曆年零冊一角六分

◉上海外交報館　在四馬路畫錦里口商務印書館內

◉第十六號卽二百八十二期六月十五日出版　要目列下　◉論說　論國際公法之各種關係（留學日本中央大學法科大學部無錫孫觀圻撰）　◉譯論　論世界之平和　論南美國際經濟之概觀　論英皇愛華德第七之外交事蹟　記美前總統魯司華爾歸國事　論駐韓統監之更迭　◉外交大事記　禁烟交涉　商務交涉　航權交涉　郵政交涉　◉世界大事記　西洋之部　英與不丹訂約　英國貿易近況　德允與埃及重訂商約　美德博覽會中止　德國新選舉法通過　德在非洲殖民之成績　法國開萬國飛行會　奧匈歡迎美前總統　義大利創立統計調查委員會　埃及英吏不爲英人所信任　埃及發表財政案　◉外交史　仁川開港始末　◉外交事證擧要（續二百八十一期）◉日本明治四十一年史　續二百七十九期

◉第十七號卽二百八十三期六月二十五日出版　要目列下　◉論說　論渤海灣漁業權（留學日本法政大學畢業生仁和邵義撰）　◉譯論　論美國新關稅法與通商各國之關係　論俄國近事　◉外交大事記　要事彙誌　◉世界大事記　西洋之部　英財政之新豫算　英國演習海軍　英婦女選擧案　俄國改正關稅一部與英國之關係　俄國西陲團隊變更配置違反俄法同盟　俄之國防計畫　俄之對於芬蘭政治法案　俄皇巡狩　美總統演說外交　美國組織新政黨　美屬阿墨兩邦之合併　◉一千九百零九年世界外交日記　◉日本明治四十一年史（續二百八十二期）　◉韓國三十年史（續二百七十九期）

新出精印孤本舊籍六種廣告

金聖嘆貫華堂才子書彙稿 是稿彙刻聖歎內外書計十一種〇杜詩解〇古詩解〇左傳釋〇釋小雅〇釋孟子〇批歐陽永叔詞〇通宗易論〇聖人千案〇語錄纂〇隨手通〇沉吟樓借杜詩乃聖歎被禍後同學諸子收拾遺稿編次成書者傳本至罕今本社依當時原刻讀易堂本重刊校正用連史紙精印版式寬長雅潔每部四冊價洋三元五角

顧亭林日知錄之餘 此書共四卷乃顧亭林先生著日知錄時所餘未刻之稿內所引証皆關于學術國政風俗洵極有用之書也原書訛誤甚多本社重加校正印行用連史紙精印每部二冊價洋一元六角

汪容甫遺詩 容甫文章閎麗淵雅鎔鑄漢晉自成一家久已家傳戶誦其遺詩五卷爲其子孟慈所搜輯溯源晉宋託體開天決擇既高風骨自異張亭甫稱其詩在仲則甘亭之上樂蓮裳稱並世詩人罕與接席則其詩自與時流迥別當與文章並傳惟傳本極罕本社覓得原本細校用連史白紙精印每部價洋八角

江邨銷夏錄 江邨高士奇先生以精鑒賞名所著銷夏錄久已膾炙人口風行一時言書畫家莫不奉爲至寶蓋其鑒別至精而品題至悉也惜舊本至罕覯近日坊價非在二十金外不能得一部而是書又自國初至今從未有復印故購者嘗以爲憾本社藏有原刻朗潤堂本照式精印用中國連史紙華裝寬廣最合收藏價洋二元五角

舊本新鐫**吳越所見書畫錄** 婁東陸時化潤之先生著錄其往來吳越故家所見四朝以來名人遺跡及國朝四王吳惲六大家之作爲所見書畫錄六卷考其源流次其甲乙以及紙絹冊軸尺寸款識印記題詠跋尾纖毫畢載大致仿高氏江邨銷夏錄而是書彙載國朝六家爲尤詳耳大抵江氏所著錄已皆爲世人所不能寓目而此書所載一楮一縑大半仍留吳越易於訪求徵考先生自號聽松山人生乾隆全盛之朝居吳越文物之地承先人之遺聞負精鑒之絕詣附著書畫說鈴二十九則及書畫作僞日奇論尤于僧賈伎倆洞發其覆眞言書畫者不可少之書也此書原版刊行未幾以內中所載有觸犯本朝忌諱之處陸氏懼禍立將版燬毀而將印出之書收回故流傳極罕江氏建霞曾用聚珍版排印百部近亦難得本社以重金購陸氏懷烟閣原刊本用連史紙精印每部六厚冊價洋五元

鈔本未刊**章實齋信摭** 此書皆實齋先生五十七歲以後所記信手摭錄故名曰信摭體裁與筆記相類其持論與文史通義每相出入所載多關學術源流舊聞要誼不同泛泛原稿爲其嗣公杼思所藏未經刊印此冊係道光戊子復燦鈔本係從杼思處借鈔出者世極罕覯今世傾向實齋者夥片言隻字先睹爲快本社因亟爲校鐫行世每部用連史紙精印價洋六角

右書六種皆用中國連史紙四開精印書品寬長版式大小一律齊整極其雅潔最合收藏將來可彙成叢書校對審愼無訛書係擺印每種僅印五百部購者從速 現洋合購至五元九折十元八折二十元七折五十元六折

上海四馬路東惠福里神州國光社 北京琉璃廠土地祠內 南京勸業會場內 分社仝啓

德國那特碅著 政治學

日本市島謙吉著 政治原論

日本高田早苗著 政治汎論

日本松平康國著 英國憲法史

日本天野爲之著 英國憲法論

日本小野梓著 國憲汎論

以上六種十六冊合購大洋二元

預備立憲時代人人皆宜研究政法庶不媿立憲之國民本局特將所印政法各書廉價發售以便讀者有志斯學者想樂聞諸

上海四馬路廣智書局白

揚子江航路記

東亞各港口岸志

希臘三大哲學家學說

族制進化論

政教進化論

天則百話

福澤諭吉談叢

泰西事物起原

地球之過去及未來

支那

胎内教育

心理摘要

世界諸國名義考

歷史哲學

以上各書每部售價一角

剏辦合肥惠政學堂王君揖周讚証自來血有自服

自效之神功

五洲大藥房主人鑒僕體素健任事不畏煩難不辭勞苦丁未之冬創辦私立惠政學堂距今己歷四學期去歲秋因伏暑致病月餘始起覺精神遠不如前四肢酸軟私心深慮不能勝任後常至鉅康隆周君斗青處聚談遇友人李君德三來購 尊製自來血大瓶一打并稱道其靈效不可比喻復見北鄉高塘集務本學堂壽春孫琴舫君致斗青書託其轉謝 尊處函中盛稱自來血功效之神且速無異仙芝僕遂深信即於鉅康隆購取小瓶半打每日照服果然未及旬日强健如初樂甚噫海內古今補品其於斯爲盛矣特肅蕪箋以鳴謝忱手此順頌 利祺 合肥王揖周頓正月念六日

小瓶 一元二角 每打 十二元

大瓶 二 元 每打 二十元 託局函購原班回件諸君光顧請認明商標全球爲記每瓶內附有精工五彩認眞劵一張方不致誤

總發行所上海四馬路老巡捕房對門五洲大藥房抄登

人造自來血乃人身之活寶

人生百體所賴以生長者血也如血多則百體強壯血少則百體衰弱設遇血盡則百體自枯是故凡人不能無血

血者誠乃人身之活寶也

然吾人欲究身壯力健之術者必以多血爲適宜若近今之衛生家雖常服各種補品而未得十分健壯者何也其故因我國理化未精藥物一道素鮮研究故自古迄今絕未發明不知以多血爲要義噫

此即吾身不強之由來也邇者神州睡獅抖擻初醒努力鼓盪我同胞之熱血奮振我同胞之精神能壯民力強國勢之人造自來血已經及時出現

無庸疑義速請嘗試

故再行謹告同胞凡有心虧血虛破金吐血面黃肌瘦頭暈眼花耳聾腎虧陽萎精枯四肢無力手足酸軟身虛脚腫胃弱脾薄以及婦女經水不調白帶赤帶頭痛腰酸五勞七傷諸虛百損之症者服之自然**壯心經多血液**請將下列服法試驗之自能奇功立見幸勿輕視蓋其中實有絕大之能力也我同胞凡購服自來血

須先試驗究有功效若何可用小針刺破皮膚出血一滴滲在白紙上待服完七日之後再用前法將前者滴血之紙與七日後滴血之紙兩相比較後者之色必紅於前此則**最易最明之確証也**

倘能多服**則血愈紅而人之體力愈健**又如腎虧耳鳴眼花者連服數日眼目自覺清爽耳鳴耳聾自可並除此即顯明有補腎之功效又如年老血衰或壯年勞傷過度體質虛弱面無血色者自必畏寒驟遇冷風即發寒噤者服之半月之後**血氣漸充體質自固**雖遇箭風**亦不覺寒冷矣**

又有明見之確證如久患爛瘡而不易收口者自服自來血之後則瘡內之**肉刺日漸增紅**如能常服收口亦易如婦女之經淡白者服到一月經水當即增紅**如患冷經痛經亦能並除**

凡患破金吐血者服之補血則可以止血則不可然患吐血之人血愈虧少若不培補則體質愈弱病勢日重尤宜常服以補之當時雖無止血之功然久服之心經壯**而吐血之患可以除根也**

如脚氣水腫者步履蹇滯亦血虛不充之故須連服旬日則腫自消而步自健矣又**如患瘧疾者**服之旬日**立可除根**不發以上一切功效皆最易試驗者也

● 小瓶一元二角大瓶二元**每打**小瓶十二元大瓶二十元託局函購原班同件海內諸公如蒙惠購請認明全球商標爲記內附五彩認眞券一張值洋一角方不致悞

●總發行所上海四馬路老巡捕房對門靑花石三層大洋房五洲大藥房并南北兩京以及各埠大藥房均有經售

患由血起

蘇州候補知縣述說得韋廉士大醫生紅色補丸之實益

以下所錄乃蘇州有聲望之五品銜候補知縣郭君公先所述之詞俾凡閱者亦可得其大益也其言曰〇余體質素倘強健後因過用腦力身甚輭弱膝常發顫呼吸短促易受驚恐且易激怒稍聞聲息腦筋感觸血氣衰薄脊骨疼痛夜不安寧背痛尤甚胃口失調每飯後胸痛如刺血管與腦筋枯竭如饑肚門生癰痛苦異常精神委頓無力支持雖延多醫試服多藥絕無效驗一日有友人述及韋廉士大醫生紅色補丸為醫治血毒之聖藥余遂購而試服之未幾即獲奇效身力復元飲食如常痛苦全失韋廉士大醫生紅色補丸所造新鮮之濃血充盈血管使我如此慘痛之肛癰一旦消除又使我腦筋平穩夜睡安寧食物易化不啻如作再造之新人余得是丸治愈之後心甚快愉覺是丸之功神妙莫名甚願將余言登諸報牘俾凡身體衰殘精神萎輭者皆可購服是丸亦如余之大

蘇州郭君公先自述得韋廉士大醫生紅色補丸之奇效

認明真樣　　謹防假冒

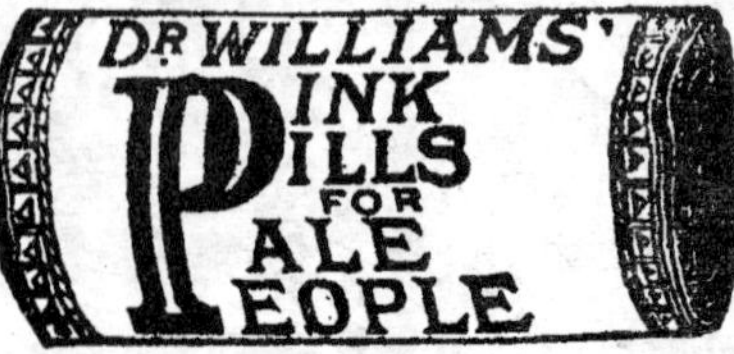

能治疾者眞韋廉士大醫生紅色補丸

得其功也韋廉士大醫生紅色補丸醫治凡由血毒不潔血薄若水或腦筋失調所起之各症其法無他即使其血潔淨有力以稠紅康健之新血充補其身體也是丸嘗治腦筋失調　血薄氣衰　身體衰殘　胃不消化　肝經各病　頭痛頭暈　山林瘴氣　風溼骨痛　臀尻痿痛　左癱右瘓　腳氣衝心　乾溼癬癩　瘡疥疔疹　皮膚諸症　以及壯婦幼女所患各症男子操勞過度起居不慎吸食鴉牙致傷身體者一服是丸能使精力復原誠為天下獨一無二之聖藥也　中國各處商店藥房凡經售西藥之處均有出售惟望購者留心細察勿購贗戳假冒之物須要認明每包內有韋廉士大醫生紅色補丸完全之藥名倘有疑惑可直向上海四川路八十四號韋廉士醫生藥局中國總發行處或向重慶白象街分行函購可也　價銀每一瓶大洋一元五角　每六瓶大洋八元遠近郵費一概在內

上海四川路第八十四號韋廉士大醫生藥局啟

大清郵政局特准掛號認爲新聞紙類
日本明治四十三年二月十三日第三種郵便物認可

風報

每月三期逢壹日發行

年七月拾一日

第拾九期

定價表

項目	報資
全年三十五冊	六元五角
上半年十七冊	三元五角
下半年十八冊	三元五角

費須先惠逢閏照加

零售每冊	二角五分
本國郵費	每冊四分
歐美郵費	每冊七分
日本郵費	每冊一分

廣告價目表

一面	半面
十元	六元

惠登廣告至少以半面起算如登多期面議從減

宣統二年七月十一日出版

編輯兼發行者　何國楨

發行所　上海福州路　國風報館

印刷所　上海福州路　廣智書局

分售處

北京桐梓胡同　廣智分局

廣州十八甫國事報館

廣州雙門底聖賢里　廣智分局

廣州十八甫廣生印務局

日本東京中國書林

國風報
各省代理處

▲蕪湖　徽州碼頭　科學圖書社
▲四川　成都府學道街　輸文新社
▲四川　成都　正誼書局
▲四川　成都會府東街　華洋冬報總派處
▲四川　成都南紗帽街　安定書屋
▲湖南　長沙　羣益圖書公司
▲湖南　常德　申報館
▲南京　府城夫子廟　啓新書局
▲南京　城淮情橋　莊嚴閣
▲南京　城花牌樓　崇藝書社
▲南京　城花牌樓　圖南書社
▲江西　省城洗馬池　閎智書局
▲江西　廣信府文昌宮　益智官書局
▲江西　南昌萬子祠裱畫巷內　廣益派報社

▲福州　督署後　教科新書館總派報處
▲廈門　關帝廟街　新民書社
▲溫州　府前街　日新協記書莊
▲溫州　瑞安太平石街　廣明書社
▲蘇州　圓妙觀西察院巷口　瑪瑙經房
▲揚州　古旗亭街　經理各報分銷處
▲常熟　常照派報處　朱乾榮君
▲常熟　寺前街　海虞圖書館
▲常熟　孚記書莊
▲星加坡　南洋總滙報
▲澳洲　東華報
▲金山　世界日報
▲紐約　中國維新報
▲香港　中環砵甸乍街　致生印字館

國風報第一年第十九號目錄

目錄

春冰
野民
茶圃

大孤山

小孤山

諭旨

七月十一日　上諭瑞澂奏查明貪劣不職各員分別糾參一摺湖北候補知府前署夏口廳同知馮箕衆怨沸騰難膺民社補用知府趙承康不知自愛有玷官箴均州知州劉名馨怨聲載道民視如仇准補隨州知州劉家怡貌似有才性貪而狡試用知縣金榮壽卑劣誕妄心術不端應山縣知縣王鴻卿才具庸下神志頽唐前署房縣知縣候補知縣廷啓殘酷濫刑辦事荒謬黃安縣知縣章冕沾染烟癖刻尙未除准補遠安縣知縣車雲好利忘義志趣猥鄙前署棗陽縣知縣候補知縣楊鼎福玩視禁煙諱盜不報丁憂試用知縣傅士修貪詐妄爲不知檢束宜城縣知縣王金城舉止粗鄙行同市井漢川縣知縣何蔚紳貪鄙性成被控有案天門縣知縣張嘉畹鄙俗好利頗有貪名均著革職永不敘用前署興國州知州試用知縣汪文鈞偏執任意粗鄙無才崇陽縣知縣王公輔心地糊塗辦事竭蹶署竹山縣知縣本任鄖西縣知縣聶廣澤性情操切不知大體蘄水縣知縣徐培光闒茸無能公事曠廢前署黃岡縣知縣試用直隸州知州廖佩珣材識平庸不親民事通城縣知縣功釗人太闇懦事權旁落黃陂縣知縣

董治勣貌似有才跡近庸滑應城縣知縣皮坤年力衰庸性鄙且狡均著即行革職江夏縣知縣楊壽昌操守尙佳性情惰緩准補光化縣知縣黎培質柔緩無能尙應歷練准補襄陽縣知縣薛炳善人近迂執首劇不宜鄖縣知縣邱炳萱性情迂緩人尙安詳房縣知縣劉鴻熙材具太短難勝邊要准補穀城縣知縣陳濬性近闇懦人地不宜准補東湖縣知縣陸乃棠敷衍因循材難勝任均著開缺又奏參教佐幕職及武職各片德安府經歷胡維祺性喜多事聲名甚劣江陵縣郝穴主簿謝鼎善於鑽營卑鄙無恥江夏縣金口巡檢楊濬人甚糊塗不能約束子弟鄖縣黃龍鎭巡檢鄭彬敢於爲惡劣跡多端松滋縣磨盤巡檢李湘錡抗違功令煙禁廢弛署崇陽縣桂口巡檢陳銘新畏葸無能彈壓不力署興國州富池口巡檢鍾蕃信任門丁弄權舞弊竹谿縣典史江國屛年老昏瞶難期振作鄖縣教諭阮泰蔭精力衰邁縱容子弟捐升通判江蘇候補州吏目丁炳南前在湖北臯署招搖把持劣跡種種湖南候補游擊署永州鎭中營游擊袁春亭不守營規行同市儈均著即行革職餘著照所議辦理該部知道欽此監國攝政王鈐章軍機大臣署名

十二日　上諭鑲黃旗蒙古都統總管內務府大臣增崇現在百日孝滿著改爲署任照常當差欽此監國攝政王鈐章軍機大臣署名　上諭龐鴻書奏特參庸劣不職各員一摺貴州署黎平府准補興義府知府劉大琮年衰性滑馭下不嚴截取同知吳錫珍性情粗率操守難信石阡府經歷馮德霖串差殃民棼索餽禮署錦屏鄉縣丞試用長官司吏目彭錫勳貪鄙無恥罔恤人言署綏陽縣訓導試用訓導馮之俊行止卑汚被控有案均著即行革職該部知道欽此監國攝政王鈐章軍機大臣署名

十三日　硃諭大學士世續着開去軍機大臣專辦內閣事務欽此　硃諭吳郁生着以侍郎候補毋庸在軍機大臣上學習行走欽此　硃諭貝勒毓朗着補授軍機大臣欽此　硃諭協辦大學士徐世昌着補授軍機大臣於明日預備召見欽此　硃諭郵傳部尚書著唐紹怡署理未到任以前着沈雲沛暫行署理欽此　上諭八月初七日祭社稷壇遣載功恭代行禮欽此　上諭意普等奏恭修菩陀峪定東陵佛樓請派大臣加估錢糧並開單繪圖呈覽一摺著派紹英前往敬謹查加欽此　上諭盛宣懷著赴郵傳部右侍郎任並帮辦度支部幣制事宜欽此監國攝政王鈐章軍機大臣署名

諭旨 四

上諭此次考取八旗及各直省拔貢生紹志世興穆印春林高汝清王守銘戰殿臣郭廷桂劉潤民張訪陳棠戴旭張作霖王元白方安墉李廣德王炳文朱振譜蔣錫珍張子瑞黃傳祚管聯第魏儁成壽彤李芳顏士晉孫鼎王漢徵盧文炳王澤永賈治邦朱肇昇朱煥基東鼐孫徐襄蔡壎江友聲吳文璟陳鵬騫丁受春朱枏方灼金星汪宏椿汪兆鸞張占鼇褚明柄戴秉清張星照李平章易之門黃濂圖吳愛棠王之培彭鑫陸祖穀金賢賚王恩賜聞何杰金大年許甄陸秉鈞許正衡王承吉王炳成來裕昌章濬朱襄黃占梅李雲峰陳雲魯陳敬湯周祖頤黃懋謙阮樹棻周運恭朱鑑徽劉壽祺謝懷霞吳鳳遷范伯才鄭玉麟馮煥奎雷瀹李崇範熊丙寅唐鏡海夏壽鈞胡家猷崔廷彥陳廷齡曹明詳王煥文杜愉湯原鏡王賡彤楊士彥李鳳翔劉克昌王光楣李宗仁王澤同辛長緯王洙昌嚴綬之閻開揚劉應昭楊謨顯陳觀韶楊照陳金綬郭象升馬庸中劉毓棻劉炎白雲鶚容儒王家珍王瓚張曦王運乾曾順熙彭洪陳兆鸞王彥藻邱鴻翔楊谷智李先敬曾淮曹經沅梁之杜郭榮吳祖鑑陸樞鈞郭金相洪翰石孟涵呂炳星秦昌濟李受經甘德輝錢良驥劉盛垣謝毓枏俞之昆盧德熺顧塔賓張華

棠胡祖同等一百四十九名著以七品小京官分部學習立佩白其焯崇志董棫張時宗張允升劉鳳翔張培原詹中張鶴浦郭壽祺蘇世楨馬緒熙邊熙三梁體仁趙文富楊同霖楊培元姚得駿俞明謙朱華年馬憲章張恪廉周寶善仇琛周志韓朱晉麻段源溥錢衡璋馮熙宇劉鴻恩詹其桂郭鍾琦戴維松葉新滋盧文煥劉子敬熊元襄朱章斐鮑寔趙惟仁王壬庚徐邦俊歐陽蕃辛贊猷熊賡和程日暄彭祖壽羅燦奎楊士髻戴延祐張寅燮朱鴻基項乃登童聚沂劉毓盤鄭紹鈞王家鼐黃開甲葉熙方贊修史翰章李雲霄林耿光林朝瑛謝仰祖陳祖蔭陳旃林迴瀾溫贊堯李鈞楊存珣陳子元龍瑞萱金煥模郭炳炎賀泰壽嚴恩露胡嗣墉王文錦鄧錫奎葛均黃煥珪尹維楨譚錫燦張景濤張聲樹段續瑩鄭業盛晏孝傳陳見禮劉文祥閻召棠東貽紳馬其偉呂書田張紹軒王曾述賀景循袁成方何錫桐王貴笙周襄李琨文李澄懷陳鼐王承訓劉葆珂張春芳朱問存周雲霖楊兆庚丁建池李毓藻陳清芝武國賓郭象伋宮重熙范杰王紹璟楊廷秀司秉箎彭占元王相贊徐文永曹之鼐文陳豫黃士俊景獻瑞張文炳鄧冕劉乾唐樹勳鄔叙倫彭光陛虞書饒時中范光烈毛書賢李明忠吳德溶

李樹芳梁壽岷鄧穀人鄒紹陽張炳瑚黎慶恩楊家鼐黎豫樟姜福年劉祿坤周鈞濂關祝齡龍泰任王瑞鴻尹寶衡胡純熙李炳元梁士模趙治天李金榮趙元問劉盛蔚陳祖基王協中丁建中段世忠楊佩玉黃克修鄒佩瓏楊國芬黃行修易貴謙許嘉珍周煥鎰胡吉卿等一百七十六名着以知縣分省補用王鍾漢果敏桂清張慶典譚爾根寶袁宗濂王翼廷周存培王炳埥程鏡堂張琳馮肅寬劉桂芬李海清張執中王允成李應時董斆江孫煥綸周鼎張振釗劉英孫晉詒梅鶴章王俊清姜文傳韋聯第莊啓傳汪廷沐唐元斌張榮祖孫肇圻姚允中張琴姜德森徐晉呂贊鼎王楷祖華維嶽曹尙峻黃衍棠鄧偉蔡吉士易振芬廖彬劉文明朱欽賴行恕曾樹柯吳拱鈞李政鈞程蔭穀萬光復俞憲澄任乃大陳寶鑾金猷琳丁華甘蔭棣張宗弼張榮綬吳雲綬陳祖馨陳楫用童冕南黃毓清歐經鳳吳孝惔陳章叡吳雨商張寶善林鎬周繼濂魏廷楨周之冕周紱藻朱希雲方朝桓觀陳裔廖邦驊鄭觀民文冠山易贊周陳曾永陳錕黃宗堅劉希曾宮樹棠商建中林祖式胡緒祥袁廉公劉永年董奎五楊賡良楊聯奎趙會雲李承訓賈毓鶚方作霖王鳳藻王興能吳卓立任祖蔭陳榮義趙昌燮李兆豐

郭文愷劉殿傑杜若汀胡維藩趙玉璽趙步武吳文炳溫懷璋程九鵬王慶雲董國璜牟士浚黃金鼎閻士相李仲蓮張國鈞安應嵩郭培脩王樞銘蕭福臣鄧明綱徐廷翊萬體乾謝標徐明熙李光熙王蜀瓊唐玠文映江許肇標巫朝輔賀繼琛葉琮陳序李世霖謝澤袁朝佐任超治黎家麟沈傳霖宋以梅梁秉鈞胡樹芬司徒枚任元熙劉錫忠章大用黃現兆劉錦才何源慶龍鶴齡陸觀光周炳翰嚴泰信解永年侯應中徐曾祜朱嘉言陳嘉驥王煒才顏英賢楊粹仁郭之翰胡祥樾繆爾綽何天衢方人鳳趙家鼎王寶珩趙金聲蕭元傑等一百七十八名交與吏部詢問願就京職者以八品錄事書記等官分部補用願就外職者以直隸州州判按察司經歷鹽運司經歷三項分省補用欽此　旨各省選舉優生著於七月二十三日在保和殿考試欽此監國攝政王鈐章軍機大臣署名

十四日　上諭軍機大臣貝勒毓朗差務較繁著開去步軍統領差使步軍統領著烏珍兼署欽此　上諭軍機大臣貝勒毓朗差務較繁著開去專司訓練禁衛軍大臣差使欽此　上諭汪大燮現在出差郵傳部左侍郎著沈雲沛署理仍著暫行兼署郵傳

部尙書李焜瀛毋庸署理郵傳部左侍郞欽此監國攝政王鈐章軍機大臣署名

十五日　上諭張人駿朱家寶電奏皖南五月下旬連日大雨南陵等縣圩堤潰決淹田二十餘萬畝六月下旬又猛雨七晝夜宿州靈璧等屬田屋糧食均遭漂沒饑莩載道災情甚重請發帑項以濟災黎等語覽奏殊深憫惻著賞給帑銀四萬兩由度支部發給著該督撫派委妥員查明災區妥實散放毋任失所欽此　上諭吉林東南路道員缺著郭宗熙補授東北路道員缺著王瑚補授欽此　上諭湖南勸業道員缺著王曾綬補授欽此監國攝政王鈐章軍機大臣署名

十六日　上諭法部會奏編輯秋審條欵告成繕單呈覽一摺秋審條欵一書本與刑律相輔而行現行刑律業經詳加修訂飭令刊印成書頒行京外所有秋審條欵自應按照現行刑律妥速釐正免致紛歧茲據法部會同修訂法律大臣奏稱編輯告竣共輯定爲一百六十五條加具按語進呈朕詳細披覽尙屬周妥著即與現行刑律一律頒行新刑律未經實行以前凡有應歸入秋審核辦案件均即遵照此次所定條欵悉心擬勘毋得少有出入以昭畫一而利推行欽此　上諭聯芳奏因病懇請開缺一摺荆州將軍聯芳著賞假一個月毋庸開缺欽此監國攝政王鈐章軍機大臣署名

論說

爲國會期限問題敬告國人（續）

滄江

第六 敬告農民

立憲政治者國民政治也欲憲政之成立必須令國民中堅之一階級知政治之利害切己而思參預之然後其精神有以維持於不敝彼歐美諸國多以工商爲國民中堅者也而我國則以農爲國民中堅者也故開發農民之政治思想實今日中國第一急務也抑中國農民之必當要求國會則尤有說國會之濫觴本以代議士爲租稅義務之代價而中國現行租稅則其什之九皆農民所負擔也各國租稅立有系統按諸財政原則務求公平我國則漫不之省而惟偏於一方故往往素封之家一納一銖正供而終歲勤動之小農則誅求到骨今國家歲入僅當歲出之半百政待舉司農仰屋所以彌其缺者仍不得不羅掘於民則惟有將舊稅設法增加稅率重規疊矩或多立名

目更設新稅而要之其負擔必歸於農民則一也疇昔農民之苦已不可支比年以來百物騰踊益復憔悴無人理蓋以獲不償勞之故廢田不耕者既所在皆是矣若更重以朘削則農民除轉死溝壑外更無他途此實至淺之事勢稍一思而可得之者也若有國會則於政府財政計畫必當嚴爲監督租稅系統不容不斟酌至善萬不許如今日之毫無綱紀偏枯一至此極如是則國之石民庶可稍蘇而元氣或可維持於萬一失今不爲更閱數年則老弱轉溝壑壯者散四方彫瘵而不可復雖有善者無能爲矣故國中無論何種人民其禍福皆視國會之有無**而關係最切者尤莫如農蓋有國會則生無國會則死也**夫以今日農民已極困頓救死且恐不贍而欲其有餘裕之心力以涉想於政治問題誠屬至難之事雖然有物於此得之則生不得則死則無論若何勞苦倦極皆不能不蹶起以求人之情也故農民特未知無國會之害一至此極耳苟其知之吾故信其未有不呼天籲地以期其成者**而大陳此義以喚醒農民則士君子之責也**吾願各省之請願同

志會亟致力於此也。

第七　敬告國中有資力之人

今世界爲資本競爭時代。國中有資力之人。國之寶也。雖然。處今之世。欲求資本之安全發達。不可不以國家爲後盾。而政治腐敗。則有國家等於無國家者也。吾國人於政治與生計之關係。見之不瑩。執素封之人。語之以政治上之活動。未有不掩耳却走。雖然。試思今日盜賊載塗。虔百金於篋。而夜臥遂不能帖席者。誰實使之乎。試思今日各市鎮。倒產紛紛。人人皆有朝猗頓而暮黔婁之懼者。誰實使之乎。苟稍一深思。當能知凡百憂患。皆由政府失政。是以及此。況乎以今日之現象。明末飢民流寇之禍。數年之內。萬不能免。一屆彼時。玉石同燼。而受禍最烈者。爲席豐之家。此歷史上之明效矣。藉曰幸免此難。然猶當知歐美諸國。挾其產業革命之力。以橫壓我國。其鋒之銳。莫可當。以大資本臨小資本。遇之者必成齏粉。彼歐美近二三十年來。中產之一階級。久無術以自存。悉降爲勞傭矣。今此橫流。既汜濫我國中。受者其安有幸。故今日中國之有資力者。眞所謂危若朝露也。於萬死中求一生。惟希望有善良之政府實行保護產業之政策庶幾有所怙恃而獲即安而非有國會則善良政府斷無出現之期又事勢之共見者也故有資力之人渴望國會固宜更甚於齊民也夫今日少數志士日日奔走駭汗號呼於國中以冀國人之一寤其間來往講演之川費印刷物之出版費非稍寬餘則難以普及此事理之可揣而知者而有資力之人以爲事不關己莫肯聲援此豈惟放棄國民義務抑亦拙於自謀也已矣

第八 敬告留學生

日本所以能立憲者其主動力誰乎學生也俄羅斯所以能立憲者其主動力誰乎學生也土耳其所以能立憲者其主動力誰乎學生也無論何國過渡時代未有不以學生爲其樞者也數年以前我國學生雖復甚囂塵上而捧一腔熱誠爲政治上之活動者尚大有人風尚所蒸舉國猶含朝氣今則何其憊也豈政府塗飾敷衍之政策曾不足以欺絕無知識之鄉愚者而多數學生乃爲所欺乎抑政府以彼區區至汚濁之官

職至微薄之薪水以馴伏學生者而學生之大部分遽乃入其彀中百鍊鋼化爲繞指柔乎不然則今日之事甯有急於速開國會者而學生之聲援此運動者何無聞也夫對外問題學生攘臂以爭者往往而有吾豈敢謂對外權利可以漠視曾亦思以現在無責任無意識之政府其對外政策安從確立對外政策皆不立日日斷送權利層出不窮乃於事後而謀補救所能補救者幾何此所謂不揣其本而齊其末也嗚呼使國中多數人能移其對外之精神以對內則國中政治現象其腐敗或不至如今日之甚也

第九　敬告資政院議員

以吾黨所觀察則謂資政院絕不含有國會之性質者也而政府所主張則謂資政院能養議員之精神爲國會之基礎者也二說是非姑勿深論洵如政府之說則資政院議員對於國會問題有其特別責任抑章章矣**吾以爲資政院議員對於此事之責任蓋有二端一曰直接之責任二曰間接**

論說

之責任　直接之責任者何政府之對於資政院其本意不過以爲裝飾品而已雖然亦既設之則固不能視同無物其章程所列權限雖復鹵莽滅裂不成片段然既已見畀者其勢固不易反汗苟議員能將章程內之職權堅抱之而莫肯放棄則其效力比諸御史之封奏報館之論文固自稍優政府亦不能不稍有所懾而秕政或可減殺於萬一況乎政治上勢力之消長原非法律條文所得而限各國憲政發達之結果能使裁抑民權之法規成爲僵石者比比然也資政院議員若能抱定　諭旨中國會基礎一語以爲宗旨在在以國會之精神行之則此雖雞肋固未易輕棄也（資政院議員之責任吾別爲文論之）間接之責任者則院章中本有受理人民請願之一條今第二次請願既經拒絕將來都察院復肯代奏與否誠未可知**則第三次請願之上達**　**天聽資政院實責無旁貸**苟亟此不務則資政院直成贅疣而議員非獨喪國民之信用且負　君上之委任矣願議員早圖之

六

時評

中外時局雜評

德國膠州灣增兵問題

滄江

德國自租借膠州灣以來。置守兵四千人。其所練中國兵在外。（募中國人練以爲兵也數年前始練一百二十八人今總數若干未確知）今年四五月間。忽增置步兵騎兵各二千人砲兵千六百人共五千六百人合諸舊有者將及萬矣。魯撫孫慕帥奔告政府。政府相顧動色。要德人以撤還。雖然人之政府謀定然後動。其必不因我空言抗議而中止其政策也明矣。夫德國此次之增兵。其意果安在乎。若欲維持膠州灣境內及附近之治安。卽前此四千人而已足。其意之不在是蓋章章矣。然則何爲而必增兵。曰。**中國大亂之起不出二三年。中國醉生夢死之官吏恬然不之知。而外國人則已洞若觀火也。**嗚呼。吾見碧眼紅髯之駐防兵。徧國中矣。豈直一膠州哉。

時評 二

葡人圍攻過路環問題

長輿

澳門界約未定。葡人遽於澳門附近之過路環。調艦派兵。圍攻海盜。開礮轟燬。害及居民。聲勢洶洶。極駭聞聽。頃粵督通電各省督撫。略謂澳門附近過路環地方。道光年間。葡人即築有砲臺。久爲粵省匪藪。新甯縣匪徒。擄學生十餘人。在此關禁勒贖。現在澳界尚未勘定。既不能照會澳督往拏。承認爲彼之屬地。又未便派兵往緝。致啓交涉。正在籌辦之際。該事主稟由澳督派人往拏。葡派兵輪。用開花礮轟擊。連日不准船隻往來。我兵派往協捕。葡亦不願。雖係事主所請。且在其所築礮臺之地。然界務究未定。事前竟不知照。亦殊不合。但圍捕原因。的係勦匪云云。異哉。我大吏之外交政策也。澳門曩僅一租借地耳。既乃蠲免其租。棄置不顧。澳門遂永爲葡人之領地。葡人以我國之懵而易與也。則四出擴張其勢力。侵占附近之地方。然澳門雖割棄矣。澳門以外一尺一寸。皆我國之土地。未嘗有允許割讓之明文。守此土者。必不容不聞知也。曩者官吏昏瞶。彼遂乘主人之不覺。陰肆其攫竊之謀。今既發覺矣。是當據理力爭。萬不能遷就因循。以成前人之誤。雖界約未定。然有守土之責者。必當誓死堅守。不能以尺寸之地。

讓人今通電首稱道光年間葡人即築有砲臺一若彼之攘竊根據不可動搖而我之交涉理勢皆宜退讓也者此所未喻一也電稱不能照會澳督往拿承認爲彼之屬地是誠然矣然明知不能承認爲彼之屬地矣則當力爭先著速行派兵勦平匪黨以確定我土地之主權而絕彼覬覦之想事機得失止爭此著此著一失人且我先我不照會澳督往拏即能止澳督之不自往拏乎彼既往拏則派兵調艦行用主權於我地矣我欲協捕彼且拒絕我之主權遂失奪矣彼反爲主我反爲客徒欲以我不照會往拏而不認爲彼屬地之證掩耳盜鈴何裨事實此所未喻二也通電又謂又未便派兵往緝致啓交涉粵督斯言固我國外交官吏之普通心理也夫外交之事我進則彼退我退則彼進外交之勝負恒視其手腕之敏拙以爲衡故國際交涉之發端有數言而立可解紛舉手而立可定事者往往以畏縮退避之故釀成重大之交涉紛紜轇轕竭數載之力而不能收拾此在我國數見不鮮之事也夫不敢率爾派兵非謂界約未定邪然既明言不承認爲彼之屬地矣地非甌脫不能中立而無主既非彼屬即爲我地我地有匪我兵往緝雖在强鄰豈能異議彼即非理相干我亦何所畏懾而退縮若是邪

時評　四

然使我誠按兵彼卽袖手則果不生交涉猶可言也乃我憚交涉而不敢派兵彼已派兵而迫我交涉交涉必不能免發之自我猶可證我地主之主權發之自人則彼氣益壯藉口益多界務愈將棘手畏事適以生事此所未喻三也照會既不可派兵又不便則直拱手坐視而已矣尚何籌辦之可言逮乎葡人派兵調艦開礮轟擊焚燬民居事變大起民心大憤乃曰我兵派往協捕葡亦不願我地有匪我兵派緝捕則捕耳何協之云名不正則言不順固已失詞之甚矣夫事之初起派兵馳捕此固我之主權豈能問葡人之願否卽彼不願亦豈能與我決裂乃待事機盡失始議派兵而猶以葡人不願自解譬之亡羊主者置之勿問旣爲捷足者所得乃徐起而商之曰吾將與汝犄角有不爲人叱斥者耶嗚呼勘界亦葡所不願者也則我亦將舉諸地而讓授之邪倒持太阿授人以柄此所未喻者四也至謂葡人派兵係由事主所請則尤令聞者媿赧汗下者也新寧縣民被擄則所謂事主者果爲何國之民耶民固吾民地則吾地爲民司牧不能維持治安至令盜賊縱橫擄人勒贖其罪已無可逭矣及其呼號求救則又束手坐視不能爲之發兵逐賊拯其危險吾民生命財產無所託庇窮無復之乃至求庇

於非我族類之葡人遂令葡人乘機肆志侵我主權即以攘我土地而我猶揚言於衆曰此固事主所謂直若此事當聽事主所指任我與葡皆無容心也此所未喻者五也總核電意固謂我之退讓無可如何葡之進行亦無不合其不合者則事前不先知照而已夫他人之舉動趨利如鶩鳥之擊豈能如我大吏之審慎徘徊瞻顧而不敢逕行我大吏亦知照會葡人即承認爲彼屬地矣葡人雖愚智豈出我大吏下且葡人舉動國人皆所逆覩寧待知照而後知之漫無布置葡人即先事知照試問我大吏果有何政策以應付之邪得無謂果先知照即可行用主權於我國土而無害邪嗚呼我國內治不修亂機遍地而外人之勢力範圍滿布吾國耽耽逐逐因利乘便彼習見吾大吏之易與不特澳門界事不可收拾竊恐派兵平亂者接踵葡人之後而抑又加甚也語曰前事之不忘後事之師我大吏尚愼旃哉

且以所見者實體諸心

必將有疑　果無疑

必將有得　果無得又

必有見　（王陽明語）

中國國會制度私議（續）

著譯　滄江

第三章　國會之職權

第一節　緒論

今世之國家除中國及列强之屬國外殆無不有國會雖然等是國會也而其職權之廣狹强弱萬有不齊廣狹云者就其職權所行之範圍言之也（例如甲國之國會僅有立法權。乙國之國會。或兼有一部分之行政權司法權是也。）强弱云者就其職權所生之效力言之也（例如甲國國會不通過之法案。政府絕對的不能執行。乙國則或有他法以執行之。又如甲國國會通過之法案。立刻即生效力。乙國則尙須加以他機關之行爲始生效力等是也。）此等職權之廣狹强弱有由法文上之規定而生者有由政治上之沿革而生者法文上之規定者憲法著爲明條而國會權限根據之以存立者也於成文憲法之國多見之政治上之沿革者無憲法明條可依據而國會權限惟發達於歷史上之事實者也於不文憲法之國多見之雖然法律者死物也

著譯 二

而人類之意力則活物也故法文所規定其效果恒不敵政治慣習之強政治慣習即歷史上事實之發達也非獨不文憲法之國惟然耳卽在成文憲法之國其法文無論若何精嚴而總有容廣義狹義解釋之餘地故同一條文政府據之以削減國會之權限同時國會卽據之以自擴充其權限而各皆持之有故言之成理者比比然也要而論之國會者國民意識能力之返影也使國民之意識敏能力強則雖欲強以法文所規定縮減國會之權限而有所不能蓋不適於時勢之法規決不能保其效力行當修正廢棄耳卽暫時尚存亦束閣不用等於殭石耳例如英國憲法其國王對於國會所議決之法律得有不裁可權由此言之國會職權之效力蓋甚弱然國王此權經二百六十餘年未嘗一行之則英國國會之職權不緣此法文而減殺明矣使國民之意識昧能力薄則雖法文所規定予國會以極廣之權限亦不過紙上空文例如我國現行諮議局章程權限雖不可云極廣然其應有之權而各省議員忽視而放棄之者已不知凡幾也由此言之欲比較各國國會職權之廣狹強弱實屬至難之業蓋徒沾滯於法文之解釋勢固不足以得其眞相而其政治上之沿革事實上之發達又且變動不居而運用之妙更往

往。爲。皮相者所難窺及。故自昔學者恒苦於論斷也。

國會職權之分野。其相對者有兩界。一曰以地方議會之職權爲界。二曰以元首之職權爲界。地方議會之職權廣者。則國會之職權狹。國會之職權廣者。則地方議會之職權狹。此一種也。元首之職權廣者。則國會之職權狹。國會之職權廣者。則元首之職權狹。此又一種也。如國土然。此所割讓之部分。即爲彼所占領之部分。其强弱之相爲消長也。則亦有然。各國之差別。其事項與其程度。皆至複雜。殆非巧歷所能算也。然則國會職權所及之範圍。當以何爲廣狹適中。國會職權所生之效力。當以何爲强弱得宜。其間亦有一定之標準可得確指乎。曰、是殆難之。蓋政治無絕對之美。而惟適之爲貴。甲國所適。未必爲乙國所適。甲時代所適。未必爲乙時代所適。欲通於各國各時代而求一公共正當之標準焉。不可得也。然則欲規定吾國將來國會之職權。亦有道乎。曰、博考各國差別之相。而求其所以然之故。乃返按諸吾國之情實。效其相類者。而棄其不相類者。采其可行者。而去其不可行者。其有吾國之情實。爲他國所無。則職權之斷制。亦自我作古也。此本章之旨也。

抑吾更欲有言者。吾之所陳說。乃立法論也。靡論其將來能見采擇與否。所不敢知。即見采擇。而所期之效。仍視乎人民之所以運用之者何如。蓋政治者活力也。實權之消長。恒視實力以盾乎其後。我國民如欲得正當之實權。亦惟務養正當之實力而已矣。

第二節　參與立法之權

學者舊稱國會為立法機關。立法事業。固非國會所得專。國會職權。亦非僅限於立法。雖然。立法為國會最重大職權之一。實無可疑也。國會之立法權可大別為二。一曰參與改正憲法。二曰參與普通立法。今分別論之。

第一款　參與改正憲法之權

第一項　各國法制比較

欲研究各國國會參與改正憲法之權。當先知各國憲法之性質。各國憲法性質之種別。有成典憲法。有不典憲法。成典憲法者。特制定之而編為一有秩序有組織之法典者也。不典憲法者。隨時發達。或以詔勅或以批准之文書。或以尋常之法律集合而成。未嘗編為一法典者也。舊稱成文憲法不文憲法。用語不愜。如彼英國之憲法。固有文字。非特口碑也。成典憲法之中。有硬性憲法有軟性憲法硬性憲法者改正之手續極爲繁重與尋常法律不同者也軟性憲法者改正之手續較爲簡易與尋常法律無甚差別者也既明乎此則可與語各國國會參與改正憲法之例

第一　英國之制

英國憲法不典憲法也既屬不典憲法則爲軟性中之尤軟性者自無待言無論何國其憲法之改正總與普通立法有多少之差別惟英國則絕無差別故欲知英國國會參與改正憲法之權但觀其參與普通立法之權足矣其參與普通立法之權於次項別論之今不先贅簡單言之則制定變更廢止一切之權皆在國會國會以外無論何人無論何團體皆不許容喙是英國之制也（但英國國會以國王並爲其一分子）

第二　美國之制

美國憲法硬性憲法也其改正手續頗爲繁難而非國會所能專斷以改正之者今述其例

（甲）修正案之提出及議決　其途有二

(一)左右兩院隨時得提議修正憲法其修正案以兩院各三分之二多數取决而通過之。

(二)各州州議會有三分之二要求修正時則國會必須開修正憲法會議。(但此會議之構成及召集之方法憲法上無明文故國會得以法律自由定之。)

(乙)修正案之批准　以上二法中任取其一皆可以提出修正案且議决之雖然未足以生効力也必批准然後有効力而批准之途有二。

(一)各州州議會四分之三批准之。

(二)各州人民會議四分之三批准之。

此二法任取其一而欲取何法則國會主之故美國憲法之修正實由下列四種方法之一而成。

(一)國會提出修正案而議决之更由各州州議會四分之三批准之。

(二)國會提出修正案而議决之更由各州人民會議四分之三批准之。

(三)各州州議會三分之二要求修正國會開修正憲法會議而議决修正案更由各州州議會四分之三批准之。

(四)各州州議會三分之二要求修正國會開修正憲法會議而議决修正案更由各州人民會議四分之

三批准之。

由此觀之。無論用何種方法。而國會參與之權。皆極重甚明。

第三　德國之制

德國憲法。比較的軟性憲法也。其改正手續。與普通立法手續同。左右兩院。皆可以提出改正案而議決之。皇帝無提案權。兩院議決之後。即爲有效。皇帝無「不裁可權」（不裁可權之解說詳次項）是改正之全權在國會也。但有二例外。

（一）聯邦參議院（即左院）有十四票之反對。其改正案即爲否決。（案此例蓋緣參議院以五十八名之議員代表二十五邦。其中普魯士議員居十七名。若二十四邦欲改憲法。普魯士一邦得拒之。若普魯士與其他各邦聯合欲改憲法。巴威倫、索遜、瓦丁堡三邦聯合得拒之。所以劑其平也）

（二）憲法上保障各邦特權之條項。非得各州之承諾。不得變更之。

第四　法國之制

法國憲法。比較的硬性憲法也。前此改正手續極爲繁難。而改正之回數。各國中亦未有如法國之多者。自一七九一年至一八七五年。凡八十年間。而改正十二次。其一七九一年之憲法。則於改正時。現任議員議決後。須俟其任期滿時。再行選舉。待新議員再爲議決如是者凡三度而改正之功乃完其現行法則大統領及左右兩院皆得有提議修正之權修正與否由兩院各以過半數決之既決修正之後則由兩院合而組織國民議會以議決其修正案由此觀之則大統領雖得參與修正而大權實在國會也

第五　日本之制

日本憲法硬性憲法也其改正之方法有與他國大異者曰國會無提出改正案之權而惟天皇獨有之是也天皇以勅令提出議案兩院各有總議員三分之二以上列席乃得開議列席議員有三分之二以上贊成乃得議決此日本之制也故日本國會參與改正憲法之權僅能爲受動者而不能爲主動者

第六　瑞士之制

瑞士之改正憲法與普通立法同一手續故兩院皆得提出議案經議決時即爲有效但其議案若一院可決而他院否決之時或由人民五萬人以上之要求而改正之時則由人民直接投票以取決之此提案及議決之制也若欲其有効則必再經

人民直接投票過半數之贊成及聯邦各州過半之承諾故瑞士國會此權不重

第七　普魯士之制

普魯士改正憲法依普通立法之成規國王及兩院皆有發案權兩院議決國王裁可斯爲有效但其議決須經兩次第一次議決後越二十一日再議一次前後同一之議決斯爲有效（德國聯邦各邦中。亦有須爲二次議決者亦有兩次議決。每八日或十四日再議一次者。今不詳列。）

第八　索遜之制

索遜改正憲法其提議及議決之手續亦與普通立法同但其議決須亘於前後兩會期今年議決後明年召集時再議決一次也

合觀以上各國之制則國會參與改正憲法之權其廣狹各各不同今分三項以比較之

第一　改正案之提議　其形式有四

(甲)惟國會有此權而元首及其他之機關皆無之者　如德國

(乙)國會及元首皆有此權者　如法國、英國（英國元首之有此權。僅屬虛名。不可不知。）

論評

(丙)國會及他種機關有此權而元首無之者。如美國、瑞士。

(丁)國會無此權惟元首有之者。如日本。

第二 改正案之議決 其形式有三。

(甲)由國會以普通立法之手續而議決者。如英國、德國、瑞士。瑞士議決方法之一種

(乙)由國會以特別繁重之手續而議決者。如日本、美國、美國議決方法之一種 普魯士、索遜。

(丙)國會以外別置一機關而議決之者。如法國、瑞士、瑞士議決方法之別一種 美國。美國議決方法之別一種。

第三 改正案之效力 其形式亦有三。

(甲)國會議決直生效力者。如德國、法國。法國雖別置機關以議決。然其機關即國會之變相。故可渾括言之。

(乙)國會議決後更經元首之裁可始生效力者。如英國、日本。

(丙)國會或其他機關議決後更經人民或其他機關之承諾始生效力者。如美國、瑞士。

第二項 我國所當采者

據上所述。各國國會參預改正憲法之權。其廣狹相懸絕也若此。而各國學者。各自辯

十

護其國法咸能說明其法理上之根據幾使人迷所適從今非超然於各國法律條文之外以公平之眼觀察之不能得其正鵠也夫憲法為組織國家之基礎法改正憲法是不啻取國家之基礎而搖動之其握有此權者即為握有國家之主權於是有持主權在君說者則謂此權宜屬諸君主有持主權在民說者則謂此權宜屬諸國民全體或代表國民全體之國會雖然主權在君主權在民之兩說皆與國家之性質不相應近世學者所抨擊殆成定論按諸正當之學理惟國家為有主權然則能有改正憲法之權者亦惟國家自身而已雖然國家者非自然人而法人也法人之性質雖有權利而無行使權利之能力其行使權利必當委之於其機關則改正憲法之權亦勢不得不以機關行之無可疑者然當以一機關單獨行之乎抑當以兩機關以上聯合行之乎若用兩機關以上聯合行之則其機關當以何種形式組織而成乎各機關之分勞赴功通力合作當由何術而得正鵠乎是皆其最當研究之問題也今據此理想仍分三段以論各國法制之得失而示我國之所當采者

(第一)改正案之提議　此問題復分為二其一為國會應否有此權之問題其二為

國會應獨有此權抑應與他機關共有此權之問題

先論第二問題凡立憲國之國會無不有此權其無之者惟

一日本日本學者爲之說曰（此亦一部分學者之說耳。其反對之者亦不少。不可不知。）日本君主國也且其憲法欽定憲法也最初憲法之成立其淵源既出自君主則後此憲法之變更其主動亦應在君主此其言若甚辯然按諸學理其誤謬至易見也欲回護此說必當以「主權不在國家而在君主」爲前提蓋國家若有主權則必爲人格其意思必藉機關以發表而立憲國家之直接機關不只一君主得以君主而專此權既惟君主爲有此權則必惟君主有主權而國家無有也信如是也則無君主之國其主權又將安麗既認君主國之主權在君主則亦不得不言共和國之主權在全體人民（非在人民之個人而在其全體。）如彼之說惟有主權者能提出改正案則共和國不將非得人民全體之同意不能提出耶若云原憲法由君主所頒定故改正案亦惟君主宜提出則彼共和國之憲法由全體人民投票而始成立者豈不亦必須全體人民投票然後提出改正案耶則亦永無提出之時而已若仍宗國家主權說認君主爲國家之一機關而謂惟此機關宜專此權他機關不許分之 **是則已純變爲專制君主國而非復立憲君主國** 何則立憲與專制之分不過以其機關之性質權限爲界線僅有一直接機關以獨裁者謂之專制有兩機關以上互相制限者謂之立憲今以變更國家基礎法之一最要職權而惟一機關得爲主動是非專制如何然則日本此條法文無論若何强辯而必不能使之衷於法理明矣日本學者既窮於回護於是有舍法理論而遁入政治論者謂國會不得有此權全屬政治上之理由慮其動倡改正之議而搖及國家基礎也雖然此說之不完又至易見也夫改正憲法非徒以提議而遂畢乃事也提議之後尚有議決焉有裁可焉即國會偶爲不正當之提議而國礎亦何至遽爲所搖今若據政治上之學理以繩日本此制乎苟當憲法必須改正時而君主不肯提議則將若何 **蓋舍革命外更無第二之手段矣** 夫法律之條文死物也社會之情狀活物也無論若何善

良之法律要不能歷千數百年而永與社會情狀相應故改正之事恒所不免而必應改正與否一人所見恒不及多人之明今日本此制若謂其有合於政治上之理由則必當先立一前提焉曰、惟君主爲天亶聰明能隨時鑑察時勢定憲法之當改正與否而無絲毫之忒使此前提而果正確也則何必立憲常以神聖之君主行專制豈不更能達國家之目的耶既以立憲爲必要是已明不承認此前提既不承認此前提而猶曰惟君主宜有提議改正憲法之權吾誠不知其何取也（日本學者之著書。其言外不直此制者甚多。特不敢昌言攻擊。而遷就以爲之辭。乃如羝羊觸藩。無適而可。實可憫也。）故我國將來制定憲法。必當采萬國通制予國會以此權。毫無可疑者。

次論第二問題各國憲法改正案之提議權皆國會與他種機關共有之國會之外而有此權者其在君主國則君主也其在共和國則大統領或國民也其在聯邦國則聯邦內之各邦也此皆衷於法理者也何以故君主大統領皆與國會同爲國家之直接機關其有此權宜也國民又爲國會之作成機關在共和國更以之爲最高

機關其有此權亦宜也在聯邦國則各邦爲聯邦之分子其有此權亦宜也雖然於此而有種種之疑問出焉

第一問　德國爲君主國而其皇帝不有此權者何也

答　各國君主所以有此權者以其爲國家之元首也而據德國國法之法理其國家之元首乃聯邦參議院而非皇帝皇帝不過執行聯邦參議院之意思一行政長官之位置而已行政長官不應有此權亦固其所故德國皇帝雖無此權而其國家之元首固有此權也（以實際論。則德國皇帝固有此權。蓋皇帝以普魯士王兼之。而參議院中有普魯士議員十七人。其人皆服從王之命令者。普議員之提議。即無異普王之提議。亦即無異德皇之提議。故德皇實間接有此權也。）

第二問　美國法國之國民不能直接有此權者何也

答　彼兩國之大統領皆由國民選舉美國聯邦內各州州議會亦由州民選舉夫兩國之國民既皆得藉國會以間接行此權矣法民復藉大統領間接以行之矣美民復藉州議會間接以行之故無取再重規疊矩也

國民有若干人之連署即得提議改正案者惟瑞士爲然此制揆諸學理匪云不合蓋一部分國民之意

思雖非可遽徇之以妄改憲法而一部分之國民既有此意思則以付諸討議亦理所當然然此制惟瑞士有之他國無之者蓋瑞士國小民稀行之較易且其聯邦中各邦多有行直接民主制者理論上固當如是也他國雖無此制然其兩院皆有受人民請願之權人民有欲爲改正之提議者可以意見達於國會之任一院但得一院表同情即可以提議是人民雖以個人資格亦得間接行使此權也惟日本則有大可異者其憲法既限制兩院不得有此權矣其議院法第六十七條復規定云（各議院不得受變更憲法之請願）此其立法之本意眞不可解夫請願書必須各院采以列於議案而議決之乃生後效（據同法第六十四五條）今兩院既不能爲變更憲法之提議則雖受請願亦有何効力而何必更懸爲厲禁耶此何異禁閹人以不許犯淫也推原日本立法之意凡關於憲法事項惟君主得專之而人民絕對不許容喙此種憲法雖名之爲專制的憲法亦不爲過我國將來之立法家尙其戒之

第三問　美國大統領不有此權何也

答　美國憲法采絕對的三權鼎立主義故凡關於立法事項不許大統領之容喙然此制學者多議之

第四問　德國又爲聯邦國而其各邦不有此權何也

答　德國聯邦參議院之議員凡一切行動皆受命於其本邦與美瑞等國議員

能獨立以發表其意見者異故參議院有此權即無異各邦有此權也

夫憲法之改正誠當愼重雖然提議不過改正手續之發軔耳非緣是而遂決定也故不妨以其權分畀諸各機關我國爲君主國體則有此權者君主並兩院而三斯最當矣

（第二）改正案之議決　此亦分二問題其一即以國會爲議決機關乎抑於國會以外臨時別設議決機關乎其二其議決用普通之手續乎抑特爲設繁重之手續乎

先論第一問題改正憲法爲搖動國家基礎故所以察民意之所向者宜勿厭其詳現期之國會既表同情於提議在法律上固可以認爲國民希望改正矣雖然現期之國會果能舉代表民意之實與否猶未敢遽信於是思所以再行考驗者其法有四

一　現國會不議決解散之行總選舉而付諸新國會之議決

二　不付諸國會之議決而別組織國民會議以議決

三　現任議員議決未完全認爲有効待第二次總選舉後召集議員時復爲同

一之議決乃得有效

四　現會期議決後未完全認爲有効俟次年開會時復爲同一之議決乃得有效

第一法有缺點何以故國家之設國會原認爲代表國民之機關現在開會中之國會雖不能遽認其確能舉代表國民之實亦何從斷其確不能舉代表國民之實不許其議決實無理由况兩院既各有發案權而現今各國通例有少數議員之同意即可以提出議案（日本以二十人爲限）若用此法一經提議則現議會立當解散以別行組織是常能以少數人之意見而致議會之解散甚無理也

第二法亦有缺點何以故第一法之缺點第二法皆同之不寧惟是所謂別組織國民會議者其組織法當何如耶若如法國現制即將左右兩院現議員組織之則異名同實何必多此一舉若別召集之則與第一法所謂新國會者無異其弊夫既言之矣

第三法亦有缺點何以故各國右院議員任期多者七年少者二年折衷者三四年

今用第三法改正案議決後必須俟二三四年或七年以後再爲議決是改正之業必歷若干年然後完成也夫改正案之提議必其應於時勢之要求者也今必閱緜邈之歲月然後奏功則後時之患其難免矣

第四法亦有缺點蓋其後時之患雖不如第三法之甚然已嫌其濡滯且在同一任期中來年之議員即今年之議員其意見大率同一何必多此一舉不過假以時日使之再思耳然欲以借此以測驗其確爲代表現時國民意見與否效蓋微也

夫僅憑現議會之議決既病其近於輕率而此四法者又各有其弊則吾何途之從吾於是欲自創一法焉曰、先以付現議會之議決可決之後復解散之而組織新議會爲第二次之議決是也此法與第一第二法有異以彼不付現議會之議決毫無理由而不信任現議會此則不爾也又與第三四法有異以第三法於第一次議決後須歷數年乃爲第二次之議決第四法亦須閱一年以後乃爲第二次之議決皆有後時之患此則不爾也是故現議會而否決也則此次提議自同消滅其再提議當待來年而議會可以不解散既無提議一出立須解散之弊若政府提出改正案。國會否決。而以勅命特解

書評　二十

散之。此則與普通之解散同其原因。不在此限。若現議會而可決也則改正為民所欲已可概見猶慮其不確實而再行選舉開新議會以卜之是豈非易所謂藉用白茅无咎者耶故竊謂此法視各國現行法皆有一日之長也各國中有用此法者與否。吾學識不足以悉知之。其有之則德美瑞三聯邦中之各國。與夫中美南美之共和國也。

復次論第二問題各國以慎重改正故除一二國外皆不以普通立法議決之手續而議決之蓋普通立法但以列席之員比較多數以定可否其議決憲法改正案則恒加嚴重其法有五

一　須四分之三議員列席乃得開議須列席議員三分之二贊成乃為可決者

如索遜、巴比倫

二　須三分之二議員列席乃得開議須列席議員三分之二贊成乃為可決者

如比利時日本

三　得開議之定員數與議普通法律案同但須列席議員三分之二贊成乃為可決者　如與大利匈維丁堡

四　得開議之定員數與議普通法律案同但須列席議員四分之三贊成乃為

可決者　如漢堡巴利米因

五　一次議決之後隔若干日再為第二次或第三次議決者　如普魯士巴威倫

我國若既用新舊兩議會之議決則其議決之手續更無取過於繁重采日本比利時之制其可也

(第三) 改正案之裁可　改正憲法之權既屬於國家國家以無行使權利之能力故委諸其機關而在立憲國家其直接機關恒有二個以上相對立然則決定國家最後之意思者當屬於何機關乎曰於諸機關中必有其最高機關此權即以屬之其在君主國則君主也其在共和國則全體國民或代表全體國民之國會也故共和國之改正憲法有以國會之議決即生効力者有以全國民投票多數之贊成而始生効力者其在君主國則以君主裁可始生効力為常共和國之國民投票與君主國之君主裁可其性質正同皆最高機關之作用也我國為君主立憲國則憲法改正案必待裁可然後完成此無待言

嫋嫋江波初月輝
樓船去眼竟何歸
隣歌祇是牽人意
博得憑闌露濕衣

新瓜分論

明水

美國前大統領盧斯福之校獵非洲也。獵事既畢。假道游歐羅巴。聲譽籍甚。修書問起居譚政學者日數百通。盧氏不暇一一裁復。乃抒其政見於報中。以答厲書者。題曰不適於自治之小邦處分法。其言甚短。其心甚長。爰亟譯述之。改字今名。雖小有未安。其意實在於此。讀者不以爲紙上空談。而怵然於將見諸實事也。則此文爲不虛耳。　譯者識

盧斯福曰。余游歐洲。歐人不以余爲不知而以埃及菲律賓將來處置之法相詢者。所在多有。又六月十八日吾美奥特克報。有非帝國主義論一文。亦頗及埃菲事。大恉以謂此等邦國。宜在列強保護之下。許以自治之權。仍由列強監督之。是爲無上政策。且謂凡屬小邦。皆宜採用此法。斯言也。雖立論甚新。然太乖事理。何以言之。凡一國政治之良窳。文化之高下。非必以其國土之大小爲比例也。故有甚大之國而亂。有甚小之國而治者。如瑞士荷蘭。彼之面積。曾不能比人一州郡。然其文明之度。雖今號稱強國者。或有所未幾。彼又能以正義人道統治其民。外人流厲其國者。生命財產之安全。即

本國亦不過如是故瑞荷雖小何從有強者容喙之餘地更無論於保護矣苟有國於此不解正義人道為何物不知自治其國為何事緣是而國內擾攘殃及外人所謂權利生命財產舉投諸鼎沸之渦中馴至擾亂一般社會之秩序若是者是謂不適於自治勢不能不藉列強干涉之力乃可冀太平如摩洛哥因有法國保護監督故其國勢日進無已者此其明徵也又如俄之於土耳其斯坦英之於蘇丹比較今昔判若雲泥者又其明徵也且也同一巴拿馬何以在前則混沌也如彼在今則驟盛也如此豈非得吾美人之指導監督遂有一日千里之勢乎試觀此等諸國自英美法俄干涉後尚有背於人道反於文明內之不利於土著外之害貽鄰邦者乎從可知奧特克報之言未足為定論矣

吾輩既積此等經驗故欲導不解自治之國使進於文明以維持社會之秩序而增進人類之幸福者亦當有道矣其道維何曰大國對於小國宜全扼其監督權乃為最上之政策也苟出於姑息以數國協同保護縱令主義無所間然然因國家嫉妬心故必致互啓紛爭而所謂保護監督之本意反無所得也人苟疑吾言乎則盍觀沙摩阿南太

平洋之島國之英美德三國協同保護權而可以爽然矣沙摩阿之三國協同政策不僅終歸失敗而已其禍之中於客土人者亦至不細故吾美不得不幡然改圖首棄協同主義而主張專屬領土爲得策後此沙摩阿之三分實肇於此沙摩既分吾美對於所得之領土即一變前此之政策而行其意所欲行者所收之效果過於所期由是觀之一強之保護監督勝於多強保護監督二者孰是孰非豈待智者而後辨哉

余爲大統領數年所受沙摩阿人之訴願雖僅一次然使合衆國確行支配該島之權不漫委之土人之酋長則此等土民之訴願何自而來此益知所保護干涉者不僅不宜分爲數國即在一國保護之下亦當完全以行其統治權苟欲與之共治是治絲而棼耳

更以菲律賓觀之吾美之初占此島也政策不一有謂宜許以自治純取放任者有謂宜置諸列強監督之下以統治之者使行第一策乎則恐放任之禍較西班牙之暴政爲尤酷使行第二策乎則以菲律賓之豐饒公諸列強其不致爭奪相殺一發而不可收拾者幾希矣

要而論之。苟有國。爲其社會狀態。非藉外力不能自治。則列强宜以相互之善意。保全其國土。恢復其秩序。而導之出於正義人道之途。俾共享太平。此眞世界先進國天賦之義務也。雖然。若更以關係最切之一强國。專其權而統治之。則收效當什伯於分裂諸强者。故余確信此說。爲處分不知自治之小國。列强所應採之最上政策也。

譯者曰。盧氏之言。何其悍也。自古亡人家國者。或以兵力。或以詐謀。今也不然。皆藉口於文明。託辭於人道。故昔之干戈殺戮。足以奪闇君之魄。而使國人無敢自逸者。今則揖讓雍容。雖屋社瀦宮。而絕不生禾黍之感矣。吾嘗聞歐美人之論。以開化蠻國。爲其義務。觀盧氏此文。眞其積極之代表也。夫導蠻野者。使進於文明。扶亂國。使底於郅治。孰得謂之非。仁人君子之所爲。然試問今之埃及。尚得謂之爲埃及人之埃及矣乎。今之菲律賓。尚得謂之爲菲律賓人之菲律賓矣乎。由是類推。如印度。如高麗。如波蘭。如摩洛哥。無不皆然。噫嘻。吾知之矣。今所謂文明者。强者之文明耳。所謂人道者。强者之人道耳。易弱肉强食之惡名。爲正義人道之美辭耳。此眞古今之大變。而盜術之最進步者也。雖然。爲彼强者計。亦有不得已者何也今世界大通商旅往來無地無有又敵國並立勢成犄角設其間有一國焉紊亂不治則小之貽害其民大之蔓延全局此即盧氏所謂權利生命財產舉投諸鼎沸之渦中馴至擾亂一般社會秩序之說也故無論積極消極兩方面皆不能不力講幷吞之術者凡以此也今環顧大地此等紊亂不治之國除土耳其波斯外卽有四千年文明之我中華帝國也然波土之局雖復甚危而與之關係最切者英俄德三國耳若吾中國則東自日本西至美國欲代吾開化代吾整理者不下十餘國故其關係世界之大局又非波土之限於一隅者所可擬議也而吾今也上之三事大夫下之一廛之氓酣嬉歌舞如在太平卽有少數憂國之士力竭聲嘶應者猶寡嗟乎矛頭淅米瞎馬臨池其險豈可量哉吾述此文不自知其不寒而慄嗟我堯舜禹湯文武周公孔子在天之靈其有以警惕汝之孫子呵護汝之宗邦不然數千年締造之文明將永刼而不復也悲夫

殘局湖山絕可憐
十年林燕故依然
酒旗畫角斜陽裏
猶自殷勤纜別船

美國之外交政策

璱齋

此論爲英人莊士頓所著莊氏久爲印度孟加拉之地方官解職後移居於北美合衆國其所論述雖不免有阿好溢美之言然美人持其所謂新們羅主義務擴張其國之勢力以遍及於全世界雄心遠畧固世人所共見非莊氏夸大之詞也今日世界列强各挾其資本勞力求一未開之國以爲尾閭之洩美國富力彪綳勢尤不可須臾緩莊氏於美人之極東政策雖語焉不詳然今日求一未開之國足爲彼等尾閭者舍亞東大陸寧復有競爭用武之餘地哉彼國政治家日夜腐心併力謀踰太平洋以擴張其國力而首當此急潮之衝者顧乃熟視無覩也噫

美國外交之今昔

美國之外交自約翰夏任國務卿以迄於今凡三變矣當時以保全中國開放門戶爲唯一之主義至千九百五年之終路特繼其任則極力聯絡南美各共和國以圖全美之統一今日律斯所指揮之國務省將蕭規曹隨耶抑別有建白以一新天下之耳目耶律斯蒞任爲日尙淺凡百設施或在半途或初發軔未易遽下定評然其大體已共

見聞遠畧雄圖超軼前代即謂美國外交史從此劃一新時期當不爲過其方駕英德於世界政策上放一異彩可斷然也

律斯之外交政策雖非如其前任約翰路特二氏特樹翹異之標幟以聳人耳目然其志願之恢宏規模之遠大直欲擴張美國之勢力以及於全世界而後已故無以名之只能謂之爲世界主義如其政策果能切實施行非獨於國民之利益道德之進步政治之改良商業之發達多所裨益且可使美國稱霸於宇內而有餘當美西戰爭時美國之外交於其國國務無甚輕重其對外之關係亦僅存形式如昔年大統領克列威蘭之干涉忽湼焦拉國境問題實爲創舉蓋美國於世界政策上素執超然的態度守們羅主義之明訓而不敢或逾也約翰路特兩人適當外交過渡時代之衝其保全中國與博愛亞美利加主義之大運動遂形成今日美國之外交而爲天下之所屬目千九百十年一月國務卿律斯之臨下院外交委員會演說也疾聲大呼以號於衆謂邇來之國務省事益繁劇其急待解決之新問題紛至沓來無異軍書之旁午惟事變日亟而人材缺乏於一切重要問題能與適當之解決者寥寥若晨星苟非議會認爲

當務之急。急起直追。豫爲設備。則臨渴掘井。雖悔何追。蓋豫料將來世界幾無寸土不關係美國之利害。斷非尺步繩趨者所可勝任也。

國務省之新組織

國務卿律斯揆時度勢。考地理之便宜。察政治之關係。以改造國務省之組織。劃分之而爲四大部。

第一拉丁亞美利加部　墨西哥中美巴拿馬南美西印度各地之通信外交通商及其他一切政務屬焉。以於拉丁亞美利加方面有特殊之智識經驗者。爲之部員。

第二西歐部　掌英國加拿大澳洲紐西蘭英國各殖民地西班牙葡萄牙法蘭西摩洛哥比利時公果瑞士播威瑞典荷蘭盧森勃爾丹國各國之外交通商及其他一切政務。

第三近東部　掌德意志墺地利匈牙利俄羅斯羅馬尼亞布加利亞摩的尼哥羅土耳其希臘意大利埃及其殖民地一切外交通商事宜。

第四極東部　任極東方面之交涉。以熟悉極東情形之部員當之。

現大統領塔虎脫之政策。可大書特書者。則爲新設關稅局以實施報復關稅一事。大統領昨年十二月七日所下訓令。謂求適用最高最低稅率於通商各國。特設關稅局。該局雖屬之大藏省。然對各通商國應用何種稅率。時當與國務省之通商局斟酌盡善。乃可施行。蓋欲專視各國之對美國物品課何等之關稅。然後伸縮增減。因時制宜也。譬如英國巴科氏之關稅改革案。若果實施。則美國對英之關稅。必異其疇昔之態度。故考察各國對美關稅之狀況。以定應付之策。實爲將來國務省之一大任務

夫中央歐羅巴。爲世界政策之發源地。此天下之所公認也。昔日各國政府之財源。過半取之地稅。故各極其力之所能。及以開拓新版圖。世界政策之第一時期。實爲擴張領土時代。世變推移。各國遂一變其方針。以獲得海外市場。爲本國物品之販路。此爲第二時期。綿延以至今日。又已成陳迹。一轉而入第三時期。此時期者。非求新領土。非謀新市場。只欲舉其國之資本勞力。投之新土地。以爲尾閭之洩。而爲唯一之目的者也。

故處今日競爭劇烈之世。闒茸尸位者。固不足言。然非果材識兼備手腕靈敏者。亦失敗立見。質而言之。新時代之外交。斷非任用單純之黨員所能勝任。此國務卿律斯所以下千九百九年十一月二十六日之法令。於其外交官之資格與任用。特行空前之改革也。

外官任用法之改革

國務省復參酌內務省之制度。舉官吏之待遇法而一新之。設服務之規定。進昇之法。增大使公使等之權限。與以便宜。俾發揮其手腕而不虞掣肘。凡任大使館或公使館三等書記以上之官。必積資累勳。始克登進。至國務省官吏之候補者。由試驗而選用。一如內務省。凡受此試驗者。須通國際法及外交上之慣例。英語之外。於德法西班牙國語。必通其一。方為合格。此外更須通曉美國之歷史法律制度工商業。及千八百五十年後歐洲南美及極東各方面之歷史。至其個人之精神道德品性體格。及其應對之敏捷。常識之豐富與否。皆一一試驗。嚴重施行。此法自千九百六年六月布告以來。於選用領事。既得良果。故決計推而行之於一切外交官。此外交官任用法之新定。與

著譯 六

國務省之新組織相輔而行。他日之成功。固可操左券者也。

國務省之新方針

內部之組織既完且備。至其運用此機關之法。則尤周匝敏捷。能於合衆國海外之企業。爲有力之後援。彼先舉一切企業之性質効能。詳細調查其事業之當爲政府保護與否。與保護至若何程度而足。又其事業與其國之重要政策關係如何。皆類別精詳不遺纖悉。國民則藉國家之力以敢於冒險。國家亦藉國民之力以張其勢力。此等舉動。誠脫形式的外交。而傾於積極之方向。他日美國將挾其資本精力投之未開之國土。以爲文明之傳宣。當非獨擴張合衆國之工商業。其增進世界之利益。當不少耳。

博愛亞美利加主義

大統領塔虎脫就任之初。其所宣布之博愛亞美利加主義。自頃迄今。未嘗或改。至其政治的關係。與商業促進策。皆自其根本主義而發生者耳。其主義之貫徹。與其勢力之伸張。正如旭日初昇。隆隆而起。試觀其對於拉丁亞美利加各種企業立法之美策畫之周。他國皆望塵不及。凡其地之金融機關。未能完備者。則爲之廣設銀行。其地之交通機關未能利便者則爲大敷鐵道外之則可以收拾人心內之則可以增進國益墨西哥威涅焦拉巴拿馬古巴各國之關稅不轉瞬間當卽取扱於美國所任命吏員之手有明徵矣

當尼加拉卡國之內訌凡與此有密接利害關係之實業家無不要求政府實行干涉苟稍懷野心者誰不利用此機會以爲得寸進寸之謀然國務省力守『本國之事當由本國處分之』之格言未嘗稍有非分之舉此眞準據博愛亞美利加主義而出亦由大統領塔虎脫之定識定力有以致此也

又秘魯與波利腓亞國境紛爭問題之起亞爾然丁國首於兩共和國間竭力調停不諧而止於是兩國幾至決裂然國務省始終鎭靜放任自然且堅信兩國必自有適當之解決無勞他人之借箸其後兩共和國果皆悔禍互相讓步聽亞爾然丁之居間捐棄前嫌復修舊好於是美國所抱持之主義所謂「全美各共和國當以本國之力治本國之事斷不許他人之干涉者」益增其信用而謳歌不已此又適用其博愛亞美利加主義之明效大驗也

此外如拉丁亞美加各邦。日事擴張海軍。以與歐洲各國抗。至其戰艦。皆委之美國工廠。爲之建造。亞爾然丁政府。惟恐失美之歡心。而日求所以親之之術。雖區區之事。無足比數。然亦足證其博愛主義之克食其報者也。

極東方面之活動

至其對極東之外交。其最近者。則爲以保全中國機會等均爲目的。提議滿洲鐵道之中立。迨日俄兩國。出而抗議。更取同一之方針。提議自滿洲南端之錦州。別設一道北進。而及於俄領之黑龍江畔。由各國貸以資本。而中國自爲建築。蓋信此鐵道能與中國以大利。以發達其工商業。匪獨藉此以免他人之侵略。而舉保全與開放之實效。且可使合衆國領土保全機會等均之熱望。爲中國及列強所認識。深信而不疑也。

西歐及近東政策

今日西歐部之最重要者。則爲關稅問題。卽合衆國向西歐各國如何適用其報復稅率問題也。自塔虎脫大統領據國務省之通告。宣言適用最低稅率之國者。爲英國。瑞士。意大利。俄羅斯。西班牙。次則爲德國。荷蘭。播威。瑞典。比利時。埃及。後法蘭西之交涉。

遂不傷一矢不費一鏃而告終局加拿大之關稅問題亦滿意躊躇至見解決然此僅其成功之第一著他日凱歌之奏可拭目而俟耳

至其對近東問題亦頗有令人注目者律斯於最近之議會縱論土耳其之憲政行將確立美國之交涉日益紛紜若非昇駐劄此國之公使館爲大使館以便交涉且選熟達土語之少壯外交官以當其衝則事變猝生失敗立見蓋律斯之政見謂全世界中富源之尚未開發者莫土耳其若夭脿拉士德忌利士兩河沿岸其人民之秀土地之美早增世界文明史之光若能利用近世文明之利器投以鉅資爲之開闢其必再爲世界無盡藏之寶庫可無疑也

世界平和之理想

雖然美人雖擁護國民之權利然與世界平和之理想並行而不相悖者也昔年於海牙平和會議曾有設立萬國捕獲審查所之議關於海上捕獲之規定各國意見雖有參商然至倫敦萬國海上法之會議則凡所規約已成公認律斯更利用此時機會擴張捕獲審查所之意旨提議設立仲裁裁判所以決定國際間之紛議此實世界平和

之見端他日成功其功豈在禹下然欲實行此大理想以造福世界實不可不據今日國務省之極東問題與博愛亞美利加主義以定方針又當有識者所共認耳

文牘

讀中外各報感言

川路總理李稷勳

上年冬間。本路實行開工。一時東西報紙。頗多詭激之評議。東報有謂川路不借外款。不僱外國技師。現在居然開工。中國前途叵測。環球列強。均當留意。西報有謂此路早聞向各國借款。自漢口至宜昌一段。歸德人承造。自宜昌至成都一段。歸英人承造。成都以上。歸法人承造。今川人籌款自辦。已在宜昌開工。英人將此權利無故廢棄。吾人頗爲震動。本總理披閱之下。憂憤交集。查上年訂借外款。係鄂境川漢鐵路。有此傳聞。四川川漢鐵路。確無借款之事。屢經駐京總理登報聲明。該西報因川漢二字。疑惑終不能明。故有此等臆說。說本無稽。何勞置辨。去冬本路開工時。本總理延請駐宜英領事。到場演說。並招集稅務司暨各國洋商男女賓客數十人。同來觀禮。正藉以證明本路之性質。爲純然民有鐵路之性質。與借款毫無關係也。今年西報成都訪事人復採得總公司所製本路收支總表十二張。又採聽市井浮言。馳函登報。所言大都不根事實。橫肆詆譽。甚至明目張膽。謂中國鐵路歸中國人自辦。爲政府之一大錯誤。嘻、甚矣。外人對於本路。因不達其借款之目的。遂不惜出此破壞之手段。放言橫議。搖惑聽聞。凡吾川人。亟應同深警省。本總理現經騰書該報館抗言辨正。有無效力。尚不可知。然則本路前途之危險。不啻萬重荊棘。悄悄愚心。惄焉如擣。蓋本路現時之狀況。與方來種種之危機。就鄙人所親歷及所揣測者。試分三項言之。

一工程艱險。進行線千盤萬折。未能十分迅速。時間過久。則變態百出。本總理現於原定宜香九段以上。商請工程司展長三段。可達巴東之東瀼口。擬秋後再由東瀼口以上。接展數段。可達四川之巫山界。惟分段工程司。頗難其人。曩曾商之詹總工程司。囑爲加意搜羅。如能於二三年內。將宜萬全路一律開築。雖需款浩繁。部署遽難周妥。然非如此冒險前進。則宜萬一線。全工告蕆。未卜何年。以沿線層巒疊嶂。山脈偉大緜長。皆由西北橫亘東南。至江岸屹然而止。應穿隧道及山溝橋梁。險工林立。皆爲吾國前此鐵路所未有。現在第五段隧道最稱險難。原勘長約一萬尺有奇。嗣經力求減縮。至九千尺。本段蘇工程司復商承總工程司。請將路線提高。可再減三千尺。經詹顏二君。親赴工段測勘定局。因此四六兩段路線。亦不無改動。兩利取重。不能不多費時日。此外大小隧道。尚不下十餘處。而香溪以上猶未在內。據此次陸工程司回宜。面稱夔巫之間。其隧道有長至二萬餘尺者。分勘三線。皆不能繞越。現派馮工程司前往覆勘，能否通過。尚無把握。路工進行之不能過速。山峒實梗之也。而沿路橋工機料。重者動數千萬觔。斷難以人力轉運。必甲段通軌。而後乙段之橋乃可運料安設。且山中夏漲盛時。溪壑縱橫。人蹤斷絕。工事尤滯。凡此皆延長時間之最大原因也。

一外人窺伺日迫日急。查全國西南大局。川路實爲最偉大之幹線。外人經營藏衛交通。滇越皆注意於長江流域。冀得聯貫其勢力。今吾川人竟自籌巨欵。占此橫跨川鄂之路線。外人之不懌於我川人可想見矣。況現今國際交涉。方爭以攫取路礦爲神秘之政策。故各國借款公司。皆恃在華西報爲運動機關。近日西報對於本路往往盡情詆毀。圖窮七見。情勢顯然。此後抵隙蹈瑕。尚不知成何現象。設內力不固。則外邪潛入。萬一枝節旁生。隱患方巨。來日大難。異聲同歎。

文牘 四

一政府之注意較他路倍爲殷切。蓋川路既關係西南大局。而九年立憲之期。近在眉睫。西南各省交通利病。尤爲最重要之問題。上年川督帥奏請飭本公司。趕於預備立憲期內。將宜萬全路築成。正此意也。近年國有鐵路主義。由歐而亞。逐漸發生。逐漸實行。政府對於本路。以現籌資本。尚稱豐富。足敷開辦。又已實行開工。故力任保護。但督促進行而已。設中道或有蹉跌。難保不起而干涉。粵漢覆車。是其前鑒。蓋人民之財力能力。果能勝此巨任。政府固應維持。若財力不充。能力不齊。而外侵內鬨。此拿彼擊。糾紛無已。恐政府軫懷路事。未便坐視其擾擾而長此緘默也。

以上三端。或爲事實上之推測。或爲理想上之恐懼。總之本路之成立。既由官紳和衷措集雄厚之資本。自應始終協力。發起偉大之成績。凡我全川父老昆弟。暨地方官師。果能無彼無此。無論或在事或不在事。但求事效。毋爲諍爭。使所籌股本每年確有三百萬之收入。則鄙人所提論之三項危疑。自然冰息雪釋。然此事應有幾方面之責。備措款者。當持以熱誠。任事者。宜應以實心。而吾鄉多數志士之從容風議於其旁者。尤應從事實上研究。力予匡正。維持庶幾萬目一的。以營此艱鉅之偉業。或有企達之希望。否則殆矣。吾國之慣習。往往當議事時。人人相待以聖賢。一經任事。輒人相待以不肖。上年股東會選舉范君子安爲查帳人。嗣又公推爲總公司會計科科長。使范君非誠實可信。何至邀重重之委託。乃一經任事。凡由成都來宜昌者。詆議范君。謗盈吾耳。余謂一人歷時無幾。而賢不肖之評判頓殊。范君何速化如此耶。此可爲長太息也。又見各埠中國報紙。登載關於本路事件。訕議百端。或曰京函。或曰川函。或曰股東公啓。皆不署名。既無姓氏。直與匿名揭帖無異。然言雖無據。而觀者滋惑。鄙人竊心憂之。如所載喬總理吞款七十萬。本屬毫無影響之談。爲此言者。必有深怨於喬君。不知事實難誣。此等蜚語。於喬無損。於路事實大有妨害。何也。蓋認股者方拮据輸將。而辦事者乃任意吞蝕。市虎成疑。杯蛇滋懼。余亦忝屬本路股東。使其僻處山邑。聞此讕言。恐於交股熱心。亦不能不驟減也。或曰爲此言者。實有深惡於本路。向聞鄉人中有陰主借款一派。亟思取消租股。曩値川路改進會。一般學人倡廢租股之議。就公司性質言之。本屬一種正當學說。而陰主借款者。遂利用此學說。四處鼓動。時川帥錫公暨兩趙公。力持租股不能遽廢之政見。而川紳之老成有經驗者。頗贊成之。喬君其一也。是其始。因。事。而。移。怨。於。人。今。復。因。人。而。移。怨。於。路。余既有所聞。又不能不盡情傾吐。以告我鄉人。然余深不信吾鄉之果有其人也。如誠有之。則必不能受余之盡言。又將移怨毒於我矣。毀言日至。謗書盈篋。皆意中事耳。但鄙人對於本路不過任一日事。盡一日心。即對於股本亦不過一分子之關係。路事成敗非有異常特別之利害也。惟既屬股東。則例許發言。既任總理。則分應報告。自頃殷憂積慮。口不擇音。明知言易啓戎。而情難自已。誠恐謠。啄。繁。滋。是。非。顛。倒。萬。一。鄉。里。搖。惑。租。股。收。入。驟。減。則。募。股。更。無。善。法。宜。萬。全。路。成。立。無。期。將。來。或。由。政。府。收。回。或。由。外。國。借。欵。接。續。承。造。皆。趨。勢。所。必。至。路。權。一。失。股。利。空。懸。余。不。能。不。痛。哭。流。涕。爲。吾。全。川。父。老。昆。弟。告。也。雖然賈誼衆建少力之議。嘗痛哭敷陳於文帝之朝。然非經七國之亂。武帝時猶不能實行。余自投身路事。澄心默察。被此種種之激刺。故不辭苦口極言。至我鄉人之能否聽受。實未敢知也。撫書三歎。無任泫然。

東南鐵道大計畫

（杭廣鐵道）

景本白

自來言商業者。莫不重東南而輕西北。何以故。土地之膏腴也。物產之豐富也。人口之稠密也。交通之便利也。此四者。雖皆爲商業上之要素。而其尤要者則在於交通。東南所以獨占優勝者。在於河流之貫通。今則商業大勢。由河流貿易時代。而一變爲鐵道貿易時代。試觀近年來。漢口商埠。日益發達。上海商埠。日形退縮。即可知鐵道戰勝於河流之期不遠矣。蓋漢口爲鐵道之中心。上海爲河流之代表也。故論將來商業之消長。當以鐵道之長短爲比例。不得以河流之多少爲比例也。

信如前說。鐵道爲商業之命脈。則東南數省將來之命運。可以預卜矣。今使以漢口爲鐵道中心點。北則有京漢。南則有粵漢。西則有川漢。惟東則闕如。又使四分中國而言之。東北隅。在關外者有京奉。在關內者有京津、膠濟。西北隅。在關外者有張恰。在關內者有正太、西安。皆縱貫數省。惟西南與東南兩隅。除粵漢爲子午線外。可稱爲幹線者。絕無而僅有。夫西南數省。若滇。若桂。若黔。地瘠民貧。山岳縱橫。人口稀少。固不足論。若我東南數省。如粵。如閩。如贛。如浙者。非所謂東南財賦之鄉。商務繁盛之埠乎。何以各自經營。鮮有聯合數省。成一大幹線之計畫者。宜乎創辦數年。非此疆彼界。各自觀望。

卽東鱗西爪。不成片段。一旦外人利用政府。別設幹線。則此數省已設之線。不過爲其附屬品而已。豈不悲哉。

余有鑒於此。以爲欲求東南商業之發達。不可不連合東南數省成一大幹線。余浙人也。姑以浙爲起點。分甲乙兩線而說明之。

(甲)浙贛線　浙贛線。卽日人所謂杭州九江鐵道也。此線自杭州拱宸橋起點。溯錢塘江。至常山。越朝會關。出錦江之流域。至於南昌。沿鄱陽湖之西畔。達於九江。全線延長千四百十里。自杭州至常山朝會關。(浙贛分界處)計五百六十四里。爲浙線。自朝會關至九江。八百四十六里。爲贛線。兩線比較。工程皆容易。橋梁則贛線較多。每里平均。日人豫測定二萬二千元。則全線一千四百十里。有三千萬元。卽可竣工。此線所經過之名都大邑。計十有五。人口有百六七十萬。物產之盛。客商之多。爲首屈一指。自玉山以上。現今浙路公司。已預備實測。玉山以下。贛路公司自南昌至九江。亦在測量中。惟玉山至南昌一段。尚未測定耳。則甲線浙贛兩省人志在必成。可無庸多言。以下當詳言(乙)杭廣線之設計。

(乙)杭廣線 杭廣線者。即日人所謂杭州廣東鐵道也。當一千八百九十九年。日本與我政府訂閩贛浙三省不割讓及租借於他國之約。遂思握我東南四省之鐵道權。於千九百零一年。及千九百零三年。千九百零四年。三次派員測量。定(甲)浙贛。(乙)杭廣。(丙)閩浙三線。而閩浙一線。即包於杭廣線中。其所謂杭廣鐵道者有甲乙兩線。(甲)曰海岸線。(乙)曰內地線。今畧述兩線之優劣於左。

一 杭廣海岸線之設計

該線路起於杭州。沿浙江福建廣東之海岸而終於廣州城。本線之延長三千三百四十五里。係小川資源氏所調查。共分爲七段。

第一段 自杭州沿運河。終於甯波之奉化。延長二百八十里。此段屬於浙省之平野。土地遼闊。山岳稀少。惟有吳山須穿數百呎之隧道。橋梁雖多。皆小者。惟有錢塘江與甬江工事稍大。建築費畧同日本之山陽線。沿路皆沃野。適於農耕。米、茶、棉花、生絲、等出產甚富。經過之名邑。如杭州人口有七十萬。司錢塘江貿易之中樞。甯波人口二十五萬。司甬江貿易之總匯。其餘如蕭山、紹興、餘姚。皆握一方之貿易。水路雖多。不通大船。故此段鐵路之收益。必有可觀。

第二段　自奉化經甯海至烏石村。延長三百五十四里。此段大小山脈縱橫。可稱爲平地者。惟台州府五十平方里。須穿許多之隧道。工事極困難。甯海與台州間。僅六十里之內。有苦軸嶺、桑州嶺、洞巖嶺。海拔高六百呎。乃至一千呎。要開數千呎之隧道。橋梁亦有數十座。然皆小者。其工事費與日本九州畧同。沿路土地磽确。物產不多。交通不便。商工業亦不盛。惟台州左右。農產物稍有可觀。故此段布設鐵道。收支必不能相償。

第三段　自烏石村經溫州、平陽。至橋墩門。延長二百九十四里。此段屬於浙江南部之冲積平原。惟海拔不滿二百呎。僅有沙呑嶺橫亙其間。甌江與飛雲江。架橋稍費力。此外工事尚易。建築費比第一段畧少。耕地之面積與地味。亦劣於第一段。沿路如瑞安、樂淸、平陽各縣。農業未盛行。茶、米、烟草、橘、柑、明礬等。頗有可觀。而溫州人口二十萬。握甌江之貿易。商業稍盛。故此段布設鐵道。收入與支出。或可相抵。

第四段　自橋墩門踰閩浙分水嶺。入福建。經福鼎、福甯、羅源、馬尾。至於福州。延長四百九十六里。此段屬於閩浙山岳地方。在杭廣線中。工事最爲困難。閩浙交界。有分水嶺。店頭街之南。有五蒲嶺。飛鸞之南。有油車嶺。皆海拔一二千呎。須開數千呎之隧道。其餘數百呎之隧道。約數十處。工事少容易者。僅自馬尾經館頭至福州間。約百八九十里。建築費每里平均達三萬元以上。沿路土地磽确。穀產不足以養其民。惟有福甯福鼎甯德之茶。可謂出產。除馬尾福州外。人口多者四五萬。少者不過二三萬。交通不便。貿易不興。故此段布設鐵道。收益斷不能償其支出。

第五段　自福州沿福建海岸而南。至厦門之對岸嵩上社。延長五百七十里。此段雖稍平坦。而山脉河道亦不少。如福州泉州間。有常思嶺。要穿四千呎之隧道。泉州厦門間有莘溪嶺。亦要穿四千呎之隧道。若閩江、錦江、洛陽江、晉江橋工頗巨。而工事最困難者。在常思嶺前後二十七里。勾配須用六十分之一。若通全線計之。工事比第四段。已爲容易。建築費每里平均二萬元以上。所經過者。皆福建人口最稠密處。如福州、涵口司、興化、惠安、泉州、同安、厦門。皆屬名邑。福州人口六十萬。泉州二十萬。厦門亦在十萬以上。惟以土地不良。不足養其本地之人口。而民船貿易盛大。出稼者多。內地礦產甚富。故此段布設鐵道。現在雖收支不能相抵。數年以後。當有餘利。

第六段　自厦門對岸嶺上社起。經漳州、漳浦、詔安、至於黃岡。延長三百六十六里。自嶺上社至漳州八十里。屬於漳州之平原。地味膏腴。物產豐饒。爲閩省冠。工事亦容易。收支足以相抵而有餘。（即漳厦鐵道已由閩人經營）自漳州至黃岡。巨陵起伏不常。漳浦之北。有水無嶺。其南有盤陀嶺。皆要穿隧道。此外隧道不多。橋梁工程亦尚容易。建築費每里平均二萬元左右。然而土地荒蕪。工商不興。收支不能相償。

第七段　自黃岡經潮州、惠州。沿東江之流而下。溯珠江至於廣州。延長九百三十里。此段悉屬廣東之平原。僅有楓江澳與五指嶺、須用隧道。五指嶺海拔千三百呎。隧道要數千呎。用四十分之一急勾配。除此嶺外。勾配皆緩。布設尚容易。韓江、南溪、及東江稍大。此外橋工不多。建築費每里平均不過二萬元。而沿路皆沃野。物產豐饒。交通利便。通商盛大。所經過者。如潮州、惠來、陸豐、海豐、歸善、惠州、博羅、石龍、廣州等。皆爲名邑。廣州人口有二百五十萬。潮州三十萬。惠州十萬。其他諸邑。亦在五萬以上。在杭廣線中爲最有利益之線。

據以上所記觀之。本線之收支相抵。而有餘利者。爲杭州甯波間。（第一段）三百八十里。黃岡廣州間。（第七段）九百三十里。通計爲一千三百十里。收支到底不能相償者。爲奉化烏石村間。（第三段）三百五十四里。橋墩門福州間。（第四段）四百九十八里。厦門黃岡間。（第六段）三百六十六里。合計一千二百十八里。收支可以相抵者。爲烏石門橋墩間。（第二段）二百八十四里。福州厦門間。（第五段）五百七十里。合計八百五十四里。以千三百十里之餘利。補償千二百十八里之損失。全線之無利益可知。所希望者。惟第三第五段將來或有餘利耳。然通計全路長三千三百四十五里。每里之布設費及營業資本。需二萬五千元。已達於八千三百萬元以上。投如此之鉅額。而收益甚微。則海岸線之無利。不必言矣。

二　杭廣內地線之設計

內地線與海岸線之區別。在杭州與福州間。福州至廣東與海岸線同。故本章但述杭州福建間之路線。福州以下從畧焉。

杭州至福州之鐵道。日本人測有四線。第一海岸線。延長一千五百十五里。說見於前。

第二浦城線。自杭州溯錢塘江。至衢州而南。折入福建浦城界。經建陽、建甯、延平。達於福州。延長千四百二十五里。第三常山線。自杭州溯錢塘江。出常山入江西。至河口鎭而東折。踰分水嶺。入福建、經崇安、延平。達於福州。延長千九百里。第四南昌線。自杭州出南昌。自南昌迂回經撫州、建昌、光澤、邵武、延平。達於福州。延長二千九百七十里。是也。第一線路工事最難。損失最多。已述於前。第四線路工事稍易。而線路迂曲。亦不足取。然則可取者。惟第二第三兩線。茲將其優劣分述於左。

第二線路。起福州至延平。沿閩江之左岸。爲一段。此段自福州至白沙間。六十六里半。土地平坦。工事容易。白沙安濟間。二百三十二里。有巉岩絕壁。工事困難。安濟延平間二十里。多屬平坦。工事容易。自延平經建甯至建陽。爲一段。此段屬閩江右岸。稍平坦。工事亦易。僅有數百呎乃至千呎之橋梁數座。自建陽渡閩江經浦城至仙陽街。爲一段。此段山陵起伏。溪流阻礙。工事困難。自仙陽街至保安。八十七里間。有魚梁嶺、五顯嶺、楓嶺、小竿嶺、仙霞嶺。連亙其間。須穿四千呎乃至八千呎之隧道數處。仙霞嶺與保安高低差至九百八十呎。要用四十分之一急勾配。爲福州杭州間最困難之工程。布設費等於橫濱東京間。自保安沿文溪入衢州爲一段。此段土地平坦。工事容易。自衢州渡錢塘江入蘭溪渡徽江入嚴州。經富陽至杭州。爲一段。此段工事容易。衢州嚴州間。約八十一里。土地平坦。不用穿一個隧道。惟徽江及錢塘江。有兩大橋。嚴州富陽間百五十里。江水山脚迂回。高低曲折無常。工事稍困難。富陽杭州間一百里。一路平坦。無一隧道。自衢州至杭州間。共四百三十里。工事容易。布設費平均一里約二萬三千元。合計不足千萬元。自福州至衢州。共九百九十六里。工事困難。布設費平均一里三萬元以上。約三千萬元。合計爲四千萬元也。

自福州至衢州九百九十六里間。皆屬於閩江流域。山岳多。平原少。地味不良。農產缺乏。然福州有千六百萬兩之貿易。多屬於此流域。則亦不可輕視。茲將沿路之名邑及人口。列表於左。

地名	人口	地名	人口
福州	六二〇•〇〇〇	水口鎮	三•〇〇〇
延平	三〇•〇〇〇	南雅口	七•〇〇〇

文牘 十六

建寧	一〇〇·〇〇〇	建陽	三〇·〇〇〇
浦城	三〇·〇〇〇	仙陽街	七·〇〇〇
江山	三〇·〇〇〇	衢州	七〇·〇〇〇

自衢州至杭州。四百三十里。屬於錢塘江流域。爲浙江第一之沃壤。五穀、茶、麻、烟草。農產物甚富。握閩皖贛浙四省貿易之通衢。貨客往來。貿易盛行。戶口繁密。大都名邑頗多。茲舉沿路名邑及人口如左。

地名	人口	地名	人口
衢州	七〇·〇〇〇	龍游	七·〇〇〇
蘭溪	五〇·〇〇〇	嚴州	三〇·〇〇〇
桐廬	一〇·〇〇〇	富陽	一〇·〇〇〇
江干	一三·〇〇〇	杭州	七〇〇·〇〇〇

第三線路。自福州至建陽。與第二線同。第二線路自建陽北折。取道浦城向浙江而行。

第三線路則西北折。赴江西也。自建陽西北。沿閩江之本流而進。一百八十里至崇安。

平地狹小。山脚近迫河岸。水流灣曲。工事困難。崇安以北。山岳益多。七十五里至分水嶺。(閩贛交界)海拔二千二百呎。頗險峻。又十二里至烏石。有峻阪。又六里達草鞋嶺頂。海拔一千三百六十呎。險峻不下分水嶺。又三里出車盤。自車盤六里越險阪。至柴溪嶺。上海拔有一千四百八十呎。下柴溪嶺。即紫溪。屬江西之撫江平原。自崇安至紫溪。路僅百三十里。而邱陵無限。有三大險嶺。工事。極困難。要急勾配。穿數個之長隧道。長者及六里以上。自紫溪經鉛山縣。至河口鎮。平地平坦。工事容易。自河口順錦江之流。屬入江西省廣信府。踰朝會關出常山。至杭州。此段多平原。工事容易。惟朝會關當浙贛分水嶺之頂。海拔五百八十呎。比常山高二百八十呎。要用急勾配。

第三線路。自福州至河口鎮。九百八十七里。比第二線路之福州衢州間短九里。自河口鎮至杭州。九百十二里。通計千九百里。比第二線路福州杭州間長四百七十七里。工事亦較第二線爲困難。且需款巨而收益少。亦遠不及第二線。

自右所述觀之。則縱貫東南幹線之一部。杭州福州間。當採取第二線路。較爲有利也。

綜合前兩節而觀。則杭廣鐵道之設計。當分三段入手。第一段自杭州至衢州。延長四百三十里。第二段自衢州至福州。延長九百九十六里。第三段自福州經潮州至廣東。延長千八百三十里。合計本線三千二百五十五里。支線有二。杭州拱宸橋間二十四里。福州馬尾間六十里。合計支線八十四里。本支線統計三千三百四十里。杭州衢州間。日本原定一里平均二萬五千元。約需一千一百零八萬元。衢州福州間一里平均三萬元。約需二千九百九十萬元。福州廣州間。一里平均二萬元。約需三千六百六十萬元。拱宸橋支線。爲市街線。平均一里五萬元。內外約需一百二十萬元。馬尾支線平均一里三萬元。約需百八十萬元。合計本支線建築費。爲八千六十萬元。以八千萬元之代價。造成東南一大幹線。不爲不廉。若合三省人分擔之。每省不滿三千萬元。況第一段杭州衢州間。即浙贛之本線。浙路公司業經決定。事在必辦。惟第二段與第三段。須與閩粵兩省人合議耳。粵人在上海營業者。有十萬人。若此線造成。由上海乘滬杭火車。直達廣東。不過三千六百里。每點鐘行百二十里。三十小時即可抵廣東省城。以視現在輪船須行六七日者。遲速詎可以道里計。況粵漢鐵道既已築至半途。更有杭廣線與之聯結。則粵漢之營業。亦必發達。吾浙若果創議。粵人必當贊成。

福州廣東間竣工費。不過三千六百萬元。廣東夙以豪富著名。區區此數不難籌集也。至於閩人出外貿易者。更多於廣東。在上海廣東兩處。亦不下十萬人。其營業範圍。亦不出浙江與廣東兩省。其進口貨十分之六。由上海而往出口貨十分之七。銷於江浙。此線若成。交通浙粵兩省之商路。閩人由滬回福州者。不過千五百里。快車一週時可以到著。較之輪船往返。其遲緩危險爲何如哉。況自厦門至漳州一段。計八十里。閩路公司已經著手布設。則此路之聯結。閩人亦所歡迎也。通計全路。浙線占三百四十里。粵線占九百三十里。其餘千八百九十六里。皆屬閩線。路線雖福建長於浙粵二省。而分擔資本。則浙人及粵人當占十分之七八。此非余個人之私言也。

或者謂我國現時資本缺乏。一時欲籌集八九千萬元之巨款。經營此線。殊屬非易。況吾浙杭甬尚未告成。廣東粵漢亦尚在需款。福建漳厦一線。亦僅可敷衍。何能一旦集成此巨款乎。不知一時籌集。固屬困難。不但浙閩素稱貧乏。卽廣東向稱富庶者。恐亦非易。若能分段建造。先設最有利益之路。路線成後。以此爲抵當。用長期償還之法。借入資本金。順次布設。即自竣工鐵道所得之利益。割一部償還本利。逐漸招募股分。以償借款。不十年間。全線可以告成。今試分段說明之。

(一)杭州衢州線　此線爲浙贛本線。原定自杭州至衢州。四百三十里。自衢州沿錢塘江進。八十四里。至常山縣。自常山二十四里。越朝會關。又五十四里半。即江西之玉山縣。自衢州至玉山。計百六十二里半。統計兩線。不滿六百里。每里平均二萬五千元計算。不過千五百萬元。以我浙現時情形而論。似尚未爲難。萬一不能全數籌足。則杭州至衢州一段。先造杭州富陽間七十五里。蘭溪衢州間百二十六里。衢州玉山一段。先造常山玉山間七十八里半。此三條土地平坦。工事最易。平均一里不過二萬元。三線合計。不過五百七十萬元。而人口最稠密。物產最富饒。富陽蘭溪間二百二十八里。可用小汽船往來。衢州常山間。八十四里。亦可用小汽船。此二線暫時緩設。以汽船連絡三鐵道。足以便錢塘江與上饒江兩流域之交通。資本少而獲利大。俟獲利後。再造後二線。則集股容易矣。

(二)衢州福州線　此線內工事最易。利益最大者。爲廈門漳州間。與福州馬尾支線。漳廈線長八十里。馬尾支線長十六里。平均一里二萬元以下。而漳州府爲福建第一之沃野。貿易盛大。自厦門輸入輸出。有千二百萬之貨物。一半皆係漳州府下之貿易。厦門出入有十四萬。出稼人其一半。亦屬於漳州府人。則此線之貨客必多無疑。據日人所調查此八十里之收益。當有一百六十萬元。馬尾爲福州之要津。從事於福州貿易之汽船。至馬尾而止。不能直達於福州。故馬尾與福州之關係。猶日本之橫濱與東京也。若從此間布設鐵道。六十里之路線。每年當有一百萬元之利益。可無疑義。

(三)福州廣州線　此線内最有利益。工事最省者。爲惠州廣東間二百六十里。一里平均在二萬元以下。全線不過五百萬元。爲廣東第一之沃野。連絡珠江與東江之交通。沿路物產豐饒。戶口繁密。都城殷富。其利益之大。爲杭廣全線之冠。非虚言也。

以上所舉各鐵道。皆以小額之資本。得多額之利益。若以一半之利益爲股息。以一半之利益爲抵當。借入資金。營造他線。此卽投入小額資本。漸成一大鐵道之計畫也。日本初設鐵道時。皆用此法。未知我三省人民。其亦有所見及否。至於杭廣鐵道之利。已如上述。其不設之害。日人言之詳矣。故不贅。

論法律館禁止翻印法律各書

守闕齋主人稿

文牘　二十二

修訂法律館咨各督撫文云本館編訂現行刑事恭繕黃冊進呈奉旨刊刻頒行查律例關係引用稍有舛訛貽誤非淺迥非他項書籍可比恐京外學界商界不知輕重翻印縮印私售漁利一字之訛害事至大相應咨行查照通飭所屬嚴行禁止如有印刷成書者立即銷燬以免誤人此外本館編訂各種法典陸續出書均應禁止翻版事關立法望切施行見六月十五日申報

凡文明國之禁令。大率以保護多數人之利益。而始限制少數人之自由爲原則。故事有爲個人之利益。而非有碍於公衆者。政令不加干涉也。必其事雖在少數人有利益。而實有礙公衆。始爲政令所當干涉。然猶必根據已頒之法律。或從習慣之事實。方可發令禁止。乃者法令館因編訂之現行刑律。有人翻印。遽咨行行政官。嚴行禁止。幷謂此外本館編訂各種法典。陸續出版。均應禁止翻版。夫法律館爲現在吾國各種法典之所自出。凡有行動。自必確有適法之根據。今讀咨文所述理由。頗有未能共喻者。不揣僭越。謹就法律事實各方面。爲一一研究之如左。

可根據以爲禁止出版之法律有二。(一)因出版法應禁止者。此因其內容不合出版法而禁止也。(二)因著作權法而禁止者。此因侵害著作者之權利而禁止也。今吾國出版法。著作權法。均未編訂。二者均無從援爲根據。惟繹法律館咨文。決非爲未定草案。內容未善。不當宣布而禁止。(法典草案本與豫審未判決應秘密者不同亦無禁翻印之理由茲姑假設此說)則非援據出版法可知矣。但著作權之權利。頗類於所有權。論所有權之性質。一私人固可享有。卽團體及國家。亦未嘗不可享有。惟是著作權之性質。究與所有權不同。試列舉之。

(一)著作權含有報酬意。　報酬有二。一因著作者之勞力而報酬。一因著作者之有益社會而報酬。今法律館編訂各種法典。其勞力自不可沒。亦信爲有益社會之作。其得報酬宜矣。惟法律者。國家之意思表示也。國家之性質上。當然有此意思表示。亦卽國家之職務也。對此職務之報酬。卽爲國家現在及將來之發達。故國家於公法之行爲。除因其行爲而受有利益之影響之外。決無他之報酬。而法律館爲國家之一部機關。若欲竊國家之意思表示以求報酬。不特國家本不當有此行爲。假使有之。果能不由法律規定。而當然以命令取得之乎。此報酬說不能援據。以爲禁止之理由明矣。

(二)著作權含有保護名譽意。 著作權之保護。尚有保護著作者名譽之意。今法律館編輯各種法典。重在奏准通行。決無有人因其著作內容之美善。遽削除法律館之名。而掠取以爲己作者。故於損害名譽之說。亦決可無慮。

由此言之。則法律館欲於著作權法未編輯以前。先行援照著作權法之理由。以取得不准翻印之權利。於法律上似無有是處。且以著作權通例言之。凡法律命令及官公文書。不許爲著作權之目的物。(日本著作權法十一條第一項)則法律館尤不能以此爲取得著作權之理由矣。至於吾國舊律。及近年頒行各種法律。均無有禁止翻印法律書之明文。及類此之例案。(別館所編輯法律亦無禁止翻印之成案。) 此以法律一方面研究之。而有未能共喻者焉。

再就事實而研究之。法律館咨文之理由。似全據事實矣。今請分晰言之。

(一)果有害事之事實否。 咨文謂律例關係引用。稍有舛訛。貽誤非淺。又謂一字之訛。害事至大。今推想害事之極端。則因舛訛而一等罰或誤爲十等罰。甚或徒刑誤爲流刑。遣刑誤爲死刑。試檢中外古今歷史。下及稗官小說。所記理想荒唐之事。凡涉於詞訟審判等事。奇奇怪怪。無所不有矣。然從未述及刑官因刑書翻印錯誤。致出入人罪者。誠以此爲世間必無之事。故外國刑法特立講座解說之書。汗牛充棟。吾國舊律。坊間印本亦多。詮釋之作。亦時有所見。均未聞有因此害事者。古有以莫須有入人罪矣。莫須有者。爲可有而不必有之事。若今者以必不能有之事而遽施之禁令。斯誠有難以共喻者焉。

(二)法律書果獨異於他書否。　咨文謂律例迴非他項書籍可比。意蓋謂他項書籍。稍有舛訛。害事不大也。然竊爲比較。頗有不然者。刑律一字之訛。可以生殺人。是矣。第其害但關係一人之生命耳。其他如聖賢經傳及學堂修身等教科書。極端言之。一字之訛。關係於人心風俗。世道治忽。不較一人之生命尤重耶。即以近頒他項法律論之。如諮議局章程。設第三條末句有字上訛加一不字。而第六條第二句第一字不字脫訛。則黑白顛倒。關係亦非一人生命可比。顧何以經傳自由翻印。已數千年。部頒教科書。方奬勵翻印。而各省辦理諮議局選舉者。多用坊本。亦未聞因舛訛而害事。此可恍然於因噎廢之食無謂矣。

(三)翻印之界說如何。 咨文謂恐京外學堂商界。不知輕重。翻印縮印。私售漁利。夫翻印固包含變更形式。與不變更形式在內。今禁止之理由。既全出於恐有舛訛。則如以原書攝影翻印。毫不變更形式者。是否可許其不以翻印論。又縮印則但將原書縮小。於字跡亦毫無變更。似與恐有舛訛之意亦不合。殆恐縮印太小。目力或不能辨致亦有一等罰誤認作十等罰。遣刑誤認作死刑之弊耶。此則界限未清。亦有不能共喻者焉。

(四)禁止翻印之範圍如何。 咨文謂如有印刷成書者。立卽銷毀以免誤人。惟不知應銷燬者。但指法律館編訂各種法典之條文單行本而言。抑包括其他各種在內。如

(一)解釋法典及批評各書。

(二)學堂講義。

(三)報章及諭摺彙刻等。

按刑律公式講讀律令條云。凡國家律令。頒行天下。永爲遵守。百司官吏。務要熟讀講明律意。又 奏定法政學堂。警察學堂章程。及自治審判各研究所考試法官。均有現

行刑律及各項法律科目。則今日吾國民研究法典之多。迨非如始皇時欲習律令者。以吏爲師。可以滿足。如此則解釋批評各書。及學堂講義。勢必日出版日多。百司官吏。亟應加以獎勵。爲之提倡。庶於律令及各項章程之精神不悖。是不特不能禁止。民政部且將爲之保護版權矣。至若旬報日報等刊布明頒之法令。久爲通行重要部分。亦不能於報律外。加以限制。若以上各項則爲之保護。任其刊布。而於單行本則禁止發行。似亦無此不完全之政令。此亦未能共喻之一焉。

(五)禁止之效果。　文明國之命令。必根據於法律。今法律館苟爲營利起見。爲法律館專賣書籍之舉。亦當先定專賣之法律。在國會既開之後。當先經國會通過。國會未開以前。亦須交資政院議決。即此時資政院未開。而專制之手續。亦必須先行　奏准。誠以此事關係重大。非可付之行政處分也。若既經此手續。人民亦何能復爭。惟是法律館之責任。雖在編訂法典。而施行之實。亦當計及施行有形式上之施行與實質上之施行。形式上之施行者。　奏准頒行通咨各直省是也。實質上之施行。乃在法律知識。普及於人民。新頒法典。必使國民人人能熟讀講明。則編訂之功。始爲圓滿。今以吾國幅員之大人口之衆。交通之不便而謂法律館自印之法典。可以普及。似決無此理。設法律館所印。不能供人民之需要。則銷流偶有未及。即於法律之施行上。加以阻礙今日吾國自專制國而入法治國時代。養成人民法律知識。實爲第一要義。顧以法典所自出之法律館。於法典尚未編訂之際。首發一阻礙法律推行之禁令。想法律館諸公撫衷自問。當亦有不安者矣。

夫就法理上研究。未見有禁止之理由已如彼。就事實上推想。其不便又如此。不知法律館發此禁令時。亦曾稍加研究否。現在受法律館之委托新印現行刑律者。爲政治官報局。既非法律館自印。其關係如何。非他人所能知。（刑律按語一種定價十元吾國民之購買力果能勝此否至是否一字無訛則未見進呈原本不敢妄斷但明律者自能辨之）若但爲少數人之利益。而遽奪吾國民之權利。則法律館似尤不當出此。吾國今日專制之習未盡祛。於人民權利。往往不甚尊重。一禁令之發。亦無有推原根據所在。及預料結果如何者。茲特不避忌諱。聊貢所見。願主持此事者。深爲法律前途計。勿怙過。勿飾非。一爲平心體察。而有以祛其疑焉。

中國紀事

濤貝勒奏對紀聞　考察軍政大臣濤貝勒六月二十八日已由奉抵京。召見時歷陳各國軍政之完備。反對於吾國之現狀與吾國現處境地之危急。亟應力圖挽救。奏對約三小時之久。凡所奏陳。皆極剴切云。

各部院畫一津貼　各部院劃一津貼之議。提議已久。頃度支部會商政務大臣及憲政編查館。已擬定辦法。聞自正五品以下各官。按照烏布先行擬定各司掌印月定薪金三百元。科長二百元。一等科員一百元。二等八十元。三等六十元。八九品錄事。實缺者二十元。候補者十六元。司書繕寫等生。均十二元。並聲明此項人員。向係隨時招募。不在京員之列。今既酌定津貼。自應附入。以便核算。並明定數目。以昭劃一。

變通甘新籌備事宜　憲政編查館查甘肅新疆兩省。所籌憲政事宜。缺漏之處甚多。固由該兩省官吏辦理不善。亦實由民情頑野。風氣蔽塞所致。若仍此敷衍。將來憲政成立之年。必多延誤。擬由館體查該兩省地方民情。酌定變通憲政辦法。以利施行。而免延誤。

裁減蘇省行政經費 蘇省宣統三年預算表冊經已咨部。惟不敷之數甚鉅。故度支部擬定減併裁三項辦法。以資酌劑。查巡警道經費比各省加半。擬減二千兩。警務公所經費。增數浮多。擬減五千兩。滬巡警費倍於省局。擬減三萬兩。學務公所縻費本鉅。增數益浮。擬減一萬兩。各級審判廳經費。逾他省幾半。擬減二萬六千兩。綠營餉項。行將全裁。先按四成計算。擬減三萬五千兩。農工商局職務甚簡。擬減三千兩。官銀錢局減入增出。無此理由。擬減一千五百兩。省城巡警費增數太驟。擬減二萬兩。善舉經費。薪水過濫。擬減一萬兩。省城高等學堂增數浮多。擬減一萬兩。存古學堂用人冗濫。擬減五千兩。法政學堂膳費浮多。擬減五千兩。師範學堂准收膳食。各酌裁華洋教員。擬減一萬兩。商品陳列所。准照三十四年數倍支。擬減三千九百餘兩。高等學堂文科經費雜支浮多。擬減一千兩。上海洋務局經費開支本濫。且第三目事屬北洋。尤不應支。擬共減三萬兩。蘇省洋務局歸關道辦理。洋務一局可酌留經費。歸併道署。擬節三千兩。善後局房捐二局。照新章均應歸併藩司。擬節總局經費一萬六千五百餘兩。蘇州牙釐松滬釐捐兩局。務應歸併藩司。除差輪炮船薪餉等。仍照舊留支外。擬節局費四萬一千餘兩。改過局歸併習藝所。擬節六百兩。巡防營務處歸併督練公所。擬節四千兩。鎭郡彈壓公所裁併巡警局。擬節二千七百餘兩。圖書館歸併學務公所。擬節六百餘兩。調查館裁併憲政籌備處。擬節八千八百餘兩。審判籌辦處督審局發審局待質公所等均裁併審判廳。擬共節一萬六千餘兩。司法研究所裁併法政學堂。擬節六千三百餘兩。報館津貼。赴京學生川資學費。均不應動支公款。陸軍演習費。據稱可緩。陸防費分少合多。上海水利局虛設無事。協撥賑款。勢難預定。陸軍警察隊並未成立。秋操費未定舉行。撫臬各署到任費。無庸預訂。欽使過境。例無供張。小學總匯處。勸學公所。工藝教員講習所。自治籌備處。地方自治研究所等。均以本省之人。辦本省之事。皆有應盡義務。豈宜長此開支。以上十六項。均擬裁撤。共節二十五萬一千三百餘兩。通共擬裁減六十八萬六千四百餘兩。以之抵補不敷之數。尚短二十餘萬云。

●清查鹽務規費●●●●●●●●●●●●●●　督辦鹽政大臣通查各省。飭將關於鹽務規費上自督撫下至鹽官。旁及各府州縣。凡私行取給鹽商。未經提歸正項造報開支者。限一月內逐款查明。和盤托出。分晰造報。如有朦混。即行奏參。以重鹺政。

陸•軍•部•預•備•提•議•條•件• 資政院行將開院。陸軍部擬訂應行會議要件八條。一新軍之編練。一學堂造就各軍官補授綠營之辦法。一綠營之裁撤與歸併。一綠營所裁各官弁之任用。一募兵之辦法。一軍人資格之造就。一軍械之利鈍。一馬匹之改良。以備移交資政院。爲開會時之議案。至海軍處之提議。共有十款。一建公署之款。二部擔常年費若干。三各省認籌常年費若干。四築港購艦之預備金。五擬請內帑爲開辦費。六籌設海軍印刷所。七創立海軍警衛隊。八組織留學海軍養成所。九設立學堂。十參酌各國情形。釐訂制度。

編•譯•陸•海•軍•書•報• 軍諮處本爲高級機關。專司全國軍法。其性質略與西洋各國之參謀部相同。祗以獨立未久。故一切規制。尙未組織完備。該處堂官爲灌輸軍學起見。近已與陸海軍部劃分權限。凡高等軍用書籍版權。均歸該處第五廳編譯專科。所有軍事官報。亦由該廳刊印。至海陸軍所設之編譯局。則只准刷印普通軍學書報。以淸界限。如有私家著述。亦須呈由該處大臣審定。方許刊行。

軍•諮•處•整•頓•軍•制• 軍諮處以三十六鎮新軍。均已漸次成立。惟關於軍制機關。缺乏之處尚多。如南省無牧場。北省無工兵廠等事。實爲最大缺點。故決議在廣西江北西處。創設牧場。晉省設工兵廠。以立軍制基礎云。

咨•查•軍•隊•駐•紮•地•域• 軍諮處以本處有籌畫國防之責。所有各項軍隊駐紮地域。自應參仿東西各國之制。按照國防作戰調動等計畫。以及衛生上之關係。擇要分配。惟查各省軍隊。多半團紮一區。其擇要分駐者。甚屬寥寥。亟應按照以上各項。妥籌變通之法。但此事於各省情形。各有不同。本處未便懸揣。究應如何分配之處。須俟咨請各省查照。妥籌繪圖貼說。限一月內咨覆。以憑核辦。

實•業•人•員•概•由•部•派• 農工商部近以各省實業人材。均形缺乏。去年曾經本部設法造就。撥充成效。迄未大著。故特擬定分發實業人員辦法。嗣後游學生廷試。除有授職知縣者。應令遵章赴省。不得率請留京外。其餘由部將農工商各科人員。彙爲一冊。分咨各省督撫。查明學堂局廠及官私已經成立之公司。遇有需用此項人員。開列人數。電知本部。即由本部請旨發往該省委用。並聲明不扣資薪。該員等既無礙於實官之資格。仍得各執其業。效用於時。似與朝廷提倡之意。不無裨益。業已咨行各省查照矣。

催造審判廳預算表冊 法部電行各省督撫。謂各該省城商埠各級審判廳。應於今年成立。所有各該廳開辦經常臨時等費各若干。其款係由何項款下籌撥。均應分別詳造表冊。務於七月以前。咨送到部。以憑彙核。嗣後各府州縣審判廳。分年成立。亦應先期豫算。咨報。以便核定而免稽延。

易州民變 直隸易州籌辦地方自治。勒抽苛捐。不洽輿論。適天久不雨。旱象已成。秋收無望。民心動搖。莠民更從中挑撥。故各處亂民。蠭擁而起。毀拆各學堂及自治局。一時聲勢洶湧。大有不可收拾之勢。及亂耗到省。直督即派巡警四十餘名。偵探隊二十名。又駐省淮軍中路統領派撥左哨兵丁三十名。馳往該處。以資彈壓。

浙撫奏報司道分科治事 浙撫奏報司道分科治事。略云上年十一月間。遵照光緒三十三年總核官制大臣奏定各省官制。實行臣署幕職分科。奏明在案。半載以來。辦理各項要政。成效頗著。所有司道各衙門。亦應分科治事。以專責成。即經通飭分別妥擬。詳由會議廳議決施行。除提學司巡警道勸業道三處。本有部章。早經遵辦。其布政按察交涉等司。糧道杭嘉湖道寧紹台道溫處道金衢嚴道。均已陸續擬有試辦章程。並經決議。據該司道等詳請奏咨前來。臣覆核各項章程。尚臻妥洽。藩司爲統一財政機關。事較繁重。分設六科。曰總務。曰田賦。曰釐稅。曰俸餉。曰銷算。曰主計。理難再減。原有經歷照磨理問等官。應行裁撤。各科經費。卽取給於向來幕修員薪。尚覺有盈無絀。臬司則分設總務民刑典獄三科。與部頒提法司屬官之制。略相符合。原有經歷照磨司獄等官。亦應分別裁改。仍留刑幕一人。專辦招解勘轉事宜。惟臬署公費無多。添置各員。已飭另籌撥補。交涉司衙門亦設三科。分爲通商。教務。庶務。與舊日洋務局無少差異。並飭令極力撙節。期合於量入爲出之經。至各道分科。尤宜删繁就簡。糧道祗督漕運。不兼他項考成。杭寧溫三關。俱由巡道兼攝。故有交涉租課等科。金衢嚴道不兼關務。分科簡單。不必備設。至鹽運司分科治事章程。現已擬定。應照章咨請督辦鹽政大臣覆核。是以未經列入云。

浙省彌補預算不敷款目　浙省預算宣統三年出入不敷款目。爲數不貲。現憲政籌備處以度支部咨造預算清冊。原欲量入爲出。今不敷之款甚巨。非通籌核減不可。業已會議彌補之法。其議案如下。甲爲預算不敷實數。一原表不敷銀一百四十九萬兩。二財政局誤收删銀二十一萬六千兩。前件內誤收各省撥補釐金二十萬兩。誤删藩庫開支銀一萬六千餘兩。以上共不敷銀一百七十萬零六千兩。乙爲核減各項經費實數。一專使經費一萬兩。二北洋海防經費二萬兩。三浙西水利約六萬兩。四保甲費二萬兩。五巡署建築費三萬兩。六警局重開經費約九萬兩。七雜費約一萬兩。八自治會經費二萬兩。九協濟皖省軍餉一萬兩。十撫中營及協城守各營洋龍弁勇薪糧二千六百五十六兩。十一官膏及牌照費約十萬兩。以上共核減二十七萬二千六百五十六兩。丁爲新增款項實數。一訴訟狀紙費約九萬兩。二整頓田房稅契約五萬兩。以上共增銀十萬兩。統計不敷銀一百七十萬零六千兩。除核減款銀二十七萬二千六百五十六兩。漏收款銀十萬兩。新增款銀十萬兩。實不敷銀一百二十萬三千三百四十四兩。內有軍隊新增不敷之款六十七萬兩。現在軍隊預算案業由陸軍調查財政局另擬變通辦法。則此六十七萬之款。已劃歸彼案通籌辦理外。實不敷銀五十六萬三千餘兩。應由財政局於各項解款項下。酌量減解。以資彌補。

鄂省預算不敷數目　湖北預算宣統三年分財政表冊。業經辦齊。惟查鄂省光緒三十四年暨宣統元年所造報冊。每歲約不敷銀二百數十萬兩。加以歷年積欠銀四百餘萬兩。此後憲政推行愈廣。用費愈繁。舊累未償。新虧轉劇。欲求收支適合。殊爲困難。現鄂督奏送表冊。附陳繁難委曲情形。約有三端。一收款日絀。鄂省原有歲入一千五六百萬。然近來大宗進款。不可恃者。如土稅膏捐自禁煙實行後。收數驟減。從前月撥十萬。現僅撥銀一二萬兩。籤捐從明年起。定議減銷三分之一。分作三年減盡。約少餘利三十萬元。加以官錢局收縮紙幣。銀銅幣局。改歸部辦。原有盈餘。或久已全無。或漸至減少。撥補鹽釐一項。無著甚多。蒂欠尤鉅。綜計以上少收之款。不下一二百萬。印花稅開辦未久。尙無成效可言。若就官業。以圖補救。如武昌之商場。漢口之城垣馬路。以及後湖荒地。經營不易。出售無期。卽或變價一二。祇可湊還舊債。無益經常之需。且迭遭災祲。民生凋敝。釐捐賦稅。無卽議加。卽令設法淸理。所入無幾。一支款日絀。查原有歲出之款。約計一千七八百萬。內除撥解京餉洋款賠款協餉六百七十餘萬兩。其實本省開支不過一千一百餘萬兩。軍政又佔十之五六。所餘不及一半。僅以有限之資。

而辦無限之事。無怪歷年支絀。積有鉅虧。且混成一協。歲餉五十餘萬。本未籌定的款。積負已及四年。兩屆會操。需用一百四五十萬。全係借貸而來。本未還而息又遞加。淺水輪船製本。既費二百餘萬。復需常年經費二十萬。上年各屬大水爲災。工賑平糶三項。用款逾二百萬。尙未竣事。加之奉撥海軍軍諮各經費。均屬鉅資。不容短少。現在已裁已併者。善後統捐兩局。營務處洋務局及附屬各局所。教練一隊。並於學務力爲裁節。每歲所省。不過二十萬金。此外各項。卽使竭力搜剔。爲數恐亦無幾。欲以彌補一二百萬之虧墊。斷非裁節所能爲力。一籌備憲政各款。太鉅。一時尙無所出。就湖北一省。宣統三年應辦之事而言。按照籌備清單計算。如軍政費之混成協。募足一鎭。需銀一百四十餘萬。地方自治補助費。需銀一百五十餘萬。教育費需銀三十餘萬。司法費除籌認外。需銀三十餘萬。實業費需銀六萬有奇。巡警費一項。約畧計算。數亦不貲。以上綜計共需銀三四百萬。近來部庫及各省財政。同一艱窘。原章不足之款。商同度支部設法籌措。已成虛語。且當此國會未成立以前。國民無監督財政之責成。更難語以增加預算之擔負。今先遵照部章。於本省出入之款。將舊有新增。劃分兩部編造。一曰普通會計法。凡宣統三年以前已辦之事。已有之款列焉。一曰特別會計法。凡宣統三年應辦之事。未籌之款列焉。計舊有不敷二百二三十萬。新增不敷三百七十餘萬云。

黔省奏報財政紀畧　黔撫將該省財政困難情形。具奏原委。略謂貴州本省收款。丁糧釐稅。統計不及七十萬。自土稅停收。又少二十七八萬。所可得者四十餘萬。此外則仰給四川之協餉。此次預算全冊出入兩抵。不敷銀一百餘萬。不但收支不能適合。而且相距懸殊。現在財政局司道終日計議。思得抵補之法。就收入論。不外整頓釐金雜稅。栽綠營。併局所。清查各衙官田。搜提餘米變價。就支出論。各屬津貼年需五萬餘兩。擬將平餘。定爲規費。津貼一項。即可存留。此數事者。無論所得無幾。且事機之能否順手。辦理之有無他變。尙無把握。惟望各省之協餉。源源接濟。四川之鹽務。肯予變通。或能爲罅漏之補苴。支偏疆之危局云。

松花江航路問題之結果　中俄兩國松花江交涉問題。現已由我國政府與俄國委員會同議結。此約內容。損失權利不少。蓋自黑龍江分歧。經吉黑兩省境界。而通至哈爾賓吉林兩市之河流。本我國內河。俄國無置喙之權。現除黑龍江之下流。並通吉哈

中國紀事 十二

兩處之上流外。其航行權均爲俄國攫奪。茲將改訂章程列下。一中國政府允將滿洲內之松花江開放。俾各國商輪自由航行。二從前所抽稅款按輪船之重量者。改按搭載貨物之價格抽稅。三對於雜穀抽稅較前所定章程。減三分之一。四在中俄兩國境界一帶。凡彼此出入貨物。先納按率稅款。嗣後在該境界內一百清里內之地實在銷售者。卽將前所納之稅款。還之貨主。

世界紀事

上院問題與首相　英國首相愛斯葵士之上院問題。久懸未決。現據兩黨協會之報告。此問題仍未得要領。因自由黨內一部之黨員。從中梗議。

英國與西藏　英國以西藏將有亂事。特派兵前往。以覘動靜。如果用兵。則決以西利格里爲根據地。現藏民仍運動達賴復位。中國已將此事籌商。故達賴喇嘛大有復位之望。蓋非此無以息西藏喇嘛之亂也。

英國新戰艦落水　英國巡洋戰艦策阿恩號。已在丹佛港落水。該艦之排水量二萬六千三百六十噸。裝配十三寸口徑之大砲八尊。實爲世界上最大之軍艦云。

提倡英美聯盟　加拿大首相在西北部演說。特於美國居留民之前。言英美兩國當訂攻守同盟之約。俾世界非得兩國之允諾。則不能輕發一砲云。

日俄協約之疑慮　倫敦泰晤士報著一論說。謂日俄新協約能保持平和。固甚歡迎。但將來滿洲各鐵路。如何於日俄兩國保護之下。經營敷設。其條款殊未明確。蓋於滿洲有利害關係之第三國。時抱不安者。全因此報告之缺乏也。且於錦愛鐵路有關係之人。皆有權利。以考求該鐵道。究如何侵害日俄兩國之利益。

德國之同盟罷工 德國漢堡造船所之職工一萬人。以造船主拒絕其增加賃金及短縮操業時間。相率同盟罷工。基路軍港之船工六千餘人。亦同時加盟。

法國新兵之知識 法國今年之徵兵。其中不識字者。一萬四千三百二十五名。

俄都霍亂症流行 聖彼得羅堡霍亂症盛行。勢甚猖獗。每日患者七百五十餘人。

西國募債計畫 西班牙政府擬募十五億披薛打之公債。(約值五億八千五十萬圓。)

西國僧侶之陰謀 西班牙之宗教制度改革問題。現呈極危險之狀態。該國北部之僧侶。日謀不軌。以傾覆西班牙王室。

列強之製艦 各國之海軍。以本年興工之新艦。其數如下。英國戰鬥艦四艘。裝甲巡洋艦一艘。巡洋艦五。水雷艇二十三。潛水艇十。雜役船三。此外供殖民地用者。裝甲巡洋艦二。巡洋艦三。德國則戰鬥艦三。裝甲巡洋艦一。巡洋艦二。水雷艇十二。潛水艇未詳。美國則戰鬥艦二。潛水艇四。雜役船二。意大利則戰鬥艦二。巡洋艦二。日本則裝甲巡洋艦二。

和•平•會•近•事•　瑞京所開之和平會。對於日俄新協約。極表同情。惟對於俄國處置芬蘭手段。則甚不滿意。

海•牙•禁•煙•會•議•案•　陽歷九月於海牙開禁煙公會。美國擬定之•提議。共十四條。其最要者。一管理鴉片及分運之通律。一檢搜被疑私運鴉片之互有權。一凡現在不產罌粟之地。此後禁止栽種。一禁•止•將•鴉•片•出•口•運•往•現•願•禁•煙•之•國•。一載運鴉片之强迫報告。一實行對於在華西人之製藥律。一違犯以上各條之懲罰。

土•國•軍•制•改•革•　土耳其前議改革軍隊之編制。及擴張十四箇軍團。現此事已得土帝批准。

波•斯•聘•外•人•顧•問•　波斯內閣現擬聘用外人。充當顧問官。內•務•部•顧•問•決•聘•法•人•。憲兵顧問。則聘比利•時•人•。法•部•顧•問•。則聘•埃•及•人•。

波•斯•之•政•界•　波斯各政黨。恐內亂不已。將起外人干涉。故已捐除一切意見。協謀整

世界紀事　三

頓內政之法。現各處尚屬安靖。

無線電之強迫法令 美國裝置無線電於各船舶之强制法案。今期議會亦已通過。現新定法令。自明年七月起。凡內外國之船舶搭載五十名以上之船員或乘客者。必須裝置無線電機。否則不許出入於合衆國之港灣。

美葡新訂條約 葡萄牙及北美合衆國今回互訂最惠的通商航海條約。

日韓合邦與條約 日韓合邦問題。日本曾通牒各國。諮詢意向。駐中德使親赴韓國。詳察該國之對外關係後。各國亦承認日本眞意之所在。謂合邦後苟不侵害列國既得之權利。則可贊同。及寺內統監蒞任。體察一切情形。謂韓國之外國條約。自與合邦同時消滅。與日本從新協定。惟如中國之專管居留地制度。與韓國之關係甚深。當視爲特別條件。仍舊留存。

日本派員學習飛船 日本派赴德國購買飛船之員。現已一切妥辦。且留日陸軍士官二十五人。在柏林之飛船學校。學習空中駕駛之術。

東京大水 東京暴雨。洪水倏漲。破壞東海道鐵路之橋梁隧道及鐵軌多處。以致斷絕交通。靜岡地方被害尤慘。流失家屋二百餘戶。

叢錄

春冰室野乘

春冰

明太祖御書墨蹟

華陰縣東華嶽廟殿後萬壽閣。地勢絕高。登樓一望。可數百里。閣之後有一小樓。兎葵燕麥中。遊踪罕至者。樓上供明太祖高皇帝御書夢游西嶽文眞跡。其文云。猗西嶽之高也哉。吾夢而往。去山近將百里。忽覩穿雲抵漢。岩厓燦爛而五光。正遙望間不知其所以。俄而已升峰頂。畧少俯視。見羣巒疊嶂。拱護周迴。蒼松森森。遮巖映谷。朱厓突兀而淩空。其豺狼野鳥。黃猿狡兎。畧不見其蹤。悄然絜淨。蕩蕩乎巒峰。吾將周游嶽頂。忽白鶴之來雙。驀異香之繚繞。管絃絲竹之聲。雜然而來。意試仰觀。見河漢之輝輝。星辰已布吾之左右。少時一神跽言曰。愼哉。上帝咫尺。既聽斯言。方知西嶽之高。柱天之勢如此。於是乎誠皇誠恐。稽首頓首。再來瞻天。愈覺神殊氣爽。體健身輕。俄聞風生萬壑。雷吼諸峰。吾感天之造化。必民獲年豐。遂舉手加額。豁然而夢覺於戲。朔乃作思。夜必多夢。吾夢華山。樂遊神境。豈不異哉。此蹟以墨筆書白油板壁上。作行楷書。字大如杯。書法雖不工。瀟灑奇逸之氣。信非臣工所能代爲。今尚完好如新。而棄置僻室中。華下人無知之者。貴築楊君壽彤。讀書嶽廟時。始尋得之。惜地僻。無工攝影術者。傳其蹟於世。

正音書院

人第知明太祖曾使人分赴閩廣。教習官音。而不知　我朝亦有斯制。閩中諸州縣。從前皆有正音書院。即爲士民學習官音之地。雍正六年。欽奉　上諭。凡官員有涖民之責。其言語必使人人共曉。然後可以通達民情。熟悉地方事宜。辦理無誤。是以古者六書之訓。必使諳聲會意。嫻習語言。皆所以成遵道之風。著同文之盛也。朕每引見大小臣工。凡陳奏履歷之時。惟有閩廣兩省之人。仍係鄉音。不可通曉。夫伊等以現登仕籍之人。經赴部演禮之後。敷奏對揚。仍有不可通曉之語。則赴任他省。又安能宣讀訓諭。審斷詞訟。皆歷歷清楚。使小民共曉乎。官民上下。言語不通。必使胥吏從中代爲傳遞。於是添設假借。百病叢生。而事理之貽誤者多矣。且此兩省之人。其言語既不可通曉。

不但伊等歷任他省。不能深悉下民之情。即身爲編氓。亦不能明悉官長之言。是上下之情。扞格不通。其爲不便實甚。但語言自幼習成。驟難更改。故必徐加訓導。庶幾歷久可通。應令福建廣東兩省督撫轉飭所屬府州縣。有司教官。徧爲傳示。多方訓導。務使語言明白。使人易通。不得仍前習爲鄉音。則伊等將來履歷奏對。可得詳明。而出仕地方。民情亦易達矣。各處正音書院。蓋當時遵奏 上諭所建。無如地方官悉視爲不急之務。日久皆就頹廢。惟邵武郡城一所。至嘉道時尚存。然亦改課時文。無有知其建設之意者矣。今朝廷方謀統一全國語言。先朝 祖制。自不可數典而忘。故亟著之。以餉今之言憲政者。

福八

明弘光帝小名福八。宮中妃嬪。嘗教英武呼之以爲戲謔。沈士柱宮詞所云英武金籠喚御名者是也。見黃梨洲思舊錄。

宰相食珠

偶讀焦里堂憶書。有宰相食珠一則。最爲異聞。亟摭錄之。吳縣有石遠梅者。以販珠爲業。恒衷一小篋。錦囊緼裹。赤金爲丸。破之則大珠藏焉。重者一粒直二萬金。次者直萬金。最輕者猶直八千金。士大夫爭購之。惟恐不得。問所用。則曰所以獻和中堂者也。中堂每日晨起。以珠作食。服珠後。則心竅通明。過目即記。一日之內。諸務紛沓。胸中了了。不少遺忘。珠之舊者。與已穿孔者。服之皆無效。故海上采珠之人。不憚風濤。今日百貨。無如此物之奇昂者也。按周官有供王食玉之說。今乃有供宰相食珠者。眞異聞矣。西人所撰金塔剖尸記小說。載埃及女王格魯巴堅錦帆張燕時。用酒化一珠而服之。人已驚爲窮奢極汰。今和珅乃以此爲常服之藥餌。其汰不又在格魯巴堅上萬萬耶。

交泰殿大鐘

嘗讀沈侍郎初西清筆記中一則云。交泰殿大鐘。宮中咸以爲準。殿三間。東間設刻漏。一座幾滿。日運水斛許。貯其中。乾隆以來。久廢不用。西間則大鐘所在。高大如之。躡梯而上。啓鑰上弦。一月後始再啓之。數十年無少差。聲遠直達乾淸門外。猶萬歷時舊製也。于文襄執政時。每聞鐘聲。必呼同直者曰。表可上弦矣。今久不聞此聲。問之內廷官吏。亦無知者。

西清筆記又云。內府有一鐘。下格有一銅人。長四五寸許。屈一足跽。前承以沙盤。鐘鳴時。銅人則一手執管於盤中。劃沙作天下太平四字。鐘聲寂而書竟矣。聞亦利瑪竇初來時所製者。

記此因憶劉繼莊獻廷廣陽雜記云。江甯孝陵之側。爲靈谷寺。古刹也。其大殿中懸古景陽鐘。鐘周界爲二十有四罫。罫各懸一杵。清濁高下。各自爲律。依時遞報。久聞者辨爲何律。即知已至何時矣。此則必非西人所作。然使不明聲化學者。又何以爲之。吾國中數百年前。已有如是絕藝。而竟不獲傳。幷其姓名而不可知。惜哉。又國初閩中最多絕技。相傳有漳州孫細娘之小自鳴鐘。高僅一寸。而報時不差分毫。莆中姚朝士之測晷儀器。不拘北極高下。皆可得眞晷刻。而其器悉不傳。並其名亦在若有若無間矣。

百年前海王村之書肆 琉璃廠於遼爲海王村

乾隆時益都李文藻所著南澗文集中。有琉璃廠書肆記云。琉璃廠因琉璃瓦窰爲名。東西可二里許。未入廠東門。路北一鋪曰聲遙堂。入門爲嵩口堂唐氏。名盛堂李氏。皆路北。又西爲帶艸堂鄭氏。同升閣李氏。皆路南。又西則路北有宗聖堂曾氏。聖經堂李氏。聚秀堂曾氏。路南爲二酉堂。文錦文綸兩堂。寶田堂。京兆堂。榮錦堂。經腴堂。皆姓李氏。宏文堂鄭氏。英華堂徐氏。文茂堂傅氏。聚星堂曾氏。瑞雲堂周氏。二酉堂自明中葉已有之。人故呼爲老二酉。迤西。南轉沙土園北口。路西有金氏之文粹堂。肆賈謝姓。頗深目錄之學。爲乾嘉兩朝冠。又北轉至正街。爲文華堂徐氏。在路南。而廠橋東之肆盡矣。橋西僅七家。先月樓李氏在路南。又西爲寶名堂周氏。在路北。又西爲瑞錦堂。亦周氏。在路南。其地卽韋姓鑑古堂舊址。韋氏在乾隆初。頗有聲。全謝山杭大宗朱笥河諸先生。皆折節與交者也。又西爲煥文堂周氏。五柳居陶氏。在路北。陶氏卽黃蕘圃題跋所謂五柳主人者也。又西爲延慶堂劉氏。在路北。又西爲博古堂李氏。在路南。自此出廠西門。書肆盡矣。今去南澗時甫百年。而記中所列各家。乃無一存焉者。求如陳思蔡益所之流。益不可得矣。南澗集在潘氏功順堂叢書中。今印本亦漸希。爰撮其要於此。以餉後之脩城坊記者。

管緘若侍御遺詩

管緘若侍御世銘韞山堂詩。宗法杜蘇。不隨俗靡。方袁隨園之執牛耳於東南也。天下之士。從之如市。侍御獨不肯附和。嘗賦詩以見志曰。耆舊風流屬此翁。一時月旦擅江東。寸心自與康成異。不肯輕身事馬融。可謂婉而嚴矣。

明故太子之異聞

弘光南渡時。王之明一案。卒召亡國之禍。人皆知之。而不知前此北都已有故太子出見之事。錢軹甲申傳信錄載其事頗詳。而他書不少概見。爰迻錄之。順治元年十一月。忽有一男子。隨一內侍。投故嘉定伯周奎府中。自稱故明太子。奎姪鐸引與長平公主相見。抱頭痛哭。奎飯之。舉家行君臣禮。太子言城陷之日。獨出匿東廠門。一日夜。潛出至東華門。投豆腐店中。店小兒易予以敝衣。居五日。送至崇文門外一尼庵。留居半月。而內侍來。遂攜歸其家。藏諸密室。今聞公主在。故來。傍晚哭別而去。數日復至。公主贈一錦袍。密戒云。愼勿再至。十九日又至。奎留宿。語之曰。太子自詭姓劉。爲書生。庶可免禍。否卽向官府究論。太子不從。逐之門外。遂以犯夜被擒。刑部山東司主事錢鳳覽勘其事。訊內侍舊臣。共言此眞太子。舊司禮監王德化亦言其眞。百姓觀者數千。皆應聲呼眞太子。是日送入殿中。廷勘之。太子言宮中事。悉無訛。召故錦衣官嘗侍衛東宮者十人訊之。十人同聲對曰、眞也。獨故晉王執以爲非是。遂下太子及常侍內監錦衣十人於獄。鳳覽上疏力爭。畧曰。前太子危地也。何所覬覦而假之。京師商民。各具疏請釋太子。又有宛平民楊時茂者。上疏請將茂身肉剮爲泥。骨碓成粉。以贖太子。順天府民人楊博等。亦疏請留故太子以奉明祀。疏上悉留中。此案遂不知其究竟。然大畧可睹矣。此案罕見紀載。即亭林南雷兩先生。亦不知之。當時秘密。概可想見。

劉文清姬人善書

諸城劉文清公之側室黃夫人。能學公書幾亂眞。包愼翁常見其與公家書一冊。筆筆精妙。眞尤物也。葉廷琯鷗波漁話。亦載此事。惟黃作王。云淵雅堂集有句云。詩人老去鶯鶯在。甲秀題籤見吉光。注云、王常爲公題甲秀堂法帖籤子。惕翁蓋嘗見之。故有是詠。此文淸逸事之最可傳者。惟黃王互異。必有一訛。愼翁與文清交頗深。所見夫人跡最多。所載當不誤也。

乾隆朝僞皇孫

南宋之劉僧遇。自稱欽宗皇子者、明末之王之明。皆在亂亡之餘。即西漢成方遂之獄。

亦當戾園巫蠱之後。大獄甫解。人心未靖。乘機而起。圖遂奸私。從未有昇平無事之時。忽起非常之疑獄者。若國朝乾隆時僞皇孫一案。則眞可異矣。乾隆五十五年春。純廟南巡回鑾。駐蹕涿州。忽有僧人率一幼童接駕。云係履端親王次子。王諱永城。純皇帝第四子。其側室福晉王氏。王素鍾愛。有他側室產子。以痘殤。邸中人皆言實爲王氏所害。事曖昧。無可究詰。上雖微聞之。然弗問也。至是乃以童子入都。命軍機大臣會鞫之。勵堂侍郎保成時爲軍機司員。察其僞。乃直前披童子頰曰。汝何處村童。爲人所紿。乃敢爲滅門事耶。童皇懼。自承樹村人。本劉姓。爲僧人所教。獄上。斬僧于市。戍童子伊犁。後又於其地冒稱皇孫。爲松相國筠所斬。保遂以是受知。不數年至卿貳。

明太傅遺事

納蘭太傅明珠。爲康熙時權相。卒以賄罷。而生平馭下極嚴。以故當政柄十餘年。而門客家奴。無敢爲城狐社鼠之行者。其智計亦足多也。太傅既貴。乃廣置田產。分命諸奴僕主之。厚加賞賚。使人人充足。而嚴禁其干預外事。立主家長一人綜理家務。諸奴有不法者。許主家長立斃杖下。即幸免而被逐。亦無他人敢容留者。曰。伊於明府尙不能

叢錄 十

存。況他處乎。故其下愛而畏之。莫敢不奉法者。太傅雖罷黜。而後嗣奕世富豪。爲滿洲世家冠。至裔孫成安。忤和相坐法。籍沒其所庋珍玩。有天府所無者。或有以此事證紅樓夢一書。爲演太傅家事者。則誤矣。蓋成安籍歿時。距太傅執政。已及百年。其時代迥不合也。

明末烈婦兩事

甯藩下永甯王世子妃彭氏。奉賢人。生有國色。足極纖。江西人以彭小脚稱之。而驍勇多智。力敵萬夫。江西破。永甯父子皆殉國。妃乃率家丁數十人入閩。庽汀州。結義軍將范繼辰等。聚衆數千。克甯化歸化等十餘州縣。勢張甚。大清兵極畏之。會歲飢。衆稍散。遂以順治五年。爲叛將王夢煜所敗。被執不屈。絞殺於汀州之靈龜廟前。其從婢二人。一名金保。一名魏眞。年皆未及笄。而俱有勇力。善騎射。妃既死。保自刭。眞竄山谷間十數日。兵退乃出。竊妃與保屍葬之。遂去爲尼。不知所終。此明季諸野史俱未紀載。惟見施鴻保所著閩雜紀中。亟表而出之。

霍山黃鼎者。諸生也。鼎革時起義。後降洪承疇。授總兵。使駐江南。其妻獨不肯降。擁兵數萬人。據濠泗山谷中。與王師抗。數有斬獲。總督馬國柱乃召鼎至。謂之曰。汝獨不能招汝妻使降乎。對曰。不能。然有子在此。使之往。或可動也。乃命其子往。妻曰。大厦已傾。一木夫何能爲。然志士不屈其志。吾必得總督親來廬州一面。約吾解衆。喻令薙髮。然吾雖解兵。當仍居山中。不能如吾夫聽調遣也。國柱許之。卽自至廬。歸率衆出見。兜鍪貫甲。凜凜如偉丈夫。執總兵見督府禮。以兵餉簿籍授國柱。卽上馬馳還山中。終不與夫一見。此婦眞有烈丈夫風。而姓字闋如。惜哉。明之末造。豫中阮太冲憤兵驕將惰。乃著女雲臺以識之。雜取古女子婦人建義滅賊事。多至數十百人。一時傳之。嗚乎。若彭妃黃婦者。又豈讓古人哉。頗疑紅樓夢所述姽嫿將軍。卽指彭妃。

國初富室

國初富室。以南季北亢爲領袖。季氏居泰興。季家市其族人三百餘家。皆有複道門戶相通。每夕行掫者至六十餘人。蓄女樂兩部。服飾至直巨萬。滄葦侍御振宜。以藏書著國初者。卽其族也。亢氏籍山西。相傳李自成西奔時。所携輜重。皆棄之山西。盡爲亢氏所得。遂以起家。富甲天下。康熙中。長生殿曲本初出。亢氏家伶。卽能演之。器用衣飾。費鏹至四十餘萬。他舉稱是。今無人能舉其姓者矣。保富之術不脩。國之所以不競也。

術士能代人飲食

頃讀漁洋池北偶談。載其叔祖季木吏部家中。一有方士。能代人飲食。其人自飽。亦往往令人代食至溲溺亦如之。漁洋必非妄言者。然則催眠一術。吾國人二百年前。已有能通其學者矣。

江介雋談錄

野民

越南詩

秋風戒節。索處海濱。或有以所錄越南遺臣陳桂山詩見示者。粵以太歲在酉。龍蛇起陸之辰。烈士多辛。鸞鷟巢林之候。神傷孱主。偪處東偏。氣結名邦。淪爲異域。荆卿不作。陶彭澤雅有哀吟。絳闕爲墟。溫太眞自然流涕。驚霆下擊。白日寢光。墜羽仍騫。蟠泥不耀。嗟乎。廣陵散逸。琴是知音。汐社編傳。言皆實錄者矣。予覽其典要。似失箋注于南溟。耽厥芳馨。特紀風騷于短簡。七古俠客行云。當路見不平。憤氣衝斗牛。夜半昆吾脫匣出。破屋飛取仇人頭。追風逐電去頃刻。鐵衣如山求不得。神龍變化網外逃。還來東海釣巨鼇。金爐玉鼎煎瓊膏。姓名上列飛仙曹。下視塵世如鴻毛。還山云。朝開松下窗暮倚花間扉。青山滿眼不辭醉。白雲有約今來歸。明月微微映溪晚。我心忽與秋空遠。西來白鶴東南飛。一曲瑤笙已忘返。五律春思云。魑魅愁人處。山河破國餘。懷歸空日暮。感別每春初。恨促梅花瘦。寒禁柳眼疎。東風無氣力。誰復借吹噓。秋夜云。松菊秋將老。關山夜欲深。懷人空遠夢。辟世豈初心。病久書難理。愁多酒强斟。南陽桑柘地。長學臥

叢錄 二

龍吟。七律感懷云。野草東風戰血多。六龍宮闕泣銅駝。釣天夢罷成烏有。易水歌殘喚奈何。去國煙光空爛熳。題橋名姓欲銷磨。誰人更理臨江楫。十載如今一釣蓑。聞道云。周王西駕六龍車。漢使東飛八月槎。戈戟氣森金闕日。旌旗霧捲玉門沙。談兵幾歲空捫虱。謀國何人欲畫蛇。聞道昭陵神馬在。蒼茫天意未長嗟。望黃山有懷云。九十九峯秋色邊。徐郎吹笛上青天。白羊散臥雲生壑。黃鶴歸飛月滿川。路入金華猶幾里。名登石室已千年。無因得問蟠桃熟。把酒西風一惘然。即事二首云。落日憑高望八荒。中原氛祲正茫茫。金鼇徙海千山霧。銕馬開邊九月霜。夜半詔書求將帥。天涯烽火廢耕桑。當年不問巢南鳥。遺恨伊川淚萬行。又金戈銕甲氣蕭森。萬里西風盪越吟。姑妄言之天下事。誰能遣此昔人心。神關地塌雷霆鬭。禁海天低日月沈。猶憶雲山迴藿處。十年芳草到如今。斷句五言云。白日催人事。青山勸客觴。山暝歸人遠。城空落葉多。七言云。一淚無關天下事。十年猶見太平時。一家如燕棲何定。萬里無鴻信亦稀。天清落木隨風下。江淨殘霞貼水飛。身當五世韓恩重。力盡三分漢祚危。東風一夜吹潮長。臥看青山入愛州。

缶廬詩

安吉吳倉石大令俊卿工鐵筆。得漢銅印章法。吳北山先生與之友善。嘗謂爲在本朝中足與鄧完白趙撝叔並峙而三。尤善寫石鼓文。草書亦工。詩畫並皆精妙。著有缶廬詩集。文道希學士素未識面。讀其詩歎爲清冷葢詩如其人。固自成一家言者也。風調舉止似南朝張融。嘗攝江蘇安東令一月。自鐫小印曰惡詩之官。其風趣如此。茲錄其五律坐雨和鐵老云。窗外雨如鏃。驟涼生葛衣。滿庭蕉葉大。入坐草蟲飛。興賴殘書遣。秋遲一雁稀。虛舟何處著。江海願同歸。自注曾爲題虛舟縱浪圖 渡江云。江風吹日薄。江氣繞林昏。杳杳迷京口。荒荒接海門。平潮吞野岸。一鴈點秋痕。空負澄清志。憑誰擊楫論。彊飯云。彊飯能驅病。禁寒慣典衣。打頭朝雨下。梳髮旅塵飛。瀏影白沈屋。石苔青刺扉。無人慰寥落。梁燕故依依。溧陽訪孟東野遺蹟云。爲弔孟東野。孤城倚溧陽。苦吟山獨抱。多哭淚誰償。知己縱寥寂。平生何感傷。世無韓吏部。下拜亦尋常。清嘯云。清嘯一龕坐。歲寒風雪時。坡無彌勒共。甫有草堂詩。託夢林泉境。醉顏金石姿。終期忘結習。專氣得嬰兒。旅夜云。客已悲窮鳥。心還制毒龍。牆低防屬耳。酒苦用塡胸。板屋孟冬月。寒山長夜鐘。黃華鐙影畔。岑寂伴衰容。答盧義生云。掩水門虛設。談山客寡儔。壓和秋共老。愁與髮爲讎。得句喜三日。段書盈一樓。家風演茶量。兩腋聽颼颼。七絕太湖曉發云。野店投荒三四間。渡頭齊放打魚船。數聲鴻雁雨初歇。七十二峰青自然。題倪雲臞冰天躍馬圖云。揮鞭似打天山圍。漢家大將今數誰。堅冰在須雪沒脛。得意更揚裴岑碑。對酒云。燈昏未昏晨鐘撞。月落不落橫紙窗。我歌寂寞少人聽。擬抱銅琶彈過江。憶家山圖爲方大作云。蕭蕭散散屋三間。同在風塵未得還。數點煙巒千个竹。依稀簾卷古翁山。飲桃葉渡云。桃葉渡頭烟雨繁。飲酒快滌胸中煩。一斗一醉一石醉。眼看江水人踏翻。斷句如月倩柳絲繫。露隨荷葉翻。妃豨皇古俗。鵝鴨草堂風。病臂臨池活。游心繞樹貪。均佳。

海外叢談

茶圃

德國皇帝被叱

德國皇帝威廉二世。生平未嘗疾聲厲色。叱罵他人。然亦未嘗爲人所叱。昨年之夏。乘一快遊船。循北海以游德國各港灣。彼自信萬能之皇帝。自誇其舵術。遠過舵師。甫下船。即坐於港口嚮導者之側。屢以左轉右旋急進緩行之命令。施於此嚮導者。刺刺不休。然此嚮導者。性亦兀傲。雖明知其爲皇帝也。然不耐其煩。疾聲叱之曰。「子爲嚮導乎。抑我爲嚮導乎。無多言。多言擾我。」怫然見於顏色。帝悄然不語。亦不再干與。俄頃泊舟。帝從懷中取雪茄烟一卷。敬致嚮導者。且曰。子乃眞嚮導者。眞克勤厥職者也。殷勤握手而別。

德國大學之牢獄

德國警吏之權力不能施之大學之學生。學生犯罪。例下之大學自設之牢獄。尋常犯罪。雖許同級生自由出入。爲之慰問。至喪廉破恥之犯。則斷絕其交通。令其閉門思過。故獄中牆壁。墨痕狼籍。或醉後之放歌。或失戀之艷詞。或滑稽之劇畫。或憤時嫉俗之大文。種種色色。令人應接不暇。彼鐵血宰相俾斯麥公。亦曾久困此獄云。

選舉保險

保險之法。本創前人未有之新事業。近人更發奇想。欲行選舉保險之法。以選舉候補者爲被保險者。若不當選時。則賠償其運動損失之費。其保險金之計算。則視候補者之勢力。選舉區之事情。競爭者之人數及輿望。以定多寡。

肺病藥之新發明

法國某有名警吏。曾發表一論文。題爲酒精與肺病之關係。大約謂療治肺病之良藥。爲葡萄酒。彼調查法國北部二十八州。其飲料多爲涼水麥酒及酒精飲料。（如白蘭地及威士忌酒等類）其住民十萬人中。患肺病者二百三十人。此外飲葡萄酒之地。雖同一比例。然患者僅百四十人。實少九十人。且男子以時飲酒精之故。病肺者多於女子。據種種調查。斷言肺病之大敵。乃葡萄酒。故罹肺病者。切勿飲涼水麥酒白蘭地及其他酒精飲料。可以葡萄酒爲日用所需之飲料云。

財政學者之杞憂

現世紀最可驚之新發明。則爲飛行機。邇來此學日益發達。德法已有用飛行機乘載旅客。航行空中。不數年間。可決其與電車汽船。同爲日用必需之品。惟飛行機不需一定軌轍航路。飛行自由。即走漏私貨。稅關亦無從稽查。飛行機盛行之日。當卽稅關廢止之日。故歐洲之財政學者。現日絞腦漿。考求新法。以彌此缺憾。

疾病保險公司之新計畫

美國某生命保險公司昨年新設一例。當被保險人疾病時。分派看護婦。爲之侍疾。不取工金。被保險者。每星期交納保險金時。各給以憑單一紙。以爲延請看護婦之用。若需用時可將此憑單。送至該保險公司。公司先行查診。卽派出看護婦爲之調護。邇來需用看護婦日多。故該公司擬自設看護婦養成所云。

輿論試驗與羅斯福

美國某雜誌社欲知輿論對於羅斯福之如何。特自購讀雜誌之名簿中。由各州選出千人。不聞其人之政見黨派職業如何。但擇知名之人。諳其有相應之智識者。特發數疑問。以求其答覆。此亦覘舉國輿論及公衆感情之一新發明也。該社第一問題。則謂羅斯福爲現代精力最富之人。世人雖已公認。然論者議彼之舉動。時或失之擾亂。故舉羅氏爲第三次大統領之議。非愚則狂。是否爲偏宕之詞。請決以一言。答此者三百八十二人。內否者三百五十三。然者二十九。是認可羅氏爲大統領者十三分。否認者則僅一分而已。至第二問題則或謂羅氏旣七年間權大統領之任。揆之國勢民情。皆不當再選。諸君對此意見如何。答者三百九十七人。內否者三百十人。然者六十九。卽五人中只一人否認羅氏之爲大統領而已。至第三問題。則尤直捷。謂羅氏爲民族精力之增進者。國民富力之保持者。爲苦於特權與資本勢力一切人民之指導者。能與各種階級以相應之特權。實爲最適於運用政權之人。使羅氏再爲大統領。諸君贊成否。答者三百七十五人。內然者二百九十二人。否者八十三人。是贊成者三分之二強。反對者三分之一弱也。羅氏人望。可見一斑。

文苑

理安寺

觚齋

行盡九溪曲獲此烟中岫下臨十八澗土石吐奇秀到寺不知門風枝接飛溜喬枏千萬株勁與竹同瘦巢鳥無高心陰陰失昏晝微覺世可悲仰窺天如竇松顛閣已欹法雨泉可漱（松顛閣法雨泉均寺中名蹟）古意在寂寥名山謝雕鏤憑高納萬態海色上襟袖返照失中峯羣山有遷就吾衰意何擇幽極神轉瞀可知出世難淸景付馳驟

游烟霞洞贈學信長老

前人

簷角挂錢江掉頭見西湖意識遠始明近山轉糢糊入洞探雨竇結屋通雲衢老僧不說佛清與山同臞了知衆生性料理食與居精神到鹽豉土木神功俱移坐得山情留客斷春蔬我佛至悲苦度世願已虛師能解世法但取近者娛耳中萬松聲味之成笙竽他山自晴雨吾歸尋敝廬

游山歸泛舟出裏湖待月

前人

山游腰脚疲躔臥如春蠶襆舟出裏湖霽色明澄潭羣峯促使暝若戒游人貪一樹倘殘照雨過南山南湖光不能紫細浪吹成藍濛濛覺遠喧渺渺窮幽探月出天水分始知風露酣各有愁暮心詩境從可參清景何處求湖燕飛兩三一失不可摹此意吾寧慙

海藏樓夜坐奉和海藏先生　　尊瓠

飯罷趁月臺是夜晦無月繁星綴虛幌涼露沁華髮曠觀萬慮淨百里洞荒忽遠火散歸人驚尨沸林樾如從輞川遊清詠竹里發息居屏聲聞孤心湛禪寤

題左文襄公二十九歲畫像奉子異廉使教　　抱碧

尚父釣渭水葛相隱南陽求志固龍臥乘時俱鷹揚嶽嶽恪靖侯千載相頡頏高目營四海壯烈垂一匡道定應不窮身瘁名彌光古來英雄人未遇亦尋常惟念天步艱既世猶未康卽今東南際隱患賚周防先德儻在人丕承卜其昌遺像禮式瞻清吟誦芬芳猗我賢使君豈弟民所望

瘿公先生賜梁杭雪畫漫此賦謝　　堯生

晚。涼。荷。氣。影。滄。洲。（游十刹海）意外欣逢顧虎頭。頗。解。詩。饞。割。秋。色。過。承。名。士。贈。羅。浮。故。鄉。無。地。堪。招。隱。白。晝。關。門。且。臥。游。乞得好山還借句。淡烟喬木是縣州。（君家句也）

再呈瘦公　　前人

買。山。無。力。空。思。畫。淡。雨。濃。晴。綠。數。堆。合向高人求水竹。驚看左股割蓬萊。責詩索比催租。急。拂石雲從罪樹。開。一。笑。江。東。遲。後。約。月。明。還。向。夜。珠。來。

瓶中勺藥　　前人

玉琢芳華照硯池。瑤臺新迓藐姑姿。醉。來。香。露。濃。于。酒。春。入。仙。雲。化。一。枝。如此紅顏非上。苑。頗慙清福占。西施簾間目與風人對。可有心情憶餅師。

榆錢　　前人

春風何苦戲貧家。重疊空階似落花。小様故應天上種。何人私向杖頭誇。圓。于。荷。葉。驚春。水。鑄。就。僧。年。老。鬢。華。莫爲綠陰嫌掃地。王門消息不如它。

四月二十夜試院作　　弢庵

一笑重來選佛場。冬烘換得滿頭霜。橫。流。無。地。容。芻。狗。古。道。何。人。愛。餼。羊。舊。侶。貞。元。猶。

文苑　四

作。健。遺。音。正。始。未。全。亡。他年追憶還疑夢。官燭花殘月半廊。

堯公齒痛以詩奉訊　曼陀

鑿齒何由讀譯書。心酸猶記食梅初。衆。中。未。覺。義。之。鈍。病。後。應。憐。老。氏。疏。茹。苦。含。辛。空。復。爾。拾。遺。補。闕。較。何。如。危。時。想。抱。無。窮。恨。鎖。日。停。杯。總。爲。渠。

齒痛答延眞見存　堯生

老。態。催。人。齒。欲。辭。譬。如。秋。到。葉。先。知。生。來。食。肉。元。無。相。話。到。投。梭。一。解。頤。編。貝。排。犀。皆。禍。本。寒。蟬。仗。馬。定。吾。師。人生那是堅牢玉。磊落嶔崎某在斯。

梅祇許吾與衣士梯梨每日談話一句鐘。雖云十天。實祇十句鐘時耳。或於是時更有別客在坐。吾之寶貴時刻。不將消滅于無形之中耶。似此安能達我之實際。必須設法。得與彼小妮子同寓。終日親近。如同家人。方可有望。正自躊躇間。已行至利北毡羅旅店門前。見其中燈火煇煌。知辣公子正讌梅於此。乃從窗外竊窺。見梅方與辣公子同席暢飲。姚暗罵曰。此紈袴少年。眞不曉事。以敵爲友。身猶在夢中也。又細觀梅之貌。暗忖曰。此人必爲青年黨人無疑。但似此英俊少年。令其早凋。吾亦甚惜。然當此得失關頭。只許我制人。亦不暇計及其他也。既決策。亟僱一車回寓。其時梅與辣正在店中觥籌交錯。談笑甚歡。只不涉及政界。辣忽憶及梅前曾允許介紹見柯連士加。因乘酒興而言曰。此間有一玉人。數夕前曾觀彼扮蓮娜登臺。儼然一瑞士美人也。梅曰。君欲見之乎。辣曰。甚願。此吾夢寐所未嘗忘者也。梅曰。既如此。請爲君致之。辣曰。良友見許。感荷無量。吾擬擇一夕。治酌延之。以表吾愛慕之誠。煩君一爲達意。且作陪賓也。梅逆料衣士梯梨知之。必滋不悅。自思既言之于前。奚可失信。偶一爲之。或女未必知。即知之亦當諒我。況吾今已與柯連士加情絲斷絕。正可爲辣介紹。以爲自己脫身地步。于是慨然允諾。辣曰。吾身爲貴介。手握兵符。居則華屋。衣則文繡。欲與柯連士加相見一面。猶如此。其難。君將何說以處此乎。梅曰。君所謂難者。正因門閥高峻。勢位崇隆。素與社會不相往來。彼此情愫扞格不相通。宜乎若冰炭之難合矣。幸而柯連士加係匈牙利人。不患相拒。若彼爲意產。今見君之戎裝。方將逃避不暇。尚何欵洽之可望哉。（按十九世紀。意人苦與專制。疾之殊甚。至咸相戒。有與奧人交者。則衆共屏之。不與爲伍云。）辣素聞梅與柯連士加友善。因問曰。僕之此舉。得毋涉于奪君所愛乎。梅笑曰。否否。高人自有梅妻。彼灼灼夭桃。正是君輩貴族中所珍尙者耳。辣聞言深爲感謝。席闌散坐。辣從囊中取出煙篋。先以一枚奉梅曰。城中煙卷難得佳品。此爲夏灣拿所製。家叔由美洲特定以自用者。請試嘗之。便知其味之佳矣。梅婉謝曰。吾戒煙已久。不復嗜此。辣曰。怪哉。吾於里昂時。不曾見君屢吸不輟口。煙氣恒繚繞盈室耶。梅曰。然。但地有不同。君所知也。在美倫。若被人見吾吸煙。吾恐士加拿劇塲不復容吾厠足。謀生之路。將從此絕矣。辣見梅堅却。遂亦不强。將煙捲復貯匣中。仍儲之衣袋內曰。君既戒之。吾亦不忍獨吸。以傷君之心。於是復引他事閒談。辣曰。蒙君不棄。僕辱與訂交。頓至聲名受累。僕猶憶及君下車時情況。鄙懷至今。殊抱不安。梅曰。庸庸此輩。何足深責。僕本無過人之才。謬以一藝微能。博社會之稱譽。今乃好其所惡。自不免受人詬詈。語有之。愛之欲其生。惡之欲其死。此語適能繪出世俗之常態。僕却喜辣君待我。始終如一。誠所謂君子之素交也。辣曰。君言洵是確論。此等反覆小人。誠不足一哂。惟當時令徒衣士梯梨諒亦受驚不小。但彼初到此。起居一切。不審尙適宜否耶。梅見問悵然。久之乃答曰餘亦無他。但苦岑寂耳。吾別彼時。彼曾云獨處廣廈之中。欲得一人爲談伴。辣曰。令徒若課暇時。吾必往訪之。且姚姑娘亦與彼甚相得者。姚曾云每日于君所限時刻內。必親造謁也。方說笑間。梅微倦而欠伸。辣見而亟起曰。知已重逢。久談忘倦矣。君連日馳驅勞苦。宜早安息。少養精神。但勿忘却柯連士加之約。則幸甚也。於是梅亦起。兩人相携且行且語。至門外方別。辣公子去後。梅歸房閉門。倒身而睡。蓋梅在毡路亞時。夕間會晤黨人。恆至達旦。日間又驛車顚簸。苦不能寐。此時則困倦已極。乃臥於榻上。又復輾轉不能入夢。心中如有所思。亦不自知何事。久之始恍然曰。噫。煙患作矣。乃勉强抑制之。忽又憶及衣士梯梨。孤鐙獨對。形影堪憐。其不快當與我等。安得覓一人與之爲件。亦省我一番牽掛。不然。我邇日事忙。不遑他顧。彼將謂我漠然恝置之已。次日起。又奔忙竟日。蓋是日爲三月七日。澳王頒諭命區瑞奴爲林拔地廵撫。美倫人聞而鼓噪。是以梅與數黨魁亟亟四出勸阻各同志。謂軍械未到。愼勿暴動。轉恐有悞大事。功敗垂成也。因是又奔走一日。至晚七時方暇。忙來衣士梯梨處。閽人認得是帕高利士郎。行放入。梅逕至其徒房中。但見燈火熒熒。而闃無聲息。入室四望。見女坐於榻上。朦朧睡去。一手下垂。一部意文文法。已墮於地。兩目猶赤。顋間微有淚痕。梅近前低聲喚之曰。衣士梯梨。何爲如此。有誰欺汝也。女驚覺而應聲曰。此處無人欺我。欺我者卽問我之人也。梅曰。汝言云何。曾接我之手書否。女曰。終日不能望見顏色。安用此一紙空文爲。汝於衆中。既以童穉待我。於私室亦應以童穉待我也。女此時口雖咎之。然知心人得相見。而幽恨則已潛消。乃手拽梅同坐。曰。今日課程。獨汝缺耳。各師皆已來教授。且甚愛妾。相待若小孩。鮑姥姥謂吾年齒尚穉。何發育若是之早。裴仙梨師亦謂我有老成氣度。各人皆至。獨汝不來。猶欲責我乎。梅曰。吾亦有爲難之處。但汝不知耳。女聞言卽以纖指畧指對面火爐上。梅回頭瞥見爐上有一玻璃盤盛物三枚。裹以錫箔。狀似煙捲。行近視之果然。詫曰。此物從何來乎。繼而變色曰。汝奈何以此物誘我。欲陷我於不義耶。女憨笑曰。請少安無躁。安用此疾視爲也。汝盍消受之。吾能保汝仍不失爲義士。梅曰。女兒家出言太輕易。吾安能順私情而忘公憤乎。女附耳曰。此煙乃未經納稅者。梅曰。汝言云何。吾殊未解。女曰。君不憶在毡路亞時。曾謂吸漏稅之煙。則無傷於義。妾竊思君日吸不輟。已成煙癖。將來抵美倫。爲大義所迫。一旦拋却。必至性情愈益暴戾。觸處遷怒。吾將何堪。妾故購此以養君之性情。使無乖忤。亦所以防患於未然。詎非一舉兩利之事乎。吾曾向君索取金圓六枚。當能憶及。于是遂將如何購煙瞞關情事。細述一過。說至危險之處。梅亦爲之色變。說既畢。梅曰。汝眞癡人。直不知世間有危險事。若被發覺。一年監禁。律所不宥。吾今思之。猶惴惴爲汝危也。梅少頃顏色復其初。乃曰。汝冒險爲此。則每煙一枚。皆有汝心血貫輸其中。令吾吸之。毋乃難安乎。女曰。君何爲作此言。此事縱被發覺。時亦無大礙。君素見愛。吾聊藉此以酬君之情。吾今已將珠簾放下。房門鑰孔亦以丸紙封塞。無虞外人窺伺。豈有知帕高利士守煙禁而不終者乎。梅正色曰。語云。欲人不知。莫若勿爲。願汝愛我以德。否則吾之聲名。行且爲汝所累矣。昨因與辣公子往來。已不知受人多少奚落。此一之爲甚。其可再乎。梅言時方徐步徘徊於煙捲之側而不肯離。女則櫻唇微啓。目之而笑。梅曰。莫非汝假作煙卷。令我覩之。聊作望梅止渴之想乎。因趨近自取一枚諦視。女亦亟趨至其傍。將煙取過。代撕去錫箔曰。請試看。是佳品非佳品耶。吾爲汝嚼去其尖可乎。梅不答。但曰。速歌我聽。勿誤功課。梅蓋欲藉此以自抑其嗜慾之萌也。女笑曰。姑少緩。吾恐歌有差謬處。致受譴責。先欲借此爲護符也。乃嚼去煙尖少許。自遞與梅。方走至琴邊坐下。輕舒玉指。慢囀歌喉。一曲方終。梅連聲讚曰。大有進步。昔人云。士別三日。當刷目相待。不其然乎。語畢。旋燃煙捲自吸。其氤氳煙氣從女肩上噴過。作圓圈形旋轉久之方散。女鼓掌笑曰。吾已覓得保障物。宜乎有此譬辭也。梅亦笑曰。汝釋氣太深。吾豈謬譬者耶。又連吸兩口。乃問女曰。汝共購得幾許。女見問笑不可仰。久之力抑其笑。答曰。兩箱共百枚。因於車箱壓損五枚。今僅賸九十五枚。君宜寶貴之。若吸盡則難爲繼矣。梅曰。九十五枚乎。屈指而計曰。除却今日。尚有十二天。此數亦足敷吸矣。女聞是言。便憶及英商之約。心中頓爲懸然不甯。梅不之覺。更燃一枚吸之曰。可惜只有此數。不然吾將送其半給萬那拿賈薩提二人。不知彼等害至何等態度。吾說汝聽。殊覺可笑。彼二人癮發時。有時走出村外。削樹皮作烟燃吸。吾今得此。可免此苦。謝汝慧心人。運籌帷幄。誠加人一等也。女曰。君今幸免絕煙之苦。妾則難釋寂寞之愁。日中各師授課。尚屬易過。所最難堪者。夕陽西下時耳。雖姚與辣日來探望。而師限森嚴。不逾片刻。兩人便俱辭去。而辣公子爲尤促。坐談恒不閱十五分時。大約邇來道路傳聞。風聲更緊。爲將者不能久於偷暇。恐貽誤軍情也。梅曰。今且勿論他事。汝意欲云何。女曰。姚珍娜甚欲執贄君之門下。彼曾向鮑姥姥談及。姥姥亦謂其可成一出衆之舞娘。故姚志意甚堅定。彼若於君前道及。望勿却之。而妾亦可藉彼爲伴侶也。梅聞女言。沈吟久之。乃曰。汝今亦愛彼耶。何前者若斯之堅拒也。女曰。時易勢殊。世間豈有刻板文字。此亦猶君之戒煙耳。姚若來此。各就課藝。固兩無妨礙。只暇時呼來談笑。以破岑寂。惟須先問姥姥。肯如是辦法否。因約束及教舞之權。皆操於彼也。梅聞言。遂至姥姥處商之。姥姥曰。是何難。況姚曩昔已學有程度。再略加指點。不一星期。便有可觀矣。梅返。女問曰。媼意若何。梅曰。已有成議。然尚容我思之。女曰。君若見許。是不啻以愛彼者愛妾也。房中尚有煙卷。何不口啣一枚以歸乎。梅曰。若從汝之言。我行道上又不免被人攢毆矣。女曰。此煙爲最佳品。吾購此煙。姚亦與有力焉。君亦當德彼。若從其請。亦報酬之意也。梅不卽應。時夜已深。乃別女歸。寓自於道中尋思。不意姚竟能與女如此投契。且能一心爲我。則似亦不宜峻拒也。

第十二回　列門牆肝腸成楚越　觀夜劇風貌門尹邢

次早九點鐘。梅耆那早膳畢。坐于桌畔翻閱報紙。美倫各報。因奧人監察綦嚴。於時事少所登載。故無甚可觀。迨檢出巴黎晚報。乃剛由夜車寄到者。梅閱新聞一則。不禁軒渠不已。曰。此一節若與衣士梯梨閱之。足以令其解頤。於是遂將此報紙摺疊藏於衣袋內。是時忽有僕人携呈一短簡。梅接閱其函面。乃女子手筆。若素未經見者。諦視久之。不能辨識爲何人所發。時僕人在傍曰。此信乃鮑姥姥家女僕左什花携來者。梅始悟爲女手書。乃急啓封。見書法娟秀。字只數行。其敘事處云。姚氏願書望卽簽允。勿以妾故致生疑慮也。下署衣士梯梨之名。梅閱畢自語曰。觀彼之書。及昨夕面陳。顯然與在馬些兒時前後儼若兩人矣。旋將信藏於囊中。默坐案前。注目窗外。看道上行人往來。未幾。僕人又持一名片入。上署姚珍娜三字。梅纔一覽。卽曰。請。僕出。姚隨之入至梅

廣智書局新書目錄

廣智國文讀本 一二	每冊一角
修身教科書 一二	每冊一角
修身教科教授法 一二	每冊二角
修身掛圖	二元
改良尋常小學新讀本	七角
改良高等小學新讀本	九角
小學體操圖	一角
兵式體操圖	一角
高等國文讀本第一冊	二角
高等國文讀本第二冊	二角五分
高等國文讀本第三冊	三角五分
高等國文讀本第四冊	四角
高等國文讀本第五冊	四角
中學西洋歷史教科書	一元三角
中等地理教本 全弍冊	一元四角
中等教育國文法	四角五分
中學修身教科書 弟子箴言	四角
中學世界地理教科書 第一編	五角
中學世界地理教科參考書	一元
師範及中學用女子算術教科書	九角
中等教育倫理學	三角
中國文明小史	四角
支那史要	五角
國史讀本全十二冊 每冊	二角五分
立體幾何學講義	九角
中等教育化學	一元

◀ 上海福州路 ▶

廣智書局新書目錄

政治原論		四角
大清帝國新編法典		三角五分
英國憲法論		三角
近世中國秘史第一編		五角
近世中國秘史第二編		四角
世界近世史	洋裝全一冊	七角
世界進化史		二角
日本維新三十年史		八角
今世歐洲外交史		三元
血史		一元
康南海		二角
中國名相傳	精製 並製	一元二角 一元
中國六大政治家	第五編 精製 並製	一元二角 一元
中國六大政治家	第一二編合冊 精製 並製	一元七角 一元
中西偉人傳		三角
李鴻章		三角
中國鐵路指南		八角
工商理財要術		四角五分
最近衛生學		二角
物質救國論		三角
三名臣奏議		一元二角
張江陵書牘	精製 並製	一元三角 一元
三名臣書牘	四冊	二元
東坡尺牘	二冊	四角
三星使書牘	二冊	五角
盧史二公書牘		一角

◀ 上海福州路 ▶

廣智書局新書目錄

重印漢譯日本法規大全減價預約章程　上海商務印書館啟

本館譯印日本法規大全風行一時其價値不待贅述現當預備立憲時代法官考試文官考試逐漸舉行研究政法者日以益多則需用此書者日以益衆惟原印係用連史紙成本較鉅每部定價二十五元寒素之士頗以爲不便屢承各處移書以酌減賣價爲言本館特改用有光紙重印每部定價十五元如預定者只收工本八元比原價不及三分之一或亦推廣政法學之一助也茲將詳細章程列後

一　用有光紙印刷字跡大小與原版一律

二　分訂八十册另附解字一册定價十五元預約價八元

三　預約期限以本年八月底爲止全書定於本年九月出版

四　預約者先付四元卽交預約劵一紙出版時續交四元憑劵取書

五　預約者可在本館及分館購劵出書後仍向該館取書

六　取書期限以宣統四年六月底爲止過期不取預約劵作爲廢紙

七　內地欲購預約劵者可將預約價寄交本館或分館收到後卽將預約劵掛號由郵局寄奉

八　郵局兑局不能匯款之處可用郵票代錢（以一角之郵票爲限一角以上郵票不收）惟郵票以九五折計算如購預約劵一張應寄一角郵票四十二枚取書時續交郵票四十二枚

九　出書後如欲本館將書寄奉者務將郵費一併寄下其每部應加郵費如下（由館直寄）

輪船火車已通之處　一元

輪船火車未通之處　一元六角

廣東廣西輪船火車已通之處　一元四角

廣東廣西輪船火車未通之處　二元

陝西甘肅四川雲南貴州五省　二元一角

躉買五部以上郵費運費較廉當照實數收費其在各省分館取書者郵費由分館酌定

十　購預約劵者務將姓名住址詳細見示

十一　廣西雲南貴州四川陝西山西甘肅新疆八省路途較遠如在本年十月內將書價八元及應交郵費全數寄到上海本館者亦照預約辦理

十二　另印樣本一册欲閱者務請函示當卽寄贈

十三　布套四函加五角木箱一個加一元應用與否及用何種悉憑尊便

商務印書館發行

教育雜誌 第二年第七期 目錄

月出一册售洋一角
全年十二册一元
郵費每册二分

本社爲研究教育改良學務起見特設雜誌一種自去年出版後未及一載銷數業已逾萬南至叻埠北抵蒙古東經日韓以逮西半球西由陝甘而及新疆此固同人始願所不料足徵我國教育進步之速也玆將第二年第七期目錄列左

圖畫 浙江旅滬公學全體撮影○爪哇葛厨茄田埠中華學堂撮影○上海南洋中學庚戌夏季畢業撮影○無錫侯氏女學全體撮影○光緒三十三年京外學務一覽表

社說 小學校與家庭
矯正口音說

教授管理 修身教授應注意之要項
英國小學校修身科教授要目

記事 本國之部○外國之部○學堂消息

調查 英國女子職業教育

文藝 (教育)(小說)孤雛感遇記

雜纂 精神薄弱之原因
精神薄弱之豫防
遊戲之衛生上價值
深呼吸與健康之關係

質疑問答 六則

名家著述 幼稚園保育實習談

◉附告○本雜誌每月初十日發行月出一册洋裝八十頁乃至百頁約五六萬字插畫四幅以上每年首尾兩期各增加四五十頁插畫十幅以上

資政院議案草出版

志伊齋著○第一卷中國政治機關論○第二卷議案○第三卷疑問○第四卷○章程○選論○議案目次○裁撤憲政編查館第一案○設立責任內閣第二案○照本案所制定之中央官治地方官治中央財政地方財政權限議劃後中央與地方不得再互推責任第三案○實行司法獨立第四案○提前施行官吏瀆職治罪律第五案○頒會計法第六案○國債試辦策第七案○籌定教育費策第八案○疑問目次○疑問軍機處者○一問軍機大臣副署上諭之責任○二問憲政編查館是否即法制局○三問軍機處與軍諮處之權限○四問軍機處是否僅分奏事處之權○五問軍機處用人憑何法任用○疑問會議政務處者○一問主持會議政務處之大臣○二問政務是否會議○三問外交是否歸會議決定○四問會議政務處是否有權統一各部○疑問外務部者○一問日俄協約與吾國之關係○二問探何國制度各省設交涉使○三問保護華僑試驗外交官○疑問軍諮處者○一問新軍之四大缺點○二問徵兵○疑問民政部者○一問地方自治機關不完全○二問民政部保民政策○三問民政部對於地方大吏是否實行監督權○四問報律應否從寬改訂○五問滿蒙藏可行屯田兵政策民政部是否與軍諮處理藩部提議○疑問度支部者○一問新幣制頒行後如民間以舊幣換新幣是否不貼費照換○二問預算式是否實行並逐條糾正○三問試辦地方稅章程之大概○四問裁減各省經費曾否分別辦理○疑問法部者○一問司法獨立何以不實行○二問提法司何以隸督撫○三問京外各大案何以從未聞有檢事提起公訴之事○四問民事訴訟官民係一律否○疑問學部者○一問教育經費如何籌定○二問強迫教育如何籌備○三問學部編定教科書○四問學堂獎勵○五問何以必注重考試○六問存古學堂之宗旨○疑問農工商部者○一問農工商部章奏之可異○二問中國農業不振之十大原因○三問不培植森林之害○四問礦業○五問商務○六問工業不振何以全國尚無機器製糖廠○疑問郵傳部者○一問路政遲延○二問招商局何以取歸部轄○三問何以不獎勵造船航海○餘不詳載○全書十萬言○大勢所迫必一一實行凡官吏議員國民宜手置一編免臨事棘手文筆明白曉暢尤便政治家章奏條陳及學堂國文教授○每部二元○預約七折 八月半憑券取書○發行所上海寶善街徵文社○天津大公報社

商務印書館發行

東方雜誌

庚戌年　第六期

月出一冊售洋三角　全年十二冊三元　半年一元六角　郵費每冊五分

何翽高外部
藻翔著

藏語

順德何翽高外部學問經濟卓絕流輩張大臣蔭棠電聘入藏**充參贊**規畫宏遠洞中窾要怵於事勢抱負未竟什一凡諸設施著之日記**命曰藏語**爲張大臣所擬電文奏稿條約函件皆具其中**藏約對待**之艱窘及唐大臣駐印**議約始末**亦略具焉**經歷山川詩歌閒作**雄深博厚超絕時流**山川道里考據精詳**前無古人可稱奇作全書十餘萬言欲知西藏情形者不可不讀

每部大洋八角

上海四馬路廣智書局印行

散原精舍詩集

是編爲義甯陳伯嚴先生著專學宋人鎔鑄萬有氣象雄渾意境沈著有黃河奔流千里一曲之概誠今時詩中之大家也

每部二本大洋八角

廣智書局寄售

神州國光集外出碑帖書畫冊總目

宋拓麻姑仙壇記	玻璃版印	一元四角
宋拓洛神賦	玻璃版印	五角
海內孤本魏皇甫度石窟銘	玻璃版印	二元五角
海內孤本宋拓孔穎達碑	玻璃版印	二元
海內孤本宋拓唐房梁公碑	玻璃版印	二元五角
原石初拓魏崔頠墓誌	玻璃版印	一元
原石初拓魏司馬昞墓誌	玻璃版印	一元二角
原石初拓隋元公姬夫人墓誌	玻璃版印	一元五角
原石初拓隋董美人墓誌	玻璃版印	一元二角
方環山山水畫冊	銅版印	八角
清湘老人山水畫冊	銅版印	八角
清湘老人山水冊其二	玻璃版印	一元二角
王麓臺山水冊	玻璃版印	一元二角
王圓照仿雲林小景冊	玻璃版印	八角
邊壽民花卉蘆雁合冊	玻璃版印	一元二角
王石谷山水冊	玻璃版印	一元二角
奚鐵生山水卷冊合印	玻璃版印	一元六角
二梅山水合冊	玻璃版印	一元
羅兩峯九秋圖	玻璃版印	一元二角
張爾唯程穆倩山水合冊	玻璃版印	一元二角
沈石天山水冊	玻璃版印	一元
戴醇士仿倪高士避暑圖	玻璃版印	一元二角
查梅壑畫王夢樓題合璧	玻璃版印	一元
明宋比玉江亭秋暮卷	玻璃版印	八角
戴子高夢隱圖	玻璃版印	一元二角
阮芸台珠湖草堂圖	玻璃版印	一元五角
明徐青藤墨花卷	玻璃版印	一元
明黃石齋書王忠文祠碑	銅版印	一元二角
明項孔彰花卉劉玄暉竹石合冊	玻璃版印	一元
張船山行書詩	銅版印	一元二角
汪退谷楷書曹太學傳	銅版印	一元五角
費曉樓美人冊	玻璃版印	一元二角
金冬心梅花冊	玻璃版印	一元五角
張子青畫扇冊	玻璃版印	一元
沈文唐三先生畫卷	玻璃版印	一元二角
戴醇士仿石谷精冊	玻璃版印	一元二角
翁松禪書畫合冊	玻璃版印	八角
翟雲屏山水冊	玻璃版印	一元二角
王小某人物冊	玻璃版印	八角
龍半千山水冊	玻璃版印	一元
翁小海花草蟲魚冊	玻璃版印	一元二角
鄭小山山水冊	玻璃版印	一元五角
宋趙子固水仙卷	玻璃版印	一元二角
李穀齋山水人物冊	玻璃版印	一元二角
明陳章侯人物冊	玻璃版印	一元二角
柳如是山水人物冊	玻璃版印	一元
翁覃谿楷書月山詩敘	銅版印	八角
翁松禪楷書顧亭林詩	銅版印	八角
新羅山人山水人物花草冊	玻璃版印	一元五角
查梅壑山水冊	玻璃版印	八角
名書扇冊第一集	銅版印	八角
名畫扇冊第一集	銅版印	八角
名畫扇冊第二集	玻璃版印	一元五角
名畫扇冊第二集	玻璃版印	一元五角
名畫扇冊第三集	玻璃版印	一元五角
項東井梅花冊	玻璃版印	一元二角
項東井山水冊	玻璃版印	一元二角
張元春山水卷	玻璃版印	一元
宋米元章行書易說帖	銅版印	八角
明董香光臨曹娥碑小楷	銅版印	八角
鄧石如隸楷草三體書	銅版印	二元
改七薌補景美人冊	玻璃版印	一元二角
八大山人山水冊	玻璃版印	一元四角

外埠函購郵費照原價加半成

現洋合購至五元九折十元八折二十元七折五十元六五折折扣

至此爲止購神州國光集五份起至二百份一律八折不在此例

總發行所上海四馬路東惠福里神州國光社

剏辦合肥惠政學堂王君揖周讚証自來血有自服自效之神功

五洲大藥房主人鑒僕體素健任事不畏煩難不辭勞苦丁未之冬創辦私立惠政學堂距今已歷四學期去歲秋因伏暑致病月餘始起覺精神遠不如前四肢酸軟私心深慮不能勝任後常至鉅康隆周君斗青處聚談遇友人李君德三來購　貴製自來血大瓶一打并稱道其靈效不可比喻復見北鄉高塘集務本學堂壽春孫琴舫君致斗青書託其轉謝　尊處函中盛稱自來血功效之神且速無異仙芝僕遂深信即於鉅康隆購取小瓶半打每日照服果然未及旬日強健如初樂甚噫海內古今補品其於斯爲盛矣特肅蕪箋以鳴謝忱手此順頌　利祺　合肥王揖周頓正月念六日

小瓶一元二角　每打十二元
大瓶二元　每打二十元　託局函購原班回件諸君光顧請認明商標全球爲記每瓶內附有精工五彩認眞券一張方不致誤

總發行所上海四馬路老巡捕房對門五洲大藥房抄登

人造自來血乃人身之活寶

人生有體所賴以生長者血也如血多則有體強壯血少則有體衰弱設遇血虧則有體自枯是故凡人不能無血**血者誠乃人身之活寶也**然吾人欲究身體力健之術者必以多血爲適宜若近今之衛生家雖常服各種補品而未得十分健壯者何也其故因我國理化未精藥物一道素鮮研究故自古迄今絕未發明不知以多血爲要義噫**此即吾身不強之由來也邇者神州睡獅抖擻初醒努力鼓盪我同胞之熱血奮振我同胞之精神**無庸疑義速請嘗試**能壯民力強國勢之人造自來血已經及時出現**故再行謹告同胞凡有心虧血虛破金吐血面黃肌瘦頭暈眼花耳鳴腎虧陽萎精枯四肢無力手足酸軟身虛腳腫胃弱脾薄以及婦女經水不調白帶赤帶頭痛腰酸五勞七傷諸虛百損之症者服之自然**壯心經多血液**其中實有絕大之能力也我同胞凡購服自來血請將下列服法試驗之自能奇功立見幸勿輕視**須先試驗究有功效若何**可用小針刺破皮膚出血一滴滲在白紙上待服過七日之後再用前法將前者滴血之紙與七日後滴血之紙兩相比較後者之色必紅於前此則**最易最明之確證也**倘能多服**則血愈紅而人之體力愈健**又如腎虧耳鳴眼花者連服數日眼目自覺清爽耳鳴自可並除此即顯明有補腎之功效又如年老血衰或壯年勞傷過度體質虛弱面無血色者自必畏寒驟遇冷風即發寒噤者服之半月之後**血氣漸充體質自固**雖遇箭風**亦不覺寒冷矣**又有明見之確證如久患爛瘡而不易收口者自服自來血之後則瘡內之**肉刺日漸增紅**如能常服收口亦易如婦女之經淡白者服到一月經水當即增紅**如患冷經痛經亦能並除**凡患破金吐血者服之補血則可以之止血則不可然患吐血之人血愈虧少若不培補則體質愈弱病勢日重尤宜常服以補之當時雖無止血之功然久服之心經壯**而吐血之患可以除根也**如脚氣水腫者步履蹇澀亦血虛不充之故須連服旬日則腫自消而步自健矣又**如患瘧疾者**服之旬日**立可除根**不發以上一切功效皆最易試驗者也

● 小瓶一元二角大瓶二元**每打**小瓶十二元大瓶二十元託局函購原班回件海內諸公如蒙惠購請認明全球商標爲記內附五彩認眞券一張值洋一角方不致悞

● 總發行所上海四馬路老巡捕房對門靑花石三層大洋房五洲大藥房并南北兩京以及各埠大藥房均有經售

平肝和胃

大清宗室曾患肝胃氣痛哮喘咳嗽爲韋廉士大醫生紅色補丸所治愈

秉佐卣輔卿爲太祖高皇帝九世孫正白旗四品京堂博通經史年四十歲日前本局代表曾造其府得聆其自述當日病狀服韋廉士大醫生紅色補丸獲愈之情形謹錄如左云●余三年前嘗患肝胃氣痛之症勢甚劇烈身軀日瘦氣力漸無常覺疲倦不堪疼痛難忍終日懨懨興趣索然胃閉無味稍食微物非惟莫能長力抑且更使弱胃受此慘苦歷有年餘已屬難堪而又加以哮喘咳嗽痰吐等症竟使人無怡樂之日嘗就診於施醫局西醫士司伊君雖獲暫愈未幾復發既而西醫旋回英國爰乃商諸奉天中西大藥房李久華君據言韋廉士大醫生紅色補丸曾治此種疾病不知凡幾力勸余試服之且李君深信此丸必能療治余疾故竟蒙惠贈三瓶余受而服之覺有轉機用是耐心連服迨至兩月諸疾霍然從此肝胃氣痛哮喘咳嗽絕無復發較之未服韋廉士大醫生紅色補丸之前精力更勝十倍矣余每念此丸之奇功心其感激願將余言登諸報牘俾世之有同病者知所問津焉

奉天秉佐卣輔卿韋廉士大醫生紅色補丸所治愈

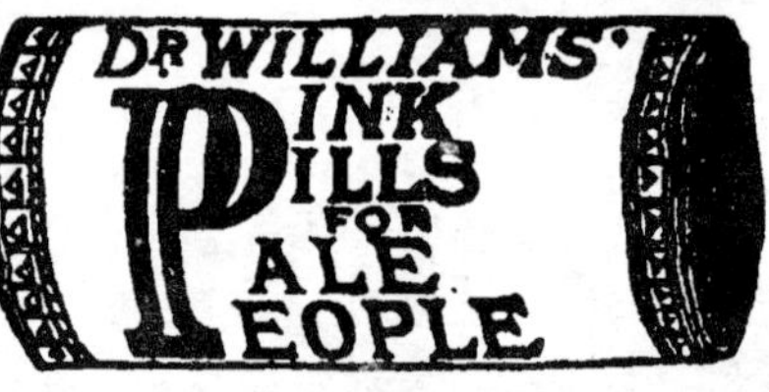

注意　能治疾者真韋廉士大醫生紅色補丸也　謹防隱戤假冒

韋廉士大醫生紅色補丸所以名馳大陸爲醫治肝胃氣痛哮喘咳嗽之要藥者朗其所生稠濃鮮紅之新血壓飫身體各部補益全體筋絡使之復元康健之故也是丸常以經行血中之力醫治無數所患各症即如　血薄氣衰　諸虛百損　少年斵喪　陽萎不舉　背骨疼痛　山林瘴氣　風溼骨痛　脊尻痠痛　左癱右瘓　腳氣衝心　乾溼癬癩　瘰癧疔瘡　皮膚炸裂　以及少壯婦女月信不調等症服之則更見其神妙也中國各處商店藥房凡經售西藥之處均有出售如內地無從購買或向四川路八十四號韋廉士醫生藥局中國總發行處購買或向四川重慶白象街分行購買亦可　價銀每一瓶大洋一元五角　每六瓶大洋八元　遠近郵費概在內

上海四川路第八十四號韋廉士大醫生藥局啟